MARIA DE NAZARETH SERPA

# MEDIAÇÃO
## UMA SOLUÇÃO JUDICIOSA PARA CONFLITOS

Belo Horizonte
2018

Copyright © 2018 Editora Del Rey Ltda.

Nenhuma parte deste livro poderá ser reproduzida, sejam quais forem os meios empregados, sem a permissão, por escrito, da Editora.

Impresso no Brasil | *Printed in Brazil*

**EDITORA DEL REY LTDA**
**www.editoradelrey.com.br**

**Editor:** Arnaldo Oliveira

**Editor Adjunto:** Ricardo A. Malheiros Fiuza

**Editora Assistente:** Waneska Diniz

**Diagramação:** Alfstudio

**Revisão:** RESPONSABILIDADE DO AUTOR

**Capa:** Alfstudio

**Editora / MG**
Rua dos Goitacases, 71 – Loja 24A – Centro
Belo Horizonte-MG – CEP 30190-909
Comercial:
Tel.: (31) 3293 8233
vendas@editoradelrey.com.br
Editorial:
editoraassistente@editoradelrey.com.br

**Conselho Editorial:**
Alice de Souza Birchal
Antônio Augusto Cançado Trindade
Antonio Augusto Junho Anastasia
Antônio Pereira Gaio Júnior
Aroldo Plínio Gonçalves
Carlos Alberto Penna R. de Carvalho
Dalmar Pimenta
Edelberto Augusto Gomes Lima
Edésio Fernandes
Felipe Martins Pinto
Fernando Gonzaga Jayme
Hermes Vilchez Guerrero
José Adércio Leite Sampaio
José Edgard Penna Amorim Pereira
Luiz Guilherme da Costa Wagner Junior
Misabel Abreu Machado Derzi
Plínio Salgado
Rénan Kfuri Lopes
Rodrigo da Cunha Pereira
Sérgio Lellis Santiago

---

S486
m

Serpa, Maria de Nazareth
  Mediação uma solução judiciosa para conflitos. / Maria de Nazareth Serpa. Belo Horizonte: Del Rey, 2017.
  440 p.
  ISBN: 978-85- 384-0508- 5
  1. Mediação. I. Título.

CDU: 347.918(81)

Dedico este trabalho a Paul Eric Mason,
meu marido e companheiro que, como
pioneiro, tem dedicado muitos anos ao
desenvolvimento da ADR no mundo.

# Agradecimento

Com orgulho, agradeço ao
Dr. Antonio Fabrício Gonçalves,
ilustríssimo Presidente da OAB – MG,
de quem tive a satisfação de
ser professora, pela bondade em aceitar
redigir o prefácio desta obra.

Com admiração, agradeço à
Dra. Helena Delamonica, digníssima
Vice Presidente da OAB – MG, cuja liderança frente
aos novos desafios da Mediação no Brasil, tem erguido
marcos sucessivos e significativos.

Ao estimado Ronan Ramos,
Presidente da Comissão de Mediação da OAB- MG,
que não tem medido esforços para propiciar o
desenvolvimento da Mediação
e dignificou-me com sua confiança.

À querida sobrinha Carolina Santoro, advogada
e vencedora da primeira competição nacional de
Mediação no Brasil, patrocinada pela CAMARB, como
melhor mediadora, que com determinação resgatou-me
para novos desafios da Mediação no Brasil.

E por fim, mas não por último, quero agradecer
à graduanda em Direito, Giuliana Leite, pela sua
seriedade e generosidade em proceder à revisão
ortográfica e semântica deste livro.

# Sumário

Prefácio Histórico ........................................................................................ XIII

Prefácio Institucional .................................................................................. XV

Introdução .................................................................................................. XVII

## PARTE PRELIMINAR
## O CONFLITO

INTRODUÇÃO ................................................................................................ 1

## TÍTULO I
## TEORIA DO CONFLITO

I   TERMINOLOGIA ..................................................................................... 6

II  CONCEITO DE CONFLITO .................................................................... 12

III  CONFLITO: SUA RESOLUÇÃO, CONSEQUÊNCIA E FUNÇÃO .............. 18

IV  TIPOLOGIA DOS CONFLITOS .............................................................. 22

V   CONFLITOS E RESOLUÇÃO DE DISPUTAS ......................................... 33

## PARTE INTRODUTÓRIA I
## COMUNICAÇÃO E PSICOLOGIA NA MEDIAÇÃO

TÍTULO ÚNICO - ASPECTOS BÁSICOS DA
COMUNICAÇÃO NO PROCESSO MEDIADOR ............................................. 50

## PARTE INTRODUTÓRIA II
## ADR - ALTERNATIVA PARA SOLUÇÃO DE DISPUTAS

TÍTULO ÚNICO - ENFOQUE BÁSICO DE ADR ............................................. 68

I   ADR – SUAS ORIGENS ......................................................................... 71

II  ENFOQUE TEÓRICO DE ADR ............................................................... 99

## PARTE INTRODUTÓRIA III
## NEGOCIAÇÃO

TÍTULO ÚNICO - NEGOCIAÇÃO: PROCESSO BÁSICO PARA MEDIAR ........ 118

I   NEGOCIAÇÃO E ADVOGADO ............................................................. 120

II  CONCEITO DE NEGOCIAÇÃO ............................................................. 123

III  TEORIAS DE NEGOCIAÇÃO ............................................................... 126

IV  PROCESSOS PSICOLÓGICOS QUE AFETAM
NEGOCIADORES E ADVOGADOS NEGOCIADORES ............................. 144

V   ESTÁGIOS E FASES DA NEGOCIAÇÃO ............................................... 147

## PARTE I - MEDIAÇÃO
### TÍTULO I - MEDIAÇÃO – UMA SOLUÇÃO INTELIGENTE

I   INTRODUÇÃO AO ESTUDO DA MEDIAÇÃO ............................................ 156

II  PROCESSO DE MEDIAÇÃO ...................................................................... 193

III INTRODUÇÃO DA MEDIAÇÃO E DA
    CONCILIAÇÃO PRIVADA NO NOVO CPC ............................................. 224

IV  CONCEITOS DE MEDIAÇÃO NO BRASIL DEPOIS DA
    NOVA LEI (LEI Nº. 13.140, DE 26 DE JULHO DE 2015) ...................... 228

### TÍTULO II
### OS MEDIADORES

I   OS MEDIADORES CONHECIDOS E OS DESCONHECIDOS ...................... 236

II  O PERFIL DO MEDIADOR ......................................................................... 239

III FUNÇÃO DO MEDIADOR .......................................................................... 242

### TÍTULO III
### ÉTICA NA PRÁTICA DA MEDIAÇÃO

I   PADRÕES MORAIS E LIMITAÇÕES
    ÉTICO-PROFISSIONAIS PARA MEDIADORES ........................................ 250

II  CÓDIGO ÉTICO PROFISSIONAL PARA MEDIADORES ......................... 252

III RESPONSABILIDADE DO MEDIADOR COM AS PARTES ..................... 254

IV  RESPONSABILIDADE DO MEDIADOR COM RELAÇÃO
    AO PROCESSO DE MEDIAÇÃO ............................................................... 258

V   A RESPONSABILIDADE DO MEDIADOR
    PERANTE OUTROS MEDIADORES ........................................................... 269

VI  RESPONSABILIDADE DO MEDIADOR
    PERANTE OUTROS PROFISSIONAIS ........................................................ 270

VII A RESPONSABILIDADE DO MEDIADOR PERANTE A PROFISSÃO .............. 271

VIII RESPONSABILIDADE DO MEDIADOR PERANTE
    O PÚBLICO E PARTES NÃO REPRESENTADAS .................................... 273

IX  QUESTÕES CONTROVERTIDAS E COMPLEXAS EM
    MATÉRIA DE PADRÃO PROFISSIONAL DO MEDIADOR ................... 274

## TÍTULO IV
## EDUCAÇÃO PARA MEDIADORES

I   INTRODUÇÃO................................................................................292
II  FORMAÇÃO PARA MEDIAR.........................................................298
III EDUCAÇÃO PARA ADVOGADOS .................................................309

## TÍTULO V
## MEDIAÇÃO EM CONFLITOS DE FAMÍLIA

I   ASPECTOS GERAIS .......................................................................320
II  TEORIA INSTRUMENTAL .............................................................339

## TÍTULO VI
## CONCLUSÃO HISTÓRICA

CONCLUSÃO HISTÓRICA...................................................................390

Referências Bibliográficas ..................................................................397

*"An invasion of armies can be resisted
but not an idea which time has come"*

"Uma invasão de exércitos
pode ser contida mas não uma ideia
cujo tempo chegou"

*Victor Hugo*

# Prefácio Histórico

Há mais de dez anos MARIA DE NAZARETH SERPA vem enriquecendo a literatura jurídica brasileira com instigantes ensaios sobre o importante papel que a mediação pode prestar na boa resolução dos litígios. Seu pioneirismo na área tem merecido reconhecimento e aplausos entre os doutos. Já nos idos de 1999 dois interessantes estudos eram por ela publicados, com merecido acatamento no meio jurídico: "Mediação de Família" (Editora Del Rey) e "Teoria e Prática da Mediação de Conflitos" (Lumen Juris).

O que agora vem à luz é uma fusão daqueles trabalhos, enriquecida com enfoques atualizadores lastreados na visão arguta do mundo de nosso tempo e com a coragem de enfrentar os problemas seríssimos de uma justiça em crise constante e de uma busca de soluções reclamadas por anseios sempre crescentes da sociedade por uma tutela jurisdicional mais efetiva e, consequentemente, mais pronta, mais célere e mais acessível. A autora não se intimida diante da complexidade do tema e da novidade que a mediação representa dentro da tradição processual luso- brasileira.

Diante do inusitado da matéria em nossa literatura, sua pesquisa espraia-se pelo direito comparado e se apoia, principalmente, na experiência norte-americana, que durante alguns anos foi objeto de valiosos estudos junto a prestigiosas Universidades, tais como a University of Miami, a Nova Southeastern University e Harvard University, a que se aliou a experiência prática de estágio em Câmaras de Mediação da Suprema Corte da Flórida, como observadora e co-mediadora.

É dessa experiência riquíssima que surgiu sua tese de doutoramento defendida com êxito na Faculdade de Direito da UFMG sobre o tema "Mediação, processo judicioso de resolução de conflitos", germe da obra que ora reaparece nas livrarias em termos e moldes revistos e aprimorados.

A autora está atenta a que a mediação representa uma função catalisadora no acesso à justiça, no seu alto significado de uma função pacificadora justa, efetiva, tempestiva e adequada, com que se logra concretizar diversos princípios constitucionais da mais evidente transcendência no Estado Democrático de Direito, sem falar na potencialidade de diminuir ou refrear a exagerada demanda pela Justiça ordinária, cujo volume se apresenta como um dos principais motivos de retardamento da prestação jurisdicional de nossos dias.

Não sem razão, o instituto da mediação, como meio de auto composição incentivada dos litígios vem sendo cada vez mais empregado, com sucesso, por diversos países.

Merece ser lembrado que, entre nós, o recente *II Pacto Republicano por um sistema de Justiça mais acessível, ágil e efetivo*, firmado pelos Poderes Executivo, Legislativo e Judiciário em abril de 2009, entre os compromissos assumidos pela cúpula do Governo nacional incluiu o de "fortalecer a mediação e a conciliação, estimulando a resolução de conflitos por meios auto compositivos, voltados à maior pacificação social e menor judicialização".

É nessa perspectiva que o *Projeto Pacificar*, do Ministério da Justiça, já com duas edições (2008 e 2009), se bate pela implantação, fortalecimento e divulgação da mediação, composição e outros meios *alternativos* de solução de conflitos, no âmbito das Faculdades de Direito. Endereça-se, também, aos Tribunais de Justiça, convocando- os à criação de *Núcleos de Mediação*, para capacitação de mediadores e oferecimento da prática da *Mediação Forense* incidental, nos processos em curso na Justiça.

Daí a relevância e atualidade da reedição dos estudos de MARIA DE NAZARETH SERPA. Neles são analisados e aplicados os grandes princípios da mediação, não só do ponto de vista acadêmico, mas, sobretudo, no plano operacional, com destaque para a ética e a técnica que devem presidir o emprego desse valioso remédio alternativo de resolução de conflitos, não só nos litígios de família, mas em todos os segmentos da ordem jurídica que se tornem objeto de crise e disputa.

Vale a pena se debruçar sobre as lições da autora, que, com autoridade, vem desbravando entre nós esse novo e valioso caminho de pacificação social.

Estou certo de que o sucesso que marcou as primeiras divulgações dos estudos de MARIA DE NAZARETH SERPA se repetirá nesta reedição e assumirá maiores proporções na presente quadra dominada por um Pacto Republicano de aprimoramento do sistema de justiça nacional, em cujo centro se destaca a missão confiada à mediação.

*Humberto Theodoro Júnior*
Maio de 2010

# Prefácio Institucional

Nazareth Serpa, na epígrafe deste livro, citando Vitor Hugo diz que "Uma invasão de exércitos pode ser contida, mas não uma ideia cujo tempo chegou", referindo-se com essa frase à Mediação, método de resolução de conflitos que tem sido uma importante área para o Direito. A grandeza e veracidade dessa citação faz-nos pensar o quão fortes são as ideias que de tempos em tempos nos chegam, quebrando paradigmas, instaurando, muitas vezes, uma nova era na história, na sociedade, revolucionando o campo dos saberes, modificando a nossa própria forma de ver o mundo.

O espanto se torna maior ainda, quando percebemos o quão fortes são os homens e mulheres que estão atentos a essas mudanças, e por estarem nesse estado – despertos – se põem não somente a lutar por esses nova ideias, mas a compreendê-las, sistematizá-las, justificá-las, compará-las e, por fim, confrontá-las e/ou harmonizá-las com outros campos do conhecimento, fazendo delas novos conceitos.

É preciso que novos conhecimentos nos cheguem, e para isso eles precisam ser construídos, pensados, justificados, mostrados, ensinados, pois aquilo que alguns antevêem a partir de sua sensibilidade, de suas inquietações, de seus estudos e experiências, pode ser o espírito de um novo tempo, trazendo ampliação de visão e benefício para todos. Nessa obra, ao tratar da mediação, Nazareth Serpa realiza esse trabalho.

Pioneira ao perceber que o modo de se fazer justiça não precisa se dar de forma unívoca, mas dada à complexidade dos seres humanos e de nossas relações – o que ela expõe de forma clara quando explica a natureza do conflito no decorrer do livro - há que se pensar numa pluralidade de modos de lidar com impasses. Assim, tendo em vista a estrutura dialética do homem e da sociedade que este mesmo constitui, segundo a autora, ela vai conceituar o que é o conflito sob as perspectivas sociológica, filosófica, histórica, psicológica, para mostrar que a diversidade de métodos para a resolução de disputas deve ser considerada pela sociedade brasileira nesse início de século.

Mas não somente isso, nesse livro a autora vai mostrar como a Mediação tem sido utilizada e estudada em outros países mostrando, por meio de relatos e da legislação comparada, e principalmente da exposição de técnicas, como operadores do Direito e profissionais que lidam diariamente com conflitos;

como psicólogos, assistentes sociais, professores, dentre outros, podem se beneficiar do que vem a ser essa nova forma de resolução de conflitos.

O caminho para a Mediação é sem volta. O método, utilizado em vários países, já foi abraçado pelo ordenamento jurídico brasileiro hodiernamente com a resolução número 125 do Conselho Nacional de Justiça (CNJ) de 2010; pela Lei número 13.140 de 2015, que regula a Mediação; pelo novo Código de Processo Civil, Lei número 13.105 de 2015; sem contar a Lei número 9.099 de 1995, que instituía os Juizados Especiais, fomentando a conciliação; e o preâmbulo da Constituição Federal de 1988, que já convidava a sociedade brasileira a se comprometer, não somente na ordem interna, mas também na ordem internacional, com a solução pacífica das controvérsias.

A Mediação quebra paradigmas no campo da resolução de conflitos e, no entanto, não exclui outros métodos de se fazer justiça. Muito pelo contrário, ela pretende caminhar junto com o poder judiciário tradicional para que somente casos que necessitem da decisão de um terceiro com a imposição de uma sentença cheguem a estas instâncias, provocando economia em todos os sentidos, além de trazer maior efetividade para a prestação jurisdicional. Para os advogados, a Mediação amplia o seu campo de atuação e incrementa a forma de se operar o Direito, trazendo novas possibilidades para um processo mais humano, que fomenta a autonomia e a satisfação das partes, e, que é, sobretudo, mais acessível e célere, como a autora fortemente demonstra nesse livro.

Essa obra nos guia, portanto, através das mudanças que nos chegam no campo da resolução de conflitos, esclarecendo o que vem a ser a Mediação; a quebra de paradigmas que ela promove, a diferenciando de outros métodos de resolução de controvérsias tais como a conciliação, a arbitragem, dentre outros; mas, principalmente, nos faz conscientes do momento histórico em que estamos inseridos. Vivemos em um mundo complexo, que deve abarcar a diversidade das gentes, dos seus novos modos de vida, e ainda lidar com as contradições inerentes a isso; por esse motivo o Direito, bem como outros campos do saber que lidam com conflitos, não podem estar alheios a isso.

Enfim, mais do que recomendar a leitura desta que foi minha professora na Pontifícia Universidade Católica de Minas Gerais (PUC/MG), indico este livro como um necessário e moderno marco conceitual; e que certamente ampliará o espectro de possibilidades de atuação de todos aqueles que lidam com conflitos.

*Antônio Fabrício de Matos Gonçalves*
Presidente da OAB/MG

# Introdução

Quando um aluno adentra uma Escola de Direito, o faz com uma bagagem de ideias humanistas, coloridas pelo puro anseio de encontrar e estudar mecanismos de construção de igualdade e harmonia entre indivíduos e grupos de indivíduos.

A ideia de direito, nesse aluno incipiente, está muito ligada à noção de justiça que, por sua vez, está ligada ao conceito de equilíbrio e equitativa distribuição. A lei, assim, é considerada um instrumento poderoso e capaz de esculpir a paz entre os povos e, como nunca, o aluno estudioso identifica esses conceitos com o cantado bem-estar social.

Na medida em que o curso avança, com suas lições compartimentalizadas nos diversos ramos e suas maneiras de execução, o aluno começa a entender o Direito como instrumento preventivo do litígio e de organização social, como forma de regular e antecipar o conflito. Todavia, não mais identifica direito com justiça, ou mesmo com lei.

Com o passar do tempo, o aluno passa a entender o Direito à luz de movimentos políticos, tempo/espaciais e, finalmente, perde a ilusão de procurar mecanismos de justiça com seus estudos jurídicos.

Já advogado, sabe que justiça é um conceito preso a situações de vitória ou de derrota. Quando ganha, entende que a justiça se fez e, quando perde, diz que houve injustiça.

O aluno aprende que os conceitos de lei, direito e justiça têm sido, através dos tempos, dissecados à luz de vários entendimentos, mas que até os dias atuais nenhum conseguiu satisfazer sequer aos menos exigentes questionadores.

A lei é, realmente, um instrumento de organização, e sem ela a vida no planeta se torna imediatamente impossível. Além do poder de coerção, que vem em sua embalagem, existe a credibilidade natural das pessoas nos ditames legais, o que, na maioria das vezes, os fazem aplicáveis e eficazes. Fica-se imaginando, por exemplo, o que aconteceria com uma cidade, se durante um segundo as pessoas resolvessem descrer das leis de trânsito e as desobedecer.

O advogado, estudioso do Direito, sabe que justiça é um conceito ligado à ideia de ganhar ou perder. Que a justiça se faz para quem perde ou para quem ganha, e quem perde é porque tinha a razão ao seu lado.

E no "frigir dos ovos", justiça passa a se constituir num emblema à parte dos conceitos de direito ou de lei.

Mas isso não quer dizer que o sonho do estudioso acabou. Não quer dizer que sua paisagem de justiça esteja fora de suas cogitações e que a lei, de forma absoluta, possa se constituir na única maneira de dirigir os destinos das sociedades. Pelo menos, a lei, como forma genérica e abstrata de promover o bem-estar pessoal e social.

Muitos se conformam com essa situação. Abraçam a profissão jurídica, enaltecendo o papel definitivo da lei e do Direito, como forma de fazer justiça. Outros procuram a justiça, onde está a lei e o direito de seu cliente. De antemão, advogados sabem que todo cliente tem uma lei a seu lado e com ela pode conclamar um direito.

Alguns ainda permanecem com sua inquietação inicial, e continuam buscando uma forma de fazer justiça que se divorcie dos conceitos de ganhar ou perder, e que possa, ao mesmo tempo, abraçar conceitos de certo e errado, elementos como a vítima e o algoz, e juízos de bem e de mal, etc., que existem em todas as pessoas e em todas as relações sociais. A maneira de encontrar uma justiça real e abrangente, que não deixe sequelas, e que possa preencher as necessidades e os interesses de quem a busca.

O que se se pode vivenciar na prática advocatícia nos leva a dizer que há muito mais a ser considerado, em cada caso, além do que se apresenta à primeira vista, ou à luz da lei e do Direito.

Não raro, presencia-se revezamento nas posições de vítimas e algozes, nas disputas de um modo geral.

Para o estudioso será sempre um dilema diferenciar o Direito e a vontade, o justo do injusto, o legal do ilegal. Às vezes, a vítima parece não ter direito algum e o algoz tem tudo para ser a vítima da história.

O que é possível observar-se indica uma absoluta carência de elementos para avaliação de cada caso. Os aspectos legais podiam dizer quem tinha direito ou qual direito, mas nunca adentravam na seara da justiça.

O ajuste de posições era relegado ao plano judicial, e o que resulta, sempre deixa a desejar.

Nas vezes em que as resoluções se pautam em decisão judicial, não raro os casos retornam periodicamente, aos tribunais, com novas feituras mas sempre com velhas reivindicações.

Além disso, as partes manifestam aspectos psicológicos que não podem, em princípio serem considerados num processo judicial, sequer para determinar um culpado.

E culpa é o que mais se busca encontrar e provar em processos de disputa. Mas a psicologia, ciência que trata dos sentimentos, e está talhada para entender de culpa, sempre foi matéria totalmente desprezada nas lides jurídicas e judiciais.

Em razão da incidência da culpa, nos casos de separação, judicial foi desenvolvida uma pesquisa, tendo como fonte revistas de jurisprudência (Revista do Tribunal de Justiça do Rio de Janeiro, de Minas Gerais, de São Paulo, de três estados do Nordeste e do Supremo Tribunal Federal), com o fito determinar a vertente de decisões dos tribunais brasileiros, com relação à culpa, na dissolução do casamento. Determinou-se um período de 5 anos, no caso, de 1979 a 1983. Como resultado, constatou-se que o número de ações que chegavam aos tribunais superiores tendo como base a culpa das partes era insignificante. Isso permitiu inferir-se que, o restante das ações era resolvido por desistência, conciliação ou acordos. Pode-se dizer, por analogia que não é muito diferente em outras áreas do litígio.

Esses dados geraram uma inquietação profissional, que se arrastou por anos a fio. Há muito abraçara a carreira do magistério e continuava a fazer, do escritório de advocacia, um laboratório de pesquisa, para solução de disputas, baseado nos recursos extrajudiciais e nos elementos informativos e de disposição, fornecidos pelas partes. Elas, na realidade, foram as silenciosas vozes incentivadoras e responsáveis por minhas indagações e busca por soluções.

Passei, então, a interferir no processo de negociação de partes envolvidas em conflito, e pude identificar suas reais necessidades, sem que pudesse viabilizar, sequer visualizar uma solução dentro do sistema tradicional.

Com tentativas empíricas de conciliação, obtive alguns resultados favoráveis, e isso me proporcionou relativa satisfação profissional. Mas a conciliação ainda levava as partes a somente considerar um plano genérico ligado à lei.

Todavia minhas indagações e ações não pararam por aí. Comecei, dessa feita, a classificar casos, pelo comportamento repetitivo das partes envolvidas, até entender que existia um padrão de expectativa. Todos, diante das desavenças, ansiavam por resguardar sua integridade pessoal, social ou relacionamento comercial, através da luta por "direitos". Ao mesmo tempo, trabalhavam para minimizar suas culpas, através de excessivo apego a posições, ou a concessões extravagantes. A princípio existia sempre um "causador" do conflito; que, aos poucos, iam se transformando em "causadores" ou dando lugar a "causas". Essas constatações passaram a justificar a inquietação científica e ainda maior dificuldade em desenvolver um trabalho advocatício pautado na polarização das partes. Minha estratégia passou a se concentrar na conciliação e no acordo, mais do que no litígio e a partir de então não mais ajuizei ações declaratórias. Foi o tempo das ações homologatórias.

Mas conciliação, propriamente dita, ainda não era o caminho.

Em 1989, participando de um painel sobre Reprodução Humana Assistida, objeto de minha dissertação de mestrado, no VI Congresso Internacional de Direito de Família, em San Juan, Porto Rico, fui atraída por um outro painel que se intitulava Mediação em Família. Pela primeira vez, ouvi a expressão ADR (*Alternative Dispute Resolution*). Foi então que constatei a existência de métodos alternativos de resolução de disputas, tecnicamente estruturados e recém teorizados e formalizados. Eram formas novas de se fazer lei e justiça, e novas maneiras de aplicar conceitos de Direito, e culpa, na relação conjugal.

Abandonei, logo depois da defesa, minha dissertação de mestrado e enveredei pelos caminhos da ADR.

O que vinha sendo feito na China há milênios era mostrado na América, como a história do ovo de Colombo: Para que o ovo ficasse de pé bastava uma pequena batida, na extremidade de apoio.

Voltei para o Brasil com borbulhantes ideias sobre negociação entre as partes, e sobre o papel do advogado como mediador e como advogado dentro do processo de mediação. Passei então a elaborar, cartesianamente, um método de trabalho e aplicá-lo não só nas disputas entre casais em processo de separação como em conflitos comerciais e societários.

Com ele obtive grandes compensações. Foram muitas as partes que aprenderam a trabalhar com seus próprios recursos, atender suas necessidades e a colher resultados positivos e duradouros em razão de seus conflitos.

Dos poucos que se rebelavam contra o processo, a maioria se enquadrava no percentual de casos, envolvendo psicopatia.

Anomalias psicológicas são fatores de insucesso da mediação de família, área de conflitos de maior complexidade e que requer uma intervenção multidimensional.

Entretanto, foi em razão dos fracassos que fui levada à pesquisa da mediação no exterior, com o objetivo de trazer luz ao trabalho laboratorial, até então por mim desenvolvido.

Senti que vivia, no momento, o conhecimento empírico apropriado, para uma investida teórica de maior peso. Principalmente promover um estudo comparativo das experiências e conclusões pelas quais passaram mediadores e estudiosos de ADR, em países onde as instituições já eram realidade judiciária.

Dentre os casos trabalhados, que me levaram a mais longínquos horizontes, acho oportuno mencionar dois. Esses casos solidificaram minhas hipóteses e se constituíram em baluartes da pesquisa, que empreendi, nos Estados Unidos.

Num dos casos, me deparei com um psicopata que, receoso de perder a "autoridade" da família, ameaçou, mediante minuciosa descrição, destruí-la antes de capitular no processo judicial de divórcio. "Doutora", disse o marido de minha cliente: "Eu sou como Anibal, quando não ganho a guerra destruo o campo de batalha". No outro, um casal, já habituado a negociar, pois já haviam feito acordos em meu escritório num conflito anterior, trabalhavam nos termos de uma separação quando, devido a uma viagem do marido, tiveram as sessões do processo de mediação interrompidos. Neste segundo caso, um mês depois da interrupção, a mulher cometeu suicídio, depois de amargar um profundo quadro de depressão.

O desenlace desses casos aguçou grande questionamento a respeito da condição psicológica das partes e a maneira de encará-la, durante o desenrolar de um processo de resolução de conflitos.

Como buscar recursos fora da ciência do Direito e como lançar mão e utilizar outras ciências, como a psicologia, em auxílio do Direito e da justiça, dentro de um escritório de advocacia e, por que não dizer, dentro dos tribunais.

Obtive muitas respostas teóricas. Contudo, foi o estudo comparativo desenvolvido durante o trabalho de pesquisa, dentro do escritório, que me permitiu formular alguns conceitos, e melhor entender a mediação.

Tais conceitos, acredito, podem ser de valia para aqueles que, como eu, depois de formados, ou mesmo experimentados na prática do Direito, nem sempre se satisfazem, ou se conformam, com a maneira padrão e tradicional de se fazer direito e justiça.

Por outro lado, passei a encarar a mediação como um processo amplo, capaz de atender ao mundo do conflito, não só restrito a questões familiares e comerciais. Se dentro do Direito de Família, onde o envolvimento emocional é mais presente e muito mais complexo, com nuances de Direito Criminal, a mediação encontrava campo adequado para resolução de disputas, não restaria dúvida de que poderia ser aplicado em qualquer outra área.

Foi possível, então, delinear a atuação do mediador, em conflitos do trabalho, do comércio, e até em conflitos envolvendo questões públicas. Descobri que a questão conflituosa estava muitas vezes ligada à comunicação, e não a desavenças propriamente ditas, e passei a encarar a mediação como um método de administração de dados, para facilitar uma comunicação em meio a conflitos, seja entre marido e mulher, Estado e cidadão, comprador e vendedor, empregado e empregador ou sócios de uma empresa.

Este livro é o resultado da uma pesquisa comparada dos conflitos e suas maneiras de resolvê-los nos Estados Unidos, Canadá e Reino Unido onde na época esses estudos se apresentavam relativamente ao Brasil, bem avançados.

O resultado tinha como objetivo o que denomino "maneira de situar processos não adversariais no universo da resolução de disputas" e aplicá-la, com resultados positivos, na prática advocatícia.

Como consequência, o desenvolvimento de uma teoria que pudesse nortear os profissionais do Direito na prática de resolução de conflitos. Foi aqui que surgiu a mediação.

Disputas sempre existiram e continuarão a existir enquanto existirem homens encapsulados na sua natureza dialética.

"Se existisse amor...", dizia o Professor Lydio Bandeira de Mello, nas aulas de Direito Penal da Faculdade de Direito da UFMG., "... não precisaríamos de Direito".

O estado de pessoalidade faz com que um ser humano exclua o outro da sua seara de benefícios e de direitos, e entre em conflito sempre que se sinta ameaçado na conquista, posse ou proteção de alguma coisa que tendo ou não valor econômico possa servir de objeto à uma relação jurídica.

A única possibilidade de o homem abrir mão de seus domínios e dominados verifica-se quando seus interesses se voltam para o que o outro tem e que também quer.

Em alguns casos, esses interesses são satisfeitos de maneira até elogiosa pela sociedade como, por exemplo, nas doações, na caridade, na magnanimidade.

Mas atrás de cada concessão ou aquisição do "eu" está presente uma satisfação que nem sempre está ligada à astúcia ou à luta.

A busca dessa satisfação por meios pacíficos faz com que o homem aprenda a trocar, ao invés de tomar ou lutar para ter o que deseja ou tem interesse. A isso chamamos de negociação.

E como será visto, não se pode falar de mediação sem falar em negociação. A segunda é a base da primeira, que é, em última análise o objeto final deste trabalho.

A mediação é um processo que tem por objetivo a satisfação de interesses de um, quando esses interesses, de alguma maneira, se apresentam em desacordo com os interesses de outro.

O importante papel da mediação é identificar esses interesses, na sua gênese e sem qualquer comparação com valores preestabelecidos, como, por exemplo, os valores impostos pela lei.

Cabe ao processo, uma ímpar avaliação dos interesses e sua consequente troca. Em outras palavras, cabe a negociação.

A unicidade dessa avaliação se dá pela integração de todos os elementos conformadores da personalidade que disputa, sejam eles sociais, morais, culturais, psicológicos ou materiais, invariavelmente diferentes, em cada interessado.

Na mediação, o desenvolvimento da negociação de interesses é assistido por uma terceira pessoa, encarregada de administrar, facilitando todos os passos do processo.

Como estão em pauta todos os fatores que determinam o comportamento humano, cabe a essa terceira pessoa a consideração e administração desses fatores, de forma a conduzir as pessoas em disputa a uma resolução que atenda, realmente, as necessidades de ambos os disputantes.

## Por quê?

O mundo vem passando por crises nunca antes vivenciadas. Por toda parte vem-se observando grandes conflitos nacionais e internacionais provocando profunda instabilidade que afeta a harmonia e a paz entre pessoas e nações.

Nos países de robusta economia percebe-se insegurança e desconfiança, e nos países até então considerados de terceiro mundo, os conflitos se avolumam e o escoamento para mecanismos em busca de solução cada vez se afunila mais.

Aqui e acolá fala-se em reformas e mudanças que exigem grandes períodos de preparação e adaptação para desencadear

consequências produtivas para os conflitos.

No Brasil, por mais que se possa vislumbrar um esforço do setor público para formar instituições que possam proporcionar um sistema judiciário transparente, justo e confiável, mais se verifica a necessidade de conclamar o setor privado em seu auxílio.

A proliferação de impasses nas transações comerciais, sociais e mesmo diplomáticas estão a pedir um novo cenário para o desenvolvimento das economias e das relações de um modo geral.

Sem menção a um ou outro país, mas em relação a todos, o que se vê e se reclama, é a demora, ineficiência, insatisfação com as decisões e até corrupção (o que é notório, de domínio público, não precisa de provas), nos sistemas judiciários.

Muito devido ao grande número de ações e em grande parte pela inadequação do processo tradicional para resolução da maioria dos conclaves.

Seja pela dificuldade de enquadramento da lei ao caso concreto, seja pela complexidade do sistema de segurança no procedimento judicial, seja pelo custo ou pelo stress, o círculo fechado do mundo judicial reclama e conclama ajuda como uma saída honrosa e saneadora.

Os processos não adversariais de resolução de conflitos vêm em benefício não só de usuários da Justiça ou partes direta ou indiretamente envolvidas no processo conflituoso. Propiciado o conhecimento, ultrapassados os tabus, descartadas as crenças de perda de poder e restrição da profissão e ampliado o universo resolutivo, o contingente profissional de juízes, advogados, serventuários e estudiosos do direito serão os grandes beneficiários, verão no mundo da negociação e do acordo um horizonte promissor que terá guarida e lugar de apreço não só no saguão judicial como na esfera privada.

Apesar de ser notória a necessidade de se resolver conflitos de forma não adversarial, tanto as pessoas, quanto as instituições, os escritórios de advocacia e os tribunais, em muitos países, ainda estão despreparados para essa prática.

Ainda se pena com a incapacidade dos povos de atender, com eficiência, aos desafios da implantação de novos conceitos de Direito, Moral e Justiça desvinculados do direito da força e mesmo da força do direito. A força do reconhecimento, do perdão e porque ter medo de dizer, a força do amor.

E se por um lado as corretas perguntas já podem ser feitas e respostas já se fazem perceber ainda existe uma cada vez mais tênue cortina de desconfiança que impede a visão do largo espaço a ser preenchido.

Aumentar o diâmetro do mundo resolutivo de conflitos, quer público ou privado, não quer dizer, absolutamente, destituir o poder do Estado ou a credibilidade em juízes e tribunais.

Muito pelo contrário, uma das consequências é o reforço do Judiciário, aliviado e resguardado para as reais disputas de questões que, por sua natureza, escapam da seara da negociação e do acordo. E, infelizmente, elas sempre existirão.

## Como, o quê e para quê

Não se pode falar de disputa sem falar de conflito, nem em mediação sem falar em negociação. Como negociação e mediação são formas de resolução de disputas e, consequentemente, de conflitos, esse trabalho teve de se comportar em partes distintas, mas correlatas: O conflito, ADR. [sigla internacionalmente usada para designar processos alternativos de resolução de disputa] (*Alternative Dispute Resolution*), Comunicação, Negociação e Mediação.

Foi acrescentada, nesta edição, a parte de mediação de família, por se tratar de uma especialização do assunto de grande complexidade e de vasta aplicabilidade no mundo advocatício, além de dar a noção de completude à abordagem da mediação.

A primeira parte enfoca conflito, dentro de uma perspectiva teórica.

É um estudo feito à luz de doutrinas sócio psicológicas, com o intuito de situar a origem da disputa, e relacionar cada um com seu respectivo enfoque de resolução. Nessa linha, o conflito foi trabalhado em sua potencialidade e formação cíclica.

O seu reconhecimento, dentro do universo social, tornou- se importante, na medida em que cada conformação conflituosa indicava uma perspectiva de resolução diferente. Para isso, foi desenvolvida uma classificação do conflito, dentro das várias situações de sua ocorrência.

O estudo dos elementos do conflito também ajudou na sua configuração e na maneira de comportá-lo dentro das opções de resolução.

Dentre elas poder-se-á observar e selecionar aquelas que se atêm mais às questões psicológicas, outras mais dirigidas para as questões sociais e também, como não poderia deixar de ser, para as jurídicas.

A segunda parte apresenta o universo da resolução de disputas e intenta a descrição de cada processo. No estudo comparativo, salienta-se as características de cada processo e visualiza-se sua possível utilização nas diferentes formas de disputa.

Ainda um estudo histórico-geográfico descritivo foi feito para situar a mediação e outras maneiras de solução de disputas no tempo e no espaço.

Essa iniciativa teve a vantagem de mostrar os caminhos da ADR no mundo e escrutinar a necessidade da mudança de valores, pelas quais passam todos os povos.

A apresentação teórica revela o que já existe trabalhado e experimentado em matéria de ADR, principalmente nos Estados Unidos. Entretanto, essa apresentação se restringe aos aspectos terminológicos e conceituais, porquanto se constitui, de certa forma, em introdução para o processo mediador, que é o cerne do trabalho.

Antecedendo aos processos propriamente ditos, negociação e mediação, inserimos aqui o mencionado tema comunicação, que forma a base dos processos resolutivos. É a terceira parte do trabalho.

A quarta parte salienta a negociação como processo primário de resolução de conflitos como base da mediação, um estudo teórico das doutrinas mais utilizadas na atualidade. Verifica-se a preocupação de mostrar a negociação como principal instrumento de trabalho do advogado nas lides jurídicas e mesmo judiciais, como caminho direto e eficaz na resolução de casos e de negócios, notadamente na mediação.

A matéria é, atualmente, estudada como a forma mais sofisticada de prevenir e solucionar conflitos, onde o papel do advogado é preponderante.

A quinta parte, principal , trata da mediação propriamente dita, como o processo mais autônomo dentre os métodos de resolução, e como forma judiciosa de tratar o conflito e suas implicações jurídico-sociais.

Justifica-se autônomo, porque pelas suas características comporta-se de forma diversa dos processos tradicionais, na medida em que introduz pleno poder e controle da resolução do conflito às partes dentro de um processo.

Assim sendo, apesar de conservar o advogado dentro do seu papel tradicional de protetor dos direitos individuais, dá- lhe uma roupagem especial de harmonizador desses direitos dentro do cenário do conflito.

Ainda salienta o aspecto Judicioso do processo de mediação, ao dar-lhe a prerrogativa de formação de leis aplicáveis ao caso concreto, e não o inverso, no qual o caso concreto é que deve se ajustar a leis pré existentes.

Essa parte desenvolve uma teoria de mediação e sua abordagem técnica e prática, para propiciar a compreensão e utilização do processo mediador, não só no âmbito advocatício, como também nas lides judiciárias.

Para isso, estuda a mediação percorrendo todas as áreas de sua aplicação, seus modelos e estratégias, sua praxe e suas particularidades.

Salienta o mediador, como agente pacificador, em todos os cantos do mundo, e também disseca seu papel de articulador e instrumentador do processo.

Verifica-se, também, a necessidade de cuidado com os aspectos da formação de mediadores e os ditames éticos da prática da mediação.

Além disso, essa última parte do trabalho preocupa-se com a forma de apresentação da matéria como um todo, buscando caminhos para facilitar sua divulgação, educação, implantação e principalmente proteção, em países cuja cultura não favoreceu a intervenção de terceiro neutro, em caráter público ou particular, nas disputas de um modo geral.

As especificidades dos conflitos de família exigem um tratamento minucioso do processo mediador, por isso acrescentamos, nesta edição, uma sexta parte com o título Mediação de Família.

E como apêndice foi finalmente acrescentado ao conteúdo da primeira edição uma coletânea de quadros sinóticos correspondentes à matéria teórica apresentada na obra, com a finalidade de facilitar professores na tarefa de educar sobre o assunto.

## Para quem?

Este livro é endereçado não somente àquelas pessoas que militam com resolução de conflitos como o todo ou parte de suas atribuições de ofício.

Como um dos objetivos do trabalho está a função educativa, não somente nos meios jurídicos ou terapêuticos, mas com igual importância a todas as pessoas que, envolvidas em seus próprios conflitos, buscam maneiras mais humanas e reais de resolvê-los.

Ainda, busca proporcionar àqueles que se propõem a ensinar sobre mediação, portas teóricas e práticas básicas para o direcionamento científico da matéria.

A linguagem adotada, propositadamente, muito embora possa se revestir de componentes técnico científicos, não impede a acolhida e entendimento de leigos, tanto nas lides acadêmicas quanto profissionais.

A medida constitui-se em mais um passo para a divulgação e aculturamento da matéria considerada por muitos como primordial para a continuidade e mesmo possibilidade de sobrevivência do mundo pacífico em meio às atuais turbulências sociais.

Antevê-se com esta preocupação o momento em que soluções harmoniosas, conscientes e satisfatórias para todos seja uma realidade da nossa sociedade, e que métodos hoje chamados de alternativos sejam, na realidade, a primeira e mais importante opção para todos que se deparem com a necessidade de resolver um conflito.

## E agora?

Após doze anos da publicação da primeira edição deste livro, muito em matéria de mediação aconteceu no mundo.

A tiragem da primeira edição deste livro foi esgotada logo após a publicação, deixando um grande hiato até os dias de hoje.

Mas a fase que considerávamos pioneira foi ultrapassada, pois uma das metas foi atingida com a promulgação da Lei 13.140, de 26 de junho de 2015 que instituiu a profissão de mediador e a mediação como meio de resolução de conflitos .

Esta conquista se constitui num divisor importante na história da mediação, mas a compreensão da matéria e seu completo reconhecimento ainda demandam muita ação.

Existe uma vasta literatura estrangeira, mas os profissionais da educação continuam a procura de publicações nacionais que atinjam não somente o mundo jurídico acadêmico, mas todas as profissões que a mediação agasalha e comporta.

Daí decorre a necessidade de oferecer ao público este trabalho que agora condensa, como dito acima, o que de mais significativo no seu trabalho como mediadora e como educadora em mediação foi publicado pela autora, o livro *Teoria e Prática da Mediação de Conflitos* atualizado e consolidado com o livro *Mediação de Família*.

Muitos muros caíram e vários continuam sendo derrubados enquanto mais e mais nações conclamam abertura e comunicação.

Com os ares do entendimento permeando o beco sem saída dos conflitos acirrados nas guerras, os povos fazem meia volta e buscam formas outras de resolver seus problemas.

Esse movimento tem levado os processos privados e não adversariais de resolução de disputas, como arbitragem, negociação e mediação ao topo da lista feita por pessoas, grupos, povos ou organizações como os mais apreciados, pela sua celeridade, eficácia e principalmente pela onda de harmonia que propicia a seus participantes.

Além do trabalho brasileiro, poderemos verificar inúmeras Leis e Projetos de Lei na matéria surgindo em legislações, por todo o planeta.

Já é também realidade a proliferação de contratos comerciais que nomeiam os meios pacíficos para solucionar eventuais desacordos através de cláusulas compromissórias de arbitragem, cláusulas contratuais que privilegiam a mediação ou cláusulas escalonadas em detrimento do embate judicial.

Mas ainda há muito o que fazer.

Em muitos países a resistência a essa realidade ainda permanece quase inabalada.

São Projetos de Lei que não têm tempo para serem votados ou acatados por força de interesses políticos ou de classes, são disciplinas que não têm lugar em currículos universitários por força de desconhecimento do assunto, são centros de atividades mediadoras ou de arbitragem que não conseguem furar o preconceito ou a desconfiança para abrirem as suas portas. Sem falar na frustação de pessoas que buscam recursos de resolução de conflitos de forma pacífica e se deparam com desinformação, inação e descompromisso.

E com isso fica parada a poderosa máquina privada e emperrada a iniciativa pública para iniciar o efetivo e benéfico trabalho de auxiliar as pessoas a resolverem seus problemas sem esperar pela intervenção e a decisão do Estado.

E pode-se dizer que ainda são tímidos os esforços para a reeducação sobre conceitos de justiça em muitas partes do mundo. Muito porque aqueles que se dispõem ao desafio deparam-se com incompreensão, vaidades e poderes difusos e antagônicos. Talvez porque seja difícil aceitar que o caminho da perfeição começa num campo minado e os pioneiros, sob varias justificativas, estão à mercê dos primeiros golpes da negação.

Temos testemunhado e participado de movimentos em prol dos processos não adversariais de resolução de conflitos através de um trabalho de educação em todo o mundo. Já não falamos dos Estados Unidos ou Argentina, países onde essa prática é uma realidade, mas daqueles sem história privada na resolução de conflitos.

A Rússia, por exemplo, com sua Lei de Mediação, vê seus cidadãos arregaçarem as mangas e labutar pela criação e formação de mediadores, através de movimentos informativos destinados aos cidadãos comuns, à classe advocatícia, a magistratura e aos universitários.

O Projeto de Lei andou rápido pelos seus trâmites, enquanto isso profissionais de ADR foram e continuam a ser convidados a fazer palestras, *workshops*, *masterclasses*, não só em universidades[1] mas também em centros de mediação e arbitragem, em escolas profissionalizantes, etc. Países de tradição socialista renovam-se e trabalham junto à iniciativa privada para colher os louros que o mundo, em vários locais com tradição democrática ainda não podem colher.

Lá se sabe que árvore maravilhosa como essa cujo fruto demora para surgir, como dizia um sábio jardineiro, quanto mais cedo for plantada e cuidada, melhor.

Daí a nova versão deste livro que, como a primeira, é destinada àqueles que querem entrar no mundo da resolução de conflitos de forma construtiva.

Constitui mais uma etapa de uma campanha em prol da educação de como evitar os dissabores do processo contencioso tanto no judiciário, nas empresas como na vida das pessoas.

---

1   A Universidade Federal de São Peterburg, na Rússia, conta com uma Faculdade de Conflitologia há pelo menos 25 anos.

Significa, simplesmente, mais uma ação para evidenciar os benefícios de institutos pacíficos de resolução de conflitos, seja na sua estrutura técnica, teórica ou informativa, dirigida para profissionais da área do conflito interpessoal ou intergrupal, e muito especialmente para estudantes e profissionais do Direito, da Psicologia, Administração, Sociologia, Pedagogia, Serviço Social, dentre outros. E porque não, para qualquer indivíduo que queira defender o seu direito de resolver suas divergências de forma pacífica.

Sem a necessidade de competir com a tradição e com o conservadorismo, o papel desse trabalho é se engajar na construção de novos pilares, alinhar-se às fileiras otimistas em prol da não adversariedade.

Para isso, não intenta digladiar com estruturas ou estruturados, e sim mostrar plataformas de verdades já reconhecidas e conceituadas que estão livres em todos os lugares como a água nos rios vivos.

Verdades essas que escoam sua trajetória mansa mas decidida. Célere ou devagar, seguem contínua e determinadamente ativas rumo ao oceano da boa vontade onde tudo se negocia e sempre se ganha, sejam bens ou lições mas, antes de tudo, porque aí se descobre que o melhor ganho é a paz, e que a contenda, esta sim, representa a verdadeira perda dentro da benéfica oportunidade do conflito.

*Maria de Nazareth Serpa*
29 de junho de 2017

*"There never was a good war or
a bad peace"*

"Nunca existirá uma boa guerra
ou uma paz que seja má."

*Benjamin Franklin*

Parte preliminar

# O CONFLITO

## INTRODUÇÃO

Todos os seres humanos militam com o conflito, em todos os espaços, por muito tempo. Quando não se trata de conflitos externos, com outras pessoas ou grupo de pessoas, são conflitos internos oriundos do arquivo de conceitos, princípios e sentimentos de cada um.

Dois corpos não ocupam o mesmo espaço, é a lei. Nos reinos vegetal, mineral e animal existe a determinação indiscutível de que o mais forte se sobrepuja ao mais fraco e os espaços são ocupados sem equilíbrio de poder. O conflito faz parte do nascer e morrer. Na natureza um reino vive do outro: o animal do vegetal, o vegetal do mineral e o hominal dos dois primeiros. O processo de vida e morte não é mais do que um movimento natural.

No reino hominal existem vários fatores que perturbam a lei do mais forte. Além do instinto, predominante neste reino, o homem é forçado a lidar com a vontade, que é um fator determinado por condicionantes muitas vezes desconhecidas e pela razão, que é determinada por características personalíssimas, oriundas do histórico cultural de cada pessoa. Com o instinto, o homem soluciona os conflitos, a exemplo dos animais, usando a força; em face da vontade, se curva às suas próprias leis psicológicas; com a razão, se submete a princípios de moral ou do Direito.

Apesar do grande desenvolvimento tecnológico, a humanidade ainda vê com maus olhos a luta armada e a justiça com as próprias mãos. O homem, até certo ponto, aprendeu a trabalhar com sua vontade e encerra no próprio arcabouço seus conflitos psicológicos. O Direito, por sua vez, se impõe aos desajustes de interesses e reequilibra o poder dos indivíduos matando o conflito, propiciando o que é convencionado chamar de paz social.

O Direito, entretanto, não tem abrangência para considerar as leis de cada ser em conflito. O recurso da lei amálgama princípios, conceitos, doutrinas, etc., num ditame genérico e abstrato sem adentrar a real seara do indivíduo. Em outras palavras, o Direito atribui um resultado ao terminar o conflito sem resolver o conflito.

Com a vontade, o homem em desavença se vê diante do problema da escolha, impor suas razões ou se submeter à lei. A princípio, a segunda solução se afigura mais simples, porque absorve do homem a sua responsabilidade, mas ao mesmo tempo lhe retira o poder e o controle sobre o resultado de seus conflitos. A dualidade de ação é uma faceta inevitável do conflito, responsável por todos os efeitos positivos ou negativos dos pensamentos, sentimentos e ações humanas.

Contudo, apesar de pertinente, não cabe nesse trabalho profundidade no terreno psicológico. Não se fará maiores questionamentos quanto às causas e origens da vontade ou do instinto, ou implicações do ego, consciente ou inconsciente. O enfoque do conflito se limitará à sua manifestação e evolução diante dos mecanismos de resolução. A proposta de teoria se desenvolverá mediante e em razão da necessidade de mecanismos mais adequados e caminhos apropriados para cada classe de conflito.

Entretanto, cabe aqui dizer, que a Psicologia, assim como a Sociologia e o Direito, principalmente, têm intercambiado informações para o desenvolvimento do estudo do conflito. Não há como dissociar os fatos relativos a cada ciência e a importância de suas inter-relações na busca de meios para sua resolução.

Juízes, advogados, sociólogos, psicólogos, diplomatas, dentre vários outros profissionais, são terceiros interventores no processo de resolução de disputas, militam constantemente com toda sorte de conflito. Em cada profissão existem maneiras típicas de observá-lo e todas têm contribuído para o conhecimento da matéria. Daí a necessidade de um trabalho sistêmico para a preparação de caminhos novos, que completem o que, isoladamente, cada disciplina tem conseguido realizar.

Em todos as áreas de atuação humana o conflito é visto de uma maneira comum, como crise, com a tendência a considerá-lo um elemento negativo e mesmo destrutivo no meio social. Com certa razão sua presença é refutada e sua resolução delegada a terceiros. Para isso as ciências do comportamento têm se esforçado no sentido de colocar à disposição da sociedade mecanismos de alívio, o que significa recusa em trabalhar com o conflito e vê-lo como fator positivo, muitas vezes como recurso pró desenvolvimento pessoal ou social.

Assim sendo, qualquer intervenção parcial na observação ou administração de um conflito deixará o quadro conflituoso da mesma forma e tamanho. Decorre disso a necessidade acima mencionada de uma teoria capaz de determinar limites, formas e extensões com a finalidade de transpor sua razão de ser para o patamar de fatores de evolução e bem-estar.

A melhor crença, face a essa providência, está relacionada com o estudo das condições do conflito. Suas eventuais consequências negativas ou positivas determinam a melhor maneira de solucioná-lo.

Duas crianças que brigam, no ambiente doméstico, pela posse do controle remoto da televisão, ou dois comerciantes que discutem nos tribunais seus direitos de hegemonia num determinado mercado internacional, quando buscam a interferência de autoridade, já sabem, de antemão, que um dos dois lados ganhará e o outro perderá. O interventor tem o poder de ditar o que é de quem, ou tudo ou nada. Mesmo para o ganhador é impossível prever-se o naipe das consequências da decisão. Como fazer, então, para que essas consequências sejam positivas?

O estudo sobre o conflito enseja esse desafio.

# TÍTULO I

## TEORIA DO CONFLITO

Capítulo I

# TERMINOLOGIA

O termo conflito é ambíguo. Simplistamente é usado para se referir à desavença, discórdia, luta, combate, guerra. Muito proximamente ligadas ao termo estão as expressões: antagonismo de interesses, desentendimentos, agressividade, hostilidade, oposição, tensões, rivalidade. Nenhum desses termos é sinônimo de conflito, nem denota, simples ou combinadamente, pré-requisito para sua formação. Todavia, a relevância potencial dessas situações, comportamentos, atitudes ou estados, para a configuração do conflito, é clara.

O termo é também aplicado para definir processos nervosos, estados psíquicos e escolhas individuais de ação,[1] ou mais abrangentemente, a colisão entre elementos, ideias ou forças opostas e hostis.[2] Ou seja, a dinâmica que surge entra ou entre pessoas ou grupos face ao antagonismo de suas posições, de acordo com suas ideias ou forças.

Em Psicologia, conflito identifica aquele estado caracterizado pela vã tentativa do ego (eu) de frustrar álter (outro). Quando a ação do ego contraria os interesses do outro, mesmo que aquele não intente agressão ou deseje prejudicar.

O que importa na apreciação desse termo é o estado de tensão que ocorre quando dois agentes, movidos pela força de seus interesses ou necessidades, procuram reciprocamente se fazer prevalecer. Ou seja, a parte visível de um movimento onde seus agentes, conscientes da incompatibilidade das futuras posições almejam cada qual se sobrepor ao propósito do outro.

---

1   MURPHY, Gardner. *Personality – a biosocial approach to origins and structure.* New York : London : Harper & Brothers Publishers, 1966.

2   WEBSTER third new international dictionary. Springfield : Merriam-Webster, 1993.

# 1. ORIGENS DO CONFLITO

Em vários estudos encontramos o conflito ligado à tensão. No meio de cada conflito existe uma *tensão*.

Tensão é definida como estado de inquietação ou distúrbio,[3] desassossego interior, desequilíbrio: um sentimento de *stress* psicológico seguidamente manifestado por aumento do tônus muscular e por outros indicadores psicológicos de emoção, um estado de hostilidade latente ou oposição entre indivíduos ou grupos (como classes, raças, ou nações).[4] Muitos estudiosos têm discutido que a tensão é a fonte do conflito, mesmo surgindo de desequilíbrios conscientes ou interações interpessoais.[65] A necessidade de consciência é a unidade básica da formação de tensão na vida das pessoas. A consciência está ligada ao conhecimento de determinada questão, uma atividade mental de pensar, relembrar, aprender ou usar uma linguagem. Em outras palavras, a consciência de algo, o agente de percepção e entendimento; é como a luz na forma e na cor.

A palavra conflito pode estar ligada com várias outros conceitos e provocar entendimentos e sentimentos associados à destruição, raiva, violência e guerra, por um lado, ou alegria, ajuda, fortalecimento e coragem por outro. Algumas doutrinas orientais explicam o conflito como uma reação típica do "eu". Como manifestação de sua natureza, a entidade é centralizada, não sabe agir, espontaneamente, na direção do outro. O "eu" sempre reage quando tem de se manifestar. Denota sempre um movimento centrífugo ao invés de centrípeto.

## 1.1 Teoria do Equilíbrio

O homem tem uma grande necessidade de equilíbrio. Sempre que é impelido por pensamentos ligados a perda, menos valia, e outros, se auto impinge sentimentos de raiva ou outros similares e aí surge a tensão. Em razão disso, o homem tem necessidade de realinhar os elementos de conhecimento para voltar ao estado de conforto no pensar e no sentir. Quando não consegue, daí para frente o conflito se manifesta e consequentemente uma disputa pode facilmente ocorrer.

---

3     Ibdem.

4     Ibdem.

5     McKINNEY, Bruce C., KINSEY, William D., FULLER, Rex M. *Mediator communication competen*cies. Minnesota: Burgess International Group Inc., 1992, p. 5.

## 1.2 Teoria da Congruência

O homem tem necessidade de reequilíbrio psicológico; é o caso da teoria da congruência, que o próprio reequilíbrio. Aqui se entende que, em todas as situações onde existam correspondência positiva ou negativa de avaliações (ex. a luta é inata), existe uma pressão de uma assertiva para a outra sem acarretar o conflito, ou seja, a ausência de conflito. Existe harmonia entre uma coisa e o fim a que se destina; existe coerência, concordância, acordo.

Todas essas teorias procuram e de fato explicam a origem do conflito. Entretanto, a teoria da dissonância cognitiva (vide 1.1) dá melhor ideia do processo psicológico da disputa, tão importante para a sua resolução.

## 1.3 Teoria da dissonância cognitiva

Na proporção em que os entendimentos dissonantes provocam desconforto psicológico, a pessoa tenta reduzir a dissonância para conseguir consonância. Se houvesse possibilidade de avaliar a dissonância numa disputa, um terceiro interventor teria muito mais chance de ajudar a resolver um conflito. A magnitude da dissonância leva as pessoas a usarem várias formas de luta psicológica ou fuga.

Nessa situação não têm condição de trabalhar realisticamente com a disputa.[6] Nesses casos, indicam as pesquisas, ou a pessoa

a) minimiza a fonte do desconforto;

b) subestima ou racionaliza;

c) busca reforço pessoal ou social;

d) distorce a fonte;

e) subestima ou compartimentaliza (ignorando ou esquecendo);

f) tenta convencer a outra parte de seu erro; ou

g) muda seu próprio ponto de vista com relação às questões.

Todas essas maneiras têm o dom de aliviar o sentimento de desconforto e protege contra o sentimento de culpa, geradores do conflito. Ao acusar alguém, julgar ou demonstrar qualquer forma de fuga do problema revelamos nosso desejo de evitar a dor de colocar a responsabilidade do evento em cima de nossos próprios ombros.

---

6    Ibidem. p.15.

MEDIAÇÃO – Uma solução judiciosa para conflitos

A única maneira de reverter o processo do conflituoso é tentar ver a questão sob o ponto de vista do outro, visualizar uma forma de reexame e correção da situação. "O perdão, através do entendimento, sistematicamente reverte nossa percepção distorcida e consequentemente nos permite ver o conflito como ele realmente é. "[7]

É normal e comum verificar-se o desmoronamento de uma parte diante da capitulação da outra. O conflito, na sua manifestação, funciona como uma cela fechada e escura que pode ser aberta em qualquer tempo por qualquer parte, a seu próprio comando. Entretanto, o medo na situação de ignorância e incompreensão provoca uma imobilização nas partes, e no momento em que uma consegue romper o cerco do conflito a outra, tende a capitular.

O papel do terceiro interventor na relação conflituosa é, antes de mais nada, ajudar na detonação dessas barreira através da prática do perdão. O espírito que o norteia é o do entendimento e do perdão para o qual conclama os participantes a fim de reformular a disputa numa perspectiva mais real. Para tanto, existem técnicas de intervenção que auxiliam, mediadores, por exemplo, nessa tarefa.

## 2. CONFLITO E DISPUTA

Os termos conflito e disputa são comumente usados como sinônimos. Não raro, são empregados trocados, o que reflete conceitos, muitas vezes imprecisos e leva a entendimentos inadequados.

Uma disputa é um conflito interpessoal que é comunicado ou manifestado. Um conflito não se transforma em disputa a não ser que participado a alguém na forma de incompatibilidade ou de contestação.[8]

Conflitos aparecem quando as pessoas definem sua posição, se armam em contrapartida e correspondem a infrações nos seus relacionamentos. Podem surgir, por exemplo, quando líderes dirigem a outrem ofensas de forma pública ou privada e estes reagem. Disputas ocorrem quando terceiros se envolvem num conflito, apoiando ou atuando como agentes de entendimentos e a tornam pública.

---

7  Ibidem. p. 17.

8  FORBERG, Jay, TAYLOR, Alison. *Mediation*: a compreensive guide to resolving conflicts without ligation. Washington: San Francisco: London: Jessey Bass Publishers, 1984, p.19.

A importância dessa diferenciação se pauta na necessidade de identificar o mais adequado processo de intervenção. Enquanto somente conflito, a incompatibilidade de interesses pode permanecer indefinidamente não identificada por terceiros e sem efeitos aparentes. Enquanto disputa o conflito ocasiona comportamentos referentes à obrigação. Por exemplo, um agente utiliza seu aparelho de som em alto volume e seu vizinho reclama a um terceiro (o síndico do prédio onde moram, por exemplo), buscando um comportamento diverso.

## 3. CONFLITO E COMPETIÇÃO

Da mesma forma, os termos conflito e competição são empregados como sinônimos, o que também reflete um entendimento impreciso e provoca básica confusão.

Muito embora competição seja fonte e possa provocar desentendimentos, nem toda competição reflete um conflito. As ações competitivas são caracterizadas pela semelhança de metas de agentes diferentes. De tal forma que a probabilidade de sucesso de um diminui proporcionalmente a chance do outro. Os interesses de cada agente estão voltados unicamente para os seus objetivos, sem qualquer cogitação dos interesses do outro. As futuras posições não estão definidas, não existe incompatibilidade com relação a elas.

Num conflito originário de competição, as ações incompatíveis refletem objetivos incompatíveis. O conflito propriamente dito pode acontecer mesmo que não exista incompatibilidade de propósitos. Vários atletas, em determinado torneio, por exemplo, podem almejar o mesmo troféu sem possuírem qualquer conflito quanto aos interesses de cada um. Uma criança, por outro lado, pode competir pelo colo da mãe e revelar um conflito pela sua preferência.

## 4. IMPORTÂNCIA DA DIFERENCIAÇÃO ENTRE CONFLITO, COMPETIÇÃO E DISPUTA

Essa diferenciação tem importância quando se atenta para a escolha do método de resolução de conflitos, ocorrentes tanto num contexto cooperativo quanto competitivo, ou seja, através de processos adversariais ou não-adversariais de resolução. Dentre os primeiros está o processo judicial de resolução, onde um poder interventor determina um ganhador ou um perdedor. Os não- adversariais, com ou sem intervenção de terceiros, conclamam a responsabilidade dos agentes num trabalho de resolução. Dentre esses métodos ou processos está a mediação.

Numa competição não há que se falar em resolução, já que esta se resolve por processo próprio, é a sua própria conclusão.

O conflito é visto como um processo onde a disputa se constitui numa de suas fases, ou seja, numa fase decorrente da primeira que pode ser a própria incompatibilidade. É o momento onde as oposições são manifestadas e reveladas mediante confronto e intercâmbio de forças. São resolvidos, comumente, sem a intervenção de terceiros, mas são observados com maior frequência quando se transformam em disputas. Nesse caso, quando não se resolvem com processos diretos, sofrem ação de terceiros.

Por exemplo, os conflitos intrapessoais, aqueles que existem na esfera psicológica do agente, muitas vezes se transformam em conflitos interpessoais e daí em disputas, mas antes que isso aconteça, não se pode falar em intervenção, mas sim em auxílio. A solução é um processo individual concentrado na configuração de causas e efeitos, e a intervenção tem como alvo o saneamento de causas determinantes do conflito e não a produção de efeitos decorrentes da própria situação conflituosa. A maneira de resolver conflitos intrapessoais é chamada de terapia.

É bem verdade que a análise do conflito não se limitará a essa diferenciação e muito menos será esta que determinará a escolha do processo interventor mas, sem dúvida, se constitui em produtivo ponto de partida para sua escolha.

# Capítulo II

# CONCEITO DE CONFLITO

## 1. ENFOQUE BÁSICO

Onde quer tenha existido ou exista um ser humano, aí se encontra conflito. Um estado de guerra que leva em seu bojo o germe da paz. Esse germe levou o homem a observar o conflito e buscar maneiras de evitá-lo, contorná-lo e resolvê-lo. Uma das maneiras mais conhecida e desenvolvida pela humanidade é o Direito. Dando, hipoteticamente, a quem o que é de quem, segundo Aristóteles, o homem faz justiça e busca a harmonia na terra.

Várias teorias têm sido desenvolvidas ao longo da história e remontam a estudos filosóficos pré-socráticos. Modernamente, Karl Marx, com suas reflexões sobre o conflito social, influenciou algumas correntes que floresceram na Alemanha, na Inglaterra e choveram na América. Mais recentemente, Boulding, Deutsh, Coser, Jandt, Rummel e outros se ocuparam do conflito dentro de uma perspectiva sócio- psicológica, abrindo campo para o estudo do que é convencionado chamar de alternativa de resolução de disputas.

O conflito, numa acepção ampla, denota o confronto de poder na luta de todas as coisas por se manifestar.[1] Numa acepção estrita, se constitui numa categoria distinta do comportamento social onde duas partes tentam possuir o que ambas não podem.

Rudolph Rummel, preocupado com os conflitos sociais, desenvolveu uma teoria na qual considera o conflito tanto uma potencialidade, uma situação, uma estrutura, uma manifestação, um evento ou um processo. Em cada uma dessas formas existe um confronto dialético entre a realidade e a perspectiva

---

1   RUMMEL, Rudolph J. *Understanding conflict and war.* New York : John Wiley and Sons, 1976, v.II, p. 237.

do homem, em entrelaçadas potencialidades, disposições e poderes. O que é perceptível é o movimento do poder, o "toma/larga", o "puxa/empurra", o "dá/toma". Um movimento para frente e para trás. Por essa razão, Rummel define o conflito como o equilíbrio dos vetores de poder.[2] Nenhuma das partes tem poder suficiente para se sobrepor a outra e eliminar o conflito.

É sabido que o conflito ocorre em qualquer lugar e em qualquer pessoa, o que não se sabia, entretanto, era como ocorrem os conflitos e por que ocorrem. Esse foi, então, o trabalho empreendido pelos estudiosos e interessados da matéria.

O conflito ocorre sempre que atividades incompatíveis, oriundas ou não da vontade, existem. As ações incompatíveis podem surgir em uma pessoa, um grupo, ou nação. Nesses casos são chamados de intrapessoal, intragrupal ou intranacional. Ou eles podem refletir ações incompatíveis de duas ou mais pessoas, grupos ou nações e são chamados de interpessoais, intergrupais ou internacionais.

Uma ação que é incompatível com outra ação provoca impedimentos, bloqueios, interferências, injúrias, e torna menos possível e menos efetiva a outra ação.[3] Consolida uma situação de competição na qual cada parte tem conhecimento da incompatibilidade potencial da futura posição da outra parte, mas, mesmo assim, almeja ocupar a posição que é incompatível com a vontade da outra.[4] Um ciclo vicioso de ação e reação no qual uma parte afeta a ação da outra parte que, por sua vez, volta a afetar a primeira e assim por diante. Assim visto, o conflito é um processo dinâmico de interação humana e confronto de poder onde uma parte influencia e qualifica o movimento da outra.

Esse movimento se dá em todas as esferas do relacionamento humano e em todas as faixas etárias, culturais ou raciais. Entre crianças, marido e mulher, empregado e empregador, entre uma nação e outra, etc.

---

2   RUMMEL, Rudolph J. *Understanding conflict and war.* New York : John Wiley and Sons, 1976, v.II, p. 237.

3   DEUSTSCH, Morton. *Distributive justice*: a social psycological perspective. New Haven: Tale University Press, 1985, p. 8.

4   BOULDING, Keneth E. *Conflict and defense*: a general theory. New York : Lanham, 1962, p. 5.

## 2. FASES E NÍVEIS DO CONFLITO

Para melhor explicar sua teoria, Rummel diferencia conflito latente e conflito real ou atual. O primeiro permanece na esfera das perspectivas do homem e o segundo é o resultado da manifestação dessas perspectivas. Diante dessa ideia, o conflito é apresentado em três níveis:

- Potencialidades – É a estrutura do processo de conflito;

- Disposições e poderes – É a efetiva situação de conflito e

- Manifestações – É o conflito manifesto,[5] a exteriorização do conflito.

Entende-se por potencialidades ou estrutura do processo as causas políticas, psicológicas e sociais que compõem o quadro conflituoso e que permanecem latentes no indivíduo ou no grupo sem produzir qualquer efeito aparente. As disposições, nesse espaço, se mantêm opostas e formam a estrutura do processo. A formação onde o conflito encontra todas a condições e elementos para se manifestar. A resolução dos conflitos, nessa fase, exige análise psicológica e, quando é efetivada normalmente, interrompe o ciclo do conflito.

A *situação de conflito* é aquela onde a oposição de interesses, atitudes e poderes é ativada mediante demonstrações, sintomáticas ou explícitas. São manifestações típicas da busca de soluções. O que comumente se salienta, nessa busca, são as ameaças, demandas, terrorismo, assassinatos, agressões armadas e as guerras. É o complexo de atitudes que compõem o conflito, na sua expressão mais definida: o embate ou a disputa.

Rummel ilustra os níveis do conflito afirmando que dentro de uma estrutura de conflito existe uma situação de conflito. Uma porção d'água, dentro de um tubo de 10 metros de comprimento, aquecido numa extremidade e resfriado na outra, apresenta um quadro de disposições opostas para se transformar em vapor ou em gelo. O constante e simultâneo aquecimento e resfriamento da água, nas respectivas extremidades, determina um movimento circulatório dos vetores de poder, o que Rummel chama de balanço ou equilíbrio de poder.[6] A água não vira vapor e nem gelo, cada ação é neutralizada pela ação da outra parte. Essa é a característica principal da situação de conflito.

Similarmente, numa situação social, que acate um sistema legal que legitima a escravidão, como na Grécia Antiga, escravos e senhores vivenciam

---

5    RUMMEL, op. cit. p. 235.

6    RUMMEL, op. cit. p. 239.

uma estrutura de conflito, um espaço para o conflito, mas não uma situação de conflito. Entretanto, se uma religião enfatiza a igualdade e a liberdade de todos os homens, e os escravos se conscientizam de sua condição de explorados e os senhores, por sua vez, são despertados para a necessidade de proteger seus interesses, as potencialidades de conflito da primeira hipótese se transformam e a situação de conflito passa a ocupar o seu lugar. Qualquer ocorrência, como a realização de reuniões secretas ou construção de meios de fuga, manifesta a situação de conflito.

Uma outra ilustração desse processo tripartido é o divórcio. Duas facções, marido e mulher, se opõem para obter resultados idênticos (o melhor interesse dos filhos, por exemplo) em direções opostas. Causas múltiplas, como conceitos diversos de justiça, valores, ressentimentos, etc. (potencialidades), determinam a decisão de separar (disposição e poder) e ativam comportamentos: descumprimento dos deveres do casamento, injúrias e ações retaliadoras, como bloqueio de contas bancárias, ameaças de sequestro de filhos, etc. (manifestações).

Rummel afirma que essa confrontação entre poderes termina em acomodação. Essa acomodação define a estrutura de expectativas sociais, ou ordem social, configuradas em regras, acordos, convenções, contratos, entendimentos, etc. e promovem a harmonia social.

Essa promoção é trabalho dos processos de resolução de disputas.

## 2.1  A espiral de Rummel

Como visto, para Rummel o conflito se constitui numa dinâmica de forças intercambiadas que passam por repetidos espaços, formando uma espiral ascendente, num desdobramento dos níveis apresentados anteriormente. Esse ciclo vai da guerra à paz e da paz à guerra, em cada anel da espiral, percorrendo o caminho em cinco fases distintas e consequentes.

- Latente – potencialidades e estrutura,
- Início – situação de conflito, manifestação,
- Balanceamento de poder – administração de forças,
- Equilíbrio de poder – estrutura de expectativas e
- Interrupção do equilíbrio – acomodação de forças.

Na primeira fase, latente, o conflito é comparado a um reservatório propício e apto para realizá-lo. Entende-se por potencialidades o conflito antes da sua manifestação, configurado na estrutura psicossocial de cada agente. Aqui, os atos de violência, agressão etc., que podem estar presentes em todas as fases, se apresentam latentes nos valores, normas, *status* e significados. É o sistema de atitudes e disposições de comportamento do homem que forma a estrutura do conflito; a maneira pela qual a vontade tenta manifestar os interesses que vão ser tecidos ao longo da fase de balanceamento.

A primeira fase existe no homem e onde quer que exista mais de um homem, um grupo, uma sociedade, uma cultura. Consiste naquelas potencialidades que são transformadas em disposições e objetivos e são agrupadas em papéis, iminências e sentimentos envolvendo religião, autoestima, superego, etc.[7]

A iniciação do conflito se constitui na segunda fase de seu processo e é caracterizada pela manifestação dos interesses através de alguma forma de agressão, seja pessoal ou social. Não se quer dizer que agressão seja causa do conflito, mas quando os interesses sociais são ofensivamente manifestados estabelecem a natureza do processo.

> *"Agressive needs add fuel to the process; agressive attitudes*
> *add substance; agressive temperaments add style."*[8]

A *terceira fase*, a mais significativa de todas, é o momento onde os vetores de poder (na expressão de Rummel) se interpenetram e se chocam, ou se inter-relacionam. Aqui o conflito é o ajustamento das circunstâncias evolutivas. A violência passa a ter lugar e pode ser um veículo dessas mudanças. Quando existe o confronto, envolve, separada ou conjuntamente, poderes intelectivos, manipulativos, altruísticos, autoritários, de negociação ou coação na sua resolução.

A *quarta fase* é caracterizada pela cessação da dinâmica de forças. Aqui o conflito vive o seu momento estático, tanto em razão da capitulação de um dos lados, quanto pelo equilíbrio de poder propriamente dito, ou pelo ajuste de interesses. Ou o mais poderoso subjuga e neutraliza o mais fraco ou os vetores de poder se ajustam. Os instrumentos são a sentença (tudo ou nada), o contrato (dá cá, toma lá), a justiça (causa e efeito), ou a mediação (compleição de interesses). A sentença, ignorando os interesses, impõe o equilíbrio de po-

---

7    RUMMEL, v.2, p. 62.

8    RUMMEL, v. 3, p. 63.

der (equilíbrio de poder não significa igualdade) e as posições ficam definidas através de um poder externo à relação conflituosa, de natureza coercitiva. Ou então um poder abstratamente manifestado, como a negociação, que desarticula as posições e proporciona uma resolução voltada para a satisfação dos interesses, que a sentença ignora. É o caso do conflito que volta à sua fase inicial.

A *quinta fase* existe na erupção da estabilidade dos vetores. É a estabilidade afetada por novas condições, acionadas por tempo ou outros fatores e irrompem o equilíbrio desencadeando um novo processo.

Em resumo, a primeira fase é a transformação do espaço sócio- cultural (pré-conflito) em interesses opostos. A segunda, envolve a decisão de manifestar os interesses opostos e a consequente situação de instabilidade e incerteza (conflito propriamente dito). A terceira é o balanceamento do poder resultante da decisão de manifestar um comportamento conflituoso (agressão ou disputa). A quarta é o equilíbrio de poder por meio de estruturas ou processos (resolução). A quinta é a cola que é cabeça e a cabeça que é cola do processo. O fim e o início da espiral de Rummel.

A espiral do conflito pode acontecer, por exemplo, numa indústria onde existam latentes disponibilidades, estruturas de conflito, presentes nas distâncias entre patrão e empregado. São as diferenças de estilos de vida, condições psicológicas, sociais, econômico-financeiras, etc., que originam o clima de tensão caracterizador da primeira fase do conflito. Tudo está pronto para eclodir numa manifestação, em qualquer momento e por qualquer fato. O corte de determinado benefício, recebido até então pelos empregados, em face de contenção de despesas, pode ser a gota d'água que faltava para fazer jorrar a torrente de uma greve. É uma manifestação genuína de conflito social. Nesse momento, uma intervenção estatal, através de um processo judicial, avalia os atos de agressão e elabora uma nova postura para cada uma das facções, patrões e empregados, levando o contexto conflituoso a aportar em águas obrigatórias. Ele ficará estruturado dessa forma até que novos fatos irrompam sua morte aparente. Sim, porque na verdade as disponibilidades permanecerão na sua área de atuação até que novo laço da espiral se conforme.

Capítulo III

# CONFLITO: SUA RESOLUÇÃO, CONSEQUÊNCIA E FUNÇÃO

Em todos os níveis, psicológico, sociológico ou judicial, o conflito é apontado e tratado como algo indesejável e comumente afastado da seara pessoal ou grupal a qualquer preço. Psicólogos e psiquiatras são procurados para tratar conflitos intrapessoais, juízes e advogados para decidir conflitos de direito. Todos entendem que o conflito leva a situações de perda. Pela potencialidade de violência no conflito, a sociedade o receia, pela sua manifestação o julga e pelas suas consequências imediatas o condena.

Pelas suas potencialidades não há como evitar os conflitos ou suas manifestações. Eles ocorrem onde existe incompatibilidade de interesses. O conflito é próprio da natureza dialética do homem, da alternabilidade dos opostos. Ocorre em todos os níveis como um fato natural e tem funções que à primeira vista não são percebidas. Quando incontidos, se manifestam através de discordâncias verbais, atitudes violentas e mesmo a guerra. Por isso, pela potencialidade de violência contida no conflito, a maioria das pessoas o vê como uma situação negativa, como algo do qual é necessário se livrar o mais rapidamente possível.

> "O conflito é simplesmente a manifestação ou instrumento de mudanças. Reflete o período transacional entre tipos de cultura e a derrocada de normas e valores cristalizados; constitui um conjunto de fases de cristalização e desintegração de congruências entre expectativas e gratificações; é um processo político através do qual um *status quo* é testado ou alterado; ou constitui um fenômeno cíclico."[1]

---

1   MORTON, Deutsch. *Distributive justice*: a social psycological perspective. New Haven: Yale University Press, 1985. p. 23.

MEDIAÇÃO – Uma solução judiciosa para conflitos

O conflito é fator de conhecimento e evolução. É a forja que maleabiliza o metal e forma o instrumento. Invariavelmente, entretanto, é visto de forma negativa porque é confundido com os distúrbios que caracterizam sua manifestação e não identificado com suas consequências. Todavia as consequências do conflito são determinadas pela forma como são solucionados, ou seja, pela maneira como são encarados e administrados os interesses embutidos nos conflitos e suas manifestações.

A maneira como se administra os conflitos pode determinar consequências destrutivas, mas o conflito em si, como parte da dinâmica natural, é construtivo. Pode revelar um relacionamento e não a ausência deste. Pode funcionar como motivação e causa de criatividade. A história nos mostra que em situações de conflito o homem pode exterminar um povo, como na Alemanha durante a II Guerra Mundial, mas pode também fazer surgir instituições de paz, a ONU, por exemplo.

Vários autores se referem ao conflito como problemas de comunicação oriundos de diferentes enfoques da personalidade e "um fato persistente da vida organizacional".[2] Heráclito afirmava que a fórmula para o entendimento da realidade é a observação da perpétua luta dos opostos.

O conflito é instrumental da dialética natural. A energia de movimentação eterna dos opostos, do bem e do mal, do justo e do injusto, do certo e do errado, na sua busca de poder e de recursos. Longe de ser disfuncional, é elemento essencial na formação de grupos e manutenção desses grupos. O homem se agrega muito mais na guerra do que na paz.

Segundo Jandt,[3] o conflito ainda tem as seguintes funções:

a) estabelece os limites dos grupos na medida em que fortalece a coesão e a separatividade;

b) reduz a tensão e permite a manutenção da interação social sob pressão;

c) clareia objetivos;

d) resulta no estabelecimento de normas;

e) sem ele, as relações se acomodam e resultam em subordinação ao invés de entendimento.

---

2   BROWN, H., MARRIOT, L. *ADR principles and practice*. London: Sweet & Maxwell, 1993, p. 44.

3   JANDT, F.E. *Conflict resolution through communication*. New York, 1984.

O conflito é sempre potencialmente de valor pessoal e social e tem várias outras funções. Ele estimula o interesse e a curiosidade e é o meio pelo qual os problemas são equacionados e se buscam soluções. O conflito se constitui na raiz das mudanças pessoais e sociais. É a forma de se avaliar capacidades e possibilidades e buscar novos processos. Além disso demarca um grupo do outro, estabelecendo identidades e diferenças. Conflitos externos propiciam coesão interna.[4]

Na esfera pessoal, o conflito estimula o processo de autoconhecimento. O homem conflitua consigo mesmo na medida em que não aceita sua natureza dialética e luta contra seus próprios sentimentos, sua agressividade, frustração, insegurança, altruísmo e egoísmo. Conflitua em razão de seu *status* de pobreza ou riqueza; em razão de seus conhecimentos, ignorância ou cultura; sua percepção; entendimentos ou estereótipos; em razão de incongruência, etc. Na forma manifesta, todos esses aspectos passam por processos de estudo e esclarecimento e geram mudanças. Essas consequências é que em última análise justificam o conflito, certificam sua função.

Na esfera social, o conflito, frequentemente, ajuda a revitalizar normas existentes que se tornaram sem sentido no tempo e no espaço; ou contribui para o surgimento de novas leis. Funciona como mecanismo de ajuste e adequação de regras a novas condições. Através dessas mudanças e continuidade a sociedade se beneficia. Socialmente o conflito é entendido como fator de diferenciação e cooperação entre os grupos, como resultado de não-segmentadas pressões, superpopulação, ou a falta de ameaças externas.

O conflito é parte integrante do comportamento humano, não existe movimento nem mudança sem ele. A interferência de padrões de energia causada pelas diferenças causa motivação e oportunidade para mudanças.[5]

Todas as tomadas de decisão contêm um elemento de conflito; troca de ideias envolvem conflitos; o processo democrático é construído com base na normalidade do conflito de ideias e interesses.

O conflito se torna prejudicial quando os mecanismos para resolução utilizados são inadequados. Por outro lado, os mecanismos naturais de negociação extraem do conflito o que ele tem de melhor, sua capacidade de gerar satisfação de interesses e resoluções construtivas. Quando esses mecanismos

---

4   MORTON, Deutsch. *Distributive justice*: a social psycological perspective. New Haven: Yale University Press, 1985, p. 9.

5   BROWN, op. cit., p. 85.

MEDIAÇÃO – Uma solução judiciosa para conflitos

são descartados a função do conflito é a produção de violência, desajustes ou outros conflitos.

A administração do conflito ou resolução se faz através de processos que propiciam seu entendimento e o faz através de meios de consenso.[6] Nas relações pessoais e familiares podem ser processos de terapia, consultoria ou mediação. Nas organizações podem ser consultorias ou forças de trabalho, negociação, mediação. Nas relações internacionais, a diplomacia ou a negociação, mediada ou não.

As disputas podem ser administradas por meio de mecanismos judiciais ou contratuais que as levem a arbitramento, julgamento, mediação ou qualquer outro processo que lhes atribua ou facilite solução. Nos Estados Unidos, ordens judiciais e injunções, por exemplo, restringem comportamentos criminais, por arbitramento e mediação.

A função do conflito é determinada então pelas suas consequências que por sua vez são determinadas pelo mecanismo que o administra e o resolve. A decisão judicial, por exemplo, paralisa o movimento vertical do poder, abafa o conflito, interrompe ou acelera o processo de causa e efeito mas não propicia a mudança necessária para a evolução que o conflito pode provocar. A questão então determinante da função do conflito é a escolha do processo de resolução que possa atender aos resultados desejados.

---

6    Ibid.

Capítulo IV

# TIPOLOGIA DOS CONFLITOS

## 1. CLASSIFICAÇÃO

O conflito manifesto, ou a disputa, não é objeto de pronta e fácil classificação. Disputas podem estar relacionadas com bens e podem ser quantificadas, podem ser pequenas quantias ou grandes somas, podem estar relacionadas com direitos, *status*, estilo de vida, reputação ou qualquer outro aspecto da vida comercial ou pessoal. Podem estar ligadas a simples ou complexas questões.

Além disso uma disputa encerra em seu contexto vários tipos de conflitos que podem ser classificados em vários grupos e demandam tratamento diferenciado. Uma pessoa não pode declarar uma guerra mas um país pode; um país não pode sustentar o argumento de "violenta comoção", uma pessoa pode. Ao grupo, por sua vez, é permitido declarar uma greve de classe.

Essa classificação tem a finalidade de facilitar o entendimento do conflito e identificar a melhor maneira de solucioná-lo.

Não existe uma classificação global de conflito. Rummel apresentou-o no processo com várias formas. Partindo dessa separação e de elaborações de alguns outros autores, foi possível formular uma tipologia para o conflito. Em primeiro lugar o estudo da relação entre a manifestação do conflito e sua percepção pelas partes, e dai por diante a classificação quanto ao sujeito, quanto ao objeto, quanto ao interesse, quanto à natureza, quanto aos efeitos ou resultados.

## 1.1 Quanto à percepção e manifestação

Morton Deutch, quanto à percepção e manifestação, classificou o conflito em:

a) *Verídico.* Quando o conflito existe objetivamente e é percebido com exatidão. Não apresenta uma feição circunstancial que pode facilmente ser modificada. Quando duas pessoas disputam o único e último assento num avião que parte em 15 minutos, pode-se dizer que estão diante de um conflito verídico ou verdadeiro. Para sua resolução há que se considerar um critério objetivo: cara ou coroa, ou uma intervenção com poder decisório como a sentença ou a arbitragem.

b) *Contingente.* A existência desse conflito está pautada na falta de reconhecimento ou conhecimento, pelas partes, dos fatores que possam reorganizar a situação, satisfazendo a ambos as demandas. O conflito sobre o espaço no avião seria contingente se houvesse um outro avião saindo no mesmo horário com um espaço disponível. Esses conflitos só não são resolúveis quando as partes assumem posições rígidas ou não reconhecem a situação, comumente pelos fatores emocionais já mencionados.

c) *Deslocado ou subordinado.* O conflito é deslocado quando funciona como sintoma de um conflito real ou verídico. Por exemplo, marido e mulher discutem questões financeiras no processo de divórcio quando na realidade vivem conflitos oriundos de diferentes conceitos de justiça, moral, etc. Normalmente um conflito manifestado esconde um subordinado. Estudantes que discutem o afastamento de um professor alegando questões didáticas podem, na realidade, estar manifestando, sob a forma de conflito, o receio de serem reprovados. Mesmo que possa ser atribuída uma solução para o conflito, as mesmas disponibilidades que eclodiram no primeiro podem se manifestar novamente. O mesmo acontece com as repetidas ações revisionais de alimento que ex-cônjuges impetram em função de conflito deslocado.

d) *"Mal atribuído".* Ocorre nesse conflito um equívoco com relação às partes e como consequência às questões conflituosas. É o caso de conflitos com empregados que obedecendo a ordens dos patrões assumem determinadas posições e passam a responder, por estes, como bodes expiatórios. A maneira de solucionar tais conflitos está condicionada à revelação de suas fontes através de processo de cooperação.

e) *Induzido.* Conflito induzido ou provocado é aquele que existe por uma causa política, religiosa, etc.. Esses conflitos, segundo proposições de Spyder, sociólogo estudioso do conflito, surgem como consequência de desequilíbrio ou ambiguidade de relações de poder enquanto os conflitos reais surgem por incompatibilidade de objetivos. Esse conflito tende a ser muito intenso em razão da coincidência de valores existente em grupos ou pessoas envolvidas, direta ou indiretamente, no conflito.[1] Por envolverem questões ideológicas e concentrarem lutas políticas, dificilmente se ajustam a processos não- adversariais de resolução. Como movimentos pró legalização do aborto, por exemplo.

f) *Latente.* Este conflito está localizado na pré-disposição para o conflito manifesto. No dispor de Rummel, é o espaço para todos os possíveis conflitos, onde significados, valores, normas, *status* e classes têm o seu lugar. As prisões constantemente o apresentam. Detentos, revoltados com a instituição carcerária, povoam esse espaço com disposições e transformam o vazio na dinâmica do conflito manifestado.

g) *Estruturado.* Aqui o conflito ainda não pode ser identificado como tal. É necessária a sua declaração. As disposições já não são latentes mas o conflito ainda não se concretizou. É uma fase transitória entre o conflito latente e o manifesto. Por exemplo, um determinado país em conflito latente com outro por questões territoriais resolve deslocar tropas para o local, objeto do conflito.

h) *Falso.* É a ocorrência de conflito quando não existe fundamento para sua existência. Má percepção ou mau entendimento são causas comuns para o seu surgimento. São inconsistentes e pervasivos, mas podem se constituir em causa para um conflito verdadeiro. Questões culturais, muitas vezes, provocam a ocorrência desse tipo de conflito. "Não foi isso que eu quis dizer...ou não é o que parece ser".

## 1.2 Quanto à esfera de atuação do sujeito

a) *Conflito intrapessoal.* São os choques internos do indivíduo com seus conceitos, normas, princípios, etc., com a sua realidade. Sua abrangência se restringe à esfera pessoal. São conflitos genuinamente afeitos às ciências psicológicas e sua resolução está ligada à terapia. Um trabalho arrojado de resolução de disputas pode atuar sistemicamente com esse quadro. Mais de um processo resolutivo pode ser associado quando um conflito intrapessoal é causa de outro interpessoal. Nesse caso, a mediação e a terapia são utilizadas.

---

1 SPYDER, op. cit., p. 56.

MEDIAÇÃO – Uma solução judiciosa para conflitos     25

b) *Conflito interpessoal.* São situações que surgem entre indivíduos ou entre grupos de indivíduos onde existem posições antagônicas com relação a um bem, um direito, ou um benefício.

c) *Conflito intragrupal.* Ocorre dentro de uma facção social, política ou do trabalho. Esses conflitos têm como causa principal disposições divergentes, ideológicas ou metodológicas.

## 1.3  Quanto ao objeto

a) *Conflito internacional.* Ocorre quando as disposições divergentes incluem questões de política internacional ou direito público internacional. As pessoas envolvidas são pessoas jurídicas de direito público externo.

b) *Conflitos constitucional, administrativo e fiscal.* Incluem questões relativas à cidadania, ao estado, aos direitos e às garantias individuais. Problemas envolvendo autoridades políticas e corpo governamental, tributação, etc.

c) *Conflito organizacional.* Envolve questões oriundas de gerenciamento, estruturas empresarias e procedimentos. São conflitos intra-organizações.

d) *Conflitos trabalhistas.* São conflitos ocorrentes entre sindicatos de empregados e de empregadores, questões entre empregados e empregadores, incluindo disputas industriais.

e) *Conflito comercial.* Ocorre em grande escala oriundo de divergências contratuais, em relações comerciais, sociedades, *joint venture* e outros campos da atividade comercial, bancária, propriedade intelectual, construção civil, etc.

f) *Conflito de consumo.* Envolve questões de direito do consumidor, problemas de preços, qualidade e informações de produtos de mercado.

g) *Conflito de propriedade.* Inclui questões entre inquilino e proprietário. Tem como objeto revisões contratuais de locação, questões possessórias, etc.

h) *Conflito corporativo.* Envolve questões entre acionistas: dissolução e liquidação de sociedades, etc.

i) *Conflitos de dano.* São relativos a problemas de responsabilidade objetiva ou subjetiva envolvendo negligência, imperícia e imprudência. Nos

Estados Unidos são denominados *torts* e são numerosos e frequentes entre sinistrados e seguradoras.

j) *Conflito familiar*. Relativo a problemas familiares. Envolve questões de divórcio, separação de casais, prestação de alimentos, guarda de filhos, divisão de bens da sociedade conjugal, revisão de alimentos, questões de transmissão legítima e testamentária, transações e outros negócios dentro do grupo familiar.

k) *Conflito criminal*. Questões que envolvem o aspecto criminal do dano, questões quanto à honra, contra a vida, etc. Os crimes de estupro, sequestro, terrorismo, têm sido objeto de estudo relacionado com formas alternativas de solução, além da negociação. O *plea bargain* é largamente utilizado nos Estados Unidos. Constitui numa negociação entre o estado e o acusado, a respeito da pena a ser atribuída, mediante a confissão do réu.

l) *Conflito comunitário*. Questões relativas à vizinhança.

## 1.4 Quanto ao interesse

a) *Conflito político*. Quando surge em função de interesse comum, público.

b) *Conflito privado*. Surge nas relações entre particulares, entre indivíduos ou grupos de indivíduos.

## 1.5 Quanto à natureza

a) *Conflito de dados*. Este conflito surge por falta de informação, má informação ou diferentes pontos de vista a respeito da relevância de determinado fato ou matéria. Diferentes interpretações de dados, fatos ou matéria, diferentes procedimentos de avaliação, cálculos, etc. Envolvem questões de fato que podem surgir da credibilidade das partes em si, ou de resultados fornecidos por terceiros, incluindo interpretações baseadas nesses dados. Podem também surgir em função de pareceres legais fornecidos por representantes, em razão de diferenças de opiniões técnicas, fornecidas por profissionais técnicos.

b) *Conflito de interesse*. Tem como causa interesses substantivos, de procedimentos ou derivados de questões psicológicas. É normalmente caracterizado por situações de escassez. A e B querem um bem que só está disponível para um dos dois. Em geral, acontece em transações comerciais. O vendedor quer mais dinheiro do que o comprador está apto a pagar. No comércio este conflito é eliminado pelas operações do próprio mercado. A negociação, em bases não-posicionais, ou seja, com vistas aos interesses das partes, cada dia mais, é usada como meio de resolução desses conflitos. A oposição de interesses surge num conflito interpessoal ou grupal em razão do desejo de minimizar a probabilidade de perda máxima por ambos os lados. Para o comprador não comprar totalmente ou para o vendedor não vender é comumente a contingência mais grave. Pelo menos nas condições do mundo moderno.[2] É o tipo de interação na qual as soluções são encontradas face ao desencorajamento das partes a não valorizarem as questões morais. É necessário realçar que os interesses podem não ser diametralmente opostos. O ganho de uma parte não significa, exclusivamente, a perda da outra.

c) *Conflito de estrutura*. Acontece no seio político, social e psicológico, interno de cada pessoa ou grupo e está além do escopo do processo de mediação.[3] São causas desse conflito modelos destrutivos de comportamento ou interação. Controle, propriedade ou distribuição de riquezas, posições geográficas, físicas e fatores ambientais que dificultam a cooperação, como constrangimento de tempo, desigualdade de poder e autoridade. Os conflitos de estrutura existem em quase todas as disputas, principalmente aquelas relacionadas com questões familiares e delituais. É o que Rummel denomina de espaço do conflito ou estrutura do conflito.

d) *Conflito de valor*. Este conflito é caracterizado por diferenças de percepção do que é ou não é considerável, conceitos de justiça e moral, cultura e atitudes. São critérios diferenciados para avaliação de ideias ou comportamentos. Ex.: Diferentes estilos de vida, ideologias e religiões. Esses conceitos imprimem posicionamentos rígidos e objetivamente se excluem numa disputa, sendo, portanto, raramente negociáveis.

e) *Conflito de relacionamento*. São diferenças de entendimento e percepção oriundas, por exemplo, de uso ambíguo de palavras, estereótipos, pré-conceitos, prevenções, etc. Surge também em função de comportamentos negativos, repetitivos, grandes e fortes emoções. Outro fato é a pobreza de comunicação ou a ausência de comunicação entre as partes conflitantes.

---

2    WILHELM, A., p. 153.

3    DEUTSCH. op. cit. p. 23.27 MORTON, op cit. p. 17.

## 1.6  Quanto à forma

1) *Conflito simples*. São aqueles que encerram somente uma questão, seja relativa a interesse específico, dados, valor, etc. Ex.: preço de determinada mercadoria a ser estipulado, por padrões objetivos ou mercado.

2) *Conflito composto*. São determinados pela pluralidade de questões. Muitas vezes, as questões conflituosas inter- relacionam-se e exigem um trabalho de separação e enfoque de cada questão, individualmente.

## 1.7  Quanto aos seus efeitos

1) *Conflito destrutivo*. O efeito destrutivo do conflito sobre as partes se dá quando os participantes estão insatisfeitos com os resultados e se sentem prejudicados em consequência daquele.[4] Uma discussão entre marido e mulher, por exemplo, como manifestação de um conflito de estrutura, pode gerar amargura e afastamento. Morton salienta que é mais fácil distinguir e medir resultados construtivos de um conflito em laboratórios de situações do que em situações do dia-a-dia, mas afirma que a análise desse resultado pode ser feita de qualquer forma.

2) *Conflito construtivo ou produtivo*. Por outro lado, quando os participantes estão satisfeitos com seus resultados e sentem que ganharam em consequência do conflito, ele é produtivo. Logicamente um conflito que beneficia ambas as partes é mais construtivo do que o que beneficia somente uma delas. Uma discussão entre marido e mulher pode gerar resultados positivos na medida em que o estado de ânimo dos cônjuges facilita a expressão de determinados sentimentos desconhecidos pela outra parte e consequentemente gera maior confiança e intimidade.

### 1.7.1 Graus de insatisfação das partes

Christopher Moore, interpretando teorias de K. Thomas e Clark & Cummings, elaborou o gráfico abaixo estabelecendo graus de insatisfação das partes. Os graus de insatisfação vão de 0 a 10 quando as partes ganham ou perdem numa disputa.[5]

---

4    MORTON, op cit. p. 17.

5    MOORE, C. *The mediation process: practical strategies for resolving conflict*. San Francisco : Jossey Bass, 1986. p. 73.

## Gráfico de Moore

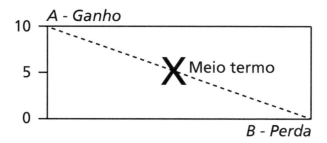

De acordo com o gráfico, Moore classificou o conflito quanto ao resultado em 4 tipos: perda/ganho, impasse, meio-termo e ganho/ganho.

1. *Perda/ganho*. São explicados pelos pontos A e B do gráfico. A parte A ganha e B perde no ponto *b*, A satisfaz todos os seus interesses na disputa e B não satisfaz nenhum. Segundo Moore, situações de perda/ganho são comuns quando:
   a) uma parte tem poder esmagador sobre a outra parte;
   b) o futuro relacionamento das partes não é considerado;
   c) o interesse de "ganhar" ou "vencer" é muito grande;
   d) uma parte é extremamente assertiva e a outra é passiva ou não tão agressiva quanto o "vencedor";
   e) a satisfação dos interesses dos disputantes não é dependente de mútua cooperação;
   f) uma ou mais das partes não é cooperativa.[6]

2. *Impasse*. No gráfico, impasses estão presentes no ângulo da base esquerda. Ocorrem quando as partes não são capazes de fazer acordo:
   a) ambas as partes decidem evitar o conflito por alguma razão;
   b) nenhuma das partes tem poder suficiente para forçar a questão;
   c) existe no relacionamento:
      . Falta de confiança.
      . Comunicação pobre.
      . Excessiva emoção.

---

6   MOORE, op. cit. p. 16.

d) método inadequado de resolução;

e) os obstáculos para ganhar são irrelevantes e nenhuma das partes se importa com a disputa;

f) os interesses das partes não são declarados;

g) uma ou mais das partes não é colaborativa.[7]

3. No gráfico de Moore os resultados são apresentados pela parte central da linha diagonal. O *meio-termo* ocorre quando:

a) todas as partes modificam seus objetivos.

b) desistem de uns objetivos em função de outros.

Acontecem quando:

a) nenhuma das partes tem poder para ganhar totalmente;

b) o futuro e positivo relacionamento dos disputantes é importante mas não existe confiança mútua suficiente para permitir um trabalho de resolução conjunto;

c) As dificuldades para que se atinjam os objetivos são relativamente grandes;

d) ambas as partes são assertivas;

e) os interesses de ambas as partes são mutuamente interdependentes;

f) as partes têm certa liberdade de ação para cooperar e transacionar.[8]

1. *Ganho/ganho*. O resultado de ganho do conflito ocorre quando todas as partes almejam que todos os interesses sejam satisfeitos. Para tanto, encontraram condições mútuas para propiciar essa satisfação da seguinte forma:

a) não permaneceram engajadas em luta de poder;

b) consideraram e valorizaram o relacionamento futuro;

c) foram assertivas buscando a solução dos problemas de maneira conjunta;

d) os interesses das partes foram mutuamente interdependentes;

e) as partes se sentiram predispostas e à vontade para cooperar e se engajar de maneira conjunta na solução dos problemas;

---

7    Ibidem.

8    Ibidem.

## 2. IMPORTÂNCIA DA CLASSIFICAÇÃO

A importância dessa classificação se baseia na necessidade de se identificar a melhor maneira de atuação dos disputantes no processo de resolução de conflitos. A identificação dos interesses e do perfil dos disputantes contribui para a eficácia da resolução e o método é aquele que melhor permitir que as partes alcancem o resultado de ganho/ganho. Na medida em que as posições das partes são relegadas a segundo plano em razão dos interesses, independentemente do tipo de conflito, a solução é mais provável de acontecer em bases construtivas. Em princípio, todos os conflitos podem ser positivos.

A definição e explicitação dos objetivos das partes em relação aos conflitos é que determina se o conflito é construtivo ou destrutivo. Em tese todos os conflitos podem ser construtivos. A paridade dos resultados (ganho/ganho) é que espelha a sua positividade. Uma greve de siderúrgicos pode ocasionar grandes prejuízos, mas a negociação nessa mesma greve pode propiciar soluções para problemas da classe com vantagens sócio-econômicas para ambas as partes.

O conflito tem consequências positivas quando seus resultados são desejados pelas partes.[9] Num conflito familiar quando marido e mulher se acusam mutuamente, presos a posições de vítima e de algoz, desencadea-se rancor e cobranças futuras. A dor retesada nos corações das pessoas se transforma em ira e amargura. Mas quando essa mesma dor é participada, se constitui em fator de confiança e pode ser encarada como um meio de melhorar as condições da família, passa a ser fator positivo. Dá-se, então o conflito construtivo.

Os dois tipos de conflito, construtivo e destrutivo, positivo ou negativo, emergem em função do grau de cooperação e de competitividade das partes dentro do processo de resolução. O processo competitivo adversarial origina vencedores, o processo cooperativo determina ganhadores. É entendido por historiadores e sociólogos, de um modo amplo, mesmo que uma parte vença a disputa, não logra um conflito construtivo pois a satisfação de objetivos unilaterais ou individuais cristalizam o egocentrismo, auxiliam o totalitarismo e, no tempo, provocam consequências sempre destrutivas.

O fato ou fatos geradores do conflito no processo cooperativo são separados do sujeito do conflito. Não se busca vítimas ou algozes, o importante é atacar a questão, ou questões envolvidas no conflito. Um defensor público,

---

9   MORTON, op. cit., p. 8.

numa Vara Criminal em Minas Gerais, dizia enfaticamente que o primeiro arrazoado, em qualquer defesa criminal, deve ser pautado no perfil do sujeito. "Separo", afirma o defensor, "o fato criminoso do agente, enaltecendo toda sua vida positiva: saliento seu trabalho, o bom conceito que tem dele vizinhos e colegas ao mesmo tempo em que procuro denegrir a imagem da vítima. Quanto mais distancio o fato do agente, mais chances tenho de vencer."

**Posições das partes diante do conflito**

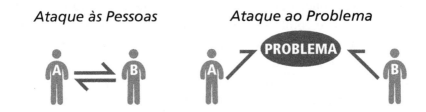

No processo destrutivo, uma parte ataca a outra, no cooperativo, ambas atacam o problema. Não adianta atacar um país que provoca poluição. O importante é engajá-lo numa solução comum, porque a condição ambiental do planeta só será conseguida por um país se o outro também alcançar. Se a questão é educação de filhos, o problema é comum aos pais e não existe nenhuma vantagem em valorizar um e desvalorizar o outro. O esforço de ambos é necessário para solução do problema comum.

Capítulo V

# CONFLITO E RESOLUÇÃO DE DISPUTAS

Basicamente, à luz dos estudos sócio-psicológicos, mas numa perspectiva de resolução, pode-se definir a disputa como um processo que envolve duas ou mais partes, e percorre uma dinâmica evolutiva composta de nove fases/conflitos:

## Dinâmica evolutiva do conflito

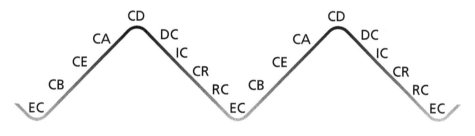

EC - estrutura do conflito;
CB - conflito básico;
CE - conflito existente;
CA - conflito aparente;
CD - conflito declarado;
DC - decisão;
IC - intervenção;
CR - Resolução; e
RC - Efeito ou resultado.

(EC) *Estrutura do Conflito* – São os pilares de cada personalidade. O conjunto de fatores, inatos ou adquiridos, que constituem a própria pessoa na sua essência valorativa e/ou perceptiva, as condições preliminares do conflito. Mediante qualquer intervenção, mental ou emocional, podem ser aflorados e manifestados. Esse estado é latente em todas as pessoas e grupos de pessoas.

(CB) *Conflito básico* – Em qualquer pessoa ou em qualquer grupo envolvidos numa disputa, existe uma base para o conflito ou conflito básico. Ele é composto de todas as condições e antecedentes da pessoa e formam seu estado psicossocial. É o universo pessoal de sentimentos (ira, inveja, ciúme, desejo, afeto, etc.) e conceitos (condições sociais, raciais, cultura, valores, costumes, etc.) que personalizam cada pessoa e estruturam o conflito. Esse estado permanece latente e não se manifesta, na maioria das vezes.

(CE) *Conflito existente* – Entretanto, a intensidade desses sentimentos, o grau de inflexibilidade dos conceitos e a ocorrência de fato ou oportunidade favoráveis à sua ativação é que podem transportar o conflito-base para um estágio seguinte. Essa fase se caracteriza pelo afloramento desses sentimentos e conceitos e a correspondente incompatibilidade dos mesmos com relação à outra pessoa ou grupo. Dá-se, então, o reconhecimento do conjunto desses fatores, antes contidos. Esse reconhecimento é o conflito existente. Um marido, por exemplo, pode reconhecer que não aceita a situação doméstica da maneira como vem ocorrendo; o consumidor reconhece que vem pagando pelo que não está consumindo; uma classe conclui que está sendo explorada, e um país entende que tem direitos não reconhecidos, etc.

(CA) *Conflito aparente* – O terceiro momento ocorre quando o conflito identificado passa a ser configurado através de expressão ou atitude. São ameaças, turbações, hostilidades, medos e desconfianças manifestadas que formam o quadro conflituoso na sua terceira fase, conflito aparente.

(CD) *Conflito declarado* – A fase subsequente, o conflito é declarado como tal. É caracterizada por ações de agressão, competição e debate. É o conflito expresso e manifestado como disputa.

(DC) *Decisão* – O conflito aqui chega ao seu ponto crucial, seu *bottom line,* a crise, quando as partes tomam consciência da dimensão do problema, visualizam uma solução e a correspondente busca e escolha da maneira de resolvê-lo. Pela guerra, pela ação judicial, pelo acordo, etc. É uma pré-avaliação das consequências do conflito que estão intrinsecamente ligadas ao processo de resolução.

(IC) *Intervenção* – A fase seguinte é a fase de resolução propriamente dita. Pode resolver-se por si, ou sofrer interferência. Essa interferência atua como poder decisório ou como reforço de poder. Quando a intervenção de terceiro atua com poder decisório retira das partes qualquer poder de decisão ou qualquer controle sobre o resultado do conflito. A sentença, por exemplo, é uma decisão de terceiro, o juiz, que define as posições de ganhador e perdedor. A intervenção neutra não tem poder decisório mas tem como função reforçar o poder dos disputantes para resolver o conflito. Dessa forma verifica-se que existem algumas maneira de se equilibrar o poder num conflito:

a) com autoridade (legitimidade);

b) através da coerção (legalidade);

c) negociação (intercâmbio e equilíbrio de poder).

Por que existe equilíbrio de poder na negociação? Em primeiro lugar, porque uma negociação voltada para a satisfação de ambas as partes não pode acontecer quando cada negociador permanece dentro de posições. É sabido que atrás de cada posição existem interesses. As posições terão então de ser substituídas por esses interesses. Quando isso acontece, o processo ultrapassa a seara limitada de confronto e passa a funcionar de forma mais criativa. Por exemplo: uma empresa decidida a destruir uma floresta está interessada no dinheiro que a madeira adquirida pode produzir. A comunidade local luta através de manifestações públicas para preservar o ambiente. Uma facção quer destruir a floresta e a outra quer impedir (posições). Na verdade, a empresa quer dinheiro e a comunidade quer a continuação do prazer que a reserva natural proporciona. Com autoridade ou com legalidade um ou outro objetivo deverá ser atendido, um ganhará e o outro perderá (perda/ganho). Na negociação, os objetivos têm de ser ampliados ou modificados por novas opções como, por exemplo, a implementação de um centro turístico. A comunidade não perde a floresta e a empresa fatura com o turismo e pode lucrar ainda mais. A definição dos interesses equilibra o poder das partes e proporciona a negociação.

(RC) *Efeito ou resultado* – Esse é o produto do processo evolutivo de resolução. Abrange as partes de maneira proporcional, dependente do método de resolução. Esse resultado como foi visto, quando construtivo, é decorrente de uma intervenção neutra. Uma intervenção neutra previne o resultado destrutivo do conflito.

## 1. A QUESTÃO

A questão básica desse trabalho não se resume, entretanto, na observação do conflito e seus efeitos sociais. Não se limita a distingui-lo em suas várias formas e descobrir se é construtivo ou destrutivo, nem tampouco prevenir o conflito no contexto pessoal ou social. O escopo desse trabalho é entabular o caminho construtivo do conflito seja qual for sua configuração.

Qualquer conflito pode ser construtivo ou produtivo. Dependendo de como as partes consideram os interesses, eles podem ser cooperativos ou competitivos.

Numa situação cooperativa, as metas dos participantes estão tão ligadas que nenhuma parte pode conseguir seu intento, se a outra também não o obtiver (promoção de interdependência).[1] Vale repetir o exemplo da saúde ambiental do planeta que só poderá ser assegurada por um país se o outro também o fizer. Ou a educação dos filhos que melhor será promovida se os pais estiverem juntos no empreendimento.

Na situação competitiva de objetivos, os participantes estão ligados a uma condição onde existe uma correlação negativa entre seus efeitos. A Comunidade, no conflito com a empresa madeireira, perde o direito ao uso da floresta enquanto a empresa preserva o trabalho de seus empregados, ou a empresa demite em massa e a comunidade continua a usar a floresta. A vitória só será conseguida por uma parte interessada se esta eliminar a possibilidade da outra.

O interesse primordial do trabalho está em enfocar o conflito real como ele se apresenta, ou seja, com um potencial composto de interesses cooperativos e competitivos. Para estes uma variedade de resultados pode ocorrer: mútuas perdas, mútuos ganhos, perda/ganho. O importante é não descartar o conflito, seja com interesses cooperativos ou competitivos, e fazê-lo produzir resultados produtivos.

O conflito é determinado pelo que é valorizado pelas partes conflitantes, pelas suas crenças e percepções.[2] Mesmo que essas crenças e percepções não sejam imutáveis, é mister o levantamento dos interesses convergentes e competitivos para que um conflito passe a ser produtivo. Às vezes somente um

---

1    MORTON, op cit. p. 20.

2    Ibidem.

método competitivo pode produzir resultados. É possível assumir, entretanto, que o processo de intervenção há de ser de tal forma que a avaliação do poder de ganho de cada parte esteja ligado aos interesses e seja promovido pelas próprias partes envolvidas na disputa. São estas que decidirão sobre os ganhos e as perdas e estabelecerão seu grau de satisfação. O sucesso sobre esse desafio é a resposta para a questão. Quanto mais satisfação existir entre os disputantes, mais produtivo é o conflito e mais construtiva é a disputa.

## 2. SOLUÇÃO, RESOLUÇÃO E ADMINISTRAÇÃO DE CONFLITO

As expressões são usadas comumente para designar meios destinados a dar ou promover resultados para conflitos. Se considerarmos o conflito como uma situação onde existam atividades incompatíveis que se chocam; onde exista divergência de interesses, confronto de poder e diversidade de valores, comportamentos e objetivos, todas as expressões, tanto administração, quanto solução ou resolução de conflitos, podem ser usadas. Entretanto, se considerarmos o conflito como um agente de resultados para os quais estão voltados todos os envolvidos como forma de satisfação dos interesses e sua consequente produtividade, as expressões assumem significados bem diferentes, e resolução de disputa é a expressão mais apropriada.

Por solucionar um conflito entende-se extinguir um conflito. Não importa como: de forma legítima ou ilegítima, legal ou ilegal. O processo de solução tem como escopo pôr fim ao conflito, criar um estado de uniformidade de propósitos ou meios.[3] Uniformidade significa a morte do conflito. A mãe, conclamada a decidir com quem fica o controle remoto da televisão, ao designá-lo para um dos filhos, ou mesmo retirá-lo de circulação, dá uma solução para o conflito. A sentença judicial, de outro lado, promove, em tese, o equilíbrio de poder e determina um ganhador ou um perdedor, e também soluciona o conflito. Os métodos de solução vão desde a simples desistência da disputa, numa extremidade, até a violência, na outra. O objetivo, todavia, desses meios, é comum: não é o resultado positivo ou negativo do conflito, mas sobretudo seu fim.

---

3   FOLBERG, op. cit. p. 25.

A administração do conflito, por sua vez, somente realinha ou converge suficientemente os propósitos ou meios para submeter as forças opostas a um acomodamento. Ocupa-se em neutralizar os choques e minimizar os danos que a situação pode provocar. Uma empresa, através de seu administrador, pode protelar, mediante novos compromissos ou estabelecimento de alguma compensação, o pagamento a seus credores. Um governante pode desviar a atenção de uma disputa interna através da divulgação e de disputas. A administração do conflito não exige sequer a identidade de propósitos, métodos ou processos voltados para um resultado positivo do conflito, nem atenta para o alinhamento de interesses e forças. Demanda atos que, simplesmente, permitam a continuidade do relacionamento das partes, sem interferir ou atuar no conflito propriamente dito.

A resolução de disputas envolve manipulação das relações sociais através de técnicas de interação e objetiva restaurar essas relações em nível de legitimidade. Não necessariamente determina mudanças de valores ou modelos sociais, nem significa uma solução permanente. Diferente da administração ou solução de conflitos, que podem ou não perdurar até que outros fatores desencadeiem um novo conflito.[4] A resolução não se limita a aliviar as tensões e contemporizar os problemas. Não só elimina o conflito e com ele as relações, mas reestrutura o momento conflituoso em bases próprias.

## 3. MODOS DE RESOLUÇÃO DE CONFLITOS

Existem algumas maneiras básicas, tradicionais ou alternativas de resolução de conflitos interpessoais ou intergrupais. Essas maneiras são usadas em nossas relações sociais, comerciais, institucionais, legais e interpessoais. São elas: desistência do conflito, negociação, representação e o julgamento. Várias outras derivam dessas.

Todas essas maneiras exigem das partes em conflito investimentos de ordem pessoal e financeira que variam em intensidade e quantidade, de acordo com cada modo empregado. Os investimentos aqui considerados são: tempo, dinheiro, agravamento das relações, ansiedade e controle.[5]

---

4 HAYNES, J. M., GRETCHEN, L. *Divorce mediation*; case book stratégies for successful family negotiations. San Francisco : Jossey Bass, 1989, p. 237.

5 KENNETH, R. R. *Mediation a basic approach*. Altamonde Springs, F1, Academy of Dispute Resolution, Incorporated, 1995, p. 3.

## Investimento nos Processos de Resolução de Conflitos

| | DESISTÊNCIA | NEGOCIAÇÃO DIRETA | REPRESENTAÇÃO | ARBITRAGEM |
|---|---|---|---|---|
| TEMPO | Nenhum | Algum | Razoável | Razoável |
| DINHEIRO | Nenhum | Nenhum | Considerável | Considerável |
| AGRAVO | Nenhum | Muito Pouco | Algum | Algum |
| STRESS | Algum | Muito Pouco | Pouco | Algum |
| CONTROLE | Absoluto | Total | Muito Pouco | Algum |

| | MEDIAÇÃO | CONCILIAÇÃO | PROCESSO JUDICIAL |
|---|---|---|---|
| TEMPO | Pouco | Algum | Muito |
| DINHEIRO | Algum | Algum | Muito |
| AGRAVO | Nenhum | Algum | Muito |
| STRESS | Muito Pouco | Algum | Muito |
| CONTROLE | Total | Muito Pouco | Nenhum |

Na terapia, tempo: considerável, dinheiro: considerável, agravo: nenhum, stress: nenhum; controle: pouco.

## 3.1 Desistência das questões

*Avoidance,* como é denominado nos Estados Unidos, ou "evitar o conflito", é o modo mais simples e de certa forma o menos dispendioso. Implica a aceitação das questões de acordo com o ponto de vista do opositor, sem qualquer discussão com relação à veracidade dos fatos, sua legalidade ou quanto à precisão dos dados que envolvem as questões. É o que a expressão popular chama de "engolir o sapo" ou esportivamente dizer, "deixa pra lá". Pode ser que exista alguma tensão psicológica nessa maneira de resolução, mas seguramente não implicará em dispêndio de tempo ou dinheiro, pelo menos em virtude do método resolutivo. Além disso, possibilita a continuidade do relacionamento e as partes têm absoluto controle sobre o resultado do conflito.

## 3.2 Negociação direta

A negociação direta é o modo mais completo e complexo de resolução. Comporta um grande investimento pessoal no que se refere ao envolvimento direto das partes e sua responsabilidade pelo resultado do conflito. Duas ou mais pessoas ou grupos se reúnem, identificam e discutem as questões em disputa, apresentam fatos e usam todo tipo de informação para suportar o processo. Implica um engajamento e comprometimento conjunto com as decisões. A não ser que aconteça um impasse, as partes podem ajustar suas diferenças, porque têm total controle sobre o processo.

Como a negociação direta é um processo informal, são considerados todos os fatores que envolvem o conflito e eventualmente emergem na negociação: fatores psicológicos, socioculturais, legais, etc. Esses fatores podem ser conflitos intrapessoais e não são resolvidos pela negociação, mas sua expressão e manifestação são plenamente comportadas dentro da negociação direta.

O investimento financeiro, nessa forma de resolução, é relativamente pequeno. As partes, basicamente, fazem todo o trabalho e não requerem, compulsoriamente, nenhum tipo de representação ou intervenção. As partes são livres para trazer informações e pareceres de outros profissionais, entretanto não estarão comprometidas a eles.

Basicamente, o processo de negociação direta, na sua forma mais objetiva, ou seja, voltada diretamente para o problema, passa por cinco estágios:

1) Identificação do problema. É fundamental o levantamento das questões a serem negociadas.

2) Comunicação a pessoas envolvidas no problema. O conflito só se manifesta quando é comunicado a outra parte, quando se transforma em disputa.

3) Desenvolvimento e apresentação de possíveis soluções. A criatividade na apresentação de soluções é o que faz dessa forma de resolução a mais completa dentre todas as outras.

4) Decisão de alternativa. Como as partes têm poder, têm também total liberdade e responsabilidade de apresentar, em conjunto qualquer opção.

5) Ação de resolução. Implica a decisão de qual procedimento final deve ser acatado e a posterior ação de cumprimento da decisão.

## 3.3 Mediação

Com a mediação, o conflito é trabalhado com a estrutura designada pelas partes. Com isso, o tempo passa a ser exíguo, já que as sessões de mediação são geralmente estipuladas em períodos de quatro horas. Basicamente, pode-se

MEDIAÇÃO – Uma solução judiciosa para conflitos    41

avaliar, pelas sessões introdutórias, a durabilidade de todo o processo, que é resolvido em até 4 (quatro) sessões.

O gasto, pode-se dizer, é o menor de todos os outros métodos, sabido que o mediador cobra por sessão ou hora e despesas de viagem, quando houver, e os gastos com administração são, normalmente, muito pequenos.

Não há o que se falar em agravo. É quase impossível sair de uma sessão de mediação com uma disputa mais acirrada do que antes do início do processo. A atuação do mediador está baseada na aproximação das partes e aclareamento e reconhecimento das questões em conflito.

O stress é muito pequeno considerando-se o tempo e o função do mediador de acalmar as partes permitindo seu desabafo e expressão e o controle é quase total pois nenhum passo é adiantado sem a aquiescência das partes.

## 3.4 Arbitragem

Diferentemente do julgamento nos tribunais, o arbitramento ou arbitragem é uma forma de resolução de conflitos informal. Tem também caráter privado e baseia-se na voluntariedade das partes. A despeito da característica de informalidade, pode pautar-se em estruturas de princípios e de leis e/ou acatar o conceito de equidade dos árbitros. O investimento em tempo é menor do que o julgamento judicial e ainda não comporta apelações quanto ao mérito. Por outro lado, não se pode dizer que seu custo seja menor.

Entretanto, a possibilidade de agravo é pequena, considerando- se que a escolha pelo interventor imparcial é voluntária e muitas vezes contratual, no que denomina-se cláusula arbitral, e a confidencialidade, uma de suas características, ajuda na prevenção ao agravo.

Como pode contar com exibição de provas e arrazoados, bem como a presença de advogados em defesa de direitos, pode apresentar algum stress, que existe aos moldes do julgamento. Apesar de menor, o stress ainda existe aqui, sendo o controle das partes quanto ao mérito da disputa quase nenhum.

A despeito de a arbitragem ser um processo privado, sua resolução depende do arbítrio de terceiros, consequentemente, seu controle, ao sair das mãos partes, passa a ser quase nenhum.

## 3.5 Representação

A representação é nada mais do que a delegação de poder para promover a negociação. Consiste no ato de transferir a terceiros o poder de atuar em prol dos interesses envolvidos no conflito. Legalmente, esses poderes são outorgados a advogados que, à luz de critérios objetivos e legais, apresentam e decidem as questões conflituosas. Quando a representação é legal, se torna mais simples. As discussões se restringem a questões de interpretação de leis e apresentação de dados e fatos.

Na representação, a parte perde o controle das decisões, porque a negociação com representante também é um processo dinâmico e criativo. No seu desenrolar surgem muitos fatores não previstos. A dificuldade da representação se resume no fato de que, por mais poder que seja delegado, este será sempre limitado. O *bottom line* ou limite será sempre estabelecido pela parte interessada e não pelo negociador direto. Negociadores costumam questionar representantes à respeito desse poder e aqueles mais experimentados costumam descartar negociadores que não têm amplo poder de decidir dentro da negociação.

## 3.6 Julgamento

O julgamento é o modo tradicional de solução de conflitos. Como instituição, os tribunais têm desempenhado esse papel e o direito e as leis têm sido os instrumentos norteadores das questões conflituosas. A resolução se dá mediante um processo judicial onde o terceiro interventor tem poder de decisão. O julgamento, em tese, tem a grande vantagem de propiciar o equilíbrio de poder onde as partes recebem um tratamento de estrutura, e como tal, rígido. Além disso, são enquadradas em conceitos e princípios gerais e abstratos, reduzindo todos os casos a determinados parâmetros, legais, jurisprudenciais e doutrinários. Tem, contudo, a grande desvantagem de deixar de lado as nuances particulares de cada caso e isolar a parte do processo resolutivo.

Atualmente, o grande empecilho da solução de conflitos através dos tribunais é o tempo. O acúmulo de casos a serem julgados e os prazos processuais demandam um grande investimento temporal sempre considerável.

Quanto aos gastos financeiros, o julgamento também deixa a desejar. Além dos custos do processo, diligências, pericias, etc., existem os honorários advocatícios que se constituem uma fatia considerável do investimento financeiro desse modo de solução de conflitos.

Raramente sentenças judiciais são aceitas por ambas a partes e propiciam satisfação comum. Por esse motivo, relações, sejam comerciais, familiares ou civis, sob a égide desse processo, tendem a se estremecerem e, muitas vezes , se romperem.

Nesse processo o *stress* e a ansiedade das partes chega ao seu limite máximo. As partes não têm qualquer controle sobre o resultado do conflito. Representantes legais apresentam arrazoados dos fatos, provas documentais e/ou testemunhais, mas o juiz tem total responsabilidade pela decisão final.

Esse modo de resolver conflitos se baseia, segundo Folberg, nas seguintes premissas lógicas:

1) Parte I quer A;

2) Parte II quer B;

3) A e B são mutuamente exclusivos;

4) A ou B deve ser selecionado;

5) Não existem opções. (Folberg, 1984, p. 26) (Pé de página, op cit.)

As partes conflitantes apresentam sua versão dos fatos e seus pontos de vista. Advogados estruturam esses fatos à luz de sua interpretação legal e o revestem de provas. O julgador decide baseado em critérios de justiça, pautado em leis, jurisprudência, doutrinas, costumes, etc., mediante as provas apresentadas.

O julgamento judicial é uma, dentre as várias formas de solução ou resolução de disputas. Pela tradição, e por ser exaustivamente utilizado pela sociedade em geral, é considerado o caminho normal de resolução colocando os demais na categoria de alternativa. Entretanto, é possível assegurar que, antes das vias judiciais, existem inúmeras outras maneiras de resolver um conflito. O juízo é a alternativa, em última instância.

## 3.7 Terapia como resolução

O aconselhamento, como é também chamada essa maneira de resolver conflitos, se constitui num processo à parte dos vários outros utilizados. Esse é o único que se aplica aos conflitos intrapessoais. Entretanto, adaptações do modelo terapêutico já existem nos Estados Unidos, e são utilizados em processos de resolução de conflitos interpessoais, principalmente em problemas familiares. Com boa reputação, existem naquele país, sistemas de resolução de disputas denominados *"Conjount Family Therapy"*. Além dessa aplicação, a literatura sobre gerenciamento de negócios, recursos humanos e administração, essencialmente, descreve o modelo e o recomenda para prevenir, eliminar ou gerenciar conflitos no ambiente de trabalho.

No contexto da resolução de disputas, a terapia é vista como um instrumento de gerenciamento melhor do que a imposição de decisões aos subordinados. Segundo esse método, as partes são conclamadas a participarem lado a lado na busca de entendimento para seus problemas. Nessa trajetória não são descartados os conflitos psicológicos que envolvem a disputa. Ao mesmo tempo em que se faz terapia, se enfocam as questões interpessoais ou intergrupais.

## 4. OS SUJEITOS DO CONFLITO

### 4.1 Partes

Os sujeitos do conflito são denominados partes. O termo é empregado para designar indivíduos ou grupos de indivíduos, agentes culturais, colisões, classes sociais, pessoas naturais, pessoas jurídicas de direito público e de direito privado (nações, organizações, organismos, etc.). O termo *parte* se refere a unidades analíticas, independentemente do nível de generalidade, *entre* as quais e, em outros casos, *dentre* as quais o conflito tem lugar. Quando se trata de partes envolvidas em processos não adversariais de resolução, pode-se chamá-las de partes interessadas, considerando a participação de cada pessoa, ou grupo, nos fatos que envolvem o conflito. Mesmo porque, no início de uma mediação, por exemplo, as pessoas estão concentradas em suas posições e somente no desenrolar do processo, normalmente, passam a tratar de seus interesses.

### 4.2 Identificação

A primeira questão relativa ao estudo do conflito é a identificação das partes, que nem sempre é evidente. Muitas vezes, o verdadeiro sujeito está oculto por outras pessoas sem efetiva ligação com o conflito. Por exemplo, numa greve entre siderúrgicos e empresas montadoras, o que aparenta ser uma luta de classes pode, na realidade, não passar de uma disputa política entre dirigentes sindicais. Simpatizantes do movimento da não-derrubada de árvores numa determinada região podem ser confundidos com as partes reais num conflito entre uma madeireira e a prefeitura da cidade.

Nessas condições, o que na realidade são meros observadores ou neutros, não tecnicamente envolvidos, podem ser considerados partes. O observador

MEDIAÇÃO – Uma solução judiciosa para conflitos    45

e o participante podem não ser os mesmos. Para que o problema da identificação das partes permaneça no terreno do exercício metodológico, Spyder salienta o conflito "induzido", qual seja aquele provocado por agentes de um conflito real, e que pode mistificar as partes.[6]

A má identificação ocorre mais frequentemente em conflitos intergrupais, porque os valores grupais estão reforçados pelos mesmos valores dos indivíduos que compõem o grupo observador. Nessas circunstâncias, identificar a parte real do conflito passa a ser um trabalho de "busca do inimigo". Uma vez encontrado e, desde que haja interação conflituosa, ou seja, existência de questões em confronto e propósitos e interesses divergentes, a outra parte é revelada.

Essa identificação tem importância, principalmente no campo de resolução de disputas do trabalho. A grande ocorrência de greves de trabalhadores, que são conflitos de grande relevância social, demanda métodos não-adversariais de resolução de disputas capazes de prevenir consequências destrutivas para o conflito. A identificação do Sindicato como parte num conflito industrial, por exemplo, além de propiciar a efetiva resolução do conflito, auxilia na separação de manobras políticas dentro do contexto conflituoso.

## 4.3 Número das partes

Uma disputa envolvendo mais de duas partes, com poder de decisão, se constitui num estudo particular da resolução de disputas. Múltiplos interesses, necessidades e objetivos são mais dificilmente identificados e alinhados. O nível de cooperação tem de ser mais elevado porque está presente diversidade de fonte criativa, o que demanda cuidadosa administração. Na prática, o conflito com múltiplas partes é visto como um conjunto de conflitos diversamente exclusivos.

Mas não se pode negar que quanto maior o número de partes, também, mais difícil se torna encontrar uma solução comum onde todas as partes possam, pelo menos, alcançar algum ganho sobre as posições iniciais. As chances em direção à resolução são propensas a divergirem para um novo conflito bem diferente do original. A solução está inclinada a se basear em critérios externos, rigidamente objetivos. Questões éticas vêm a primeiro plano quando as partes, por exemplo, deslocam as metas resolutivas do conflito real e se engajam em conflitos de personalidade. As discussões em torno do conflito se transformam em jogo de poder, de tal forma que a resolução das questões das

---

6    SPYDER, op. cit. p. 54.

partes não é levada em consideração. Nesse jogo de poder, o estilo das partes é mais importante do que o resultado sobre as questões conflituosas.

Uma outra proposição é a de que, quanto maior o número das partes, menos intensos serão os componentes reais do relacionamento conflituoso. Para que as questões sejam clareadas, é necessário maior envolvimento, disponibilidade, comunicação e criatividade. Em contrapartida, a tendência à diminuição de hostilidades e antagonismos existe e maior número de saídas ocorrem em razão do maior número de propostas apresentadas.

Por outro lado, quando as partes reconhecem um interesse comum, existe a tendência de as partes se transformarem em duas, por via de coligações e blocos. Esse fato é explicado pela necessidade de se aumentar a possibilidade de ganho através do reforço de poder.

## 4.4 A lei como mecanismo de resolução de conflito

Todos os conflitos se revelam basicamente pela presença de divergência de posições. Existe, entretanto, uma interação que sugere sempre a possibilidade de que os interesses, dentro das posições, sejam levantados, ponderados e negociados. Esse estado de interação é denominado por Wilhelm Albert de "diade",[7] ou seja, a resolução do conflito de maneira dual.

Quando os conflitos são levados para os tribunais, passam por uma reformulação básica. Os interesses, até então divergentes, mas inter-relacionados, se transformam em conflitos de crença ou de valor, e se polarizam em posições definidas. Essa polarização caracteriza a estrutura do dissenso. Pode ocorrer que a transformação, no calor da disputa, naturalmente aconteça antes da intervenção de advogados e juízes mas, estruturalmente, se modificará com a interferência destes.

Quando o conflito é submetido a julgamento, além de sofrer na sua estrutura, muda seu estado de interação. O que antes era "diade" passa a ser "triade" no momento em que um terceiro poder se alinha no processo conflituoso. Na verdade, o juiz não atua no conflito propriamente dito, sua interferência anula a estrutura anteriormente existente e instala uma nova estrutura, baseada numa estrutura externa, legal, supostamente adequada para enquadrar as questões do conflito e oferecer uma solução.

---

7   WILHELM, op. cit. p. 159.

O dissenso ou a disputa e o conflito de valor ou crença passam, então, a apresentar uma relação funcional. O que era contraste de interesses passa a ser disputa na sua acepção mais rigorosa. Aqui, as questões se restringem a fatos e leis. Não existe interação de interesses. O processo de resolução se resume ao estudo interpretativo dos fatos à luz de leis. As necessidades e os interesses quanto ao futuro das questões inerentes ao conflito deixam de ter relevância, conquanto deixam de ser questões substantivas e, como tais dinâmicas, passam a ser objeto de avaliação segundo critérios de estrutura, alheios ao contexto de formação, formulação e manifestação.

Wilhelm faz entender que o interventor legal institucional no conflito desenvolve o papel interpretativo de leis e provas, dentro de uma estrutura processual para chegar ao veredicto. Quando o conflito permanece no campo de interesses, sua resolução significa um ajuste natural de necessidades, na medida em que se considera toda a estrutura natural do conflito com suas nuances psicológicas, sociológicas, etc.

Somente o direito tem o poder de dizer antecipadamente, ou seja antes da revelação do contexto estrutural, necessidades e interesses, como se soluciona um conflito. Somente a lei acumula a predicabilidade com a função de solucionar conflitos entre pessoas ou grupos. Antes mesmo que ele aconteça, já está formulado. Sua função é adaptar o protótipo legal estruturado à estrutura do conflito que, nesse momento, já perdeu suas características iniciais e obedece aos ditames de predicabilidade da lei.

O direito como mecanismo de resolução de disputas deixa marcas na sociedade toda vez que é aplicado, e talvez aí esteja sua grande vantagem, a estipulação de comportamento futuro como parte da sua função educativa e protetora. Mas, quando é instrumento de determinação de perda ou ganho em um conflito, concorre sempre para a transformação dos conflitos em outro conflitos.

A sociedade aprendeu a levar os conflitos para os tribunais. Com as leis aprendeu a evitar a violência, a guerra e a cobrança de seus interesses, necessidades e direitos, com as próprias mãos. Mas esqueceu como resolver conflitos em meio a essas mesmas necessidades e interesses delegando poderes que só ela por si pode exercer. Esqueceu como conquistar e administrar a paz.

## PARTE INTRODUTÓRIA I

# COMUNICAÇÃO E PSICOLOGIA NA MEDIAÇÃO

TÍTULO ÚNICO
## ASPECTOS BÁSICOS DA COMUNICAÇÃO NO PROCESSO MEDIADOR

# INTRODUÇÃO

## 1. TERMO

Ato ou efeito de comunicar, do latim *communicatione, do* verbo latino *communicare:* estabelecer ligação entre. Transmitir ideias, pensamentos, propósitos, sentimentos; Pôr em relação ou contato.; Transmitir, difundir, dar, conceder; Travar ou manter entendimento, conversação[1].

Todos esses vocábulos se aplicam ao trabalho da ciência da comunicação nos processos resolutivos de conflito. No movimento das partes, fazer saber é, antes de mais nada, esclarecer, informar. É a força que leva pessoas a se entenderem e entabularem conversações com objetivos comuns. Estabelecer ligação é redirigir essa força, eventualmente invertida numa relação em conflito, com o objetivo de impulsionar as pessoas envolvidas para uma direção singular e contrária a direção do conflito, ou seja, para aproximá-las uma das outras e distanciá-las do conflito, rumo à resolução do conflito. Transmitir é tirar conceitos da seara individual para partilhar a utilização desses conceitos pelo outro. Travar ou manter entendimento e/ou conversação significa desimpedir os canais de transmissão das verdades ou valores entre indivíduos utilizando parâmetros que permitam a equiparação e reconhecimento de elementos variáveis existentes em suas relações fazendo-os compatíveis e aceitáveis.

## 2. CONCEITO

Como vimos, a comunicação é o instrumento essencial e primordial para o desenrolar da mediação. Nesta arena, aquela é o princípio e o fim. Sem ela

---

1   Hollanda, Aurelio Buarque. Novo Dicionário da Língua Portuguesa. Editora Nova Fronteira. Rio de Janeiro, 1975.

não há como se falar em resolução de conflitos propriamente dita. Ela é a mola mestra dos sistemas não adversariais e a bússola orientadora para o acordo.

Na mediação, comunicação significa utilização de aparelhamento técnico ligado à escuta do outro, que encerra habilidade em questionamento, explicações, clareamento de linguagem não explícita, entendimento de emoções e de personalidades, redirecionamento de mensagens truncadas ou lacunosas, tudo talhado para realizar a devida troca de informações que leva pessoas em conflito a resolverem suas questões.

As técnicas de comunicação, usadas pelo mediador, têm o condão de quebrar as barreiras criadas pelo arcabouço de conceitos, crenças, presunções e sentimentos dos envolvidos para identificar, revelar e facilitar o reconhecimento e entendimento recíproco. Estas técnicas são talhadas para permitir a liberdade do essencial, muitas vezes escondido ou desconhecido pelas partes, em meio a posicionamentos rígidos ou necessidades dos conflitantes. O desconhecimento ou desconsideração desse arcabouço é fator determinante da perda de espontaneidade, de vontade e disposição de se relacionar ou receber o outro.

Sob a luz dos ensinos de psicologia, entende-se que o medo ou receio recobrem e oprimem os reais interesses das pessoas, fazendo-os inexistentes e dificultando a comunicação. Sem esta as pessoas imobilizam-se dentro da estrutura de suas personalidade e não conseguem negociar, ou seja, não dispõem de material psicológico para transacionar. As pessoas nas suas relações, quando em conflito, seja de ordem pessoal, familiar, comercial ou pública, abraçam posições e tentam impô-las umas às outras. Nesse momento e lugar, sem assistência, de per si, ignoram ou repudiam eventuais movimentos em direção a qualquer facilitação. Os recursos internos de cada um ficam bloqueados.

No processo de mediação a comunicação é o mecanismo utilizado pelo neutro, que tem por bem a restauração da confiança no outro para permitir o trabalho de utilização do essencial comum extraído do âmago do conflito e liberado para formar a base do entendimento.

Como mencionado, o medo ou receio, que é a falta de oxigênio no pulmão da confiança, recobre e oprime os reais interesses existentes nas relações humanas em conflito. E existe sempre uma camada desses interesses alternando o querer e as necessidades ou posições das partes envolvidas.

Assim sendo, o desafio consiste em separar as camadas geradoras do conflito e buscar, através da comunicação o desvendamento e clareamento desses interesses. Este é o caminho que percorre o mediador no processo mediador para chegar ao acordo.

## 3. IMPORTÂNCIA DA COMUNICAÇÃO NOS PROCESSOS DE NEGOCIAÇÃO E MEDIAÇÃO.

Não se pode mediar sem negociar nem negociar sem se comunicar de forma efetiva. A comunicação permeia o processo de mediação como o concreto permeia os tijolos na construção. Sem ela não se constrói. Como mencionado acima, existem técnicas de comunicação especificamente desenhadas para facilitar o processo de negociação das partes, não só quando existem conflitos, mas também nas interações humanas de um modo geral.

Quando se negocia, se faz luz no entendimento particular da matéria a ser negociada. Pela interpretação dos fatos construtores das situações no tempo e no espaço, tudo envolto por diferentes conceitos de bem e de mal, de certo errado, de moral e imoral, de bonito e feio, percepção de causa e efeito, etc., contidos na cultura, educação, costume, crença, etc. de cada negociador. É com um arsenal próprio que, invariavelmente, as pessoas se sentam a mesa de uma negociação. Sem a comunicação, o quadro do processo parece mais um campo preparado para uma batalha.

No momento em que se acena com qualquer sinal de paz, os lados alinhados para a guerra nesse instante de paz, num gesto comunicativo, se imobilizam e revelam um novo campo, que está pronto para se plantar.

Nesse momento, restaurada a atenção, é possível acionarem-se vertentes onde cada fato, cada conceito e cada percepção tem condição de ser escrutinado sob outra ótica, não mais unilateral individual mas dual ou plural mas principalmente comum. Esse movimento só pode acontecer por força da comunicação.

Dependendo do grau de cristalização dos conceitos ou preconceitos a respeito do objeto da negociação, a comunicação pode permitir rápida harmonia dos elementos a serem negociados. A negociação será mais simples ou mais complexa dependendo da predisposição das partes para escrutinar seus conceitos por critérios objetivos. Quanto mais critérios objetivos forem aceitos, menos arestas encontrarão. E, para trabalhar nessa uniformização, é imprescindível que as partes sejam levadas a expor pontos de vista, não só predispostas a modificá-los de forma que se compatibilizem com os pontos de vista do outro, mas de maneira possível de serem entendidos e assimilados pelo outro. Isso é o que se pode chamar de comunicação efetiva no processo de negociação, sem a qual o processo não tem luz para dar vida ao entendimento.

No processo de mediação, esse trabalho de compatibilização através da troca de informações de forma eficaz, ou seja, por meio de comunicação efetiva, é assistida e orientada pelo mediador. Seu papel é nortear e facilitar as falas e atitudes das partes com um olhar aguçado, atento, mas neutro. Esta é a sua função principal, e a comunicação propriamente dita, é a ferramenta fundamental *sine qua non* atua o neutro interventor. Com ela, e somente com ela, o mediador age como o timoneiro com as mãos no leme do barco, e pode levar as partes a águas tranquilas. E é lá que elas querem normalmente estar. Sem a comunicação, a negociação se transforma em navegação sem rumo, em escrita sem ideias. Daí a importância da comunicação no processo mediado.

## 4. OBSTÁCULOS PARA UMA COMUNICAÇÃO EFETIVA

Como exposto, as pessoas, além dos aspectos psicológicos, comunicam-se de acordo com sua personalidade, formada com diferentes princípios, valores, educação, em diferentes nacionalidades, raças, culturas e costumes. Por isso, não se pode presumir que o que uma pessoa esteja comunicando esteja sendo recebido de acordo com a intenção daquela.

A comunicação entre as pessoas, a princípio, é sutil e silenciosa entre desconhecidos. Pela falta de conhecimento e consequentemente confiança, não é comum as pessoas saírem por ai conversando e trocando confidencias com estranhos. Já diz o dito popular "ama-se mais o que se conhece melhor". Quanto maior o desconhecimento menos profundidade existe na comunicação e mais desconfiança permeia a busca de proximidade entre as pessoas. E mesmo quando elas se aproximam e tentam se encontrar se se deparam com normais dificuldades acarretadas por recebimento truncado de mensagens enviadas. Seja pela língua ou outros fatores acima mencionados, que como vimos se constituem em barreiras básicas da comunicação. Somente o conhecimento traz a disposição e a confiança. E a confiança é o combustível da comunicação.

Na mediação, mesmo que cada um toque a melodia de acordo com sua própria partitura e no começo execute a sua própria música, pode ser levado pela batuta da confiança e da esperança depositada nas mãos do maestro mediador e ser orientado na afinação e no andamento de seus interesses. Cabe ao mediador orquestrar as partes nas suas fortalezas e fraquezas, agudos e graves do seu relacionamento, para eliminar as dissonantes até a afinação da comunicação. Para isso, vai trabalhar como demolidor de barreiras.

Seguem algumas barreiras que impedem as pessoas de se comunicarem efetivamente.

## 4.1 Falta de atenção

Algumas pessoas, especialmente em algumas culturas, não têm o hábito da ler. Consideram sem importância a leitura de manuais de instruções, relatórios, boletins informativos, agendas, mapas, livro de viagens ou protegem-se do massacre de informações de *marketing*. Têm também, frequentemente, grande dificuldade em manter a atenção ao seu interlocutor, devido à preocupação com assuntos alheios aos que estão sendo falados. Alguns pensamentos podem se perder e mudar o sentido do que está sento comunicado. O neutro interventor, que é um protetor da comunicação, fica atento a esses lapsos que podem ser percebidos pelas respostas ou reações emocionais dos interlocutores.

## 4.2 Ouvir o que esperamos ouvir

As experiências de cada um, a personalidade, formação, necessidades, e conceitos, influenciam a percepção das pessoas quanto ao ouvir. Ouvem o que pensam que as outras pessoas estão dizendo. O sentido da mensagem que está sendo mandada é modificado pelo bloqueio psicológico ocorrente nas pessoas. O esclarecimento, junto com a certificação, por parte do terceiro neutro, de que o que realmente está sendo transmitido está sendo entendido, é vital no processo de mediação.

## 4.3 Mensagens expressas de maneira precária

A inexatidão e falta de clareza dificulta a comunicação. Essa precariedade advém de considerações difusas, uso inadequado de vocábulos, incoerência de afirmações ou negações, má organização de pensamentos e ideias, estruturação confusa de frases, pobreza de vocabulário, omissões de palavras que comumente ocorrem em conversações ou explanações. Um exemplo é a generalização de substantivos pelo vocábulo <u>coisa.</u>

## 4.4 Presunções

Existem conversações que trazem brancos na sua sequência, e estes funcionam como lacunas na expressão do que se quer transmitir. Presume-se ao adotar tal linguagem que o interlocutor tenha o mesmo conhecimento ou tenha as mesmas informações que temos a respeito de determinado assunto.

Existe a presunção de que, por intuição, seja óbvio para o outro o que se quer transmitir. Ocorre muito em conversações com utilização de siglas, como por exemplo, CB (*cumulus nimbus*), GPA (*great point aver*age), PAC (Programa de aceleração do crescimento - Brasil) e a mesma sigla PAC (*Political Action Comittee* – USA).

## 4.5 Informações conflituosas

Como mecanismos de defesa ou resistência a mudanças, as pessoas tendem a ignorar, modificar ou descartar informações ou situações que conflituam com suas crenças, tipos de vida, classes sociais, opiniões, comportamentos e valores, e aceitar somente aquelas que sejam consistentes com aquelas. Encontram maneiras de ajustar ou adaptar seu significado para seu conforto e conformidade. Coleta de lixo seletiva ainda é difícil de ser entendida em conversações com diferentes níveis de consciência social.

## 4.6 Efeito oco

Para ilustrar um julgamento, é comum que as pessoas não adentrem a todos os aspectos de uma expressão, permanecem na superficialidade e generalidade pré concebidas. Especialmente se a pessoa que fala já conta com a prévia confiança do outro. Assim, tudo o que elas falarem será aceito como bom e correto. Exemplos, o que falam os ídolos para seus fãs, os pais para filhos, até certa idade, religiosos para seus fiéis.

## 4.7 Semânticas

Vocábulos podem ter significados diversos para pessoas diversas. Por exemplo, em português, a palavra liberal, se refere a um mercado ou sistema econômico livre ou *laissez-faire*, bem capitalista. Porém, em inglês, *liberal* quer dizer o contrário, alguém que está a favor de muita intervenção e regulamento do governo no mercado. Da mesma forma, a palavra discussão, em português pode se referir a uma contenda verbal, mas, em inglês, a palavra equivalente a *discussion* quer dizer debate de maneira bem-educada.

## 4.8 Influência de grupos

Cada grupo de pessoas conserva opiniões e muitas vezes preconceitos que afetam a maneira de seus componentes quanto a receberem mensagens. Por exemplo, os preconceitos étnicos do oriente médio ou Bálcãs.

## 4.9 Jargão

É comum grupos sociais desenvolverem uma linguagem singular, própria, que somente facilitam a expressão dentro do grupo. Fora deste os jargões são barreiras para comunicação com outras pessoas ou grupos. Exemplo: linguagem jurídica dos advogados ou terminologia médica. Isto ocorre quando vocábulos estrangeiros são usados de forma corrompida.

## 4.10 Incompatibilidade

Quanto maior a resistência a das pessoas a conceitos, valores, etc. do outro, maior se torna a incompatibilidade dessas pessoas. Pessoas extremamente desorganizadas, indisciplinadas com horários tendem a se incompatibilizar com pessoas extremamente organizadas e pontuais.

## 4.11 Linguagem não verbal

Cada pessoa tem seus maneirismos, gestos, posturas e expressões que compõem a linguagem do seu corpo. Envia mensagens que nem sempre são as mensagens que a pessoa quer enviar, além disso obstruem linhas de comunicação. Em contrapartida, gestos intencionalmente feitos numa conversação podem ser ignorados, dificultando igualmente a comunicação. Algumas pessoas espelham no rosto, com facilidade, seus juízos a respeito dos assuntos ou opiniões numa conversação. Outros manipulam objetos ou balançam as pernas em sinal de ansiedade ou nervosismo.

## 4.12 Contexto emocional

Frequentemente o que as pessoas dizem não representa bloqueio de comunicação. Como as mensagens são enviadas é que podem representar problema. Frases carregadas de emoção, raiva, expressão de medo e ansiedade costumam ser mal recebidas. Numa negociação, principalmente numa mediação, o desabafo pode ter papel positivo, mas a continuidade dessas expressões devem ser administradas pelo interventor neutro.

## 4.13 Comunicações por email

Email é uma comunicação fácil e rápida. Através dessas comunicações nem sempre é possível o policiamento de julgamentos, reclamações e opiniões. Além disso é impossível se passar uma emoção ou avaliar o que realmente o remetente quer expressar. A letra fria do email não tem condição de transmitir mensagens iminentemente subjetivas. Atualmente se discutem e se fazem negociações por email e são inúmeros os conflitos oriundos desse tipo de comunicação. Entendemos que, principalmente, nas relações comerciais, comunicação por email é mais apropriada para troca de informações objetivas.

## 5. DIRETRIZES PARA UMA ESCUTA EFICAZ

Ser um bom ouvinte é parte essencial para qualquer atividade em Resolução de Conflitos. Trabalhar com a habilidade de ouvir talvez seja mais importante do que falar. Já diz o dito popular, o homem tem dois ouvidos e só uma boca. Somente uma escuta acurada faz uma comunicação efetiva.

As seguintes diretrizes foram desenvolvidas para ajudar as pessoas, em negociação ou mediação, a melhor se comunicarem reciprocamente. Além disso, muitos dos itens mencionados são igualmente aplicáveis a mediadores, indicando o que devem fazer para assegurarem-se de que estão acuradamente, escutando o que as partes verdadeiramente estão, ou não estão tentando dizer.

1 – **Pare de Falar**: Não se pode ouvir enquanto se está falando.

2 – **Seja simpático**: Tente colocar-se no lugar do outro de forma que possa perceber seu ponto de vista e/ou sua opinião.

3 – **Faça perguntas**: Quando não entender, necessitar esclarecimento, necessitar ser apreciado ou quiser mostrar que está escutando.

4 –**Não interrompa as pessoas**: Dê a elas o tempo que elas precisam para dizer o que têm a dizer.

5 – **Concentre-se no que a outra pessoa está dizendo**. Ativamente dirija sua atenção para as palavras, ideias e sentimentos relacionados com o assunto que esta sendo discutido.

6 – **Reaja às ideias, não as pessoas**: Ativamente não deixe que que suas impressões sobre uma pessoa influenciem a interpretação do que ela diz. Suas ideias podem ser boas mesmo que não se goste da outra pessoa.

7 – **Olhe para a outra pessoa**: O rosto, boca, olhos, mãos, tudo ajudara na comunicação das pessoas. Faça com que a outra pessoa senta que você a está escutando.

**8 – Ouça <u>como</u> as coisas estão sendo dita**s: Frequentemente nos concentramos tão intensamente no que está sendo dito que não percebemos a importância das reações emocionais e atitudes relacionadas com o que está sendo dito. A atitude das pessoas e suas reações emocionais podem ser mais importantes do que o que elas dizem em muitas palavras.

**9 – Preste atenção à personalidade do interlocutor**: Uma das melhores maneiras de obter-se informações sobre uma pessoa é ouvi-la falar. Enquanto fala, é possível descobrir o que ela não gosta, quais são suas motivações, qual o seu sistema de valores, o ela pensa a respeito de tudo ou de nada, qual o seu tipo de personalidade.

**10 – Reaja humanamente**: Sorria, sinalize com a cabeça, etc.

**11 – Deixa suas emoções de fora** (se puder): Tente deixar suas preocupações, seus temores, seus problemas, fora da sala de reunião. Eles podem impedir uma boa escuta.

**12 – Controle sua raiva**: Tente não se irritar com o que a outra pessoa está dizendo. Sua raiva pode te impedir de entender as palavras e o que a outra pessoa quer dizer. Quando sentimos raiva nos transformamos em parte do problema e não da solução.

**13 –Reconheça sua própria suspeição**: Tente perceber seus próprios sentimentos com relação ao seu interlocutor, o motivo, a ocasião, etc., e atente para os pré julgamentos.

**14 – Evite classificar o interlocutor**: Isso tem o seu valor, mas cuidado. Muito frequentemente classificamos uma pessoa em um tipo e então tentamos adaptar tudo o que ela fala com o que faça sentido, vindo daquele tipo de pessoa. Algumas vezes, nos ajuda a entender sabermos de sua política pessoal, crenças, trabalho, etc., mas as pessoas têm o dom de serem imprevisíveis e nem sempre se encaixam em nossas classificações.

**15 – Reconheça que você também tem responsabilidade pela comunicação**: Somente parte da responsabilidade permanece com o interlocutor. Você, como ouvinte, tem um papel importante. Tente entender e, se não puder, peça esclarecimento.

**16 – Livre-se das distrações**: Deixe de lado seu *smartphone*, celular, laptop, papéis, canetas, etc., se os tiver em suas mãos. Eles podem tirar sua atenção.

MEDIAÇÃO – Uma solução judiciosa para conflitos

17 – **Aprenda os pontos principais**: Concentre-se nas ideias principais e não na matéria de ilustração. Exemplo: ilustrações, estatísticas, etc., (são importantes mas não são os pontos principais). Examine-os somente para ver se eles evidenciam, suportam ou definem as ideias em foco.

18 – **Não conteste mentalmente**: Quando estiver tentando entender outra pessoa, é uma desvantagem discutir mentalmente enquanto elas falam. Isso cria uma barreira entre você e a pessoa.

19 – **Use a diferença da velocidade**: Você pode escutar mais rápido do que pode falar, então, use a diferença em seu proveito, tentando ficar nos trilhos da conversação. Antecipe o que eles vão dizer e repense o que foi dito, avalie o desenvolvimento, eles, etc. A velocidade do discurso é de 100 a 150 palavras por minuto e a do pensamento e de 250 a 500 palavras por minuto.

20 – **Preste atenção nas entrelinhas do que esta sendo dito**: Às vezes, o que não está sendo dito diz mais do que está sendo dito. O que deixa em branco sem falar ou evita dizer em seu discurso, tanto quanto ouvindo ao que ela diz. Mas como saber o que não esta sendo dito? Algumas dicas: o que você já sabe sobre aquela pessoa, comportamentos e ditos diferentes (seja na sua frente ou na frente de outras pessoas) ; comparação de tempo (o que aconteceu no início da reunião e o que está acontecendo agora).

21 – **Não se antagonize com o interlocutor**: você pode fazer com que a outra pessoa oculte suas ideias, emoções e atitudes quando se antagoniza com ela, de várias formas: contestando, criticando, anotando, não anotando, perguntando, não perguntando, etc. Tente avaliar e ficar atento aos efeitos que estão sendo provocados na outra pessoa.

22 – **Evite tirar conclusões apressadas**: Isso pode criar problemas quando se tenta entender as pessoas.

- Não presuma que as pessoas se expressem usando as mesmas palavras que você.

- Não presuma, não diga o que ela realmente quer dizer, assegure-se de que você entendeu o significado do que ela diz.

- Não presuma que as pessoas não estejam olhando nos seus olhos porque estão mentindo.

- Não presuma que as pessoas estejam distorcendo a verdade porque o que elas dizem não coincide com o que você pensa.

- Não presuma que as outras pessoas estejam mentindo porque interpretam os fatos diferentemente de você.

- Não presuma que as pessoas estejam zangadas porque elas ficam entusiasmadas ao apresentar seus pontos de vista.

- Não presuma que pessoas sejam antiéticas quando elas tentam convencer você de seus pontos de vista.

## 6. TÉCNICAS FACILITADORAS DE ESCUTA

### Perguntas de abertura e fechamento:

- Pode me dizer como esse litígio começou ?
- Como você vê esse problema ?
- Quais seriam as possíveis soluções ?
- O que você vê como alternativa ?

### Perguntas de reflexão:

- Parece que você...
- Tenho a impressão que você...
- É quase como se você...
- O que você está dizendo é que...
- Soa como se você...
- Estou ouvindo você dizer que se sente...

### Clareando afirmações:

- O que você quer dizer com...
- Parece que você está dizendo...
- Se estou acompanhando bem, você está me dizendo que...
- Deixa-me ver se entendi bem o que você está dizendo. Você disse...".
- Pelo que você disse, parece que...

## Sumarização:

- Vejamos agora, até aqui você disse..., e...,e...,e...
- Pelo que você disse, eu entendi três coisas. Uma...,
- Você mencionou pelo menos possíveis soluções. Uma é.., a outra é...

## Mensagem Eu:

- Eu sinto...(emoção)
- Quando você... (comportamento)
- Porque... (efeito)

# 7. RESPOSTAS DE ESCUTA

A fluência de uma comunicação depende de como os interlocutores ou atores percebem a receptividade de um para o outro. Resposta de escuta é um breve comentário ou ação feita para a outra pessoa que dá indício de que você está interessado, atento e deseja que a outra continue a se comunicar. São sinais feitos silenciosamente e não interferem com o pensamento da outra pessoa. É normalmente usada quando o interlocutor pausa o discurso ou ação.

Existem vários tipos de respostas de escuta, tais como:

- <u>Sinal de cabeça:</u>   Leve balanço de cabeça e espera.

- <u>Pausa:</u>   Olhar com expectativa sem nenhuma fala.

- <u>Sinal casual:</u>   "Hum", "muito bem",
  "Por favor, continue",
  "Interessante",
  "Por favor, diga-me mais a respeito", etc.

- <u>Efeito Eco:</u>   Repetição das últimas palavras que a pessoa disse.

- <u>Espelho:</u>   Dizendo ao interlocutor o que você está entendendo ("Voce sente que...").

- <u>Sorriso:</u>   Sorria enquanto olha para a pessoa.

## 8. CONSIDERAÇÃO DE LINGUAGEM NÃO VERBAL

Cada pessoa manifesta, através do corpo, sentimentos, pensamentos que, entendidos pelo interlocutor, têm o condão de facilitar a escuta e, consequentemente, a comunicação entre as pessoas. É o que podemos chamar, de acordo com estudiosos da matéria, de linguagem ou comunicação não verbal. São gestos, uso do espaço pelo corpo (inclinação, afastamento), manipulação de objetos, expressões do olhar, da boca, sobrancelhas, movimentos dos dedos e/ou pernas, respiração, mesmo sons ininteligíveis que podem ser intencionais ou não. De uma maneira ou de outra podem significar mensagens importantes.

Entendidos no assunto acreditam que a comunicação não verbal é a principal maneira pela qual as pessoas se comunicam umas com as outras. Por isso, o mediador deve estar consciente das mensagens que as partes enviam através dessa comunicação não verbal e da mensagem que ele próprio está enviando.

Essas autoridades também afirmam que, gestos, olhares, dissimulações, etc., geralmente são difíceis de serem controlados. O problema surge quando o interlocutor tem dúvida a respeito do que está sendo transmitido pela outra pessoa. Neste caso, cabe considerar o questionamento próprio para clareamento das mensagens..

## PSICOLOGIA NA MEDIAÇÃO

A psicologia é a ciência que estuda os mecanismos de funcionamento da mente das pessoas e a relação destes com o comportamento apresentado nas relações com outras pessoas. A descoberta dos nexos de causa e efeito propostos pela ciência, ainda considerada jovem, é um desafio empreendido por profissionais da área de saúde, ensejando clarear e mesmo modificar atitudes tidas como prejudiciais para aqueles que se submetem ao trabalho. É um empreendimento moroso e complexo que comumente é chamado de terapia que não pode, como vimos anteriormente, ser confundida com mediação.

Na terapia, de um modo geral, existe a preocupação com os conflitos intrapessoais que foge ao escopo da mediação. Mas algumas classificações apresentadas por esses estudos têm propiciado à pratica da mediação alguns subsídios que apontam para o entendimento de determinadas posições assumidas por partes em conflitos submetidos àquele processo resolutivo.

Com base em estudos de natureza psicológica, a ciência, mesmo que de forma limitada, possibilita mais propriedade e segurança para as intervenções dos mediadores, porquanto propicia a estes propriedade para administrar a manifestação de sentimentos das partes.

Na identificação de alguns tipos de personalidade e seus padrões de comportamento encerram-se norteios que podem propiciar melhor entendimento de razões e motivos que eventualmente legitimem reinvindicações das partes perante as outras durante o desenrolar de um processo mediador.

Cabe, contudo, acrescentar que são infinitas as possibilidades e nuances ocorrentes em processos de mediação. O instrumento da psicologia não intenta esgotar nem desvendar os caminhos das mentes de partes no processo mediação. Assim como outras ciências que compõem o quadro multidimensional do processo, a psicologia é apenas uma delas.

## 9. TRABALHANDO COM AS EMOÇÕES

Nenhum outro processo resolutivo de conflitos trabalha com as emoções dos envolvidos como a mediação. O processo judicial não tem tempo para analisar as pessoas quando manifestam detalhes de sua personalidade, suas intenções,etc. O processo judicial, na maioria dos casos, dá muito mais ênfase ao que está escrito, e os julgamentos se pautam, basicamente, no que está escrito, e tudo tem de ser documentado. Naquele, o passado é valorizado e trabalhado. Já na mediação, os sentimentos são estimulados e considerados, e têm papel importante para o trabalho do presente e do futuro das relações dos envolvidos.

A manifestação de sentimentos nas negociações e mediações têm o dom de relaxar as partes e prepará-las para se comunicarem. No momento em que expressam seus sentimentos contribuem para o clareamento próprio da visão de suas questões, bem como espelham melhor a visão da outra. Por outro lado, têm presente as consequências dos fatos conflituosos, trabalham ao vivo seu arrazoado, sua postura e seus modos e seus pensamentos. Ao expressar seus conceitos e visão da situação conseguem revelar e expressar melhor seus sentimentos.

Afora a terapia, não é comum em processos resolutivos de conflitos interpessoais tratarem das emoções. Ao contrário, na mediação, é papel do mediador permitir, encorajar, facilitar e administrar as manifestações de raiva, tristeza, mágoa, ressentimentos e mesmo o choro dentro das sessões, sejam conjuntas ou privadas.

Para executar essa função de trabalhar a expressão emocional foram desenvolvidas algumas técnicas com as quais o mediador conta. A saber:

1 – Permitir a livre expressão emocional;

2 – Utilizar escuta ativa para verificar a sinceridade das emoções;

3 – Utilizar sessões privadas (*caucus*). Quando é que se utiliza o *caucus* ? Como? E para quê? Como veremos;

- Para explorar dicas, caminhos de concessão ou informações que o mediador acredita as partes não estejam prontas para discutir em sessões conjuntas.

- Para retomar ou possibilitar a proximidade das partes quando estas estiverem se distanciando.

- Quando o mediador acredita ser possível apresentar opções mais arriscadas.

- Quando o mediador acredita que as partes estejam próximas do impasse.

4 – Para harmonizar a parte que se manifesta emocionalmente e manter a ordem mediante a regra única: "Cada pessoa fala de cada vez".

5 – Para mudar para uma questão mais simples na agenda.

6 – Para utilizar técnicas de clareamento da comunicação como parafraseamento.

7 – Trabalhar com uma questão de cada vez.

8 – Conclamar as partes para explicar o impacto das suas emoções dentro da situação.

9 – Conclamar as partes para expressar seus sentimentos para a outra.

10 – Sugerir recesso para o processo de mediação.

## 10. Entendo personalidades

Pessoas que vivem juntas ou trabalham no mesmo ambiente, mesmo lado a lado, têm personalidades diferentes, que podem ser adversas e mesmo conflitantes. O conhecido indicador de personalidades denominado Myers-Briggs é um teste psicológico, hoje largamente utilizado por empresas e grupos profissionais, que descreve as maneiras como percebemos e nos relacionamos com nosso mundo. Define e personalidades, em termos de preferências alternativas, em quatro grupos distintos:

1. Extrovertido (E) ou Introvertido(I). Essa classificação mostra como as pessoas dessa categoria canalizam sua energia. O extrovertido é energizado pelo mundo exterior, por múltiplos relacionamentos, eventos externos e sociabilidade. Estes itens, por outro lado, desagradam um Introvertido, que energiza-se através de reflexão, introspecção e solidão.

2. Sensitivos (S) ou Intuitivos (N) – Essa classificação mostra como esses grupos angariam informações. Sensitivos são práticos e "pés no chão", concentrados no presente, orientados factualmente, realistas. Intuitivos são chamados de "cabeça nas nuvens", teóricos conceituais, orientados para o futuro.

3. Mental (T) ou Emocional (F). Essa classificação descreve as preferências das pessoas neste grupo para tomar decisões. Pensadores são objetivos, são mente-orientados, desapegados e justos. Emocionais são subjetivos, orientados pela justiça do coração, humanos e envolventes.

4. Julgadores (J) e Perceptivos (P). Essa classificação menciona como as pessoas neste grupo criam o ambiente em volta delas. Julgadores criam ambientes estruturados, programados, ordenados, planejados e controlados. Perceptivos criam ambientes flexíveis, espontâneos, adaptáveis e receptivos.

Com base nesses oito foi possível identificar, pela maneira como vivem, trabalham ou amam as pessoas. E de acordo com combinações desses tipos formular dezesseis tipos, cada qual com uma característica marcante. Essas marcas específicas de cada tipo demonstram as diferenças do patrimônio psicológico entre as pessoas e os inúmeros pontos de possíveis divergências que podem originar conflitos.

Autores, utilizando essa teoria[2], entendem que este guia mostra exatamente como as pessoas podem aprender sobre si mesmas e sobre as pessoas com as quais se relacionam. Afirmam que seu testado método científico pode auxiliar

---

2    KROEGER, Otto, THUESEN, Janet M. Type Talk, Dell Pub., New York,1989, pg. 89. O original questionário *Myers-Briggs Type Indicator (MBTI)* por Katherine Cook Briggs e Isabel Briggs Myers foi publicado em 1962.

na avaliação e entendimento do mundo das pessoas, explicando quem e como são as pessoas e porque fazem as coisas que fazem.

Mesmo que, aparentemente, este quadro coloque as pessoas em compartimentos estanques, este estudo oferece o benefício de pontuar as diferentes personalidades e suas manifestações no meio familiar, social e profissional. Não é uma arma que deverá ser usada pelo mediador, mas uma ferramenta a mais para sua arte.

- ISTJ: Fazer aquilo que deve ser feito
- ISFJ: Alto senso do dever
- INFJ: Inspiração para os outros
- INTJ: Tudo pode ser melhorado
- ISTP: Pronto para tentar qualquer coisa pelo menos uma vez
- ISFP: Ver muito mas participar pouco
- INFP: Desempenho de nobres serviços para ajudar a sociedade
- INTP: Amor por solução de problemas
- ESTP: Profundo realista
- ENFP: Pernas pro arque ninguém é de ferro
- ESFP: Na vida só temos uma chance
- ENTP: Um excitante desafio depois do outro
- ESTJ: Administradores da Vida
- ENFJ: Anfitriões do mundo
- ENTF: Convincente fala mansa
- ENTJ: Líderes naturais da vida

*"The courts of this country should not be the place where resolution of disputes begin. They should be the place where the disputes end – after alternative methods have been considered and tried."*

"Os tribunais desse país não deveriam ser o lugar onde a resolução de conflitos começa. Deveriam ser o lugar onde as disputas terminam – não antes que outros métodos alternativos foram considerados e tentados."

*Fletcher Knedel & Gerald S. Clay*

# PARTE INTRODUTÓRIA II

# ADR - ALTERNATIVA PARA SOLUÇÃO DE DISPUTAS

# TÍTULO ÚNICO
## ENFOQUE BÁSICO DE ADR

# INTRODUÇÃO

Há poucos anos, poderia se dizer que quase nada se fazia, no Brasil, em matéria de alternativa de resolução de disputas. Hoje, ainda se diz, o Brasil percorre a passos lentos a estrada do desenvolvimento de formas outras de solução de disputas, afora o sistema judiciário. Entretanto, todas as iniciativas têm passado para a realidade do país como experiências que deram certo e que esperam pelo aperfeiçoamento natural que sofrem as instituições jurídicas ao longo do tempo. Damos como exemplo os Juizados Especiais de Pequenas Causas, implantados pela Lei 7.244/84. Essa lei veio valorizar o papel dos conciliadores, consolidando-o com a Lei 9.099/95, que hoje disciplina os Juizados Especiais Cíveis e Criminais, e a edição da Lei 8.952/94, que alterou, entre outros, os artigos 125 e 331 do Código de Processo Civil. Também a Lei de Arbitragem nº 9.307, de 23 de setembro de 1996, que propiciou a criação de vários centros de arbitragem em todo o país e a capacitação de vários profissionais para a atividade arbitral. Com estes, veio maior incentivo à institucionalização da mediação o que nos permite afirmar que, atualmente, já existe um efetivo movimento pró-ADR, no Brasil.

Em 1995, com caráter obrigatório, foi apresentada, pela primeira vez, a Medida Provisória nº 1.053, sobre mediação. Logo em seguida, com o nº 1.079, outra medida substituía a primeira e lhe dava um novo caráter, desta feita facultativo, mas necessário. Essa providência se encaixava na previsão da política de livre negociação coletiva para fixação de salários e condições referentes ao trabalho. As medidas, assim como o Decreto 1.572, de 28 de julho de 1995 criavam um mediador, servidor do quadro do Ministério do Trabalho, e estabeleciam, como condição para inscrição do mediador no cadastro do ministério, "comprovada experiência na composição de conflitos de natureza trabalhista" e "conhecimentos técnicos relativos às questões de natureza trabalhista". As medidas sofreram severas críticas. Quem atua com mediação e estuda mediação sabe que não basta comprovada experiência e conhecimentos técnicos para se resolver disputas com o processo mediador. É necessário muito mais. Além de formação teórica especial é necessário treinamento prático supervisionado. A mediação é necessária, mas não pode ser improvisada.

Hoje a comunidade pró-ADR não mais discute o Projeto de Lei nº 4.827/98, que esteve em tramitação na Câmara de Deputados. Apresentado pela deputada Zulaiê Cobra, o referido Projeto enviado ao Senado passou a ter o número 94 PLC de 02 de dezembro de 2002. Uma Emenda substitutiva do Senado, aprovada em 11 de julho de 2006, acabou por alterar o texto da proposta original e foi reenviada à Câmara dos Deputados em 13 de julho de 2006. Enfim, o PL teve a rubrica EMS-PLC 4.827/1998, que recebeu parecer e Relatório do seu relator, o Deputado José Eduardo Martins Cardozo, opinando "pela sua adequação formal e material aos requisitos constitucionais do Processo Legislativo".

Finalmente, pautada nas mudanças do novo CPC, que abriu espaço para os métodos até então considerados opcionais de resolução de conflitos, foi propiciada a promulgação da Lei 13.140 de 26 de junho de 2015, que dispõe sobre a mediação entre particulares como meio de solução de controvérsias e sobre a autocomposição de conflitos no âmbito da administração pública.

Admirável é a situação em outros países da América do Sul e, principalmente, nos chamados países do primeiro mundo. Forçados por razões prementes, os Estados Unidos, o melhor exemplo de ADR no mundo moderno, vêm trabalhando a largas braçadas as águas alternativas da resolução de disputas. Muitas são as formas criadas, utilizadas e institucionalizadas, desde os anos oitenta.

Uma pesquisa revelou que o sistema judiciário americano, a despeito da evasão de casos para todas as alternativas criadas ao longo das últimas décadas, continua congestionado. O universo de contendas se apresenta como uma pirâmide, cujas bases encerram os casos de pequeno porte, como ações por danos físicos e morais e execuções por dívidas, e culminam com os conflitos internacionais.[1] Quando os casos não são solucionados por vias de negociação, são encaminhados para arbitramento e mediação ou outras formas mais sofisticadas. O percentual de casos resolvidos antes do julgamento é bastante

---

1   GOLBERG, op. cit. p. 5.

alta: 90 a 95% dos casos distribuídos são encerrados sem que um completo julgamento judicial seja processado.

Nem todos os países têm como costume resolução de conflito fora das vias judiciais. O mundo ocidental habituou-se a levar suas contendas para o estado, em primeira mão, sem cogitar de outra forma de resolvê-las. Mesmo assim acabam por ajustar suas diferenças sem a intervenção do juiz, o que revela que a necessidade de outras formas de solução é um conclame da sociedade civil.

Pela falta de tradição, entretanto, a questão da alternativa para os tribunais tem de ser tratada com muito cuidado e critério. As derivantes socioculturais de cada sociedade têm de ser muito bem examinadas, para que se inicie um movimento pró-alternativa de solução. Na China, por exemplo, onde existe uma tradição anti- resolução judicial e pró-resolução privada, esse cuidado não se faz necessário. No mundo ocidental, onde o desenvolvimento tecnológico foi e é matéria prioritária, formas alternativas ainda são vistas como ameaça à segurança e à proteção dos direitos individuais. Por esse motivo, o movimento em direção à ADR demanda preparação e minuciosa avaliação da estrutura moral e jurídica da sociedade onde será adotado.

Quando se fala em ADR, entretanto, não se declara guerra nem a tribunais nem a advogados. Muito pelo contrário, acena-se para um futuro próximo onde as disputas sejam peneiradas e somente os grandes seixos, sem bitola para passarem pelas malhas não-judiciais, passem a julgamento. O que a experiência de outros países tem revelado é que as ações adequadas para o contencioso são somente aquelas com estrutura conflituosa cristalizada e que realmente demandam uma sentença para sua solução. Pode-se afirmar à luz dos números examinados que a quantidade é muito pequena.

Capítulo I

# ADR – SUAS ORIGENS

## 1. RAÍZES CULTURAIS E HISTÓRICAS

Alternativa para solucionar disputas não é novidade. Talvez seja moderno chamar de alternativa o que, em todos os tempos e lugares, foram maneiras cotidianas e imediatas de resolver problemas entre as pessoas. Começando pelo diálogo até a guerra, são incontáveis e informais os métodos utilizados pela humanidade para pôr fim aos seus conflitos. Os tribunais sempre foram a última opção. ADR não é panaceia do século XX. É a institucionalização do que vem sendo feito, desestruturada e informalmente, em matéria de resolução de disputas em todos os séculos.

Os chineses, na antiguidade, influenciados pelas ideias do filósofo Confúcio (623 – 551 BC), já praticavam a mediação como principal meio de solucionar contendas. Confúcio acreditava ser possível construir-se um paraíso na terra, desde que os homens pudessem se entender e resolver pacificamente seus problemas. Para ele existia uma harmonia natural nas questões humanas que não deveria ser desfeita por procedimentos adversariais ou com ajuda unilateral. Seu pensamento estabelecia que a melhor e mais justa maneira de consolidar essa paz seria através da persuasão moral e acordos, e nunca através da coerção ou mediante qualquer tipo de poder.[1]

Ainda hoje, o espírito confuciano norteia a maneira como os conflitos são solucionados na China. Existem, espalhados por todo o país, os CPMs – Comitês Populares de Mediação, com raízes no *"Tiaojie"* ou "Mediação de clã". Esta tem sido a base da sociedade chinesa por mais de 2.600 anos. Através do

---

1  LI (Conduta correta) e FA (Lei) são denominações chinesas para paz, harmonia e conciliação e estrita aplicação de normas respectivamente.

*"Tiaoije"*, pregado por Confúcio, vigorava o *"LI"* e o *"FA"*. O primeiro incorporava 5 relações: entre legislador e sujeito, pai e filho, marido e mulher, irmão mais velho e irmão mais novo, e amigo e amigo.[2]

Os CPMs só perderam um pouco de seu espírito durante a Revolução Cultural. Lenin, modelos institucionais soviéticos, Mao Zedong, Deng Xiaoping, e associações com o mundo econômico ocidental fizeram marcas na cultura legal da China que tem quase 12.000 anos,[3] mas o espírito de *LI*, que representa o ideal de comportamento, permanece presente no mundo chinês. Mesmo dentro do sistema legal, *FA*, que representa a lei, *LI* ocupa lugar de destaque no que se refere à autodeterminação das partes e à mediação.

Historicamente, a atmosfera conciliatória está presente no mundo oriental. No Japão é muito conhecida a figura do mediador, encontrado em cada comunidade como um líder. Sua função é ajudar as pessoas a usar métodos não-adversariais para resolver seus conflitos e impedir que as contendas cheguem às vias da justiça. Antes da II Guerra Mundial, para os casos que ultrapassassem essas medidas pacíficas, os japoneses adotaram severas medidas legais, para garantir a conciliação também nos tribunais.

Quem vai ao Japão, apesar do grande intercâmbio econômico com o ocidente, observa que, proporcionalmente aos Estados Unidos e mesmo ao Brasil, o número de advogados é muito pequeno. Costuma-se dizer que sua quantidade é bem menor do que a de arranjos florais. Por esse espírito o Japão é conhecido, mundialmente, pela grande quantidade e habilidade de seus negociadores.

O romancista americano Alex Haley descreve em seu livro *Negras Raízes*[4] como as tribos africanas resolviam suas disputas: o líder de cada grupo, além dos encargos regulares de proteção e administração, exercia a função de dirigir os *Moots*. *Moots* se constituíam em reuniões públicas ou privadas com o objetivo de buscar soluções para problemas individuais ou comuns. A forma das reuniões varia de tribo para tribo mas, substancialmente, existia em todas elas a preocupação de não impor decisões às partes em conflito. Não existiam julgamentos nem sanções.

---

2    Apud. EATON, Kantel. *The Florida Bar International Law Quaterly*, Vol. XCIII n° 2, *Winter* 02/03.

3    NAFZIGER, J. R., JIAFANG, R. Na historical overview of chinese dispute resolution. Willamette Law Review, v.23, n.12, p. 621-76, 1987.

4    HALEY, A. *Raízes Negras*.

Os romanos não deram guarida institucional à mediação, que fora, entretanto, usada no Império Romano pelos "proseenors", "corretarius", "sensarius" e outros. Estes tinham a função de intérpretes dos estrangeiros que se habilitavam no império. Como havia o entendimento de que a atividade comercial, desempenhada, principalmente, por esses estrangeiros, era considerada plebeia e ignóbil, o trabalho mediador não recebeu tratamento jurídico.

Costuma-se dizer que a matéria civil que não recebeu tratamento jurídico dos romanos, não teve desenvolvimento nas legislações romanistas. Isto pode-se dizer da mediação. O termo mediação foi tardiamente usado por Justiniano e somente para definir a função dos *"proxeneate"* e dos *"argentarii"* chamados de *"profectus urbis"*[5].

Os Estados Unidos têm uma tradição de conquistas e de guerra. Esse sentimento se revela no alto nível de competitividade dos americanos de um modo geral. Apesar disso, as cortes nem sempre foram os lugares escolhidos pelo povo americano para resolver disputas. Seus ascendentes, na Europa, pela sua condição de servos, não contavam com autoridade pública para decidir questões conflituosas. Em primeiro lugar, porque o caráter, muitas vezes privado dos problemas, assim o exigia. Segundo, porque havia sempre o medo das severas punições, quando as contendas particulares eram solucionadas pelos senhores rurais. Dessa forma, os colonizadores da América, aportados em busca de liberdade econômica e religiosa, tinham por tribunais e por advogados uma flagrante aversão. Senão pelos altos custos processuais e pagamentos advocatícios, pelo havido caráter de imoralidade da litigação na justiça comum. A atitude de discutir as contendas particulares fora do ambiente doméstico era conceituada anticristã.

As religiões têm representado um importante papel na história dos conflitos e suas resoluções. Não raro encontramos referência de intervenções de pastores, párocos, rabinos, chamados a sugerir caminhos para impasses entre as pessoas e mesmo para reorganizar seus relacionamentos. O apóstolo Paulo, em sua carta aos Coríntios,[6] conclama as congregações a se afastarem dos tribunais e a resolverem suas contendas dentro do âmbito privado. Para viabilizar esse costume, Paulo incentiva a organização de comissões, através das quais os problemas possam ser discutidos com ponderação e terminem em bom acordo. Aliás, entre os cristãos, existe o adágio de que é melhor um mau acordo do que uma boa demanda.

---

5    SERPA, M. Nazareth. Caderno de Estudos Jurídicos, n2. 1993,Belo Horizonte, p. 28.

6    I Coríntios, 6; 1-4.

Vários grupos étnicos têm formado, de maneira independente, e muitas vezes secretamente, seus próprios sistemas de resolução de disputas. Ciganos, judeus, grupos mercantis e outros, levados pela necessidade de preservar seus valores éticos e seus costumes, ameaçados pelo preconceito de determinados governantes, desenvolveram a arbitragem e mesmo a mediação, no seu meio. A informalidade desses processos se constituía em maneiras de manter o poder dentro do seu próprio círculo.

Da mesma forma, as famílias extensas foram, em grande parte, responsáveis pela preservação de meios alternativos de resolver disputas, em diversas culturas e regiões. Tanto em famílias matriarcais quanto patriarcais, sempre existiram líderes, considerados sábios, encarregados do papel de conduzir e ajudar a solucionar desavenças entre pais, filhos, irmãos, etc. Todavia, os núcleos rurais se transformaram em cidades e as famílias rurais e os clãs se transformaram na família nuclear. A família, sem a estrutura dialética, destituída de autoridade e ligações religiosas e morais, passou a buscar meios formais para deliberação de conflitos. As soluções deixaram de ser mutuamente aceitáveis e passaram a ser punitivas ou sancionantes.

A sociedade americana começou a pesquisar métodos alternativos de resolução de conflitos na década de sessenta, mas estes somente começaram a florescer nos anos oitenta e noventa. Foi daí que, se expandindo pelo Canadá, atingiu a Europa e passou a ocupar um espaço considerável na França, Inglaterra, Espanha e outros países. Hoje, meios ditos alternativos são realidade nas lides resolutivas do mundo inteiro.

## 1.1 O que vai pelo mundo

### 1.1.1 Principais centros internacionais de ADR

Na esfera comercial, quase todos os grandes centros de ADR oferecem, separada ou conjuntamente, serviços de arbitragem e mediação.

A *International Chamber of Commerce* (ICC/CCI Paris), uma das mais antigas e tradicionais instituições de resolução de conflitos, criou o elenco de serviços denominado *"Amicable Dispute Resolution"* onde destaca a mediação. A arbitragem era o carro mestre da instituição, mas o número de mediações cresce a cada ano, principalmente em razão das cláusulas Med-Arb (mediação e arbitragem) dos contratos em geral. O alcance geográfico é mundial, estendendo-se da Europa para Ásia, América Latina e outras regiões.

O Centro Internacional de Resolução de Conflitos (ICDR) da American Arbitration Association, AAA/New York (ICDR) oferece serviços de mediação bem integrados ao programa de arbitragem. Da mesma forma que a ICC, seu alcance geográfico é mundial incluindo o Brasil e outros países da América Latina.

Com o propósito de solucionar disputas sobre propriedade intelectual de maneira não-adversarial, foi fundado em 14 de julho de 1994 o Centro de Arbitragem e Mediação da OMPI/WIPO *(Organização Mundial de Propriedade Intelectual/World Intellectual Property Organization Arbitration and Mediation Centre)*. A OMPI é um orgão da ONU, e o Centro tem como objetivo realizar um papel positivo na resolução de disputas internacionais envolvendo propriedade intelectual (patentes, direitos autorais, marcas, nomes de domínio na internet e a licenciamento desses direitos). Seus dirigentes acreditam que a expeditura e a economia, propiciada pelos métodos alternativos de disputa, contribuem sobremaneira para a missão principal do *WIPO*: promoção e proteção da propriedade intelectual.

## 1.1.2 Desenvolvimento da ADR em algumas regiões e países.

Atualmente não se pode excluir nenhuma região ou país do elenco de ADR no mundo. A cada dia se tem notícia de mais e mais agregados e desenvolvimento no setor. Citaremos alguns a título de exemplificação, visto que somente um trabalho específico pode oferecer melhor abrangência.

### 1.1.2.1 CANADÁ

O Canadá, logo depois dos Estados Unidos, iniciou sua pesquisa em ADR, com projetos de mediação familiar. Logo surgiram associações que redundaram num vasto programa de *Court Connected Mediation,* o que significa que os tribunais acataram a ideia e passaram a recomendar a mediação como processo preliminar às decisões judiciais. Na área comercial, de acordo com Henri Alvarez e Tina Cicchetti, existe uma potente cultura relacionada com resolução de disputas. Na advocacia tem sido usada como poderoso instrumento, com excelentes resultados, por muitos anos. A prática é comum, bem aceita e suportada por um grande número de experientes profissionais.

As provisões da Lei Modelo, da *UNCITRAL Model Law on International Commercial Arbitration, 1985,* permite a mediação através do Tribunal Arbitral, mediante a aquiescência das partes. Inclusive, esta lei modelo permite que o tribunal emita um laudo ("sentença") se as partes conseguem um acordo durante um processo de arbitragem.[7]

## 1.1.2.2 EUROPA

Em abril de 2008 o *European Union Parliament and Council* aprovou uma Resolução para encorajar o uso da mediação como um uma alternativa expedita e de baixo custo ao processo litigioso civil para disputas comerciais de diferentes países. A posição comum, de aceitação, foi declarada adotada sem emendas, quando Membros do Parlamento Europeu votaram a aprovação da recomendação para segunda leitura.

Isto significa que novas provisões em mediações *cross border* devam ser implementadas pelos Estados Membros (exceto a Dinamarca) dentro do prazo de três anos.

A Resolução contém os seguintes elementos chave, que tem o intuito de estabelecer e harmonizar a prática da mediação civil e comercial no EU, a saber:

- Um reconhecimento formal da importância da mediação em assegurar o acesso a justiça, formal recognition of the importance of mediation in ensuring access to justice;
  Concede aos tribunais o direito de recomendar (convidar) partes para a mediação (ou para uma sessão informal de mediação se disponível) sem prejuízo da legislação nacional que eventualmente considere a mediação obrigatória ou que determine sanções para as partes que se recusem a mediar.

- Permitir as partes fazerem acordos com força executiva nos tribunais.

- Proteger mediadores/ou provedores de mediação, exceto por relevante motivo público, da obrigatoriedade de serem chamadas como testemunhas ou como prova de termos acordados;

- Proteger o prazo limite onde as partes optaram pela mediação.

A Resolução também encoraja os Estados Membros a:

- Assegurar que sejam disponíveis treinamentos para mediadores;

- Encorajar a elaboração de códigos de conduta ética e medidas de controle de qualidade;

---

7 ALVAREZ, HENRI and CICCHETTI, TINA, "Arbitration in Canada", chapter 13 in the book *International Commercial Arbitration Practice in the 21st Century,* H. Grigera-Naón and P. Mason Co-Editors, publicado originalmente em 2010.

- Encorajar o oferecimento de informação *on line* sobre mediadores e a disponibilidade de provedores.[8]

### 1.1.2.2.1 Inglaterra

Em 1990, foi fundado, em Londres, o *CEDR - Centre for Effective Dispute Resolution*,[9] como resultado de experiências e pesquisas com métodos alternativos no Reino Unido. As atividades do centro foram baseadas nos objetivos do *Center for Public Resources,* em Nova York (o CPR, agora denominado *International Institute for Conflict Prevention & Resolution*) e do *Advisory Conciliation and Arbitration Service,* no Reino Unido, quais sejam: formar mediadores e funcionar como *"trouble-shooter"* ou "abatedor de problemas". A atividade se desenvolve da seguinte forma: Inicialmente se discute com as partes (uma de cada vez) a escolha do método mais aplicável. Em seguida, delineia-se o processo e, com a aquiescência das partes, é marcada a primeira entrevista com o mediador ou com outro interventor, de acordo com o caso. Os setores nos quais a CEDR mais atua são: o da construção civil e o comercial. A forma mais usada é a mediação. Atualmente, além do CEDR, existem vários outros centros que prestam os mesmos serviços: *The British Academy of Experts, The Chartered Institute of Arbitrators* e o *IDR -Europe Limited.*

Em 2015 foram aprovados dois Regulamentos: *The Alternative Dispute Resolution for Consumer Disputes (Competent Authorities and Information)* e *The Alternative Dispute Resolution for Consumer Disputes (Amendment)*, que determinam que empresas que vendem diretamente ao consumidor forneçam informações sobre aparelhamentos de ADR[10].

### 1.1.2.2.2 França

Na França, a ADR tem feições próprias. A mediação, como afirma Jean-François Six, sempre existiu dentre os franceses. Os franceses têm tradição na arte de resolver disputas que estejam baseadas em diferenças sociais,

---

8    Veja CEDR em http://www.cedr.com/index.php?location=/news/archive/20080522_306. htm Para EU Press Release, veja http://europa.eu/rapid/pressReleasesAction. do?reference=IP/08/628&format=HTML&ag ed=0&language=EN&guiLanguage=en

9    BENTLEY, Diana. *Europe's ADR flagship*. International Corporate Law. N 3: 31-34, Apr 1994 – ISSN: 0961-5326.

10   UK Dept. for Business Innovation & Skills Policy Paper "Alternative Dispute Resolution for consumers", 23 June 2015, ver https://www.gov.uk/government/publications/alternative-dispute-resolution-for-consumers/alternative-dispute-resolution-for-consumers

comerciais e empresariais, através de negociações. O papel dos advogados e dos tribunais é significativamente diferente do convencional. Eles não exercitam o poder corporativo, mas influenciam nos negócios financeiros e comerciais, a exemplo dos Estados Unidos e da Inglaterra. Essa prática tem desviado um grande número de litígios dos tribunais.[11] A atitude natural dos advogados na França, Suíça e Suécia, face às diferenças comerciais e disputas, é descrita como ADR pelos advogados americanos e do Reino Unido.[12] No final dos anos 90, a França foi palco de uma conferência internacional sobre ADR, o que revelou o grande interesse francês pela institucionalização da matéria em seu país, aos moldes alienígenas. Em 1995, a Câmara de Comércio de Paris criou o Centro de Mediação e Arbitragem com o objetivo de prestar serviços de arbitragem com a estrutura de membros, como fizera a Ordem dos advogados de Paris, a Associação Francesa de Arbitragem, a Comissão Nacional da Câmara de Comércio e o Conselho da Ordem de Contabilidade.

Curiosamente, respeitados críticos como Yves Derains, em Paris, observou que no oeste europeu, pelo menos, com exceção do Reino Unido, a mediação teve menos sucesso comparado a aceitação da arbitragem. Haja vista o grande apoio do judiciário e o treinamento de árbitros de ótima qualidade na França. O oposto aconteceu em um país da América do Sul, a Argentina, onde a arbitragem titubeia e a mediação firmemente assentou suas raízes, na visão de alguns observadores da matéria. (veja seção América Latina abaixo). Poder-se-ia dizer que existe uma competição entre os dois métodos. Mas é sabido que a arbitragem é bem mais popular dentre os advogados.

Em 2016 a França regulou, a exemplo da Inglaterra, determinando a obrigatoriedade de informações de aparelhamento sobre ADR para empresas que militem diretamente com o consumidor. Em caso de não atendimento a esta regra, a empresa se faz falível à multa de 15.000 euros (art. L.156-3 do Código do Consumidor)[13].

---

11  BROWN and MARRIOT, op. cit., p. 89.

12  SIX, Jean-François. *Les temps des mediateurs*. Paris : Du Seuil, 1987. p. 64.

13  "Mediation: New Obligation for France-based Traders", autoria de Dr. Lionel Lesur, Feb. 25, 2016, site da firma de advocacia McDermott Will & Emery, ver https://www.mwe.com/en/thought-leadership/publications/2016/02/mediation-new-obligations-for-france-based-traders

### 1.1.2.2.3 Itália

A Itália já contava com lei estatuindo a mediação obrigatória como condição de admissibilidade aos procedimentos judiciais.[14] Recentemente, em abril de 2011, advogados italianos desencadearam uma greve em protesto pela promulgação desta Lei.

Em 2013 o Parlamento passou uma nova Lei pela qual, em determinados conflitos cíveis e comerciais, as partes são obrigadas somente a atender a uma sessão informativa com um mediador[15].

### 1.1.2.3 RÚSSIA

Na Federação Russa bem como a antiga União Soviética, a arbitragem foi sempre método mais popular de resolução de disputas, mas desde que o país passou do regime comunista para seu presente estado de capitalismo oligárquico a mediação está começando a tomar pé, como apontado por Hendrix e Nikiforov. Segundo estes a cultura russa sempre foi avessa a voltar-se para formais sistemas de resolução de disputas e normalmente usavam um terceiro e poderoso interventor devido a suas raízes numa sociedade paternalista. E aí estavam oficiais do Partido Comunista ou funcionários do governo soviético árbitro para tais medidas, nas áreas dos respectivos domínios. Depois do colapso da União Soviética chefes da "máfia russa", parcialmente, tomaram para si tal papel. A influência desses grupos declinou, mas diferenças continuam a ser resolvidas por pessoas de impacto, em posições visíveis no governo, negócios, academias ou outras posições.

Entretanto, instituições mais formalizadas começam a surgir na Rússia, mesmo que, ainda, tendam a seguir o modelo "poderoso intermediário". Por exemplo, O Sindicado dos Industrialistas e Pequenos Empresários criaram a Comissão de Ética nos Negócios que oferece serviços onde um árbitro, subtraído de uma lista tipo *Forbes* russa acrescida de alguns não russos, recomenda uma solução. Já a mediação permanecia alinhavada. Os contratos contém cláusulas que conclamam a boa fé e os tribunais federais são incentivados a propiciar acordos amigáveis, em meio a demandas.

Contudo estes não têm poder para obrigar as partes a aceitar técnicas de ADR.

---

14  DE BERTI, Giovanni. *ECJ finds italian rules on mandatory mediation consistent with EU law.* De Berti Jacchia Franchini orlani Studio Legale. g.deberti@dejalex , 2010. p.1.

15  "The New Italian Mediation Law: Experimenting with a 'Soft' Approach to Mandatory Mediation", autoria de Dr. Giulio Zanolla, Feb.11,2016 CPR blog, ver https://blog.cpradr.org/2016/02/11/the-new-italian-mediation-law-experimenting-with-a-soft-approach-to-mandatory-mediation/

## 1.1.2.3.1 Projeto de Lei russa

Muito embora a mediação seja, nos dias de hoje, raramente usada, as perspectivas para seu maior uso estão melhorando na Rússia. Em 2008 uma entrevista mostrada no jornal russo de negócios "RBK – Ros Bizness Konsulting, com O Chefe da Suprema Corte Comercial "Arbitrazh" [16], Anton Ivanov, enalteceu a mediação prévia como solução para a superlotação de processos no judiciário e ainda sugeriu a compulsoriedade da medida, em determinadas matérias como disputas administrativas e tributárias.

Por outro lado o Projeto de Lei Federal Processual que versa sobre conciliação com a participação de um mediador, proposta por um grupo de trabalho da Câmara de Indústria e Comercio da Federação Russa passou pela primeira leitura, no Estado de Duma, em março de 2007, mas ficou intocada desde então. A legislação é baseada na Lei Modelo da Comissão das Nações Unidas sobre a Lei de Comércio e objetiva dar à mediação uma mais firme fundação legal. O Projeto de Lei, se aprovado, aplicar- se-á a disputas comerciais (nacionais ou internacionais) bem como disputas oriundas de relações de trabalho, família, e outros relacionamentos, a não ser os proibidos por lei.

A Lei não estabelece mediação compulsória, deixa ao critério das partes a submissão voluntária ao procedimento. A função que se afigura mais importante, é a que prove a confidencialidade no processo mediador.

E mais, permite que os acordos mediados sejam notorizados para que possam ser sejam executados através de rito sumário. Ainda acata o inicio da mediação antes ou ao invés da instauração do processo arbitral ou judicial, seja como medida voluntária das partes ou determinação de juízo.

A legislação também proíbe a atuação de oficiais do governo na função de mediadores.[17]

Finalmente em 26 de Julho de 2010, o Parlamento Russo (Duma) aprovou a Lei Federal - 193-FZ que entrou em vigor em 2011 e estabeleceu um Progra-

---

16  O termo russo "arbitrazh" é a tradução do francês, "arbitrage" que significa (antigo conceito francês) a diferença entre o preço da compra e da venda de moedas estrangeiras e não a tradução de "arbitrage", arbitragem, como erroneamente é usado por alguns autores.

17  HENDRIX, GLENN P. and NIKIFOROV, ILYA V. "Arbitration in the Russian Federation", chapter in the book *International Commercial Arbitration Practice in the 21st Century*, H. Grigera-Naón and P. Mason Co-Editors, publicado originalmente em 2010.

MEDIAÇÃO – Uma solução judiciosa para conflitos 81

ma de Mediação para resolução de disputas cíveis, comerciais e trabalhistas e familiares[18].

## 1.1.1.4 ÁSIA

### 1.1.2.4.1 China

Como já foi dito em capítulos anteriores a China de Confúcio tem centenas de séculos de história no uso da mediação para resolver disputas familiares e de comunidade. A família era o núcleo tradicional e grande era a sua importância para a estrutura e harmonia social. Na China moderna, onde prévias repressões maoístas foram superadas, o comercio internacional transformou-se, novamente, no caminho chave para obtenção de matéria prima para sua rápida expansão global. A China tomou medidas paulatinas para juntar-se a organizações que pudessem oferecer proteção aos seus negócios. Foi o caso da associação com a World Trade Organization - WTO, em Genebra onde disputas entre governos são resolvidas com uma combinação de mediação e arbitragem. No nível privado a mediação é extensivamente utilizada para resolver tanto conflitos tanto domésticos quanto internacionais. É, inclusive, apropriado a cultura chinesa a utilização da cláusula Med-Arb até o ponto de usar o mesmo interventor neutro para os dois processos sucessivamente.[19]

Foi promulgada em 29 de Dezembro de 2007, e entrou em vigor em 1º de Maio de 2008 a Lei de Mediação e Arbitragem para disputas trabalhista[20].

A China conta hoje também, com A Lei do Povo (PRC), Decreto no 34 por Ordem Presidencial da República Popular da China em 2010. É uma Lei comunitária oriunda da tradição chinesa de harmonização da sociedade através de intervenção[21].

---

18  "Russia's New Mediation Law", autoria de Dr. Alan Silberman, April 2012, ver https://www.mediate.com/articles/SilbermanA1.cfm

19  KAUFMANN-KOHLER, GABRIELLE and FAN KUN, "Integrating Mediation Into Arbitration: Why It Works in China", *Journal of International Arbitration* (The Hague) 25(4), pp. 479-492, 2008.

20  "Overview of China's New Labor Dispute Mediation and Arbitration Law", autoria do Jim H. Young e Lin Zhu da firma de advocacia Davis Wright Tremaine, 2012, ver http://www.dwt.com/advisories/Overview_of_Chinas_New_Labor_Dispute_Mediation_and_Arbitration_Law_01_29_2008/

21  Ver texto da Lei no site http://www.uv.es/medarb/observatorio/leyes-mediacion/asia/china-mediation-law.pdf

### 1.1.2.4.2 Hong Kong

Em Hong Kong, onde o crescente volume de litígios industriais vem abarrotando os tribunais, O *Hong Kong International Arbitration Center,* que oferece serviços de mediação e arbitragem, vem sendo largamente utilizado, já há muitos anos. Ainda mais, quando recentemente, nos últimos anos de 1990, a cidade transformou-se numa espécie de janela da china para o mundo, ao adquirir a antiga colônia Britânica e sedimentar o assentamento para mais mediações e arbitragens internacionais. A Câmara de Comércio Internacional de Paris (CCI – Paris) abriu, há poucos anos uma sede oriental do centro, em Hong Kong. Hoje, devido à nova diretriz requer-se das partes submissão à mediação antes de qualquer procedimento civil. Isso vale para arbitragem também.

Foi promulgada a L.N 167 de 2012 que entrou em vigor em 1º de Janeiro de 2013 destinada a promover , estimular e facilitar resolução de disputas através da mediação. No seu bojo tem um dispositivo de proteção ao sigilo de comunicação em mediação[22].

### 1.1.2.4.3 Coréia do Sul

Na Coréia do Sul, como nos Estados Unidos, a atividade contenciosa nos tribunais é caríssima. Esse fato causou a busca de novas formas de solução de disputas naquele país. Atualmente os coreanos contam com três modalidades ADR: O compromisso (uma forma de conciliação, com mútuas concessões), a mediação e a arbitragem. A mediação é oferecida, administrativamente pelos tribunais, como processo preliminar. A arbitragem tem três feições: pré-arbitragem (semelhante à mediação); arbitragem trabalhista (preparada para conflitos no trabalho) e arbitragem civil e comercial (para as relações cíveis e comerciais). Somente a última sujeita as partes a uma decisão do interventor.[23]

### 1.1.2.4.4 Singapura

Singapura, devido a sua posição estratégica como um cruzamento asiático de comércio e sua hiper moderna economia, a cidade país tem logrado crescimento significante como centro de resolução de disputas. Os centros de ADR têm visto mais e mais casos internacionais. Tanto que a ICDR, que como vimos é o ramo Internacional da *American Arbitration Association* está, agora, operando com uma sede na Ásia, ali, administrando mediações e arbitragens na área comercial.

---

22 Ver texto no site http://www.doj.gov.hk/eng/public/pdf/2013/cape.pdf

23 LEE, T. H. *Cutting the cost of conflict.* N39 PP26:28 Oc 1994.

MEDIAÇÃO – Uma solução judiciosa para conflitos

Em 2014 foi estabelecido o *Singapore International Mediation Centre – SIMC* – com o objetivo de fornecer serviços de mediação de alta qualidade para *resolução* de conflitos comerciais internacionais[24].

Foi também criado *The Singapore International Mediation Institute* que autoriza e certifica centros de Mediação na Cidade país[25].

O *Mediation Act 2016* – que permitiu o estabelecimento de centros de Mediação entrou em vigor em 2017. O Ato tem a finalidade de proteger a confidencialidade, os acordos mediados e o cumprimento de cláusulas contratuais de mediação[26].

### 1.1.2.4.5 Vietnã

Neste país foi baixado o Decreto 22/2017/ND-CP sobre mediação comercial. Foi inspirado pela Lei Modelo de Conciliação da UNCITRAL com algumas modificações locais.

Recentemente introduziu um regime de acordos de mediação, em reconhecimento da validade de acordos mediados já previstos no Capítulo 33 do CPC vietnamita de 2015.

Afora o nível nacional, o Tratado de Livre Comércio entre o Vietnã e a União Europeia dedica um considerável papel à mediação em disputas entre Estados, e entre investidores e Estados[27].

### 1.1.2.4.6 Índia

As principais leis em relevo na Índia são as seguintes[28]:

1 – *Arbitration and Conciliation Act* , 1996 (Part III). Observa-se que os termos Mediação e Conciliação são usados na Índia, como sinônimos.

2 – Section 89 of the Code of Civil Procedure de 1908;

---

24 Ver http://simc.com.sg/

25 Idem

26 "Singapore Developments – The Mediation Act 2016", autoria do Prof. Joel Lee, National University of Singapore Faculty of Law, March 12, 2017, ver *Kluwer Mediation Blog* http://kluwermediationblog.com/2017/03/12/singapore-developments-the-mediation-act-2016/

27 "Enforcement of Mediated Settlement Agreements in Vietnam: A Step Forward the International Trend?", by Nguyen Manh Dzung and Dang Vu Minh Ha, *Kluwer Arbitration Blog*, 02 July 2017, ver https://mail.google.com/mail/u/0/#inbox/15d040ab786fd686

28 "Mediation – India" na publicação *Getting the Deal Through: India*, autoria do Sriram Panchu e Avni Rastogi, 22 November 2016, ver https://gettingthedealthrough.com/area/54/jurisdiction/13/mediation-india/

3 – The Industrial Disputes Act de 1947;

4 – The Hindu Marriage Act de 1955, The Special Marriage Act de 1954 e The Family Courts Act de 1984;

5 – The Companies Act 2013, Section 442 e normas correlatas de 9 de Setembro de 2016, similar ao da Africa do Sul de 2011, ver abaixo.

## 1.1.2.5 AUSTRÁLIA E NOVA ZELÂNDIA

A Austrália, país de *Common Law*, vê crescer dia a dia o movimento pró-ADR. Os *Australian Commercial Disputes Centers*, espalhados por todo o território australiano, têm um sério compromisso com implantação e a utilização de ADR. O Procurador Geral da República elaborou, em 1990, um volumoso relatório propondo a extensão de ADR ao trabalho dos tribunais. Outra entidade, a *LEADR - Lawyers Engaged in Alternative Dispute Resolution,* apregoa a necessidade de utilizar os sistemas alternativos em substituição ao processo judicial. Como afirmam, Simon Greenberg, Sally Fitzgerald e Björn Gehle[29]:

O uso da cláusula denominada *Multi-tier* nos contratos de um modo geral (em sequência: negociação-mediação-arbitragem)[30] em resolução de disputas é muito popular na Austrália e Nova Zelândia e, de alguma forma, usado demais, por força do hábito, nos contratos em sua fase de elaboração, sem a criteriosa atenção para as consequências da prática. A demora na efetiva resolução pela aplicação de todos os passos do *multi-tier.* Isto ocorre com mais frequência nos contratos nacionais ao passo que nos contratos internacionais o foco maior ainda é a arbitragem.

Entretanto, a mediação compulsória como precursora da arbitragem e dos procedimentos judiciais tem crescido em popularidade.[31] Muito embora alguns autores considerem a compulsoriedade da mediação um motivo de demora e mesmo mau uso do tempo para resolver o conflito, o que pode eventualmente ocorrer, é importante salientar uma importante função dos processos que é a educativa. A maioria dos processos que submetem-se a mediação compulsória jamais participaram de uma sessão mediada. O preconceito, ou ignorância do

---

29  GREENBERG, SIMON, FITZGERALD, SALLY and GEHLE, BJÖRN, chapter 115 on Australia, New Zealand and the Pacific Islands. *International Commercial Arbitration: 21st Century Perspectives,* H. Grigera-Naón and P. Mason Co-Editors, publicado originalmente em 2010.

30  Parênteses do autor.

31  GREENBERG, SIMON, FITZGERALD, SALLY and GEHLE, BJÖRN, op. cit.

MEDIAÇÃO – Uma solução judiciosa para conflitos

processo de mediação é um dos maiores entraves para sua implantação e utilização. Por outro lado, estatísticas revelam que, mediadas uma vez, as partes se predispõem para futuros casos e decisões.

Vale ainda acrescentar que, na Austrália e na Nova Zelândia, com relação a mediação, nas cláusulas *multi-tier,* as Supremas Cortes, de diversas regiões têm assumido colocações opostas, tanto a favor quanto contra. [32]

No mundo acadêmico o movimento pró mediação é surpreendente. Quase todas as Universidades, atualmente, na Austrália e na Nova Zelândia oferecem, em vários níveis, cursos de ADR, principalmente mediação.

Na Austrália foi finalmente promulgado *The Civil Dispute Resolution Act 2011- (Cth) (CDRA),* de abrangência federal, que entrou em vigor em 1º de Agosto de 2011. O objeto da Lei, segundo o juíz P.A. Bergin da *Supreme Court* do Estado de New South Wales, tem "a finalidade de assegurar, tanto quanto possível, que litigantes tomem passos genuínos para resolver disputas antes de determinados processos civis"[33].

Na Nova Zelândia foi decidido o Family Dispute Resolution Act 2013 autorizando a regulamentação da matéria através do *Family Dispute Resolution Regulation 2013.* Basicamente o Regulamento estabelece critérios de aprovação de centros de ADR[34].

### 1.1.2.6 ÁFRICA

Já existe, na África do Sul, a *ADRASA - Alternative Dispute Resolution in South África* que é um projeto de desenvolvimento e implantação de ADR, naquele país. O projeto é relativamente recente mas está crescendo, contínua e gradualmente.

O *Companies Act 2011* foi estabelecido neste ano e contém um dispositivo que autoriza, na sua sessão 166, a utilização de mediação, conciliação ou arbitragem em disputas corporativos cobertas pelo Ato[35].

---

32   Idem, ib idem.

33   http://www.supremecourt.justice.nsw.gov.au/Documents/Publications/Speeches/Pre-2015%20Speeches/Bergin/bergin_2012.05.11.pdf

34   Ver o texto do Regulamento aqui: http://www.legislation.govt.nz/regulation/public/2013/0434/latest/whole.html

35   http://www.mazars.co.za/Home/News/Articles/Alternative-Dispute-Resolution

### 1.1.2.7 MEIO ORIENTE

Israel e Turquia, há pouco tempo, recepcionaram conferências internacionais sobre ADR. Como resultado, entraram no campo através de programas alternativos de mediação para disputas familiares, litígios do trabalho e conflitos nas relações de vizinhança.[36]

A informação sobre ADR que Israel de que casais se apresentem para o processo de mediação antes de ajuizarem judicialmente casos de divórcio pode, apesar de jornalística, ser considerada no escopo desta pesquisa[37].

Na Turquia foi publicado em 22 de Junho de 2012 a Lei de Mediação No 6325, efetivada em 22 de Junho de 2013 para Disputas Cíveis. Este foi o sinal de reconhecimento da legitimidade de processos alternativos de resolução de disputas. Devida regulação, No. 28540, foi implementada na mesma data da promulgação da lei. Entretanto a lei sofre algumas restrições quando aplicada a determinadas áreas privadas de conflito. E existe a exigência da utilização de mediadores de nacionalidade turca[38].

### 1.1.2.8 AMÉRICA LATINA

### 1.1.2.8.1 México[39]

Como resultado da reforma da Constituçao do México, no dia 25 de fevereiro de 2017, un Decreto Presidencial foi aprovado, pelo qual o Congresso recebeu um mandato para aprovar uma nova lei sobre ADR em agosto de 2017[40]. Pela primeira vez, o direito ao "acesso aos mecanismos de ADR" foi reconhecido em nível constitucional, criando um precedente importante para o país, bem como para a América Latina.

---

36  BROWN and MARRIOT, op. cit. p. 90.

37  "Mediation and the Law", autoria da Hadassah Fidler, *The Jerusalem Post*, January 28, 2016, http://www.jpost.com/Opinion/Mediation-and-the-law-443079

38  "Turkey: Mediation: The Long-Awaited Turkish Mediation Law", no site "Mondaq", autoria do Baris Can Polat, Escritório de Advocacia Senguler & Senguler, 8 Oct. 2013, http://www.mondaq.com/turkey/x/267746/Arbitration+Dispute+Resolution/ httpwwwmondaqcomarticleasparticleid267736

39  Ver "The Rise of a New Law to promote ADR Mechanisms in Mexico: Challenges and Opportunities" por Fernando Pérez-Lozada, August 13, 2017, *Kluwer Arbitration Blog*, 15 August 2017.

40  Decreto promulgado no dia 25 de fevereiro de 2017 pelo qual diversas disposições sobre mecanismos de ADR foram reformadas e acrescentadas (Artigos 25 e 73, seção nova XXIX-A).

A Lei sobre ADR estabelecerá as regras para acordos amigáveis em disputas domésticas (disputas em direito civil e familiar) excluindo matéria penal e qualquer outra regulamentada por *lex specialis*. Esta reforma também desencadeou uma iniciativa para introduzir novo título (Título V) sobre "Conciliação Comercial" no Código Comercial (CC), aplicável à conciliação nacional bem como internacional, sob um sistema "monista".

Ambos instrumentos adotaram a Lei Modelo da UNCITRAL sobre Conciliação Comercial Internacional de 2002. Atualmente apenas 16 países têm adotado esta Lei Modelo., dois dos quais são Latinoamericanos - Honduras e Nicaragua[41].

Esta reforma já atraiu a atenção das instituições como a CCI e peritos na matéria que participaram nas sessões de trabalho com as autoridades públicas[42].

Como o México é um integrante do tratado de livre comércio entre os países norte-americanos (Estados Unidos, Canadá e México), o NAFTA (*North American Free Trade Agreement)*, contam com painéis oficiais da *Nafta* que atuam com disputas de comércio ou investimento, onde um governo, membro da NAFTA, é parte. Veja também seção *1,1,3* abaixo sobre NAFTA.

Em 2009 o México já havia autorizado a conciliação em contratos e licitações públicas[43].

### 1.1.2.8.2 Costa Rica

Costa Rica está num estágio de avaliação de pesquisas no sentido de melhoria da administração da justiça. Nos anos 90 conduziu, em todo o país, um plano-piloto de conferências e seminários sobre ADR. Mas a mediação pública do ex-Presidente Oscar Arias, que ganhou o Prêmio Nobel da Paz nos anos 80, foi a que maior notoriedade deu ao país, como polo de mediação. O então presidente atuou como mediador durante a crise entre a Nicarágua, Guatemala

---

41 UNCITRAL Texts & Status, http://www.uncitral.org/uncitral/en/uncitral_texts/arbitration/2002Model_conciliation_status.html

42 Mesa redonda no dia 31 de maio de 2017 com o Ministério da Economía, CCI-México, Centro de Arbitragem do México, OAB-México, Instituto Mexicano de Arbitragem, etc.

43 "Alernative Dispute Resolution in Administrative Matters", artigo de autoria do Mag. Dr. Manuel Hallivis Pelayo, https://www.aihja.org/images/users/114/files/Mexico_-_Report_2016_Mexico_-_Report_2016.pdf AND http://www.oas.org/juridico/spanish/mesicic3_mex_anexo29.pdf

e El Salvador. Depois, Oscar Arias atuou como mediador na crise política de Honduras.

### 1.1.2.8.3 Panamá

Panamá, a exemplo de Hong Kong, Singapura e Uruguai, é um país de território pequeno, estrategicamente localizado e com ambições para ser um centro regional de negociação. Em 1999, foi promulgado o Decreto-lei governando arbitragem, conciliação e mediação[44], o qual define estes ADRs e os requerimentos básicos como a confidencialidade na mediação. Vai até a minúcia de requerer que o mediador assine, junto com as partes, contrato de confidencialidade ao início do processo. A legislação também requer que o mediador assine qualquer acordo feito entre as partes na resolução da disputa. Em 2007 este Decreto-lei[45] deu azo à norma que regula o aspecto educacional e o exercício da profissão de mediador. Este, por exemplo, tem de ser panamenho, o que tem desencorajado o uso do Panamá como local para mediações internacionais.

### 1.1.2.8.4 Porto Rico

Porto Rico, no Caribe, por ser um território dos Estados Unidos, acompanha de perto as inovações americanas no campo da ADR. Mas pouco pode-se dizer de outras nações na América Central. Chama a atenção pelo menos três aspectos do país. O primeiro é que convive com um sistema jurídico dual, a Common Law e o Direito Civil, como se vê na Quebec-Canadá e Louisiania – Estados Unidos (a Indonésia e a Quênia também têm sistemas jurídicos duais, mas com sistemas jurídicos dos colonizadores Holanda e Inglaterra respetivamente em combinação com sistemas jurídicos das comunidades locais) ; segundo, tem o maior número de advogados, per capita, do que qualquer outra cidade americana, exceto Washington D.C.; e terceiro, conta com um número muito elevado de conflitos trabalhistas, em cuja área a mediação mais se sobressaiu.

### 1.1.2.9 AMÉRICA DO SUL

---

44 Decreto Ley No. 5 de 8 de julio de 1999 "Por la cual se establece el régimen general de arbitraje, de la conciliación y de la mediación"

45 Decreto Ejecutivo No. 777 de 21 de diciembre de 2007 del Ministerio de Gobierno y Justicia, "Que dicta medidas sobre las instituciones de Arbitraje, Conciliación y Mediación; se Cualifica al Mediador y al Conciliador y se regula la Conciliación y Mediación a nivel comunal"

## 1.1.2.9.1 Argentina

A Argentina apresenta considerável desenvolvimento no campo da ADR. Vários são os artigos que nos chegam daquele país onde a mediação há muito é instruída em algumas universidades. Existe legislação pertinente e a profissão de mediador, há alguns anos, é reconhecida e conta com várias associações.

A Lei Federal 24.573, de abril de 1996, pouco contrasta com a Lei 13.951, que entrou em vigor a partir de 10 de janeiro de 2010, que regula o procedimento da mediação na jurisdição da Província de Buenos Aires. Norteadas pelos mesmos princípios de neutralidade do interventor, confidencialidade, além da obrigatoriedade da mediação prévia, regulam também as atividades do mediador e as questões éticas da profissão. Esta lei denominada Lei Obrigatória de Mediação e Conciliação apresentou as seguintes características:

- Mediação Pré judicial obrigatória;
- Período de 60 dias para mediar;
- Confidencialidade;
- Acordo com força executória;
- Mediadores registrados em um diretório;
- Nas ações envolvendo o Estado os mediadores são sorteados;
- Nas ações privadas são escolhidos pelas partes;
- Os honorários do mediador, quando existe acordo, são pagos pelas partes. Quando não existe acordo, são pagos por um fundo especialmente instituído para tal.

A mediação obrigatória, na Argentina, pode-se dizer, cumpriu o seu papel educativo. Atualmente, tramita no legislativo projeto de lei de mediação voluntária. A lei portenha basicamente exige que a maioria dos casos em disputa judicial nos tribunais de Buenos Aires seja submetida à mediação antes de julgamento. Quando as ações envolvem o estado, o neutro é sorteado dentre o *bureau* de mediadores. Se é privada, é eleito pelas partes. Para se ter uma ideia, o Fórum Civil contou com 139.984 ações no ano de 1998. Destas, 33.663 foram encaminhadas para mediação e somente 5.785 processos retornaram para o litígio, sendo que os outros, mediados, foram resolvidos com acordos.

### 1.1.2.9.2 Bolívia e Chile

Na Bolívia, uma nova norma constitucional demanda que o sistema judicial boliviano incorpore iniciativas de ADR. Por volta de 1993 já havia um esboço de lei em arbitragem e mediação.

Chile, através de sua Câmara de Comércio, em Santiago, recentemente criou um centro de ADR.

### 1.1.2.9.3 Colômbia

A Colômbia foi um dos primeiros centros a implantar ADR em seu sistema de resolução de disputas. Atualmente conta com 103 centros de Conciliação e Arbitragem, que variam consideravelmente em termos de casos. O centro que atua na Câmara de Comércio de Bogotá atende cerca de 600 casos por mês em diferentes áreas.

Apesar da existência dos centros de ADR no país, ainda não existe o reconhecimento legal da profissão de mediador, nem conta a exequibilidade de acordos feitos por mediação no aparato legal do país. Porém, os acordos feitos por conciliação formal podem ser executados nos tribunais[46].

### 1.1.2.9.4 Equador

O Equador tem recebido grande ajuda externa no sentido de criar e implantar um programa de ADR no país. *The World Bank, Interamerican Development Bank e USAID.*

Atualmente o Equador conta com a Lei de 1997, oficializada pelo Registro 145 de 04 de Setembro de 1997, que trata da Arbitragem e Mediação. Entretanto, a matéria foi codificada somente em 2006, através do Registro Oficial 417 de 14 de Dezembro de 2006.[47]

---

46 "Dispute Resolution in Colombia", autoria dos Drs. Hugo Palácios Mejia e Oscar Tutasora Castellanos da firma Estudios Palácios Lleras, S.A., artigo no jornal *The Dispute Resolution Review* da editoria do Richard Clark, April 2009, ver https://www.scribd.com/document/135225041/Dispute-Resolution-in-Colombia

47 "National and International Arbitration in Ecuador", autoria dos Drs. Rodrigo Jihón-Letort e Juan Manuel Marchón da firma de advocacia Perez Bustamonte & Ponce, no jornal *The Arbitration Review of the Americas 2013* publicada pela *Global Arbitration Review* (Londres), ver http://www.pbplaw.com/descargas/thearbitrationreviewoftheamericas_2013_ecuador_rjl_jmm.pdf

### 1.1.2.9.5 Paraguai

Também no Paraguai existe um esforço da câmara de comércio local para desenvolver ADR para o mercado *MERCOSUL*.

Atualmente o Paraguai conta com a Lei 1879/02 de 2002 de Arbitragem de Mediação[48].

### 1.1.2.9.6 Peru

O Peru formou em 1994 a *Association Peruana de Negociation, Artbitrage e Conciliation - APENAC,* sob os auspícios do *Interamerican Development Bank.* Espera-se que sejam inaugurados 7 centros de mediação e arbitragem nas cidades de Ayaacucho, Cuzco, Arequipa, Huancayo, Iquitos e Piura. A *APENAC* está delineando um programa de ADR para proteção da propriedade industrial, *INDECOP.* Contudo, a norma que regula a matéria, curiosamente intitulada *Ley de Conciliation No. 26.872,* versa sobre mediação e foi recentemente modificada para implementar a sua obrigatoriedade.

### 1.1.2.9.7 Uruguai

No Uruguai, a constituição determina que a conciliação seja o primeiro passo antes do litígio em todos os casos cíveis. O novo Código Civil conclama o procedimento verbal e incorpora uma fase de conciliação. Treinamento de ADR está integrado nas escolas de direito *CEJU.* Existe também colaboração da Suprema Corte e da Universidade Nacional para treinamento de estudantes de Direito e outras áreas em conciliação.

### 1.1.2.9.8 Venezuela

Venezuela apresentou, nos anos 90, um projeto de lei de mediação. A alta contigenciosidade da cultura judicial na Venezuela, contudo, não dá sinais de regulamentação efetiva sobre ADR.

## 1.1.3 – A Trajetória Norte-Americana

ADR é mais do que alternativa para solução pacífica de disputas. Nos estados norte-americanos representam um grande número de maneiras de aliviar os tribunais do acúmulo de processos contenciosos. Atualmente, 50% do sistema judiciário norte- americano exige que as demandas cíveis sejam subme-

---

48 O texto da Lei está disponível no site www.uaipit.com , portal internacional da Universidade de Alicante sobre Propriedade Intelectual e Sociedade de Informação.

tidas aos processos de ADR, como mediação ou conciliação pelo juiz, antes do julgamento judicial propriamente dito.[49]

Vem de longe, na história dos Estados Unidos, a disposição para resolver disputas de forma pacífica. Os primeiros *Quakers,* em território americano, praticavam tanto mediação quanto arbitragem e, mais recentemente, o Serviço Cristão de Conciliação criou vários projetos-piloto para formar e treinar mediadores para resolver disputas interpessoais.

Entretanto, nos Estados Unidos o movimento pró-ADR foi desencadeado com a fundação do *Chinese Benevolent Association.* Este órgão foi aparelhado para resolver conflitos familiares dentre os membros da comunidade judaica. Em 1920, os judeus estabeleceram seu próprio fórum de mediação, o *Jewish Conciliation Board,* em Nova York.

O movimento cresceu e propiciou a criação de conhecido procedimento de mediação, utilizado para solucionar litígios no trabalho, conflitos de família e conflitos sociais-gerenciais.

Os anos sessenta, com seus conflitos de gerações, descontentamentos e guerras foram momentos importantes para o florescimento de formas alternativas de resolução de disputas. Nada ficou intocado naquele momento histórico da sociedade americana. Uma generalizada intolerância pelas falhas governamentais provocou grandes conflitos na sociedade, que passou a se conscientizar quanto ao grave momento do país. Daí vieram os protestos contra a guerra do Vietnã, os questionamentos quanto à situação dos consumidores e ressurgiu o velho problema racial. Uma grande inquietação estudantil ainda provocou a luta por direitos civis e o reexame do papel da mulher na sociedade conjugal. O divórcio passou a ser comum na vida norte-americana. Conflitos que no passado permaneciam no campo das disposições, se transformaram em disputas que foram para as ruas ou para os tribunais.

Pela formalidade dos procedimentos, volumoso número de processos começou a se formar, provocando delonga nas decisões, grandes despesas e consequentemente novas frustrações no público. Em resposta à explosão de litígios de toda ordem e o descontentamento generalizado com o sistema formal de justiça, surgiram várias leis e organizações conciliadoras, aptas a prestar serviços de mediação.

---

49  HALDEMAN, G. P. *Alternativa dispute resolution in personal injury cases.* Deerfiel, 1l. New York, N.Y., CBC, 1993, p. 8.

Em 1963 surgiram a *AFCC - Association of Family and Conciliation Courts* e a *CCFC - Court Connected Family Conciliation.* Ambas eram institucionalizações de alternativas para a litigação judicial.

Através do *Civil Rights Act,* promulgado em 1964, foi criado o *Community Relations Service,* Departamento de Justiça dos Estados Unidos, com o propósito de ajudar na busca de acordos para conflitos raciais.

Algumas organizações passaram a existir na década de setenta para resolver determinado tipo de disputas. Foram os casos do *Institute for Environmental Mediation* e o *Resolve Center for Environmental Conflict resolution.* Outras especialidades se seguiram e os centros passaram a atuar, também, na construção civil, serviços de saúde, medicina e educação.

Em 1971, foi organizada a *SPIDR - Society of Professionals in Dispute Resolution,* com a finalidade de formar e treinar profissionais neutros para atuarem com resolução de disputas. A instituição, hoje extinta, deu lugar a muitas outras do gênero em todo o país.

A *AAA - American Arbitration Association,* criada em 1925, desenvolveu uma linha de conduta e treinamento para conciliação, mediação, arbitragem no consumo, disputas familiares e na comunidade. Até hoje oferece uma grande variedade de procedimentos de ADR e é um dos mais atuantes e prestigiosos núcleos de arbitragem e mediação, na América e na Europa. São inclusive pioneiros em arbitragem por vídeo conferência.

Em 1976, a *ABA - American Bar Association* formou um comitê especial para alternativa de solução de disputas, denominado *Commitee on Alternative Means of Dispute Resolution.* Este se compunha de advogados e consultores associados, com a incumbência de pesquisar formas de reduzir os custos judiciais.

O *FMCS - Federal Mediation and Conciliation Service* foi estabelecido por uma lei federal, assinado em 1977. O *FCMS* oferece serviços de conciliação e mediação em disputas na indústria e no comércio. Ampliou seu *staff* em 1978 para outras disputas especialmente na área trabalhista.

Para ser administrado pelo Departamento de Justiça, o Congresso aprovou, em 1980, o *Dispute Resolution Act,* com a finalidade de organizar um programa nacional para resolução de disputas. A estrutura e objetivos desse ato serviu de base para normas estaduais que o seguiram. Em 1983, os legislativos de vinte estados americanos apresentavam propostas para alocação de verbas para projetos de ADR ou de legitimação do processo de mediação, confidenciabilidade dos procedimentos, os aspectos legais dos acordos e a responsabilidade dos mediadores.[50]

Em 1982, surgiram várias entidades nacionais com os mesmos fins. Dentre elas a *Family Mediation Association* e a *Academy of Family Mediation,* cuja principal atribuição era oferecer cursos profissionalizantes. Estes cursos são reconhecidos pelas Supremas Cortes, que certificam mediadores para atender aos casos referendados pelos tribunais. Em 1986, somavam 225 o número desses centros e em 1990 já eram mais de 300. Em 1996 foi estatuído o *Administrative Dispute Resolution Act,* que instituia ADR em todos os órgãos administrativos do país. Em 1998 surgiu o *ADR Act,* que implantou ADR nas cortes federais.

Atualmente, nos Estados Unidos, ADR é oferecida por várias outras organizações públicas ou privadas, incluindo o *CPR – International Institute for Conflict Prevention & Resolution* (o ex - *Center for Public Resources),* que conta com mais de quatrocentas grandes corporações empenhadas em explorar ADR antes do litígio; A *Endispute Inc.,* no setor privado, oferece instrumental para o desenvolvimento de um processo que, depois de sua instalação, passou a ser chamado de *minitrial;* A *JAMS - Judicial Arbitration and Mediation Services e Judicate Inc.* oferece serviços de mediação e arbitragem; e várias firmas de advocacia, coletivas ou individuais.

A *American Bar Association* e muitas associações de advogados em todos os estados contam com setores e comitês especiais de ADR. Além disso, os processos de ADR foram introduzidos no sistema judiciário de quase todos os estados, e funciona como sistema adjunto em grande parte da federação. O conceito de *"multidoor courthouse"* é desenvolvido de maneira a que os tribunais sejam o ponto focal para todos os serviços de resolução, disputas, tanto litigação quanto outras alternativas.[51]

Mas o que maior credibilidade deu a ADR nos Estado Unidos foi o intenso programa *Multi-door courthoouse,* desenvolvido pela *Law School da Harvard University.* Os disputadíssimos cursos básicos e avançados sobre negociação e mediação, denominados *Program of Instruction for Lawyers,* formaram e espalharam, por todo o mundo, educadores e multiplicadores da ideia de ADR.

---

50 SHAILOR, J. G. *Empowerment in dispute mediation.* Connecticut, Westport, London, Praeger, 1994, p. 5.

51 BROWN and MARRIOT, op. cit. p. 89.

Nas décadas de 80 e 90, o livro *Getting to Yes* de Roger Fisher e William Ury foram *best sellers* e nortearam milhares de profissionais da área, de vários países.

Outros programas de igual notoriedade e importância vêm se formando nos Estados Unidos. É mister mencionar o Programa de LLM, da *Pepperdine University*, na California, onde não só as atividades acadêmicas curriculares, mas, especialmente, as de pesquisa, estão atraindo jovens graduados, notadamente os em Direito, do mundo inteiro. As atividades de pesquisa vêm se expandido, inclusive para a integração de todas as formas de resolução de disputas.

### 1.1.4 Experiência do Estado da Flórida

O primeiro programa de mediação ligado aos tribunais da Flórida começou em 1975. Por volta de 1978, foram estabelecidos dez programas de resolução de disputas, *CDS*. A Suprema Corte da Flórida criou um comitê especializado em resolução de disputas para ter acesso a esses programas e poder desenvolver diretrizes para um plano de orientação e treinamento. Com base nesse trabalho estava lançada a pedra fundamental para a coordenação, pelo Estado, das futuras iniciativas em matéria de mediação e outras formas alternativas de resolução de disputas.

Em 1984, o legislativo da Flórida criou o *Study Commission on Dispute Resolution*. Essa comissão publicou dois relatórios. O primeiro contendo recomendações para a inclusão de um programa de mediação e arbitragem, apropriado para os tribunais da Flórida. O segundo incluía um anteprojeto de lei para a efetivação do programa.

Em 1985, os *CDS* recebiam autoridade estatutária. Entre as inúmeras conquistas se incluíam: regras para administração do programa, regras para seleção e designação de um diretor e outros privilégios, tais como: procedimentos de confidenciabilidade durante as sessões de mediação, imunidade para os agentes do *CDS Centers,* etc. Esses programas rapidamente se espalharam pelas cidades, do que se pode chamar a "Grande Miami".

Uma associação ocorrida em janeiro de 1986, entre a *Supreme Court of Florida* e a *State University College of Law,* originou um programa conjunto denominado *FDRC - Florida Dispute Resolution Center.* O programa tem como objetivos promover a pesquisa e o acesso de qualquer experimento de métodos de ADR; conduzir programas educacionais para membros da *ABA - American Bar Association,* da magistratura e do público em geral, e oferecer assistência técnica para os programas existentes e para os que fossem criados.

O anteprojeto, elaborado pela comissão legislativa, foi aprovado em 1987. Junto com a aprovação, foram alocados fundos para a elaboração do *Dispute Resolution Demonstration Project,* com o objetivo de implementar e avaliar a nova legislação. O projeto revelou que o programa-piloto fora um sucesso. Entretanto, por questões políticas, os fundos ainda não foram devidamente encaminhados para a para a formação dos centros de ADR, espalhados por todo o Estado da Florida, como inicialmente previsto. Argumentou-se que a atividade dos mediadores e arbitradores, por ser remunerada pelas partes, pode encontrar nova fonte de renda para o projeto. Inicialmente, mediadores voluntários assistiam aos juízes na identificação de casos apropriados para mediação. Pouco a pouco os juízes começaram a indicar casos cíveis para mediação, ordenando às partes que pagassem pelas sessões. Por isso, afirma Sharon Press, "as questões iniciais relativas ao programa foram respondidas, em grande escala, pela história da ADR no estado e as circunstâncias fiscais no tempo da iniciação".[52]

A Flórida transformou-se num dos estados líderes dos Estados Unidos no uso das mencionadas *Court-Annexed mediation,* com regulamentos para a atividade de mediadores, bem como treinamento de profissionais. Ainda conta e usa, com sucesso, *mandatory pre-trial mediation* em muitas áreas do conflito, especialmente *Family mediation e Circuit Civil,* nas cortes estaduais e federais localizadas na Flórida.

Há que se mencionar o *Mediation Alternatives to Judicial Action, 2012 – Fórida Statutes – Chapter 44,* que normatiza: *Court-Ordered Mediation, Standards and Procedures for Mediators, Immunity for Mediators, Funding of Mediation, Cititzen Dispute Settlement Centers,* e *Confidentiality and Mediation*[53].

## 1.1.5 Mecanismos governamentais de ADR nas Américas

### 1.1.5.1 MERCOSUL

As Convenções de Ouro Preto e Brasília cobrem esta área. Em 1990 foi inaugurado em favor do Presidencialismo, como maneira de resolver conflitos no Mercosul, entre governos. Nessa década, entretanto, com a mudança de valor do real e a economia da Argentina, mais disputas foram surgindo, relativas

---

52 PRESS, S. *Building and maintaining a statewide mediation program*: a view from the field. Kentucky Law journal, v.81, n.4, p.47-84, 1992.

53 O texto da Lei está disponível no site https://www.flsenate.gov/Laws/Statutes/2012/Chapter44

# MEDIAÇÃO – Uma solução judiciosa para conflitos

à restrições de importação de outros membros de Mercosul, etc., e os mecanismos formais estão sendo invocados.

### 1.1.5.2 *NAFTA (NORTH AMERICAN FREE TRADE AGREEMENT)*

Está montada em mecanismos de painéis que cobrem as áreas do comércio, investimentos, expropriação/nacionalização de propriedade, etc.

O sistema NAFTA conta com painéis de arbitragem ativos, mas também disponibiliza opções de mediação, conforme declarações oficiais da Secretaria da NAFTA[54].

### 1.1.5.3 *TAJ (TRIBUNAL ANDINO DE JUSTICIA)*

O escopo do TAJ está limitado à resolução de conflitos onde as partes são governos. Não exercem suas atividades nos conflitos privados. Pode ser acessado pelo site www.comunidadandina.org.

## 1.1.6 Resolução de Conflitos On-line

Não se tem notícia do uso desse sistema pela mediação. Este é largamente utilizado em arbitragem.

- Normalmente usado para disputas relacionadas com a Internet (nome de domínio, comércio eletrônico, etc.)

- Arbitragem por um painel administrativo (forma comum de resoluções *on-line*)

- No caso de disputas sobre nomes de domínio (de quem é a propriedade de endereços na Internet, como "Corinthians.com", "aol.com.br", etc.). Este tipo de procedimento é dominado pelos serviços fornecidos pela *"Internet Corporation for Assigned Names and Numbers – ICANN"*. As normas do *ICANN (Uniform Dispute Resolution Policy – UDRP* e as Regras do *UDRP)* são utilizadas mundialmente, para os nomes de domínio de primeiro nível (*"General Top Level Domain Names – GLTDs"*), como .com, .org, e net, por quase todos os fornecedores de serviços Internet, através de contrato. Essa regulamentação é fornecida para resolução de casos sobre nomes de domínio, por um seleto e pequeno número de organizações.

---

54  https://www.nafta-sec-alena.org/Home/Alternative-Dispute-Resolution/Methods-of-Private-Dispute-Resolution

- WIPO/OMPI – *Arbitration and Mediation Center*, Genebra, Suíça.

- É a maior dessas organizações. WIPO/OMPI é parte da ONU. Possui um sistema administrativo preparado para atender casos em todo o mundo, com utilização de árbitros selecionados na maioria dos países, inclusive no Brasil. Os painéis são compostos por um ou três painelistas. Veja o site: www.wipo.int

Capítulo II

# ENFOQUE TEÓRICO DE ADR

## 1. O TERMO

O termo ADR foi inicialmente utilizado nos Estados Unidos como sigla para *Alternative Dispute Resolution,* expressão reservada para designar todos os processos de resolução de disputas sem intervenção de autoridade judicial. Contudo, a quase totalidade dos autores reconhece a impropriedade da expressão: alternativa de resolução de disputas.

Alternativa a quê? Presumivelmente, se faz referência ao mecanismo judicial de resolução de disputas. Então, a palavra alternativa, que tem suas raízes no latim, *alter* = o outro, e que significa a sucessão de *duas* coisas mutuamente exclusivas, explicaria a opção por outro mecanismo. Que outro? ADR tem sido usado para designar *vários* mecanismos de resolução de disputas, afora o judiciário, o que por si só já revelaria a impropriedade da expressão.

Por outro lado, pode-se observar que a maioria das disputas não é resolvida pelo sistema judiciário. Normalmente este mecanismo é utilizado como último recurso não-violento de resolver uma disputa. Antes deste, as pessoas costumam recorrer ao diálogo, à intervenção de um intercessor, a manipulação de poder e assim por diante. Sem falar na mediação, arbitragem, *ombudsman* e outros métodos, porque já é convencionado qualificá-los de ADR. Além disso é grande o percentual de ações, principalmente cíveis, que são resolvidas, mesmo depois de instauradas, através de negociações entre as partes, com pouco ou quase nenhuma intervenção judicial. Nos Estados Unidos esse percentual é de 90 a 95%.[1] No Brasil, uma pesquisa realizada, tendo como fonte as Revistas

---

1   SANDER, F. E. A Alternative to the courts. Conference on The Lawyer's Role in Resolving Disputes. Harvard Law School, Cambridge, Mass, Oct. p. 14-16, 1982.

dos Tribunais de São Paulo, do Rio de Janeiro, de Minas Gerais, de três estados do Nordeste, e do Supremo Tribunal Federal, de 1980 a 1984, revelou que, dentre cem processos de separação judicial litigiosa instaurados, somente 0,002 chegava à última instância.

Ainda é importante notar que os grandes benefícios prestados por todos os métodos informais, denominados ADR, que não o judiciário, estão ligados à parceria dos tribunais com os métodos alternativos, como mencionadas acima, as *Court Annexed Mediation* e outras.

Alternativa para solução de disputas se constitui em todas as formas que não a judicial, utilizadas para resolver conflitos que se transformaram em disputas. A tradição de buscar os tribunais para resolver os conflitos fez de todas as outras maneiras, consensuais ou não, alternativas do processo contencioso. Na realidade, este meio de solução é que se apresenta como último recurso, alternativa para a livre negociação ou qualquer resolução envolvendo ou não um terceiro interventor. Somente quando as partes assumem posições definidas e se polarizam é que o recurso judicial entra em cena, muito mais por hábito do que por necessidade.

De qualquer forma, o termo é hoje conhecido internacionalmente para definir uma grande variedade de meios que servem de alternativa aos procedimentos adjudicatórios, como a litigação e até mesmo o arbitramento, como é atualmente praticado.

A arbitragem está incluída no elenco de alternativas porque difere do processo judicial quanto às formalidades do procedimento. Entretanto, da maneira como é mundialmente utilizada, se constitui numa variante do processo contencioso judicial, onde a figura do juiz representa autoridade pública, com competência para promover uma decisão que deverá ser acatada pelas partes e, na arbitragem, a autoridade privada escolhida pelas partes é o árbitro. Além disso, na história da ADR nos Estados Unidos, onde mais se desenvolveu e se desenvolve, a arbitragem sempre teve o seu papel, seja porque seu entendimento é essencial na apreciação de resolução de disputas, de um modo geral, ou porque as práticas e procedimentos da arbitragem muito têm influenciado o desenvolvimento de outros processos, subsidiários ou híbridos, usados como ADR.[2]

---

2    BROWN, H. J., MARRIOT, A L. *ADR* – principles and practice. London : Sweet and Maxwell, 1993, p. 87.

## 2. CONFUSÃO NA TERMINOLOGIA

Existe, principalmente no Brasil, uma grande confusão a respeito da terminologia de ADR, por várias razões.

Muitos advogados e outros profissionais do direito não estão familiarizados com os diferentes processos de ADR e tendem a denominar outras figuras jurídicas da mesma forma. Por exemplo, usam de igual modo mediação, arbitragem e mesmo conciliação. Já se encontra, inclusive na literatura, menções equivocadas. Em discursos é muito comum a impropriedade.

Quando um juiz facilita uma negociação e propicia um acordo, não raro anuncia o resultado como uma decisão judicial, quando na realidade foi pautada no próprio poder das partes e não mediante a autoridade do juiz.

Advogados, representando indivíduos ou grupos, afirmam estar atuando como mediadores quando estão buscando soluções "justas", de acordo com suas próprias convicções, mediante técnicas, ou em face do poder que exercem quando se intitulam mediadores.

É importante distinguir, todavia, conciliação, mediação e arbitragem, os processos mais comuns, porque cada um deles espelha atividades específicas com objetivos muito diversificados.

## 3. ADR – SUA FILOSOFIA

O movimento ADR floresce em todas os países, de uma forma ou de outra. Cada manifestação desse fenômeno, em razão de diversidade de culturas e práticas, apresenta razões e motivos diferentes, dando origem a várias escolas filosóficas. Qualquer uma, em particular, e o conjunto de todas, apesar de seus diferentes enfoques, podem representar o genuíno "espírito da ADR".[3]

Para melhor caracterizar esse espírito é necessário considerar os objetivos a serem alcançados pelos métodos alternativos, bem como observar as tendências de cada movimento pró-ADR.

Costuma-se dizer que os processos formais de resolução de disputas empregados pelos setores público e privado são grandes consumidores de tempo. Uma reclamação trabalhista, por exemplo, exige meses de trabalho durante sua trajetória pelo sistema adversarial. Da mesma forma, um processo judicial pode demorar meses ou mesmo anos para ser resolvido e, por acréscimo, apre-

---

3    BROWN and MARRIOT, op. cit. p. 90.

sentar um custo muito alto. Nos Estados Unidos, o melhor exemplo desses inconvenientes, as reclamatórias trabalhistas e os processos cíveis, normalmente acarretam um investimento substancial de recursos financeiros antes que obtenham uma decisão judicial. Os custos judiciais, honorários advocatícios, procedimentos probatórios, depoimentos e outros custos são consideráveis. Grandes somas são gastas rapidamente sem a menor garantia de um resultado favorável para o caso. No Brasil acontece da mesma forma.

Entretanto, economia de tempo e dinheiro, por si só, não resumem os objetivos de ADR. Outros, como os resultados positivos das novas técnicas de negociação desenvolvidas na Universidade de Harvard, a partir dos anos sessenta, propiciaram o desenvolvimento de uma teoria, ligada ao conceito de *"principled negotiation"*.[4] O que quer dizer, uma maneira cooperativa e não contenciosa de solucionar problemas. Essa história se baseia no princípio de que, numa negociação, melhores resultados são obtidos quando se abandonam posições radicais e se enfatizam interesses que possam levar a resultados satisfatórios para ambas as partes.

Entretanto, processos alternativos não se limitam a métodos cooperativos, e favorecem de igual modo soluções onde existam contextos competitivos.

Uma proporção expressiva de partes, em casos de ADR, usa o processo como um meio de conseguir um acordo sem, necessariamente, estar engajado em algum propósito de conseguir benefícios mútuos.[5] Os processos de ADR são eficazes, tanto quando as partes adotam propósitos de benefícios mútuos, quanto posições definidas, tanto negociações competitivas, quanto a permuta com esses ou qualquer outro enfoque ou estratégia.

Outra razão favorável é o discutido poder das partes e o controle que têm sobre o resultado de suas disputas. Explicam os que defendem essa razão, que nos processos tradicionais, o resultado fica nas mãos de advogados. Estes se utilizam de sua linguagem própria e arrazoados para resolver as disputas, seja nos tribunais ou através de negociações, deixando as partes sem ciência da situação. Quando um processo judicial é iniciado, as partes perdem total discernimento de seus casos. Como meros espectadores, assistem o desenrolar dos fatos que passam pelas mãos de técnicos de secretarias, oficiais de justiça, peritos, etc. e acabam com juízes. No caso de ADR, as partes são mais responsáveis

---

4    FISHER, R., URY, W. *Getting to yes*. 2.ed.New york, Penguin Books, 1991, p. 121.

5    BROWN and MARRIOT, op.cit., p. 88.

MEDIAÇÃO – Uma solução judiciosa para conflitos   103

pelos movimentos do processo. Alguns métodos alternativos possibilitam às partes envolvidas o controle total sobre os lances e resultados de suas disputas.

Alguns autores chegam a enaltecer esse poder como a grande motivação dos processos de ADR. Contudo, esquecem das situações onde o desequilíbrio de poder é irremediável e mesmo assim deve-se promover uma solução. ADR, objetivamente, não intenta equilíbrio, reforçando poder em parte alguma. O simples fato de as partes tomarem para si o encargo de resolver o conflito com seus próprios recursos é que resulta em reforço de poder. Mesmo assim, os processos de ADR, de acordo com cada conflito, sob cada disputa, podem propiciar resultados satisfatórios.

Talvez uma das mais significativas metas de ADR seja a preservação e mesmo o melhoramento das relações entre as partes, especialmente em situações familiares ou comerciais. Os sistemas adversariais promovem nós nesses relacionamentos e tornam muito difíceis futuras transações. Mesmo quando as disputas são trabalhadas por advogados sensíveis à necessidade de preservação dos relacionamentos, provocam grandes danos sociais. O processo contencioso, diz Brown, envolve um encargo de vencer, e este fato torna praticamente impossível impedir a escalada de mútuos ressentimentos, hostilidade, raiva e mágoas.[6]

Não sem razão, os autores, de um modo geral, assumem que ADR produz melhores resultados do que os métodos do sistema adversarial. Dois são os fatores que contribuem para tal. Em primeiro lugar, existem diferentes tomadas para o tratamento de diferentes conflitos. Por exemplo, uma disputa que envolve conflitos psicológicos, seja de percepção ou de entendimento, pode, sem dificuldade, ser resolvida com a intervenção de um terceiro neutro, como na mediação. Em contrapartida, uma disputa que envolve conflitos religiosos ou de princípios se torna quase impossível de ser solucionada numa mesa de negociação, mesmo com interveniência de mediador. O terceiro interventor, face ao radicalismo das posições existentes naqueles conflitos, tem de estar revestido do poder de apresentar uma decisão que deverá ser acatada pelas partes, como o arbitramento voluntário. Em segundo lugar, na mediação e em outras formas de ADR, quando existe direta e intensiva participação das partes no estabelecimento das negociações, além da competência de facilitador neutro para as intervenções, os resultados tendem a ser muito mais criativos. Os participantes podem atingir minúcias que, invariavelmente, advogados ou os tribunais não têm condição de alcançar.

---

6   Ibidem.

A economia de tempo e dinheiro deve ser considerada muito importante.[7] Da mesma forma, a preservação de relacionamentos futuros, sejam comerciais ou familiares. Mas, a ideologia de maior peso, quando se consideram meios não-adversariais de resolução de disputas, se refere ao resultado ou solução dos problemas das partes. Parte-se do princípio de que ninguém melhor do que estas tem conhecimento das nuances do seu próprio caso e melhor pode apresentá-lo e discutí-lo. Além disso, qualquer seja o resultado alcançado, será aquele que, primeiro, representará o cerne e a forma que atenderão as particularidades de cada caso, coisa que a lei, de forma abstrata e genérica, não tem condição de fazer. Em segundo lugar, tem chance de fazer justiça, na mais alta acepção do termo, porque a justiça foge também dos parâmetros das leis. Não se pode dizer que justa é a decisão que for absolutamente legal. Mas pode-se afirmar que a auto- determinação das partes tem muito maior chance de proporcionar justiça. Justa será a decisão que maior satisfação e paz trouxer para ambas as partes.

Alguns autores afirmam que os processos informais jamais substituirão o importante papel da lei que é a preservação de valores públicos. Dentre eles, a proteção dos direitos fundamentais das partes como indivíduos, promoção de justiça e bem-estar social, solidariedade social. E aqui cabe a pergunta: onde tem início essa proteção e promoção senão no mais íntimo campo do conflito e como podem os tribunais penetrar nesse terreno insondável, quando as próprias partes não querem revelá-lo ou mesmo não sabem como fazê-lo? A preservação de todos esses valores sociais se concentra, em última instância, no próprio indivíduo, na sua boa vontade para consigo próprio e para com seu semelhante. Nessa boa vontade repousam as bases do famigerado bem-estar social. A maneira mais eficaz de promover o bem-estar social é administrar, pacífica e construtivamente, o conflito, prevenindo seus efeitos negativos no indivíduo e na sociedade.

Mesmo em meio às críticas podem-se salientar razões para o desenvolvimento e aplicação de ADR no campo das disputas. Sua eficácia *já* foi sobejamente comprovada nos países onde é aplicada e vários dos seus objetivos já foram alcançados.

A maioria dos autores é favorável à implantação de ADR e apresentam razões para tal. Algumas dessas razões são mencionadas e descritas:

---

7    BUSH, R. A B. Mediation and adjudication, dispute resolution and ideology: na imaginary conversation. *The Journal of Contemporary*, Legal Issues, v.3, n.1, p. 87-122, Fall 1989.

MEDIAÇÃO – Uma solução judiciosa para conflitos    105

a) aliviar o congestionamento do judiciário, bem como diminuir os custos e a demora na solução dos casos;

b) incentivar o envolvimento da comunidade na solução de conflitos e disputas;

c) facilitar o acesso à justiça;

d) fornecer mais efetiva resolução de disputa;

e) promover justiça, bem-estar e solidariedade social.

## 4. ADR – CONCEITO

*Dispute Resolution* ou Resolução de Disputas refere-se aos vários métodos de liquidação de desajustes entre indivíduos ou grupos. Uma análise sistemática se refere à produção ou explanação de ajustes para disputas através do estudo dos interesses de cada parte, das alternativas disponíveis a cada lado e a maneira como cada uma percebe as relações entre os objetivos e as alternativas.[8]

Para cada disputa, em particular, existe um método apropriado, que atende às necessidades e especificidades de cada caso. Por exemplo, a questão a ser resolvida numa disputa sobre responsabilidade de civil concentra-se no valor a ser atribuído a um dano. Poucos são os recursos objetivos existentes para uma decisão. As partes concordam com a substância da resolução, mas equilibram- se em poder quanto a um valor específico. Os métodos voluntários que sofrem interferência de terceiros serão evidentemente os mais indicados e aquele que oferecer uma decisão que sujeite as partes será mais eficiente. Nesse caso, a arbitragem é mais indicada do que a mediação, porque não está mais pautada no poder das partes e, sim, no poder conferido pelas partes ao terceiro interventor. O trabalho para ADR se situa na escolha e aplicação de um desses métodos para um caso concreto.

ADR também se refere à prática de resolver desacordos de maneira satisfatória, expediente e economicamente viável para ambas as partes, evitando o processo adversarial da litigação, ou o processo judicial.

Os métodos alternativos não objetivam o perde/ganha da litigação comum. Os resultados são elaborados, mesmo quando as formas de resolução se pautam em fatos, normas e provas. Estão voltados para a composição e mesmo

---

8    NAGEL, S. S., MILLS, M. K. *Sistematic analysis in dispute resolution*. New York: Quorum Book, 1991, p. 8.

à criação de direitos que atendam aos interesses de todos os lados. Não existe a preocupação do prêmio e do castigo, mas a resolução de uma questão que é entendida pelas partes como comum e como tal devendo ser resolvida.[9]

Por outro lado, quando se fala em ADR, economia é uma palavra de ordem. ADR significa processos que possam atender acasos de disputa favorecendo interesses dos envolvidos sem acarretar outros ônus ou conflitos que aqueles possam representar. ADR também significa purificação da atividade advocatícia através de determinações de honorários relativos aos serviços prestados e não à compensação pelo ganho ou até pela perda da ação.

## 5. DEFINIÇÕES DOS PROCESSOS DE ADR

Das mais de sessenta e quatro formas de ADR já estudadas nos Estados Unidos e outros países, aqui são enumeradas as sete mais utilizadas. Essa utilização decorre do histórico de soluções alternativas, nos países pesquisados e relacionados quanto a sua eficácia e qualidade de resultados.

## 5.1 Processos primários

### 5.1.1 Negociação:

A forma básica de resolução de disputas é a negociação. Nela as partes se encontram, diretamente, e de acordo com suas próprias estratégias e estilos, procuram resolver uma disputa ou planejar uma transação, mediante discussões que incluem argumentação e arrazoamento para acomodação de interesses. Sem intervenção de terceiros, as partes procuram diretamente resolver as questões, diluindo disputas mediante troca de informações e conversações, que são conduzidas pelas partes autonomamente ou por representantes. Negociação é usada em qualquer tipo de disputa e faz parte do dia-a- dia transacional. É uma atividade constante entre advogados.

### 5.1.2 Conciliação privada:

É um processo informal onde existe um terceiro interventor que atua como elo de comunicação entre partes em litígio. Vários meios são utilizados pelo interventor para essa ligação, inclusive o telefone. A finalidade é levar as partes a

---

9    JASPER, M. *The law of dispute resolution*: arbitration and alternative dispute resolution. New York : Occanna Publications, 1995, p.3.

um entendimento, através de identificação de problemas e possíveis soluções. O conciliador apazigua as questões mas preocupa-se com a qualidade das soluções. Interfere, nos conceitos e interpretações dos fatos, sugerindo e mesmo induzindo as partes a aceitarem normas que norteiam a matéria em disputa.

No Brasil, o juiz pode exercer essa função, de acordo com disposições do Código de Processo Civil. Neste caso, a conciliação deixa de ser privada.

Muitas vezes a denominação é usada inapropriadamente, não só quanto ao interesse público, mas confundindo com a própria mediação.

### 5.1.3 Mediação:

É um processo informal, voluntário, onde um terceiro interventor, neutro, assiste aos disputantes na resolução de suas questões. O papel do interventor é ajudar na comunicação através de neutralização de emoções, formação de opções e negociação de acordos. Como agente fora do contexto conflituoso, funciona como um catalisador de disputas, ao conduzir as partes às suas soluções, sem propriamente interferir na substância destas.

O trabalho do interventor está vinculado ao reconhecimento das questões em disputa e das razões e interesses de cada parte. Sua intervenção é neutra e dá-se, quando necessário, sem interferência no mérito ou qualidade dos conceitos discutidos, pois sua preocupa- se concentra-se no processo de mediação propriamente dito e na comunicação entre as partes.

### 5.1.4 *Fact Finding*:

É realizado mediante a utilização de um perito, neutro, selecionado pelas partes, com o objetivo de encontrar e clarear fatos. É meio auxiliar na negociação, mediação ou adjudicação. Normalmente o perito é conclamado a emitir parecer sobre o objeto e as questões em disputa e este pode, de acordo com as partes, ter caráter decisório no conflito.

### 5.1.5 *Ombudsman*:

Não é um processo propriamente dito. É o nome dado a um oficial, designado por uma instituição, para investigar queixas e requerimentos como maneira de prevenir litígios ou facilitar sua resolução dentro da instituição. Essa terceira pessoa investiga e dá expediência a queixas de cidadão com relação ao governo, de cliente com prestador de serviços, entre empregado e empregador, com o fito de dirimir controvérsias ou propor mudanças no sistema.[10] Dentre os métodos de atuação utilizados estão incluídos a investigação, publicidade e recomendação.

### 5.1.6 Arbitragem:

Nesse processo, as partes concordam em submeter seu caso a uma terceira parte, imparcial, à qual é atribuído poder para apresentar uma decisão para uma determinada disputa. Os lados em disputa têm oportunidade de apresentar seus fatos, testemunhas e arrazoados, através ou não de representante. É extensamente utilizada nas relações industriais de trabalho, bem como relações entre comerciantes e consumidores. A arbitragem pode também ser feita por um órgão colegiado, em número ímpar, onde as questões são votadas para apresentar uma decisão que tem caráter vinculante para as partes.

## 5.2 Processos secundários ou híbridos

### 5.2.1 *Mini trial*:

Ou assentamento estruturado de negociação é um processo empregado para resolver disputas que de outra forma estariam sujeitas à litigação prolatada. O objetivo é propiciar a dirigentes de empresas resolver questões negociais fora do âmbito judicial. Os *Mini Trials* são organizados na medida das necessidades dos disputantes e podem incorporar várias formas de ADR. Num dos modelos, os advogados das partes promovem a defesa de um caso, apresentando, de forma abreviada, sua versão dos fatos e argumentação legal a um painel coletivo. Esse painel é composto de um consultor neutro (normalmente advogado, de renomado saber jurídico) e executivos de ambas as organizações, com poder de decisão. O consultor, imparcial, dá seu parecer estabelecendo um resultado que seria igual a uma provável decisão judicial, caso a disputa fosse levada ao tribunal. Em seguida, os executivos se retiram para negociar um acordo, com ou sem a presença do consultor. Em alguns casos, o consultor não chega a dar uma decisão, os próprios agentes o fazem. O resultado só emana da intervenção quando os dirigentes falham em encontrar uma decisão. Algumas vezes as partes concordam em revestir a opinião do advogado imparcial com força sujeitante. Neste caso, o processo transforma-se em adjudicação. Em outros casos o

---

10   HALDEMAN, op. cit., p. 5.

consultor age como um "facilitador", onde o procedimento se assemelha à mediação. Ou, ainda, em outros casos, funciona como um *fact finding*. Esse processo tem se revelado de grande utilidade, principalmente em disputas entre grandes empresas e quando suas disputas envolvem provas factuais e questões legais ao mesmo tempo.[11]

### 5.2.2 *Summary jury trial*:

Este processo é uma adaptação de alguns conceitos de *Mini Trial*. Consiste numa breve exposição do caso, por advogados, a um júri simulado. Mesmo sem autoridade, são arrolados dentro da mesma população de um júri oficial. O veredicto de júri simulado não é sujeitante, mas ajuda as partes a melhor entender seus casos e as encoraja ao acordo. Este processo é, geralmente, recomendado pelos tribunais nos Estados Unidos, ainda que não haja consenso das partes quanto à sua aplicação.

### 5.2.3 *Rent a judge*:

Também denomidado tribunais privados, está disponível para casos onde as normas processuais ou constitucionais permitem aos juízes referendar um juiz particular. Este juiz, normalmente aposentado, é pago pelas partes. Diversamente dos tribunais privados, suas decisões propiciam apelação. As partes, voluntariamente, se submetem a esse processo para evitar a delonga e minimizar custos e outros efeitos do processo judicial.

### 5.2.4 Adjudicação:

É um processo formal para questões, onde uma decisão é imposta judicialmente, baseada em provas e aplicação de leis aos fatos. Apresenta uma terceira pessoa com poder de impor uma solução aos disputantes. Normalmente, produz um resultado perdedor/ganhador. Nesse processo é dada às partes chance de apresentar provas documentais e testemunhais, além da argumentação legal. É usualmente feito através de advogados.[12] A não ser pela diferença de procedimento, pouco difere da litigação comum.

---

11  Ibidem.

12  RISKIN, L. L., WESTBROOK, J. E. *Dispute resolution and lawyers*. St. Paul : West Pub. Co., 1987. p. 3.

## 6. CARACTERÍSTICAS ACIDENTAIS E CLASSIFICAÇÃO DOS PROCESSOS DE ADR

De alguma forma, todos os processos de ADR encerram características semelhantes que, variavelmente, podem ser reduzidas a quatro.

### 6.1. Voluntariedade:

Com exceção do *Summary Jury Trial,* todos os outros processos, de uma maneira ou de outra, são voluntários. Mesmo quando são designados pelos tribunais, não destituem a voluntariedade das partes, que podem se recusar a acatar o processo alternativo. Essa característica dá um caráter de legitimidade às decisões, que resultam da participação direta ou indireta das partes.

### 6.2. Sujeitabilidade:

De acordo com a determinação das partes, o processo será sujeitante ou não quando, com intervenção de terceiro, apresentar uma decisão para o caso apresentado. O processo será, então, sujeitante, mediante o poder previamente delegado pelas partes.

### 6.3. Restrição:

Existe quando o processo não sofre intervenção de terceiro, ficando restrito ao governo das partes. É o caso da negociação, onde o processo está simplesmente afeito à atuação e decisão dos envolvidos na disputa.

### 6.4. Intervenção:

Ocorre somente quando existe a atuação do terceiro junto e nas decisões. O terceiro interventor poderá ser neutro, no que pode-se chamar de intervenção cega e muda, ou ter poder para produzir uma decisão. É o caso da mediação e da arbitragem, respectivamente.

### 6.5. Privaticidade:

Essa é uma característica essencial dos processos alternativos. Não estão revestidos do caráter de publicidade. Ficam circunscritos à área de interesses privados.

## 6.6. Informalidade:

Os processos não estão vinculados a nenhuma norma substantiva ou processual. Entretanto, estão protegidos por normas que regulam a ética na atuação profissional dos interventores, principalmente árbitros e mediadores.

Considerando essas características, podemos classificar os processos de ADR nas seguintes categorias:

*Voluntários* - Involuntário: quanto à escolha e aceitação das partes;

*Sujeitantes* - Não-sujeitantes: quanto à sujeição às decisões dos terceiros interventores;

*Com intervenção* - Sem Intervenção: quanto à existência de terceiro interventor;

*Informais* - Quanto à forma de apresentação.

Os processos judiciais e adversariais de resolução de disputas são caracterizados pela grande formalidade e pelo caráter de publicidade e não estão incluídos nessa classificação.

## 7. DIFERENÇAS ENTRE OS PROCESSOS ALTERNATIVOS

Basicamente, o que diferencia um processo de resolução do outro são as características de voluntariedade, a sujeição das partes e a inclusão de terceiro.

O grau de formalidade, os resultados e o interesse também são considerados, mas são as três primeiras que formam todas as outras variantes. Juntas, formam o contingente dos processos de ADR. Nos Estados Unidos, segundo o relatório do Departamento de Justiça, em 1989[13], este contingente congrega processos que variam desde os denominados *"hard processes"* até os *"soft processes"*. Estes conceitos se baseiam no grau de autodeterminação das partes, consubstanciado no poder que estas detêm para promover sua próprias soluções.

Nos países da *Common Law,* a *adjudication* é o processo adversarial de juízo considerado de maior rigidez. A decisão formulada pelos tribunais tem força executória e foge, completamente, do controle dos interessados na

---

13 LEVIN, L. et al. *Dispute resolutio devices in a democratic society.* Final Report of the 1985. Chief of Justice, Earl Warren Conference on Advocacy in The United States. Washington DC, Roscoe pound American Trial Lawyers Foundation, 1984. p. 17.

decisão. Seu procedimento, onde são apresentados provas e argumentações, é altamente formalizado e sua decisão, a sentença, está baseada em princípios jurídicos, leis e precedentes. Invariavelmente estabelece um ganhador e um perdedor.

A arbitragem difere do processo judicial, primeiro porque advém de acordo prévio das partes ou aceitação das partes. Pode, contudo, contrariar uma das partes, quando a determinação do processo resultar de cláusula contratual exigível judicialmente. Nesse caso, essa forma de resolução fica restrita a determinadas áreas do contencioso como: corrupção, fraude, conduta inadequada no processo, ou ainda quando o árbitro excede sua autoridade.[14] Segundo, porque seu procedimento é menos formal que o processo judicial. Contudo, tem sido observado uma crescente formalização da arbitragem devido à presença cada vez maior de instrução no processo. Isto tem contribuído para o aumento de custo e tempo para as decisões.

A voluntariedade é uma característica também comum aos processos de negociação e mediação. Mesmo que a mediação esteja institucionalizada em alguns países, e determinada pelos tribunais, sempre existe a liberação das partes de acatamento ou não da recomendação judicial. O resultado de ambas está baseado no princípio de autonomia das partes. Suas decisões são soberanas dentro do âmbito privado e têm força de lei entre as partes.

O que diferencia os processos de negociação e mediação é a presença de terceiro interventor. No primeiro, a direção e encaminhamento das questões ficam também ao critério dos negociadores, ainda que com a presença de consultores e advogados. São as partes que, além de definir os acordos, determinam as etapas. Na mediação esse papel é desempenhado pelo mediador que, em última instância, formaliza o acordo ou declara o impasse das negociações. Ambas as formas são flexíveis e, tanto questões de direito quanto conceitos jurídicos e provas não têm guarida nesse processo. Todavia, a mediação ainda está um passo a frente da negociação comum, porque preserva o poder das partes mesmo delegando a articulação do processo. O mediador, sem qualquer envolvimento intra ou interpessoal com o conflito, pode melhor conduzir as questões em disputa.

---

14 Ibidem.

Quanto a conciliação, nem sempre se fala em voluntariedade. O processo como instituição pode estar previsto numa estrutura processual de interesse público. Como alternativa privada, a conciliação é voluntária e as partes podem optar por uma ou outra estrutura legal.

Nos processos de negociação e mediação, além do encaminhamento da disputa para uma resolução favorável a ambas as partes, existe somente a preocupação ética. As questões éticas serão tratadas em capítulos próprios neste trabalho. A mediação não deixa de ser uma derivante da negociação e ambos os meios de resolução de disputas se constituem nas formas mais genuínas de resolução.

Todos os processos híbridos, como a própria designação os define, derivam de modificações e combinações dos quatro primeiros processos: negociação, mediação, arbitragem e *adjudication.* O *Minitrial,* por exemplo, é uma versão particular do processo judicial e o *Summary Jury Trial* tem a mesma feição do tribunal de júri o qual, no Brasil, é reservado para os processos criminais de homicídio.

As nuances e particularidade de cada caso e de cada parte originaram a combinação desses processos, caracterizando muito mais suas similitudes do que propriamente suas diferenças. É uma demonstração evidente da flexibilidade dos processos alternativos de solução de disputas. Alguns podem entender essa maleabilidade como sinal de fraqueza desses meios. Mas aqueles que experimentaram ou empreenderam um estudo mais atento da matéria são unânimes em afirmar que aí se encontram a grande qualidade e fortaleza desses processos. Esta é a conclusão de um relatório do Departamento de Justiça dos Estados Unidos da América sobre a matéria.[15]

---

15  Ibidem.

# 8. QUADROS COMPARATIVOS

## 8.1. Quadro dos processos primários de resolução de disputas

| CARACTERÍSTICA | PROCESSO JUDICIAL | ARBITRAGEM | NEGOCIAÇÃO | CONCILIAÇÃO PRIVADA | MEDIAÇÃO |
|---|---|---|---|---|---|
| VOLUNTÁRIO / INVOLUNTÁRIO | Voluntário / Involuntário | Voluntário | Voluntário | Voluntário | Voluntário |
| SUJEITANTE / NÃO SUJEITANTE | Sujeitante passível de apelação | Sujeitante, sujeito à revisão em campo limitado | O acordo tem força contratual | Sujeitante ou não | O acordo tem força contratual |
| INTERVENÇÃO DA TERCEIRA PARTE | Imposta. O terceiro não é neutro, tem poder de decisão, geralmente sem especialização em litígio | Selecionada pela parte. O terceiro tem poder de decisão. Geralmente usa perito especializado na matéria | Sem intervenção de terceiro. Às vezes com representação | O terceiro imparcial pode sugerir soluções | Selecionada pelas partes. Neutro condutor. Usualmente com especialidade na matéria |
| GRAU DE FORMALIDADE | Formalizado com alto grau de estruturação. Regras rígidas e predeterminadas | Processualmente menos formal. Normas de direito substantivo podem ser adotadas pelas partes | Usualmente informal | Informal | Usualmente informal. Não estruturada ( a não ser quando estipulado pelas partes) |
| NATUREZA DO PROCESSO | Oportunidade para cada parte apresentar provas e argumentos | Oportunidade para cada parte apresentar provas e argumentos | Não está limitado à apresentação de provas, argumentos e interesses. | Oportunidade para cada parte rever provas e argumentos | Não está limitado à apresentação de provas e argumentos. Baseado em interesses |
| RESULTADO | Decisão pode ser baseada em princípios de direito ou equidade, dependendo do interesse | Decisão: embasada por princípios jurídicos e opiniões arrazoadas. Compromisso sem opinião | Conclusão e acordo mutuamente aceitáveis | Decisão baseada em estruturas que podem ser escolhidas pelas partes | Conclusão e acordo mutuamente aceitáveis |
| INTERESSE | Público / Privado | Privado a não ser quando exigir revisão judicial | Privado | Privado | Privado |

## 8.2. Quadro dos processos híbridos de resolução de disputas

| CARACTERÍSTICA | PRIVATE JUDGING | FACT FINDING | MINI TRIAL | OMBUDSMAN | SUMARY JURY TRIAL |
|---|---|---|---|---|---|
| VOLUNTÁRIO / INVOLUNTÁRIO | Voluntário | Voluntário / Involuntário | Voluntário | Voluntário | Involuntário |
| SUJEITANTE / NÃO SUJEITANTE | Sujeitante passível de apelação | Não sujeitante. Resultados podem ser aceitos | Se resulta em acordo, tem força contratual | Não sujeitante | Não sujeitante |
| TERCEIRO INTERVENTOR | Selecionado pelas partes, com poder de decisão. Pode ser um juiz togado ou um advogado | Terceiro neutro interventor com especialização e perícia na matéria. Pode ser selecionado por decisão judicial ou pelas partes. | Consultor selecionado pelas partes. Algumas vezes com especialização e perícia na matéria | Terceiro interventor selecionado pela instituição | Juri Simulado Arrolado pelos tribunais |
| GRAU DE FORMALIDADE | Procedimento legal mas altamente flexível quanto a local e procedimento | Informal | Menos formal que o processo jurídico. Com regras de procedimento até determinadas pelas partes | Informal | Regras de procedimento são fixadas. Menos formal que o processo judicial |
| NATUREZA DO PROCESSO | Oportunidade para cada parte apresentar provas e argumentos | Investigatório | Oportunidade e responsabilidade apresentação de breves provas e argumentação | Investigatório | Não está limitado à apresentação de provas e argumentos. Baseado em interesses |
| RESULTADO | Decisão pode ser baseada em princípios de direito as vezes estruturada por conclusões sobre fatos e leis | Relatório pericial ou testemunha | Acordo mutualmente aceitável | Relatório | Veredito do consultor |
| INTERESSE | Privado a não ser que determinado por força judicial | Privado a não ser que apresentado judicialmente | Privado | Privado | Usualmente Público |

"If everyone were to take an eye for an
eye, the whole world would be blind."

"Se todas as pessoas fossem tomar um olho por um
olho, o mundo inteiro estaria cego."

*Unknown*

## PARTE INTRODUTÓRIA III

# NEGOCIAÇÃO

## TÍTULO ÚNICO
## NEGOCIAÇÃO: PROCESSO BÁSICO PARA MEDIAR

# INTRODUÇÃO

O ser humano é escravo de sua vontade. Essa vontade é movida por interesses. A todo instante alguém quer alguma coisa que outro possui ou disputa com alguém algo que o outro também quer. Alguns podem dizer que por necessidade e não por vontade, outros por motivos e outros por razões. Nada disso, contudo, importa. O fato é que as pessoas, em qualquer momento ou lugar, negociam. O menino negocia com o colega o assento na sala de aula, um país negocia com outro os subsídios para um determinado mercado, o marido com a mulher a compra prioritária. Negocia-se com irmãos, filhos, até com estranhos, mesmo com amigos. Todo ser humano é naturalmente um negociador. A negociação, antes de ser um fato jurídico, é um fato natural. Vida e negócio são substantivos interdependentes.

Existem várias maneiras de se negociar. Costuma-se dizer que quem tem mais poder negocia com facilidade. A isso pode-se acrescentar que quem tem menos poder tem de negociar melhor.

A habilidade de persuadir começa a ser desenvolvida desde as primeiras manifestações de vontade e, cada pessoa, a partir de então, passa a trabalhar seu próprio estilo de negociação. Uns apregoam, outros barganham, uns suplicam, outros intimidam, uns coagem, mentem ou ameaçam, mas todos negociam dessas ou de várias outras maneiras, as quais fazem parte da personalidade de cada um.

O que se quer, contudo, dizer, é que a negociação não é habilidade que tem de permanecer no terreno das inclinações naturais. E sim que esta é uma forma de se conseguir o que quer, ou resolver quem fica com o que, que pode ser trabalhada e desenvolvida, de acordo ou não, com o que é nato em cada um.

MEDIAÇÃO – Uma solução judiciosa para conflitos

Por séculos, estudiosos de comunicação têm se dedicado ao estudo da persuasão, na crença de que através dela as pessoas conseguem melhor resolver seus conflitos, satisfazendo seus interesses, podendo até mesmo prevenir suas disputas. Não sem razão.

Entretanto, há pouco tempo, na década de 80, a negociação passou a se constituir matéria de pesquisa e a fazer, formalmente, parte do mundo da resolução de conflito. A obra *Getting to Yes,* de Roger Fisher e William Ury, marcou o início desse movimento, que se avolumou com o *Harvard Negotiation Project,* na Faculdade de Direito da Universidade de Harvard. Essa obra provocou a discussão do assunto e deu origem a várias outras, com críticas e estudos paralelos às técnicas e estratégias desenvolvidas por Fisher e Ury.

Mais recentemente, Roger Fisher e Scoth Brown escreveram a sequência do livro *Getting to Yes* intitulado *Getting together: Building a Relationship that Gets to Yes* e William Ury escreveu *Getting Past No: Dealing with Difficult People.* Todas essas obras preconizam a teoria que, contornando a *"hard negotiation"* e a *"soft"* negootiation, se denomina *"principled negotiation".*

Este título se prontifica a estudar a negociação, sua teoria e prática, não só no mundo dos negócios, mas no contexto das disputas, como a maneira mais comum e imediata de resolução.

## Capítulo I

# NEGOCIAÇÃO E ADVOGADO

A negociação se constitui numa extensa porção da vida profissional de um advogado. Quando não negocia em favor de seus clientes para resolver uma demanda ou para defender seus direitos em atos do passado, o faz para resolver disputas presentes ou estabelecer acordos ou regras para governar atos futuros. Qualquer necessidade ou desejo de um cliente é um negócio em potencial para um advogado,[1] principalmente quando descobre que os melhores resultados para seus clientes são obtidos através da negociação, e não da contenda judicial.

A pergunta emergente dessa conclusão é: até que ponto, advogados, no Brasil, estão adequadamente treinados para negociar? Que técnicas ou estratégias lhes são ministradas em seu curso de Direito? Alguns podem responder que habilidade em negociação é intuitiva e oriunda de talentos individuais, e assim sendo não pode ser ministrada.

Uma discussão como essa teria palco nos Estados Unidos há uns trinta anos atrás. Depois que as estatísticas revelaram que um grande contingente das ações distribuídas nos tribunais americanos são resolvidos através de negociação, a discussão passou a ser bem diferente. O que ocorre no Brasil não é muito diferente. O papel de negociador dos advogados não é mais discutido nos Estados Unidos. As faculdades de Direito têm nos seus programas *Legal Negotiation* a finalidade de equipar o advogado com todos os aspectos do processo de negociação, desde o mais alto nível de abstração teórica até o mais mundano detalhe prático.[2]

---

1    HAYDOCK, R. S. *Negotiation practice*. New york : John Wiley and Sons, 1984, p. 2.

2    Ibidem.

O ex Ministro-Presidente ("Chief Justice") da Corte Suprema dos Estados Unidos, Warren Burger, tem repetidamente alertado advogados para a necessidade de cada vez mais e melhor treinamento em *Negotiation Skills.*[3] De forma que, atualmente, os futuros advogados, antes de se habilitarem à profissão, são examinados e avaliados, através de métodos especiais de avaliação, em matéria de negociação, junto com todas as outras matérias de Direito. É o exame de *American Bar Association,* órgão federal da classe advocatícia.

Apesar da realidade brasileira não ser diferente da americana, negociação no Brasil não tem sido oferecida como parte integrante da formação de profissionais do Direito, como acontece em outros países. Os profissionais que têm de negociar, como parte do seu trabalho, tendem a aprender informalmente, com colegas, empregadores ou mesmo com oponentes, muitas vezes com dramáticas experiências. Como resultado, dado às diferenças entre personalidades, os enfoques e a habilidade variam consideravelmente. Alguns podem adotar, sem saber, negociações através de barganhas, outros por embate frontal ou mesmo a combinação dos dois estilos.

O problema do pragmatismo no aprendizado da negociação é que os resultados não podem ser controlados, não se pode afirmar onde estão os erros ou os acertos na negociação. É um aprendizado longo e perigoso. Os recursos oferecidos pelas várias teorias de negociação da atualidade têm sido importantes para preencher as lacunas ocorrentes, invariavelmente, numa negociação às cegas. Mesmo que com elas, os estilos individuais possam ser, algumas vezes, enquadrados em regras e parâmetros, as várias teorias de negociação têm a propriedade de salientar e aprimorar os recursos individuais.

Professor Williams, titular da cadeira de ADR na Faculdade de Direito da Universidade de Miami, pesquisou um universo de quarenta advogados, divididos em vinte pares, numa negociação entre uma companhia de seguros e um sinistrado. Todos receberam informações sobre o caso e o processo com duas semanas de antecedência e intrusões para promoverem um acordo entre as partes.

Depois do tempo determinado para a negociação, foram obtidos os seguintes resultados:

---

3   WILLIAMS, G. *Legal negotiation and settlement.* St. Paul : West Publishing Co. 1983, p. 5.

1) 6 dos 20 pares de advogados chegaram a um impasse.

2) 14 conseguiram acordos.

3) As demandas iniciais dos reclamantes variaram de US$32.000 a US$675.000.

4) As ofertas dos reclamados de US$3.000 a US$50.000.

5) Os acordos de US$15.000 a US$80.000.

Professor Williams chegou a algumas conclusões e levantou várias questões com o resultado dessa experiência.

1) Existem dramáticas diferenças de percepção do valor dos casos.

2) Grandes diferenças no poder de persuasão e habilidade com as quais cada advogado buscou seus objetivos.

Mas a pergunta mais significativa está ligada a: quão efetivamente os advogados, sob os métodos, podem servir aos interesses de seus clientes ou aos interesses do público em geral, através da negociação?[4]

E é essa mesma pergunta que se pode fazer aos advogados brasileiros, em todas as arenas da advocacia. E outras mais: como é utilizada a negociação em suas atividades? Quais as dificuldades encontradas por cada um no desenvolvimento de suas funções de negociador de direitos?

Esse trabalho talvez não responda a todas as perguntas, mas se propõe a oferecer algum subsídio teórico e prático para aqueles que entendem a necessidade de técnicas e desenvolvimento da habilidade negociadora no campo da advocacia, com vistas à realização dos interesses do cliente.

---

4    WILLIAMS, op. cit. p. 7.

# Capítulo II

# CONCEITO DE NEGOCIAÇÃO

A ideia de negociação está ligada ao seu processo. Por isso, uma descrição desse processo é, inicialmente, mais instrutiva, para o entendimento da teoria e da prática da negociação.

A famosa solução *"cut-and-choose"* define um processo usado para resolver uma disputa na divisão de um bolo: um corta e o outro escolhe a fatia. Esta é uma das maneiras, existem inúmeras outras.

Essa maneira descritiva inspirou um autor a imaginar uma situação e buscar, na forma de negociação, soluções, de acordo com o perfil dos envolvidos.[1]

A situação é a seguinte: duas pessoas, providas de uma laranja, uma faca e vinte e cinco centavos decidiam o que fazer com os itens.

*Primeira solução:* as pessoas concordam em "tirar cara ou coroa" para decidir quem corta a laranja e usar o mesmo processo para quem escolhe o pedaço.

*Segunda solução:* dois pré-estudantes de Direito se engajaram numa barganha para determinar como dividir a laranja. Optaram por usar ordem alfabética para cortar a laranja no meio e o outro selecionar o primeiro pedaço.

*Terceira solução:* dois estudantes de Direito resolveram discutir os interesses de cada um pela laranja antes de dividi-la. Um desejava comer a laranja, o outro queria usar a casca para fazer um bolo. Resultado: o homem comeu a laranja e a mulher ficou com a casca.

*Quarta solução:* dois advogados discutem as soluções que possam atender as necessidades de cada um. Um advogado optou por espremer a laranja e ficar com a faca deixando o restante para o outro. Este concordou em ficar com

---

1    HAYDOCK, op. cit. p. 2.

o dinheiro, vender a pele para uma taberna, as sementes para uma creche, o bagaço para uma loja de passarinhos, e comprar duas maçãs.

*Quinta solução:* dois experientes procuradores se engajaram em esforços cooperativos e criativos para obterem ganhos mútuos através de um acordo negociado. A faca foi vendida para propiciar a compra de um painel e um marcador. O dinheiro para comprar um copo. A laranja foi espremida, um anúncio foi elaborado e afixado no quadro e o copo com suco vendido por setenta e cinco centavos. Duas laranjas e outro copo foram comprados, mais suco foi vendido, empréstimos foram obtidos com a garantia da produção e um restaurante foi organizado em sociedade pelos dois advogados que obtiveram grandes lucros.

Negociação, pode-se concluir com o texto, é um processo onde as partes envolvidas entabulam conversações, no sentido de encontrar formas de satisfazer os interesses. Normalmente as partes reconhecem e verbalizam a existência de demandas contraditórias e diferenças de valores de cada uma, mas muitas vezes detectam a ocorrência de interesses compatíveis. Através desse processo, procuram ajustar as diferenças, se movimentando com vistas a uma relação desejável, tanto sob o ponto de vista econômico, quanto social, psicológico, e mesmo legal.

É uma forma básica de conseguir o que se quer dos outros. Uma comunicação "vai e vem", destinada a alcançar um entendimento quando os lados têm alguns interesses convergentes iguais e outros que são oponentes.[2]

No contexto legal, essa matéria é traduzida, *grosso modo,* em dois tipos de negociação - negociação sobre disputas (ocorridas no passado), negociação sobre transações ou normas (com ocorrência futura).[3] As primeiras situações, contudo, se enquadram no movimento de utilização de outras formas de solucionar conflitos que não o judiciário, e são objeto de pesquisas. Contudo, a negociação sobre transações tem demonstrado ser de grande valia na profissão para prevenir litígios e facilitar negócios.

Também tem sido dada grande atenção ao estudo da negociação como forma de conduzir interesses e estabelecer regras em transações, de um modo geral. As definições, então, são acompanhadas das expressões "interesses co-

---

2    FISCHER, R. , URY, W. Getting to yes. New york: Penguin Books,1991.

3    RISKIN, L. L., WESBROOK, J. E. Dispute resolution and lawyers. St. Paul: West Publishing Co. 1987, p. 113.

muns", "preocupações comuns", "decisões conjuntas sobre novas alternativas"[4]. Consequentemente, uma definição completa de negociação deve incluir essas expressões, principalmente quando a preocupação seja a resolução de disputas, porque esses elementos podem estar presentes mesmo em situações de litígio. Como os litígios familiares, pode-se dizer, que não raro englobam interesses comuns, como, por exemplo, o bem-estar de filhos na separação judicial.

Atualmente, a negociação é um novo campo de conhecimento, cuja finalidade é resolver, em primeira mão, posições e interesses divergentes e conflitos.

Uma crescente conscientização da importância desses conceitos tem resultado, nos Estados Unidos, em vasta literatura. Grande parte dela enfoca a negociação como um processo básico, substancialmente apropriado para propiciar resolução em casos onde as próprias partes administrem conflitos, ainda que em forma de disputa.

Mesmo assim, o ponto crucial ainda se situa no fato de que o aprendizado da negociação é muitas vezes pragmático e baseado na experiência, sem base teórica. Por isso, já é reconhecida a necessidade do conhecimento de diferentes teorias de negociação capazes de serem empregadas efetiva e apropriadamente[5].

---

4    Ibidem.

5    BROW and MARRIOT, op. cit. p. 101.

# Capítulo III

# TEORIAS DE NEGOCIAÇÃO

## 1. TEORIAS: MODELOS E ESTRATÉGIAS

Advogados, políticos, administradores, líderes sindicais, todos engajados em alguma forma de barganha, não contavam até duas décadas atrás com nenhum suporte teórico para suas atividades de negociadores. Teóricos passaram a examinar essa intrincada atividade humana sob vários aspectos, psicológico, econômico, sociológico e matemático e, à luz do sua visão particular, desenvolveram uma variedade de teorias da negociação.

Essas teorias podem ser classificadas em diferentes categorias, divididas em modelos e estratégias. Dentro do primeiro grupo, os modelos cooperativo e o competitivo, e no segundo, as estratégias adversarial e o *"problem solving"*.

O modelo cooperativo, com a estratégia *"problem solving"*, é também chamado de sistema integrativo (existem várias questões que devem ser integradas para serem resolvidas com mútuos ganhos) de barganha e é usado para aumentar as possibilidades de ganhos mútuos. É comumente baseado em princípios, muito embora o objetivo principal seja alcançar o melhor resultado para cada parte.

O modelo competitivo e adversarial recebe várias denominações, dentre elas, posicional e distributivo (quanto mais uma parte ganha, mais a outra perde). O que se verifica nesse modelo é que, numa disputa existem sempre recursos limitados, quanto mais uma parte ganha, mais a outra perde.

Na verdade, modelos e estratégias podem ser empregados em qualquer teoria. Muito embora nenhuma delas seja transportada *in totum* numa nego-

MEDIAÇÃO – Uma solução judiciosa para conflitos    127

ciação, alguns autores afirmam que aspectos de algumas teorias provam ser de utilidade no desenvolvimento de um modelo básico para advogados[1].

## 1.1 A barganha e o "problem solving" e suas estratégias

A teoria de negociação que mais corresponde à filosofia de ADR é a que enfoca o problema antes de qualquer iniciativa. Na prática de alternativa de resolução se revela de grande utilidade.

Essa teoria, elaborada por Roger Fisher e William Ury, se baseia em cinco princípios[2]:

a) Não barganhar em cima de *posições*.

b) Concentrar nos *interesses*.

c) Não identificar os problemas com as *pessoas*.

d) Inventar *opções* para ganhos mútuos.

e) Insistir no uso de *critério* objetivo.

Na barganha posicional, cada parte adota uma posição e passa a fazer pequenas concessões. É o caso dos camelôs, nos sinais de trânsito:

*Comprador* – Quanto você quer por essa caixa de peras?

*Vendedor* – Estão muito baratas freguês. Leva 10 (dez) peras por R$30,00. Que tal?

*Comprador* – Nem pensar! Dou R$10,00.

*Vendedor* – Assim não. Estou falando sério. Que tal R$20,00?

*Comprador* – Levo por R$ 15,00, mas R$ 20,00, de jeito nenhum.

*Vendedor* – A caixa me custa mais do que isso. R$17,50 é o preço mínimo.

Na barganha posicional, as partes vão avançando às escuras, de posição em posição, sem argumentação lógica, até a capitulação de uma ou do impasse. Pode-se apresentar de duas maneiras: *amena (soft)*, ou *dura (hard)*. Na primeira, as partes são amistosas, fazem concessões, mudam de posições, tentam evitar o impasse mas gritam para pressionar. Na segunda, os participantes são adversários, lutam pela vitória, fazem ameaças, procuram uma única resposta:

---

1    BASTRESS, R. *Interviewing, counseling and negotiating skills for effective representation.* Boston: Brown and Company, 1990, p.350.

2    FISCHER and URY, op. cit. p.18

sim ou não. Se leva a um acordo, este é vazio de qualquer senso, ineficiente e geralmente coloca em risco o futuro relacionamento das partes.

Como resposta à barganha, Fisher e Ury explicam a *"principled"* negotiation, baseada nos cinco princípios, já apresentados:

1) Separação das *Pessoas* do Problema.
2) Concentração nos *Interesses*, não em Posições.
3) Criação de *Opções* para ganhos de ambos os lados.
4) Insistência no uso de *Critérios* Objetivos.

Antes de mais nada, é preciso considerar os negociadores como pessoas com características psicológicas semelhantes. Raiva, medo, hostilidade, frustrações, ressentimentos, etc. são sentimentos que existem em todos os seres humanos. Dependendo de cada reservatório psicológico, onde residem os intraconflitos, esses sentimentos podem aparecer e interferir numa negociação. Negociar sem considerar os negociadores como seres humanos pode ser desastroso, afirmam[3].

Cada negociador tem dois tipos de problema. Um relativo à substância da negociação e o outro no relacionamento. Normalmente o relacionamento das pessoas tende a ficar ligado com o problema e impedir a negociação. Por exemplo, em família, uma reclamação como "o pneu do carro está furado novamente!" pode ser tomada como ofensa quando pode estar, simplesmente, identificando um problema.

Numa negociação, é fundamental a separação do relacionamento das pessoas da substância do problema, para concentrar o ataque ao problema e facilitar o trabalho do negociador. Para tanto, é necessária a percepção da outra parte com relação à substância, e a expressão dos sentimentos para incrementar a comunicação. Cada passo desse é um impulso para o passo seguinte, um depende do outro, para o sucesso da negociação.

Enfocar interesses nas posições significa buscar uma solução para uma disputa. Mas como identificar os interesses se estes estão sempre encobertos? Com a pergunta *porque,* é a resposta. Um freguês, nervoso e apressado, entrou na loja onde adquirira uma impressora, 45 dias atrás.

---

3    FISCHER and URY, op. cit., p. 19.

| Cliente | – | "Está estragada e quero trocá-la ou receber meu dinheiro de volta." |
| Gerente | – | "Senhor", responde o gerente da loja, "Não podemos trocar depois de trinta dias." |
| Cliente | – | "Então vou chamar a polícia", responde exaltado o freguês. |

Nesse ínterim, o vendedor, ouvindo o estardalhaço, perguntou ao seu cliente: "que tal se lhe emprestássemos uma impressora enquanto consertamos a sua?"

Estava resolvido o problema, que era o uso da máquina, e não a troca da máquina, com a criação de uma solução ainda não aventada. O interesse daquele freguês era dar continuidade, no mesmo dia, ao trabalho interrompido pelo defeito da impressora. Não importava se aquela ou outra impressora lhe fosse fornecida, o problema era o trabalho que a impressora executava e não a impressora em si, esse era o porquê do cliente. Para o vendedor, seria um desastre ter de cancelar a venda.

Para inventar soluções diversas, de acordo com o princípio da separação das pessoas dos problemas, os autores da teoria *Problem Solving* sugerem a famosa técnica do *brainstorm*. Essa técnica se compõe de três estágios: antes, durante e depois do *brainstorming*.

*Antes*

1) Defina o seu propósito.
2) Escolha alguns participantes.
3) Mude de ambiente.
4) Favoreça uma atmosfera informal.
5) Escolha um organizador para dirigir o *Brainstorm,* assegurando a fala de todos, reforçando algumas regras, e fazendo perguntas.

*Durante*

1) Assente os participantes lado a lado, olhando de frente para o problema.
2) Esclareça as regras básicas (cada um fala de cada vez, etc.), inclusive a regra da não-crítica.
3) Deixe fluir a imaginação (é o próprio *brainstorm).*
4) Registre as ideias da forma como surgirem.

*Depois*

1) Assinale as ideias mais promissoras.

2) Invente melhorias para as ideias mais promissoras.

3) Estabeleça o tempo de avaliação das ideias e decida.

Como critérios objetivos de avaliação são enumerados alguns exemplos:

| | |
|---|---|
| Valor de mercado | Provável decisão judicial |
| Precedente | Padrões morais |
| Julgamento científico | Tradição |
| Padrões profissionais | Reciprocidade |
| Eficiência | Tratamento igual |
| Custos etc.[4] | |

Com relação aos critérios objetivos de avaliação, Fischer and Ury apresentam duas questões: como desenvolvê-los e como usá-los. Apontam três pontos básicos e recomendam:

1) Estruture cada questão como uma busca conjunta por critérios objetivos.

2) Apresente razões e esteja aberto para o arrazoado da outra parte para a escolha dos critérios e maneira de aplicá-los.

3) Nunca se renda a pressões, somente a princípios.

A obra *Getting to Yes* apresenta, dentro da *Principled Negotiation*, o conceito de *BATNA (Best AJternative to a Negotiated Agreement)*, que informa a cada parte qual o melhor resultado para as questões, caso falhe a negociação. Essa informação tem a finalidade de garantir proteção aos negociadores. Quanto melhor for o *BATNA*, maior poder para negociar tem o agente.

Como integrante da teoria *Problem Solving*, outro autor, Jonh Aynes, desenvolveu o mesmo conceito com enfoque oposto, o *WATNA (Worst Alternative to a Negotiated Agreement)*, ou o *bottom line* de cada negociador. Este conceito permite a avaliação do pior resultado, dentro da negociação sem ajuste de interesses. Dessa forma os negociadores têm condição de prever a melhor alternativa, tanto sua quanto da outra parte, e facilitar sua decisão.

Para a situação de desequilíbrio de poder apresentam a técnica do *Jiu-jitsu*. O *Jiu-jitsu* sugere que, enquanto um negociador ataca, firmando uma posição,

---

4    FISCHER and URY, op. cit., p. 85.

o outro se limita a "tirar o corpo fora" e continua atacando os problemas, ainda que atraindo críticas às ideias e à pessoa do negociador.

A *Principled negotiation* tem sido criticada e chamada de inocente quando se tem em pauta negociações duras onde as partes são muito desiguais. Entretanto, afirmam seus adeptos, cada modelo serve como base, o que não invalida a mesclagem de qualquer outra teoria com a *Problem Solving*.

Vários outros trabalhos foram desenvolvidos nessa teoria. Vale mencionar *The Art and Science of Negotiation* de Howard Raiffa. Distinguindo a barganha competitiva da posicional ou integrativa, Raiffa examina os critérios adotados pelas partes individualmente para o acordo, e detalha os riscos da litigação analisando as posições das partes. Também menciona a "dança da negociação", que se constitui no entendimento do modelo de concessões e percepções de acessamento durante o processo. Menciona, também, o "fim do jogo" (sinalização de limites, mudança de posições e ajuda) e enaltece a validade da intervenção de terceiro interventor como mediador ou árbitro.

## 1.2 Teoria competitiva e suas estratégias

Alguns autores preferem denominar a teoria competitiva de distributiva, porque nela os participantes realmente dividem entre si os itens disponíveis para distribuição. Outros enfatizam a competição argumentando que os negociadores diligentemente procuram maximizar seus interesses, preferindo obter tanto quanto possível do negócio.

A teoria competitiva se baseia no conceito de que negociação é a forma de disputa na qual existirão, sempre, um ganhador e um perdedor. Para que a parte seja ganhadora terá de ser dura, poderosa e competente para maximizar os seus interesses principais. Ela é distributiva na medida em que partilha e limita os recursos considerados disponíveis para distribuição. O objetivo de ganho é unilateral e dirigido para o melhor resultado para uma parte negociadora, sendo totalmente irrelevante o efeito desse ganho sobre a outra parte ou terceiros.

Numa negociação competitiva, o impasse é visto com menosprezo. É preferível não negociar do que entrar e sair perdendo. Qualquer manifestação de boa vontade para com a outra parte é descartada, porque não se pode esperar qualquer retribuição e, além disso, o gesto pode ser considerado como sinal de fraqueza e provocar uma reação ainda mais dura pela outra parte. Ser duro numa negociação significa fazer ofertas consideradas altas, fazer poucas concessões e ter sempre pronta a porta de saída do cenário de negociação.

O famoso "dar e tomar" do processo de barganha competitiva envolve as seguintes estratégias[5]:

1) O *estabelecimento de posições radicais*. Uma parte estabelece uma demanda alta ou uma oferta baixa em resposta à outra parte, com uma contrária baixa oferta e uma alta demanda.

2) *Debate*. Um competidor contesta os pontos fortes da outra parte e os fracos de sua parte.

3) A *venda*. Uma parte (vendedora) tenta vender determinadas condições ou obter reparações da outra parte por um preço negociado com o (vendedor), sempre tentando aumentar os custos e desvalorizar os "bens".

4) *Pressão*. Cada parte tenta fazer pressão sobre a outra explicando o que tem a oferecer e o que pode fazer em relação às necessidades da outra parte, ou o que pode fazer que a outra não queira.

5) *Concessões*. Embora sejam limitadas, ocorrem para conseguir uma solução considerada equilibrada. Modelos de concessões efetivas envolvem estratégias que:

   a) *Troquem concessões de igual valor*. Uma parte corresponderá à concessão feita pela outra oferecendo alguma vantagem considerada de valor aproximado.

   b) *Troca de concessões alternativas*. Uma parte fará uma concessão em resposta a um ajuste oferecido pela outra. Ambas as partes correspondem às concessões contrárias em frequência e valor.

6) *Posições radicais*. Um competidor tenta estabelecer uma posição firme e convencer o oponente de que nenhuma promessa futura estará disponível.

7) *Benefícios da negociação*. Cada parte tenta convencer a outra de que esta só terá benefícios caso a negociação seja selada nos termos daquela.

Mesmo dentro de estratégias competitivas, as variantes entre negociações *"hard"* e *"soft"* podem se fazer presentes. Dependem da atitude do negociador. Entretanto, têm-se observado que quando um competidor adota uma postura rígida de barganha, certas técnicas podem ser efetivas ao passo que, numa postura maleável, outras deverão ser as técnicas para resultados satisfatórios. Pes-

---

5    HAYDOCK, R. S. *Negotiation practice*. New York: Wiley Law Publications, 1984, p. 128.

quisas quanto à efetividade dessas estratégias têm revelado que, negociadores duros, que empregam táticas rígidas, nem sempre são efetivos, muito embora algumas situações justifiquem essa atitude. Um estudo sócio-psicológico nesse setor revelou que a estratégia *"soft"* produz um índice financeiramente mais vantajoso de soluções, conduz a acordos mais expedientes e ajustes em maior número de negociações do que as estratégias *"hard"*[6].

Corroborando com essa opinião, outros autores, como Rau and Sherman, analisam os riscos da adoção de estratégias que favoreçam a teoria competitiva. Estas estratégias, afirmam, tendem para o lado das hostilidades, confrontações e contestações. Concentram em manipulações e ameaças ao invés de focalizar o entendimento e a solução das questões em discussão. Em razão do desinteresse pelas soluções comuns, favorecem a distorção de comunicação, desconfianças, raiva e consequentemente frustrações. O resultado é a frequência do impasse e a falha das negociações com os consequentes atrasos, e custos adicionais de todos os tipos. Mesmo assim, muitos negociadores, com receio de serem batidos no sistema adversarial, continuam a usar esse tipo de estratégia.

## 2. COMPETIÇÃO VERSUS COLABORAÇÃO, VERSUS COMPETIÇÃO

Importantes distinções devem ser enfatizadas para demonstrar a aplicabilidade de determinadas técnicas nessas duas teorias de negociação.

No sistema competitivo, os adversários desenvolvem seus planos para a negociação, concentrando na criação e defesa de posições. O planejamento dos colaboradores, por outro lado, atenta para identificar necessidades e trabalhar no desenvolvimento de solução para ganhos mútuos. Competidores se engajam em argumentação posicionada enquanto colaboradores tendem a explorar interesses. Enquanto uns fazem ofertas para as quais eles estão compromissados, os outros adiantam propostas que convidem os oponentes a aceitar, rejeitar ou modificar, baseados em quanto as propostas se enquadram com os interesses da outra parte. Enquanto uns procuram restringir o fluxo das informações, os outros estão inclinados a trocar dados relativos à negociação. Competitivos rejeitam sumariamente as ofertas dos adversários e colaboradores explicam por que determinadas soluções são aceitáveis ou inaceitáveis, no

---

6    HAYDOCK, op. cit., p. 129.

todo ou em parte, baseados na análise das necessidades. Estes raramente fazem concessões da forma como seus oponentes fazem, mas, ao invés disso, se movimentam para uma outra proposta que esteja mais endereçada aos problemas de ambas as partes[7].

É inevitável, portanto, a questão de, como um negociador colaborativo, que adota estratégias de solução para os problemas em contraposição às pessoas negociadoras deve atuar, face a um negociador duro, que adota o modelo competitivo? A resposta é dada com a técnica do *"jiu-jitsu"*, onde o negociador *"soft"* dribla os golpes do adversário, movimentando-se simplesmente para evitar os choques, sugestão de Ury and Fischer, mas não permite a segurança de que o negócio possa ser resolvido. Logicamente, a parte colaboradora não se conformará em aceitar as mínimas concessões em troca de suas ofertas pautadas em interesses, via de regra mais vantajosas. Sem descartar a técnica do *"jiu-jitsu"*, outras táticas são sugeridas:

1) Reconhecer e responder apropriadamente às táticas usadas pelo oponente.

2) Fazer reconhecimentos sem concessões inapropriadas.

3) Usar perguntas tecnicamente adequadas.

4) Reestruturar as táticas.

5) Expor truques.

6) Ajudar a outra parte a "salvar as aparências".

Pode ser que as táticas sugeridas por Ury, ou mesmo outras estratégias da natureza *"problem solving"*, possam não ser frutíferas no trato com negociadores duros; pelo menos, se diferentes técnicas e estratégias são entendidas, uma resposta apropriada pode ser dada, quando é possível:

1) Examinar a melhor alternativa para o caso de fracasso na negociação.

2) Manter a posição baseada em princípios.

3) Buscar ganhos mútuos.

4) Resistir à tentação de intimidar ou tiranizar, ameaçar ou lisonjear.

Essas estratégias oferecem algumas vantagens, mas é necessário salientar onde as teorias colaborativas não devem ser aplicadas. Em primeiro lugar, vale salientar como benefício a satisfação propiciada pelos ganhos mútuos.

---

7  BASTRESS, R. M., HARBAUGH, J. D. *Interwing, counceling, and negotiating* – skillls for effective representation. Boston: Litle brown and Company, 1190, p. 383.

MEDIAÇÃO – Uma solução judiciosa para conflitos    135

Ainda deve ser dito que a negociação pautada no *"problem solving"* é mais fácil de ser implementada, mesmo que seja mais complexa na sua preparação. No sistema adversarial, o negociador, advogado ou não, deve estar sempre alerta aos seus próprios erros e aos erros de seu oponente, pois sabe de antemão que não poderão ser corrigidos durante o processo, e sim se constituírão em batalhas perdidas na guerra da negociação. Em segundo lugar, é considerado como grande desvantagem do *"problem solving"* o fato de não poder ser usado em um ajuste onde as partes estejam discutindo sobre um item simples e fungível como dinheiro, por exemplo. A simples divisão de uma soma de dinheiro de negociadores que não mais interagirão em futuros negócios não oferece questões subsidiárias e não favorece a criação de opções para mútuos ganhos. É impossível criar múltiplas soluções nesse caso. As partes são obrigadas a se moverem ao longo do sistema adversarial até que cheguem ao acordo ou ao impasse.

Adeptos do *"problem solving"* argumentam, entretanto, que situações de conflitos simples são muito raros de acontecer no mundo real das negociações, particularmente em disputas legais e situações transacionais. As negociações, de um modo geral, principalmente aquelas representadas por advogados, consistem em vários conflitos compostos e complexos, e são valorados de maneira diferenciada pelas partes ao avaliarem os interesses embutidos nos conflitos.

Um outro problema é o tempo. As negociações pautadas em mútuos ganhos e consideração de interesses demandam mais tempo, confiança e continuidade do relacionamento. Se o processo de negociação é iniciado fora do contexto de confiança, pode se tornar extremamente constrangedor para as partes trabalharem por objetivos comuns. A separação do problema das pessoas envolvidas é uma estratégia, às vezes, difícil de por em prática.

A velha questão do desequilíbrio de poder tem também de ser aqui mencionada. Entende-se que pessoas com grande poder numa negociação não podem vislumbrar ganho substancial se não vislumbrarem algo a perder.

Contudo, mesmo que não se sugira que um negociador candidamente discuta suas necessidades e interesses, ele pode abandonar a negociação antes de capitular. Contudo, o negociador que enfoca a negociação baseada no *"problem solving"* não precisa ser fraco, pode manter uma postura forte, mas baseada em princípios, mesmo em face do mais duro negociador.

## 3. OUTRAS TEORIAS E MODELOS

Além das teorias do *"problem solving"* ou colaborativa e competitiva ou integrativa, existem outras que podem ser consideradas variantes dessas teorias. São modelos que contêm elementos de cada uma. Todavia, a mais estrita e precisa teoria de negociação é a matematicamente chamada de *"Game Theory"* ou Teoria do Jogo.[8]

### 3.1. *Game theory*

Os autores dessa teoria se concentraram em encontrar princípios matemáticos que definam um comportamento racional para os participantes numa economia social, e a partir daí extrair características gerais desse comportamento. O objetivo é elaborar um conjunto de regras sob as quais os participantes devam se comportar numa negociação. Esse conjunto de regras se compõe da descrição do processo de tomada de decisões, envolvendo mais de um indivíduo, sua linguagem e meios de relativa viabilização de conceitos desse processo, como estado de informações, escolha, movimento, estratégia, resultado e o lucro ou recompensa.

Os elementos do jogo são: jogadores, regras, estratégias e resultado/compensação.

O jogador é uma pessoa, natural ou jurídica, ou conjunto de pessoas, como empresas, políticos, etc. Cada jogador, dentro do jogo, tem um objetivo e busca esse objetivo dentro de certa ordem, dentro da seleção de ações disponíveis, controlando algum tipo de recursos[9].

As *regras do jogo* são todos os dados iniciais à disposição dos jogadores: os limites, tempo, medidas, condições, etc.

A *estratégia* são os movimentos disponíveis para o jogador. É uma completa especificação da ação a ser tomada pelo jogador face a todas as contingências possíveis durante o desenrolar do jogo.

O *"play off"*, resultado ou lucro, dependerá das estratégias e movimentos e as regras empregadas pelos jogadores, o que, segundo a *game theory*, estarão previamente estabelecidas. O estabelecimento prévio de uma estratégia global

---

8  NEUMAN, J. Von, MORGENSTERN, O . Theory of games and economic behavior. *Mediation Quarter*, v.3, p.15-18, 1944.

9  BASTRESS e HARBAUGH, op. cit., p. 352.

MEDIAÇÃO – Uma solução judiciosa para conflitos 137

proporciona o emprego de movimentos precisos face às varias situações ocorrentes durante o jogo.

Um exemplo desse jogo explica a teoria: um sindicato patronal tem três opções, como estratégia, para o gerenciamento de uma disputa com um sindicato trabalhista:

a) aceitar as demandas do Sindicato dos Trabalhadores;

b) dispensar 10% dos operários; ou

c) cortar salários em 10%.

E as estratégias do Sindicato dos Trabalhadores são:

a) aceitar as demandas do Patronal;

b) levar o caso para arbitramento; ou,

c) greve.

A diferença de resultados deve ser medida em termos de valores (dinheiro, poder, *status,* etc.). Dessa forma, o jogador deve criar um método de valoração, preferência ou utilidade que o capacite a decidir se um resultado é preferível em relação a outro. Igualmente importante, um jogador de *"game theory"* deve entender o sistema de valoração do seu oponente para produzir uma matriz dos possíveis resultados[10].

A fragilidade dessa teoria se encontra no fato de que nem sempre é possível fechar um sistema de estratégias que possam corresponder a todas as situações, em razão do complexo sócio- psicológico que envolve qualquer conflito ou disputa. Contudo, a *"game theory"* envolve um *"pago* na *mesma moeda",* porquanto permite às partes negociar, mudando um enfoque competitivo para um enforque colaborativo. Além disso, enaltecendo a preparação da negociação, a teoria favorece a consideração dos interesses, através do estudo da matriz de cada participante.

## 3.2. *Value creators* e *value claims*

Uma outra teoria é apresentada por Lax e Sibelius, que vê o processo de barganha como sendo uma distinção entre *"value creators"* e *"value claims".* Os primeiros são aqueles que entendem negociadores têm de ser cooperativos e pesquisadores de soluções para assegurar resultados mais positivos para cada parte. Os segundos são aqueles que acreditam que negociação envolve dura

---

10 Ibidem.

barganha como meio de obtenção de termos mais favoráveis para o duro negociador ou para as pessoas que ele representa e, dessa forma, "ganhar" sobre a outra parte que necessariamente perde.

Os adeptos dessa teoria entendem que qualquer negociação é um misto de *"problem solving"* e *"hard bargaining"*, e que existe uma "tensão essencial" entre a criação de valores e a divisão desses valores. Essa teoria é uma das mais aplicadas em negociação[11].

## 3.3 Teoria econômica

A maioria das negociações não litigiosas envolvendo propriedade, atividades comerciais e empresariais envolve duas partes que querem trocar bens móveis ou dividir recursos. Mesmo em situações de litígio, acontece das partes tirarem das mãos do juiz a decisão sobre sua disputa e procurarem, com a negociação, uma forma de chegar a um acordo. De uma maneira ou de outra e em todas essas situações, o modelo econômico de negociação acontece onde também existe um clima de cooperação. Isso acontece em conflitos onde as partes acreditam que exista, mesmo que tenham vistas diferentes com relação aos termos do acordo final, uma faixa de resultados que permita satisfação mútua.

O modelo econômico trata a barganha como um processo de convergência durante a negociação, que envolve uma sequência de ofertas e contraofertas feitas pelos participantes. É um processo dinâmico, que focaliza o movimento de barganha ao mesmo tempo em que se concentra no resultado final. Para tanto, é criado um método de análise do processo, com suas ofertas e contraofertas, que parte da demanda inicial de cada lado, através dos degraus de convergência, em direção a um específico ponto de acordo.

O elemento-chave desse modelo é o desenvolvimento de um mecanismo específico de concessão que permita a convergência das ofertas e contraofertas. Os autores sugerem a criação de um método gráfico de exame da curva de ajuste da oferta inicial até o acordo, para demonstrar o padrão de concessões das partes. O que se sabe, de antemão, é que cada parte tem o seu *bottom line,* por questões óbvias, não expresso nos lances iniciais. A distância entre cada *bottom line* representa a área de acordo existente entre as partes.

---

11  BROWN, op. cit., p. 100."

## Modelo Econômico

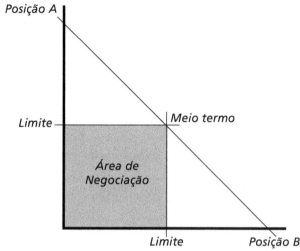

As linhas A e B representam a curva de ajuste. O ponto A, a demanda mais vantajosa para o vendedor, o B, a oferta mais vantajosa para o comprador. O triângulo formado por X, Y e Z representa a zona de acordo formada por cada nível de resistência de cada parte. As linhas pontilhadas significam as concessões (ofertas e contraofertas) de cada parte que levam ao acordo.

Em continuação, alguns autores não-clássicos desenvolveram alguns conceitos a respeito da abertura e das concessões na negociação que, segundo eles, podem auxiliar, principalmente advogados, nas negociações por seus clientes. Estes conceitos consubstanciam alguns princípios: antes da negociação os negociadores devem calcular:

1) Um elenco de preferências dentro dos possíveis resultados.
2) Estimativa de custos durante o tempo de negociação.
3) Uma estimativa do padrão de concessões da outra parte no curso das negociações.

Ao tomar essas medidas, o negociador revestir-se-á de boas condições para fazer uma abertura eficaz. A premissa é que uma posição de abertura rígida propiciará um melhor resultado. A abertura inicial é obtida da soma de ganho potencial e o custo do atribuído à demora no ajuste.

Depois disso, os negociadores deverão se concentrar em estratégias de concessão, ou seja, convergência para o acordo. Qualquer previsão, sabidamente imprecisa, é corrigida durante a interação no processo. Essa experiência demonstra que deve haver, mesmo que precária, uma expectativa de confiança sobre o oponente.

Além de se inteirar do padrão de concessões do oponente, o negociador econômico avalia as perdas e ganhos associados à aceitação e rejeição das ofertas, em bases utilitárias. Isto quer dizer que o negociador individual deve atribuir valores para seus próprios resultados preferidos, a atual oferta do oponente e os custos do impasse (um cálculo crucial). Dessa forma, o negociador pode avaliar até onde pode arriscar e até onde é vantajoso tentar o resultado desejado. O risco real é comparado à estimativa do risco do outro negociador quanto a não fazer nova concessão.

Essa teoria revela que os negociadores tendem a continuar com as concessões enquanto a propensão de lutar excede à estimativa do risco de impasse. Revela, também, que o acordo ocorre quando a estimativa do risco real é igual à propensão de lutar, de ambas as partes. Isto ocorre mesmo que a concessão seguinte seja sempre feita pela parte menos propensa a aceitar o risco de impasse em qualquer momento da negociação[12]. Nesse caso, se dá a redução de sua demanda até o ponto onde possa aceitar o impasse[13].

Essa teoria apresenta como grande vantagem o fato de considerar uma certa flexibilidade no que se refere aos movimentos dos negociadores. Considera-se que os objetivos podem se modificar durante a negociação, não podendo contar com elementos preestabelecidos em bases definitivas no início do processo. Isto coloca o impasse em momentos imprecisos e com possibilidade de sempre serem empurrados para outro momento. Essa teoria, entretanto, não responde por que os movimentos são múltiplos, não adentra às causas e não trabalha com elas. Além disso, desconhece os estímulos que fazem negociadores fazer concessões. Dessa forma presume-se que os passos da parte propensa ao acordo jamais sejam manipulados pela outra.

## 3.4. Teorias sócio-psicológicas

Sociopsicologistas se baseiam na premissa de que quase tudo relacionado com negociação pode provocar impacto no seu processo, pode manipular a percepção e as decisões das partes. Seus estudos vão da personalidade dos

---

12   BLASTER, op. cit. p. 361.

13   YOUNG, O. *Bargaining formal theories of negotiation*, 1975. p. 134 .

MEDIAÇÃO – Uma solução judiciosa para conflitos 141

negociadores para o papel das terceiras partes, das habilidades dos barganhadores até o efeito do argumento no debate.

Assim como as teorias econômicas objetivam uma certa flexibilidade na movimentação dos negociadores, as teorias psicológicas se preocupam com as causas desses movimentos. Se constituem de várias fases, cobrindo desde a busca de uma arena apropriada para a resolução da disputa até a definição das questões.

Para isso, salientam as diferenças entre os negociadores, como as nuances de cada personalidade, condições de raça, situações ambientais favoráveis ou desfavoráveis e muitos outros fatores que entendem que influenciam o desenvolvimento e a resolução de disputas. Esses fatores propiciam o entendimento do poder dos negociadores, principalmente do advogado negociador, de manipular o processo, dirigindo-o para os interesses das partes.

Intensas pesquisas têm sido feitas por teóricos sociopsicológicos, tanto em laboratório quanto em campo, com vistas ao desenvolvimento de uma teoria que abranja maiores aspectos dos elementos da negociação. O resultado foi uma teoria que permite dissecar a negociação nos seus vários componentes. Estes componentes são: a personalidade dos negociadores, o papel da terceira parte, suas habilidades, tais como capacidade de raciocinar, memorizar e usar a linguagem, o efeito dos argumentos e o debate. Nesse elenco ainda está incluída uma revisão das ofertas, que, segundo os autores, provoca um impacto no processo, modifica ou contribui para determinados resultados e, consequentemente, pode ser articulada pelos negociadores, no sentido de manipular as percepções das partes.

Foram muitos os estudos feitos e cada um revela um aspecto sociopsicológico dos negociadores que deve ser considerado. Não se pode enumerar todos nessa apresentação. Todavia, um aspecto a ser considerado é a presença ou não da parte na mesa de negociação.

Os sociopsicologistas têm trabalhado com os efeitos da audiência nas negociações. A presença de outras pessoas, além dos negociadores, não quer dizer, necessariamente, observação do processo pelo público. Ao invés disso, se refere à representação das partes, como por exemplo, sindicalistas ou advogados. A pesquisa sugere que, ausentes ou presentes à mesa de negociações, as partes representadas têm uma grande influência no processo negociador, significativamente a determinadas táticas de negociadores, bem como seus objetivos.

Seus estudos revelaram que a presença de terceiras partes nas conferências, como juízes, por exemplo, pressiona os negociadores a fechar um acordo. A pressão ou influência exercida por essas pessoas pode tornar mais produtivo o processo de negociação.

Estabelece-se uma relação entre a personalidade dos negociadores face à reputação do terceiro interventor. Quanto mais confiável ou justa é tida a terceira parte, maior é o estímulo para o acordo.

Um outro fator estudado foi o tempo e o local da reunião. Verificou-se que, à medida que o tempo da conferência avança, a pressão sobre os negociadores provoca uma diminuição em suas aspirações. As partes passam a modificar suas demandas e a moderar suas táticas, procuram evitar blefes e ameaças. Negociadores fora de seus domínios, no escritório do outro negociador, são passíveis de se comportar menos assertivamente sob o ponto de vista social. Muitas vezes até com certa indiferença.

As questões a serem negociadas também foram objeto de observação. Algumas das conclusões demonstraram que, quanto maior o número de questões envolvidas numa negociação, mais tempo é necessário para completar a barganha. Maior número de questões produz maiores possibilidades de opções, combinados com a disponibilidade de tentativas de acordos intermediários, conduz a maior cooperação e a acordos. Por outro lado, os pesquisadores não chegaram à conclusão do que seria melhor: começar a discutir a questão mais importante ou a menos importante no início da negociação.

Outra conclusão foi a correspondência de questões intangíveis em resposta a excessivas demandas, como punição ao oponente. Questões intangíveis se referem àquelas envolvendo honra, imagem pública, fachada, e auto-estima. O que acontece é que, quando essas questões são impostas sobre questões reais, o oponente recua e procura evitá-las para prevenir o impasse ou reparar o dano. Tais passos são tomados mesmo que representem perdas sobre as questões reais.

A questão racial é sempre objeto de pesquisa nos Estados Unidos, onde essas pesquisas foram feitas. Com relação a isso, os pesquisadores concluíram que pessoas da mesma raça negociam mais cooperativamente, e que pessoas da raça negra são mais cooperativas do que os de raça branca, mesmo negociando com pessoas de outra raça. Entenderam, também, que o negociador que está apto a diversificar as possibilidades de resultado da negociação se apresenta mais colaborativo do que o que almeja obter uma resposta definitiva. Por incrível que pareça, descobriram que não existe relação entre coeficiente de inteligência e habilidade de negociação ou comportamento de barganha.

Somente a teoria produzida pelos sociopsicologistas possibilita a negociadores esboçar um comportamento negociador de acordo com as várias situações em particular. É sabido que a lista dessas situações é interminável e estas são incontáveis, daí exigir-se uma grande predisposição por parte dos negociadores. Existe a tendência de trabalhar de forma adversarial, aí se encontra a grande desvantagem desse tipo de negociação, pois ganhar é o objetivo principal. A teoria se preocupa com todos os aspectos, causas e consequências possíveis numa negociação, para melhor possibilitar o controle de um negociador sobre o outro. Isto faz com que existam ganhadores e perdedores definidos na famosa expressão *zero-sum* das teorias competitivas. Para estas não existem resultados satisfatórios para ambas as partes numa disputa ou negociação transacional.

Todavia, a grande vantagem dessa teoria é a consideração dos fatores sociopsicológios como determinantes de resultados negativos ou positivos. Tudo leva a crer que a compreensão desses aspectos no adversário, ao ponto de produzir uma atitude colaborativa entre os negociadores, se constitui no caminho producente numa negociação.

## Capítulo IV

# PROCESSOS PSICOLÓGICOS
# QUE AFETAM NEGOCIADORES E
# ADVOGADOS NEGOCIADORES

Ao lado de fatores objetivos como fatos, lei e evidências, existem fatores psicológicos que influenciam substancialmente uma negociação. Depois de minuciosa enquete, junto a um universo de negociadores, principalmente advogados, pesquisadores da teoria sociopsicológica anotaram conclusões que demonstram essas influências. Da mesma forma estabeleceram o grau em que elas se dão[1]. Questionados a respeito de suas emoções durante uma negociação, os entrevistados revelaram experiências de sentimentos, atitudes psicológicas ou reações emocionais que efetivamente determinaram o rumo das suas decisões e consequentemente o resultado do processo de negociação. Muitas vezes os negociadores sequer perceberam a influência desses fatores.

Haydock enumera várias revelações de advogados que levam a algumas conclusões:

1) Expectativas profissionais ou pessoais de negociadores advogados afetam o progresso das negociações na medida em que aqueles se sentem lesados quando não preenchem suas expectativas e necessidades. Acabam passando por cima das necessidades dos clientes. É necessário criteriosa separação das expectativas do advogado e das necessidades do cliente.

---

1    HAYDOCK, R.S. *Negotiation practice*. New York : Wiley Law Publications, 1984, p. 17.

2) Reações de clientes provocam outras reações em negociadores, que desvocalizam o objeto da negociação, ficando presos aos sentimentos acarretados. Essas reações, muitas vezes emocionais e até agressivas, não podem ser consideradas pelo advogado, em detrimento do bom andamento da negociação.

3) A antecipação de determinado resultado por parte do advogado pode desviar o real objetivo do cliente. A opção deste não pode ser substituída pelos interesses do advogado.

4) A opinião a respeito do que o cliente "merece" na negociação pode colocar em risco a obtenção de resultados que alcancem seus interesses. Os interesses dos clientes não podem ser colocados à parte pela visão que o advogado tem do caso.

5) O gostar ou não gostar de determinados clientes determina a atenção que advogados possam ter com a matéria da negociação. Esses sentimentos têm de ser colocados à parte.

6) Os conceitos de justo ou injusto com relação ao resultado obtido pela outra parte podem determinar a atuação do advogado em prol de um ou outro resultado para seu cliente. As solicitações do cliente têm prioridade na negociação. O razoável é que deve ser determinado como negociável e não o que o advogado entende como justo ou injusto.

7) A interpretação do comportamento humano pelo advogado (não se sabe se o cliente fala a verdade ou mentira) pode provocar reações que influenciem o resultado das negociações. Os advogados têm de determinar como sua maneira de ver o comportamento humano afeta sua atitude e reações às pessoas.

8) Indecisão, medo ou falta de confiança, determinados pela inexperiência ou falta de conhecimento por parte do advogado podem inibi-lo na tomada de atitudes e decisões numa negociação. O trabalho de avaliação das opções tem de ser ainda mais criterioso nessas situações e o advogado deve, em primeiro lugar, reconhecer a posição.

9) Pressão do tempo. Negociadores são susceptíveis de precipitarem ou negligenciarem decisões, face ao volume de trabalho e outras demandas da sua atividade. A estimativa e determinação do tempo de dedicação a cada caso é fator positivo numa negociação.

10) Ansiedade. Falta de controle das emoções, muitas vezes provocadas sem razão objetiva, tem de ser trabalhada pelo advogado.

11) O que o outro negociador pensa. O conceito que o outro negociador possa fazer a respeito do advogado pode determinaratitudes e posições diferentes dentro do processo de negociação.É necessário não se deixar levar por qualquer percepção depreciativa a respeito da competência ou atitude do outro.

12) Influência da confidenciabilidade das negociações. O fato de serem confidenciais e privadas as revelações feitas numa negociação provoca, algumas vezes, excesso de confiança com relação ao que será dito durante a negociação. A impropriedade de determinadas declarações pode ser um fator negativo numa negociação e precisa ser evitada pelo negociador.

13) Padrões éticos. Os padrões éticos do advogado diferem, muitas vezes, dos padrões morais de modo geral. O nível de moralidade numa negociação é determinado por fatores mais amplos do que o advocatício e têm de ser aplicados pelo negociador durante uma negociação.

A formação de advogados apresenta uma lacuna. Emoções e sentimentos são ignorados, contudo, não se pode deixar de considerar a importância desses fatores como parte do processo de negociação. Os autores da teoria sociopsicológica conclamam negociadores e representantes em negociação a permanecerem atentos a essas reações. Elas provocam diretas consequências e quando trabalhadas adequadamente propiciam resultados positivos.

# Capítulo V

# ESTÁGIOS E FASES DA NEGOCIAÇÃO

## INTRODUÇÃO

O processo de negociação representa uma forma de atingir um acordo ou acertar um assunto entre partes. Advogados, cada dia mais, empregam esse processo para resolver disputas, ao invés de se apressarem em levar a matéria para o processo judicial contencioso. Argumentam, com razão, que a negociação propicia efetiva oportunidade para as partes, com interesses diferentes, de encontrarem uma solução de aceitação e aproveitamento mútuo.

Para efetivar a resolução dentro do processo de negociação, o advogado passa por uma série de situações. Elas variam de caso a caso, de advogado a advogado, de cliente a cliente, de setor a setor. Não é possível resumir todas as situações que envolvem uma negociação desde o início até o fim. São invariáveis os contatos através de cartas, telefonemas e reuniões. Entretanto, todas as negociações apresentam similitudes, qualquer que seja a teoria que a embase ou o modelo ou estilo adotado. Mesmo que algumas se restrinjam a momentos básicos, é importante apontar os vários estágios e fases pelos quais passa uma negociação. Haydock assegura que, cronologicamente ou não, todas as negociações apresentam todos ou alguns desses momentos[1].

---

1    HAYBOCK, op. cit. p. 3.

## 1. ANÁLISE DA SITUAÇÃO

O advogado, em consulta com o cliente, analisa a situação, revisa os fatos e as normas que regem a situação e determina a propriedade e viabilidade da negociação. Para tanto, focaliza a situação sob várias perspectivas. Não só a perspectiva do cliente, como também a da outra e possível terceira parte.

## 2. PREPARAÇÃO DA NEGOCIAÇÃO

Em primeira mão as alternativas de modelo de negociação, estratégias e técnicas têm de ser consideradas e selecionadas para criar um plano detalhado das negociações. Como não poderia deixar de ser, as perspectivas legais e judiciais devem ser estudadas com o rigor de uma litigação comum.

Entretanto, as perspectivas variam na medida em que a tomada de posição se restringe à preparação para o ajuste e não à preparação de ameaças e estabelecimento de defesa.

Algumas questões com relação aos fatos, testemunhas, perícias, questões de responsabilidade, danos, teorias legais, defesas, estratégias judiciais, estratégias de negociação e preparação têm de ser respondidas antes de qualquer iniciativa para a negociação. Da mesma forma, aspectos da outra parte têm de ser enumerados e estudados: a situação financeira do cliente, as características pessoais, preferências, reputação, necessidades, reações emocionais, valores pessoais, *back-ground* cultural, controle pessoal, relacionamento anterior, objetivos e perspectivas futuras de relacionamento.

Ainda outros fatores, como retorno financeiro do advogado (honorários), necessidades pessoais e emocionais, outros interesses, preocupações culturais, atitude, enfoque da negociação, habilidades profissionais, situação, reputação, reações, etc., têm de ser considerados.

## 3. CONTATOS INICIAIS

O processo de negociação começa com a iniciativa de uma das partes. Este momento é, talvez, um dos mais importantes, por determinar o tom que a negociação poderá tomar. Além disso, é aqui que se entabulam procedimentos sobre local, método e tempo das negociações. Não se pode deixar de lado a necessidade de cortesia social nessa introdução.

## 4. ESTABELECIMENTO DE COMPETÊNCIA

O processo de negociação, além de envolvimento profissional, não deixa de ser um processo social. A necessidade de conhecimento mútuo das partes e o estabelecimento de estrutura do assunto é primordial. Nessa fase as partes trocam *status* profissionais, descrição da formação e amenidades sociais.

## 5. OBTENÇÃO DO PANORAMA GERAL DA NEGOCIAÇÃO

A situação da negociação em si é enfocada nesse momento. Os antecedentes e os componentes atuais a serem discutidos são trocados. Os termos simplistas de oferta e procura não podem descrever o que se passa nessa interação. Não se trata, propriamente, de um jogo, como querem alguns teóricos. O processo de acesso às necessidades, interesses, decisão sobre oferta ou procura, concessões e contra-ofertas, é bem mais complexo, e diante disso demanda uma atenção mais criteriosa.

## 6. ATMOSFERA APROPRIADA

A maneira como a situação foi apresentada já permite às partes a formação de um clima de confiança mais favorável às transações. Um relacionamento favorável propicia melhor interação e age diretamente na disposição das partes de melhor atender, cada uma, aos interesses da outra parte. Quanto mais digno de confiança for um negociador, mais persuasivo será. Quanto mais honesto ele for e mais honesto parecer, mais a outra parte aceitará e entenderá suas afirmações e argumentações.

De igual peso se colocam as emoções dos negociadores nessa fase da negociação. Qualquer sentimento, seja de baixa estima, ofensa, raiva, etc., pode provocar imobilização na parte e bloqueará o andamento das questões. É preferível evitar qualquer comentário ou atitude que provoque emoções passíveis de estimular reações negativas. Isto não quer dizer que as emoções não possam ser ventiladas durante o processo, mas que o devido cuidado paira com os sentimentos da outra parte é fator de ajuda na negociação.

## 7. ESTABELECIMENTO DE AGENDA

O que e quando da negociação têm de ser considerados previamente às reuniões. Muitas vezes essa estruturação é desnecessária, dependendo do que é negociado. Entretanto, uma agenda formal auxilia na determinação da disponibilidade de cada parte e para valoração e avaliação do negócio a ser feito, de maneira global. É aconselhável que a parte iniciadora submeta a outra uma lista dos tópicos a serem resolvidos. Uma minuta de um contrato ou mesmo da oferta são básicos para o estabelecimento da agenda.

Uma vantagem da agenda é evitar que futuras colocações desviem o cerne do pedido ou da oferta, que atropelem o andamento do processo. Ao contrário, permite a delineação de tempo e oportunidade para discussão de determinados itens da negociação. Por exemplo, a recusa de discussão de determinada matéria, desconsideração dessa matéria, concordância, antecipação ou adiamento de determinada questão, ou mesmo concessão podem ser previstos mediante uma criteriosa agenda.

## 8. REVELAÇÃO DE DADOS

Os negociadores apresentarão informações e farão perguntas no sentido de fornecer mútuo conhecimento dos fatos, opiniões e orientações necessárias ao acesso dos interesses. Algumas vezes, os negociadores reservam certas informações no afã de que possam se transformar em seus trunfos no processo litigioso. Essa atitude é uma faca de dois gumes; aparentemente protege a contenda litigiosa, mas pode se constituir em entrave na negociação. O que é necessário saber é o mesmo que se deve perguntar; necessidades e interesses da outra parte, expectativas e posições, pontos fracos e pontos fortes, atos que preencham falhas de informações, opiniões e conclusões, percepção da situação pela outra parte, normas, citações de casos, extensão da preparação da outra parte, conceito do outro advogado sobre a negociação, habilidade do outro negociador no desempenho da negociação, compensação financeira do outro advogado, volume de trabalho e limite de autoridade do negociador.

## 9. ACESSO A INTERESSES

Existe uma diferença entre o que as partes querem e o que as partes necessitam. O clareamento dessas necessidades é fundamental no processo negociador e seus resultados. Informações sobre as reais necessidades dos negociadores podem determinar interesses mútuos, complementares ou conflitantes. Posições estabelecem, na maioria das vezes, uma grande distância entre os negociadores. Interesses, contudo, podem existir dentro dessas posições, que possibilitem a aproximação das partes e o seu trabalho conjunto para obtenção de resultados que atendam a esses interesses.

Está claro que, quanto mais confiança os negociadores tiverem entre si, mais acesso a informações diretas terão.

## 10. REDIMENSIONAMENTO DAS QUESTÕES

É normal que, depois de algumas revelações ou troca de informações, as questões em disputa recebam nova conformação e provoquem modificações na agenda da negociação. A agenda prévia de cada um sofre transformações ao ser submetida à apreciação da outra parte.

## 11. ESTABELECIMENTO DE POSIÇÕES

Posições podem existir, mas têm de estar acompanhadas das devidas razões e explicações que as comportem. As informações explicativas favorecem a formulação de soluções alternativas e a melhor aceitação de ambos os lados. De qualquer forma, as partes necessitam estar informadas dessas posições. Mesmo que essas possam parecer fora de propósito para o outro negociador. Negociadores precisam se acostumar a demonstrar posições, não só para provocar reações no outro negociador, mas para estabelecer o quadro real da negociação.

## 12. DISCUSSÃO SOBRE POSIÇÕES

O que vai se questionar nessa discussão é a legitimidade ou até a legalidade das posições. Logicamente, cada negociador tentará fragilizar a posição do outro apresentando nova visão sobre as justificativas apresentadas.

## 13. TROCA DE CONCESSÕES

Este é o processo de barganha propriamente dito. As partes se engajam em oferecer, aumentar e diminuir concessões, mudando posições sempre em direção da outra parte. Ao mesmo tempo, trabalham técnicas de persuasão para proporcionar troca de concessões.

## 14. BUSCA DE CRITÉRIOS OBJETIVOS

As discussões pautadas em impressões e conceitos dos negociadores são mais fáceis de serem refutadas, na medida em que se defrontam com os mesmos conceitos e impressões sobre a matéria negociada. Fatores objetivos de embasamento das posições provocam maior viabilidade de aceitação e melhor suporte para soluções.

## 15. CONSIDERAÇÕES DE ALTERNATIVAS E CRIAÇÃO DE SOLUÇÕES

Qualquer negociador pode sugerir opções e soluções para a disputa negociada. Alguns autores sugerem técnicas especiais para criação de novas maneiras de fazer o acordo. Observações feitas durante pesquisas sobre a criação de alternativas revelaram que os negociadores usaram os seguintes métodos para encontrar soluções:

a)  concentração no problema;

b)  não limitação às experiências do passado;

c)  apresentação de soluções que possam ser imediatamente refutadas;

d)  visão dos problemas sob várias perspectivas;

e)  visão de solução do problema e não a busca de uma única saída;

f)  discussão do problema com o colega e consideração do outro advogado, parceiro na busca de solução e não opositor;

g)  "quebra de cabeça" na criação do maior número possível de soluções,

h)  não posicionamento suscetível às críticas;

i)  consideração dos méritos das propostas do outro negociador;

j)  não criticismo e flexibilidade;

k)  esforço na combinação e melhoria das várias propostas e invenção de soluções;

l)  tolerância com a análise de soluções complicadas e resolução de contradições aparentes.

## 16. IMPASSE

Nem sempre uma negociação resulta em acordo. Quando não existem bases comuns para interesses comuns, as discussões podem girar em círculos até a estagnação.

## 17. ACORDO FINAL

O objetivo principal da negociação é o acordo. Este, pode-se dizer, se constitui em sucesso quando comporta determinados fatores: satisfação dos interesses do cliente, alcance dos principais objetivos de cada parte, ganhos de ambas as partes, participação das partes junto com seus representantes, resultado consequente de alternativa criada pelos advogados, benefício das partes comparado à não-realização do acordo, aprendizado das partes com a negociação, exequibilidade do acordo.

## 18. ESBOÇO DO ACORDO

Antes ou imediatamente após a feitura do acordo, a prática é redigir um conciso memorando do acordo ou carta de reconhecimento que, informalmente, memoriza os termos negociados. Esta prática tem a finalidade de confirmar o que foi combinado e consubstanciar o que foi decidido.

## 19. EFETIVAÇÃO DO ACORDO

O acordo ou ajuste requer, normalmente, providências a serem tomadas. Da mesma forma, podem resultar em decisões que precisam ser cumpridas, voluntariamente ou mediante execução.

Algumas dessas fases são mais importantes do que as outras, e sua durabilidade ou importância dependerá de cada negociação em particular. O efeito de cada fase vai depender das expectativas de cada negociador e do progresso das discussões[2].

---

2    HAYDOCK, op. cit., p. 5.

*"The entire legal profession-lawyers, judges, law professors
– has become so mesmerized with the stimulation of the
courtroom contest that we tend to forget that we ought to be
healers of conflict."*

"Todos nós profissionais do Direito – advogados, juízes,
professores ficamos tão fascinados com o estímulo ao
embate no(s) tribunal(is) que tendemos a esquecer nossa
obrigação de sermos remediadores do conflito."

*Warren Burger*
**Ex-Presidente do Tribunal Corte Supremo
dos Estados Unidos**

## PARTE I MEDIAÇÃO - TÍTULO I

# MEDIAÇÃO – UMA SOLUÇÃO INTELIGENTE

# Capítulo I

# INTRODUÇÃO AO ESTUDO DA MEDIAÇÃO

## 1. O TERMO E SUAS DIFERENCIAÇÕES

O termo mediação vem do latim, *mediare,* que significa mediar, dividir ao meio ou intervir, colocar-se no meio. Estas expressões sugerem a acepção moderna do termo mediação, que é o *processo* pacífico e não adversarial de ajuste de conflitos. O contexto conflituoso: as partes, a disputa e, principalmente, quem media, possibilitam uma melhor definição de mediação. Antes de mais nada, um processo que transcende o conteúdo do conflito a ser resolvido[1].

O que se pode dizer é que a mediação é muito mais um processo do que uma estrutura. O direito é uma estrutura, a lei é uma estrutura. O objeto da mediação é fazer com que as partes se acomodem dentro da estrutura imposta por normas sociais aplicáveis ao seu relacionamento. Alguns entendem que, nesse ponto de vista, a diferença entre um juiz e um mediador é que simplesmente o primeiro ordena a conformidade com a lei e o mediador persuade as partes a se conformarem com essas regras[2].

Na verdade, mediação é mais do que essa conformidade, porque seu objetivo não é enquadrar a disputa em nenhuma estrutura legal preestabelecida, mas conduzir a disputa à criação de uma estrutura própria, mediante a construção de normas relevantes para as partes. Por exemplo, num caso comum, onde o mediador assiste às partes na elaboração dos termos de um contrato,

---

1 FOLBERG, J., TAYLOR, F. Mediation: a comprehensive guide to resolving conflicts without litigation. San Francisco : Washington, 1984, p. 7.

2 FULLER, Lon. *Mediation its forms and funtions.* Califórnia Law Review, v. 44, Spring 1978, p. 305.

MEDIAÇÃO – Uma solução judiciosa para conflitos    157

definindo as obrigações de cada parte para com a outra. Aqui não existe uma estrutura para orientar ou constranger o mediador, é o processo de mediação que produz a estrutura.

Muitas vezes, mediação é usada inter-relacionadamente com conciliação, o que denota uma impropriedade. Mediação envolve um processo onde o papel do mediador é mais ativo em termos de facilitação da resolução do conflito, e mais passivo em relação à intervenção no mérito ou enquadramento legal. Não se limita a ajustar a situação conflituosa, mas faculta às partes os meios para efetiva resolução. Mas é compreensível a confusão. A mediação, em qualquer evento, está dirigida para propiciar maior harmonia no relacionamento entre as partes, seja pelo ajuste de suas vontades em torno da aceitação de normas sociais, relevantes no relacionamento, ou simplesmente porque as partes foram conduzidas a um entendimento mais preceptivo dos problemas da outra parte. O fato de que, em uso comum, os termos "mediação" e "conciliação" são largamente intercambiáveis tende a reforçar essa visão da matéria. Entretanto, tecnicamente as expressões têm significado diferente[3].

O processo de mediação também não se confunde com aconselhamento psicológico. Os conflitos intrapessoais não são trabalhados como em terapia. Esta requer uma intervenção continuada e, via de regra, mais longa. O processo é também mais interativo do que interpessoal. Todavia, as estruturas de personalidade e comportamentos são também consideradas pela mediação. Este é o único processo de resolução interpessoal de disputas que permite a vazão de sentimentos como parte de seus objetivos. Manipulações, raiva manifestada, bloqueios e luta de poder são manifestações que ocorrem na mediação e que fazem parte dos meios de interação que possibilitam a resolução do conflito. Daí assumir, algumas vezes, aspectos de terapia pessoal.

Sentimentos fazem parte dos conflitos intrapessoais e, muitas vezes, não só bloqueiam a comunicação entre as partes envolvidas, como impedem a construção de confiança e proximidade. Como em qualquer relacionamento, a confiança é necessária para a efetivação do processo mediador, e a ventilação de sentimentos ajuda no processo, na medida em que atinge necessidades não--estipuladas. As questões colocadas em pauta, via de regra, têm no seu bojo informações que não são prestadas ou não são prestadas porque não são pedidas.

Mediação também difere de arbitragem quanto à intervenção de terceiro. Nela essa intervenção é iminentemente neutra e tem como um dos objetivos

---

3    Ibidem, p. 324.

o *empowerment* das partes, não oferecendo decisão para a disputa. A decisão advém do poder que é conferido às partes para decidir e não acatar decisões. A expressão de opiniões, mesmo que sem vinculação às partes, não é função do mediador, mas quando excepcionalmente ocorre, limita-se a uma manifestação sem qualquer poder de decisão. Acontece o oposto na arbitragem.

O processo de negociação sempre está presente na mediação, mas é enriquecido com a catalisação do agente mediador que, sem interferir efetivamente nas questões em disputa, guarda os destinos do processo. A mera presença de um terceiro interventor tende a colocar as partes dentro de um comportamento favorável, de forma que o mediador pode dirigir a comunicação com isenção de recriminações mas em direção às questões que demandam intervenção.

Também não pode ser confundido com terapia, mesmo que propicie às partes auto-administração de seus conflitos internos.

Dessa forma, mediação é um processo onde e através do qual uma terceira pessoa age no sentido de encorajar e facilitar a resolução de uma disputa sem prescrever a solução. Um de seus aspectos-chave é que incorpora o uso de um terceiro que não tem nenhum interesse pessoal no mérito das questões. Sem essa intervenção neutra, as partes são incapazes de engajar uma discussão proveitosa. O terceiro interventor serve, em parte, de árbitro para assegurar que o processo prossiga efetivamente sem degenerar em barganhas posicionais ou advocacia associada[4].

Mediação é uma alternativa à violência, que permite às partes conflitantes se concentrarem nos problemas que envolvem a disputa, abstraindo-se de seus sentimentos e posições e da própria pessoa do opositor. É uma opção de auto-ajuda baseada no poder de cada parte. Pode ser definida como um processo no qual os participantes, com a assistência de uma ou mais pessoas, sistematicamente, isolam questões em disputa para desenvolver opções, considerar alternativas e alcançar uma decisão baseada em consenso, que possa atender às necessidades das partes[5].

A mediação não comporta um procedimento consistente e uni- forme, na realidade, é apresentada em diferentes modelos, de acordo com a cultura do local onde é aplicada, e estilo do mediador. Além disso, cobre uma grande variedade de campos de atividade. Cada um deles com suas tradições, valores e

---

4    KENNETH, R.R. *Mediation*: a basic approach. Altamonte Springs : Academy of Dispute Resolution, 1995, p. 6.

5    Ibidem.

MEDIAÇÃO – Uma solução judiciosa para conflitos        159

cultura. Consequentemente, a mediação praticada numa arena comercial pode adotar procedimentos diversos, com enfoques e vistas também diferentes daquela que tem como objeto o conflito familiar. Nenhuma dessas formas poderá, por sua vez, ser aplicada numa mediação entre sindicatos e empregadores ou sequestrador e uma das vítimas. Entretanto, existem certos princípios fundamentais e condições básicas que são comuns em todas as formas de mediação[6].

Por outro lado, a mediação é um processo interativo, como tal, dinâmico e, por que não dizer, experimental, requerendo efetiva participação das partes. São essas, com sua bagagem cultural, psicológica e social, que dão a feitura do processo de mediação. A intervenção se desenvolverá de acordo com as necessidades dos participantes e está baseada num conjunto de habilidades que podem ser usadas seletivamente por profissionais, quando a situação de conflito demanda ou permite um acordo estruturado.

Não é um processo primariamente didático e sim laboratorial. Porque é da experimentação das partes, no processo, que emergem os resultados, não só como panaceia, mas como diretriz de ação futura para os participantes. Seu papel é coadjuvante e prescindível no processo, não se constituindo em elemento propriamente dito.

## 2. ELEMENTOS DA MEDIAÇÃO

O contexto da mediação acarreta, fundamentalmente, a presença de três elementos: as partes, a disputa e o mediador. Alguns autores incluem os advogados como elementos da mediação. Advogados, contudo, podem se transformar, realmente, em elementos importantes e decisivos dentro do processo, mas sua presença e atuação são prescindíveis no processo mediador, de acordo com a deliberação das partes. Quando ocorre a intervenção de advogados, fica limitada a prestação de esclarecimentos legais e factuais, necessários às questões da disputa. Sua intervenção se dá, dentro do processo, no momento em que é solicitada pelas partes.

### 2.1 As partes

As pessoas podem ser construtoras voluntárias ou involuntárias do conflito. Assim, são autoras e autoridades dos conflitos sob seu poder e como tais

---

6    BROWN, H., MARRIOT, A L. *ADR* – principles and practice. London: Sweet & Maxwell, 1992, p.108.

possuem valiosas informações para desconstrução e administração dos efeitos do conflito.

Qualquer pessoa, natural ou jurídica, envolvida em qualquer tipo de disputa, pode ser parte num processo de mediação. A pessoa, ou grupos de pessoas, em qualquer área de atividade humana, pública ou privada, nacional ou internacional, são receptáculos de conflitos que, não raramente, se transformam em disputas. Quando ocorre de pessoas, em disputas, solicitarem ou se engajarem com uma intervenção de terceiro, neutro, com a finalidade de receberem ajuda para a resolução de sua disputa, está-se diante de uma mediação.

No processo de mediação as partes dominam o cenário. Apresentando seus casos, especificando suas questões, discutindo seus valores, dando vazão aos seus sentimentos e conflitos, constroem o processo mediador, sem limitação de tempo, lugar ou intensidade, a não ser aquela estabelecida por elas próprias. O processo é iminentemente das partes, advogados e interventores são coadjuvantes.

## 2.2 A disputa

A disputa tem origem no conflito. Sempre que as pessoas, face aos seus conceitos, princípios, costumes, não puderem concordar com as ações que outra pessoa ou grupo de pessoas pratiquem ou que gostariam que praticasse, manifestarem essa indisposição ou desejo e não se satisfaçam com a reação da outra pessoa, normalmente se instala uma disputa. Essa disputa se configura pela necessidade de satisfazer uma pretensão dirigida a outra pessoa ou grupo e que não sendo correspondida provoca manifestações através de palavras ou ações, que, por sua vez, acarretam reações do outro lado.

As disputas podem existir, desde o ambiente doméstico, entre irmãos, pela posse do controle remoto da televisão até num contexto internacional, em conflitos de guerra entre nações. À luz dos processos de resolução de disputas não existem diferenças para disputas. Quanto à mediação, somente procura a utilização de técnicas apropriadas para cada situação, mas conserva os mesmos princípios e bases para levar as partes ao acordo.

## 2.3 O mediador

O mediador é o terceiro interventor que, mediante técnicas de comunicação apropriadas ligadas à negociação, dirige as partes para uma solução de valor mútuo. Sua intervenção é neutra e de certa forma limitada, porque sua autoridade esta voltada para o processo propriamente dito e não para a substância da disputa. Seu papel cobre a facilitação da comunicação entre a partes e o provimento de fórum e normas básicas para discussão. Ele é um condutor, terceiro, entre as partes, mas deixa o controle da negociação bilateral.

## 3. OBJETIVOS DA MEDIAÇÃO

A melhor maneira de se enfocar a mediação é vê-la como uma intervenção dirigida para solucionar um problema. Intenciona resolver disputas e reduzir um conflito enquanto proporciona um ambiente para estruturação de decisões. Mesmo que todos os elementos da disputa possam não ser resolvidos, o conflito que muitas vezes não está delineado pode ser entendido pelos participantes e reduzido a um nível administrável. Por essa razão alguns estudiosos da mediação a entendem não como um processo de resolução de disputas, mas tendo como objetivo principal a administração do conflito. Esse gerenciamento realmente acontece indiretamente no processo mediador, mas não é o seu objetivo principal.

O processo de mediação conta com momentos específicos envolvidos numa série de técnicas preparadas para alcançar determinados pontos da disputa. É composto de um conjunto de momentos próprios que produzem determinados resultados na medida em que são utilizados princípios, valores e normas próprias das pessoas envolvidas na disputa.

O objetivo principal da mediação é o acordo entre as partes, ou seja, a produção de um plano de ação para as futuras relações de pessoas envolvidas num conflito. Entretanto, metas intermediárias ou objetivos imediatos fazem parte do quadro. Qualquer passo que signifique o encaminhamento das partes para o objetivo principal é considerado resultado satisfatório. Muitas vezes a mediação proporciona um acordo parcial resolvendo uma, duas ou várias questões em disputa, outras vezes consegue proporcionar clima de negociação entre as partes, ou mesmo mudar algumas posições com relação a um processo judicial.

Quaisquer tipos de mediações têm como objetivo a liquidação das diferenças entre os participantes através de negociações. Em função da necessidade de se alcançar um acordo e porque o processo comporta muito mais engenhosidade e nuances do que é usualmente possível nos processos adversariais, a mediação aponta para uma resolução que de maneira mais concreta realize os interesses de ambas as partes.

Dentre as metas intermediárias salientam-se as seguintes:

1) Redução dos obstáculos de comunicação existentes entre os participantes.

2) Consideração das necessidades de cada um envolvido.

3) Maximização do uso de alternativas.

4) Preparação dos participantes para aceitar as consequências de suas próprias decisões.

Como simplificação de todas essas metas a mediação objetiva:

1) Redução da ansiedade e outros efeitos negativos do conflito levando as partes a normatizar uma resolução consensual.

2) A produção de um plano de ação (acordo) para o futuro que os participantes possam aceitar e cumprir.

Para isso algumas perguntas têm de ser respondidas:

1) As partes estão aptas a usar a mediação como o primeiro método de resolução?

2) As partes estão aptas a conversar uma com a outra sobre as questões em disputa?

3) As partes estão aptas a trocar informações?

4) As partes estão física e psicologicamente preparadas para participar?

Não necessariamente estas perguntas têm de estar respondidas antes do início da mediação. Na maioria das vezes as partes não têm qualquer experiência do processo e as informações são recebidas pela primeira vez na abertura. No entanto, a conscientização dessas necessidades se constituem em parte da resolução do conflito e integram o processo como objetivos básicos. Muitas vezes esses objetivos são alcançados em meio às discussões como resultado do levantamento de conflitos ainda não especificados. Mesmo assim são trabalhados.

## 4. PRINCÍPIOS DA MEDIAÇÃO

Na parte II, da Regra 10.020, Capítulo 44.1011, sob o título Padrões de Conduta Profissional dos Estatutos da Flórida para Mediadores certificados como mediadores designados pela corte, letra (d) lê-se: Princípios gerais. A Mediação é baseada em princípios de comunicação, negociação, facilitação e resolução de problemas, e enfatiza:

a) as necessidades e interesses dos participantes;

MEDIAÇÃO – Uma solução judiciosa para conflitos    163

b) imparcialidade;

c) flexibilidade de procedimento;

d) privacidade e confidenciabilidade;

e) revelação total;

f) autodeterminação; e

g) neutralidade.

Estes princípios são apresentados, na doutrina americana, com grande ênfase à neutralidade e à autodeterminação das partes. A maioria dos autores concorda com uma série de princípios que norteiam a mediação estipulados pelos estatutos da Flórida, mas esclarecem que esses princípios se aplicam de forma diferenciada nos vários setores onde a mediação tem lugar. Raramente vêm sistematicamente postulados. A neutralidade, por exemplo, é muitas vezes apresentada como imparcialidade o que representa imprecisão técnica.

## 4.1. Voluntariedade das partes

Ninguém participa de um processo de mediação a não ser mediante a vontade, absolutamente livre. Quando alguém busca um meio de resolução de disputas o faz por necessidade ou coação. No caso da mediação, as pessoas aceitam ou buscam porque querem e confiam que poderão obter um resultado satisfatório. Nem as mediações recomendadas pelos tribunais nos Estados Unidos podem ser chamadas de compulsórias. O que é compulsório é a presença no local determinado para a sessão de mediação, mas a participação propriamente dita só acontecerá se houver completa concordância das partes. Mesmo porque a voluntariedade é condição *sine qua non* para o andamento do processo, dadas as características dos resultados a serem alcançados. O objetivo é o consenso, transformado em acordo, com relação às questões em discussão. Como alcançá-lo sem a participação espontânea dos interessados?

## 4.2. Não adversariedade

Isto quer dizer que as partes entram no processo mediador, de acordo com sua vontade, para determinar certos resultados sem se colocar em posição de competição com a outra parte. Se propõem a estabelecer uma negociação muito mais aos moldes do *problem solving* do que qualquer outro método de barganha. Não entram no cenário mediador para ganhar ou perder, mas para trabalhar pelas soluções das questões em disputa. O processo funciona como um redutor de hostilidade enquanto encoraja as partes a cooperarem e comunicarem entre si. Como consequência, a mediação geralmente tem o efeito de conter a escalada das questões em disputa e o antagonismo. Isto significa que as partes em desacordo no relacionamento, seja comercial, familiar ou pessoal, dispõem de maior probabilidade de manter esse relacionamento, mudá-lo ou terminá-lo de uma maneira mais cooperativa, através da mediação do que qualquer outro processo adversarial.

## 4.3. Presença de terceiro interventor

Difere do processo de negociação no qual as partes, numa sequência de discussões, confrontam-se e determinam o encaminhamento das decisões; na mediação é imprescindível a presença de interventor que cria uma nova dinâmica. É o elemento terceira parte interventora, neutra, que se constitui em grande ajuda no desenvolvimento do processo. A intervenção se dá de forma a dirigir a negociação, possibilitando e facilitando a comunicação com técnicas desenvolvidas com essa finalidade.

## 4.4. Imparcialidade da intervenção

Os processos adversariais de resolução de disputas se caracterizam pela presença do interventor que, baseado em princípios de direito, leis, costumes, etc., deverá tomar partido ou defesa de um arrazoado, impingir uma decisão ou uma sentença. Esta, por sua vez, tem o caráter de obrigatoriedade e condiciona as partes à aceitação. Difere da mediação que, mesmo submetendo as partes e suas diferenças a uma intervenção, não recebem nenhum reforço em particular, seja na forma de aconselhamento, parecer ou solução conjunta ou separadamente. A imparcialidade é fundamental no processo de mediação. O mediador não deverá estar ligado a nenhuma das partes de qualquer forma que possa inibir a neutralidade ou efetiva intervenção.

A regra 10.070 do Capítulo 44.1011 dos Estatutos da Flórida, estatui:

a) Imparcialidade. O mediador tem de ser imparcial e aconselhar todas as partes sobre qualquer circunstância relacionada a possíveis preconceitos, suspeição, ou imparcialidade. Imparcialidade significa ausência de favoritismo ou preconceito com relação a palavras, ações ou aparência. Imparcialidade implica um compromisso de ajuda a todas as partes, em oposição a uma parte individualmente, na movimentação em direção a um acordo.

MEDIAÇÃO – Uma solução judiciosa para conflitos 165

1) Um mediador tem de manter imparcialidade ao levantar questões pelas partes e considerar como realidade, justiça, equidade e viabilidade de opções propostas para acordo.

2) Um mediador tem de se retirar da mediação, se acreditar que não pode mais ser imparcial.

3) Um mediador não pode dar ou receber nenhum presente, pedido, favor, empréstimo, ou qualquer outro item ou valor de/ou para uma parte, advogado, ou qualquer outra pessoa envolvida em/ou levantada em qualquer processo, de mediação.

## 4.5. Neutralidade

O conceito de neutralidade do terceiro inventor na mediação é relativamente desconhecido no campo da resolução de conflitos. Muitos até entendem que neutralidade é inaplicável em qualquer processo da matéria e não raro o conceito é confundido com imparcialidade. Não sem alguma razão. Se considerarmos o termo mediação na sua acepção ampla poderemos entende--la presente em qualquer processo que envolva duas ou mais partes com um terceiro interventor. Neste caso, árbitros, conciliadores, e até juízes podem ser considerados mediadores. Entretanto, mediação na sua acepção restrita designa um processo impar onde a neutralidade do interventor faz a unicidade do processo, dentre todos os outros. Em nenhum outro processo de solução ou resolução de conflitos o interventor pode ser neutro, ou seja, ficar alheio ao mérito das questões em disputa. Para intervir no processo, na busca de solução, os mediadores *lato sensu* considerados deverão sempre assumir uma posição, favorecendo uma ou outra parte. Isso não que dizer que sejam parciais e sim que deverão buscar uma verdade que esteja contida em algum conceito legal, ou de direito, para dar azo à determinação do certo e do errado, do culpado e do inocente ou do ganhador e do perdedor. Dessa forma, intentam buscar uma verdade que esteja contida em alguma estrutura, cujo conceito de direito ou de justiça favoreça uma ou outra parte.

Na mediação isso não acontece, o interventor, embora não fique alheio a qualquer assunto considerado pelas partes, limita-se a auxiliá-las na busca de sua própria verdade, aquela que não está definida em nenhum código, alheio a sua seara de interesse, ressalvados somente a seara e o interesse da outra parte.

O mediador é imparcial porque não tem qualquer interesse pessoal em qualquer uma das partes, nem prima por beneficiar uma ou outra. É neutro porque não aplica qualquer sistema jurídico para resolução das questões em disputa. Nem mesmo seus próprios conceitos de moral, justiça ou de direito, para auxiliar, induzir, definir, ou sequer articular qualquer juízo de valor, para ou pelas partes.

## 4.6. Autoridade das partes

Mediante esse princípio as partes são revestidas do poder, e só a elas, de elaborar, discutir e decidir qual solução deverá ser aplicada ao caso apresentado. São responsáveis pelos resultados e pelo próprio andamento do processo. O interventor responde pelo processo em si, mas o poder de decisão, inclusive sobre o procedimento das sessões, está nas mãos dos envolvidos diretamente no conflito. O processo adversarial, com sua dependência sobre os advogados, em defesa de seus clientes, tende a negar às partes a oportunidade de controlar suas próprias situações e aumenta sua dependência em autoridades externas. A autoestima e senso de competência derivados do processo de mediação são importantes para os resultados e ajudam a diminuir a necessidade de os participantes continuarem lutando entre si. Com relação à autodeterminação das partes, o Estatuto da Flórida, no seu Capítulo 44.1011, estatui:

a) o direito das partes de decidir. A mediação tem de assistir às partes em conseguir um acordo compreensível e voluntário. As decisões deverão ser tomadas voluntariamente pelas próprias partes;

b) proibição de coerção na mediação. O mediador não deve coibir ou parcialmente influenciar uma parte para um acordo e não deve tomar decisões substantivas por qualquer das partes num processo de mediação;

c) proibição de falsa ideologia. O mediador não deve intencional ou com conhecimento camuflar fatos materiais ou circunstâncias no curso de condução de mediação.

## 4.7. Flexibilidade do processo

A mediação não é um processo rígido, não está restrita à aplicação de normas genéricas e preestabelecidas. Sua estruturação dependerá, basicamente, das partes, da situação, arena das disputas e da substância das questões a serem discutidas. Funciona muito bem em vários tipos de conflito, o que pode ser demonstrado pelo fluxo de demanda nos tribunais americanos.

## 4.8. Informalidade do processo

Um processo de mediação não está submetido a nenhuma norma de direito substantivo ou processual. Todas as normas emergidas têm um caráter privado, não se vinculam a nenhum sistema jurídico. As regras de procedimento emergem baseadas no princípio da autoridade das partes e as decisões pautadas sobre as mesmas não se constituem objeto de cobrança ou execução. Entretanto, o processo tem lugar em várias legislações e é usado como processo parajudicial, com poder executório. Todavia, as pesquisas revelam que as decisões mediadas oferecem um índice muito alto de execução voluntária.

## 4.9. Privaticidade do processo

A mediação não é um processo criado para defender direitos individuais. Nem, a exemplo dos contratos, está baseada no princípio da autonomia da vontade ou em leis civis, que em última instância contam com proteção legal. A vontade das partes se manifesta de maneira autônoma e soberana, e os direitos podem fazer parte do arsenal de valores das partes, mas as decisões só as vinculam na medida de seu entendimento, conscientização e aceitação de suas premissas. Não vigorarão como leis entre as partes, nem podem ser arguidas ou executadas. Aceitam as decisões, não como forma de acomodar situações, mas efetivamente resolver os problemas. Aceitam porque foram elaboradas mediante seus próprios valores, princípios, normas e costumes e representam suas próprias aspirações, constituindo-se em expressão de sua própria personalidade.

## 4.10. Consensualidade da resolução

O único resultado que sujeita as partes é aquele com o qual as partes concordam. Qualquer processo sob o qual existe uma decisão imposta às partes, seja estipulada pela terceira parte ou recebida de qualquer outra maneira, não é mediação. Nesse caso o processo pode ser arbitragem ou outra forma de litigação.

## 4.11. Confidencialidade

Esse princípio norteia o processo mediador. Muito embora as partes tenham liberdade de dar publicidade ao processo ou às decisões, por qualquer meio, a natureza do processo é, além de privado, absolutamente confidencial.

O mediador, invariavelmente, oferecerá confiança às partes contra terceiros e entre si. As revelações que uma fizer separadamente ao mediador permanecerão em sigilo, salvo solicitação em contrário, por uma parte em relação à outra.

O processo mediado envolve revelações que são administradas pelo interventor neutro de forma a preservar as disposições e interesses das partes.

## 5. AS PROPOSIÇÕES BÁSICAS E PRESUNÇÕES DE JAY FOLBERG

Vários autores se preocuparam em encontrar razões básicas para a mediação e explicar a eficácia e durabilidade das resoluções obtidas mediante aquele processo. Segundo Jay Folberg, as proposições coletadas têm o objetivo de formar uma estrutura de valores que permitirão o desenvolvimento da teoria e da prática da mediação. Além disso, entende que a identificação, experiência e refinamento desses valores contribuirão para o crescimento e separação da mediação como uma profissão distinta[7]. A profissionalização da mediação melhor servirá aos interesses do público à medida que se propõe a resolver suas disputas, considerando todos os aspectos da natureza humana. Dessa forma, o processo de resolução pode atender tanto suas necessidades básicas quanto suas aspirações.

As proposições de Jay Folberg incluem entendimentos sobre as habilidades dos participantes e sua motivação, bem como entendimentos sobre o processo humano de um modo geral. Observa-se, entretanto, que algumas informações são colhidas da ciência da psicologia e outras da observação do processo, mediação, bem como de seus resultados. De qualquer forma, os postulados têm o condão de explicar a aceitação da mediação onde tem sido aplicada e desenvolvida.

Para efeito didático, a ordem das proposições foi modificada e sofreu comentários e explicações da autora.

*Primeira* - As pessoas tentam escapar do que percebem como negativo ou destrutivo e se voltam para o que percebem ser vantajoso e positivo[8]. Esta afirmação baseia-se no fato de que a dor e o prazer são integrantes do cotidiano do ser e explica a sua luta por evitar o que faz mal e buscar o que faz bem. A possibilidade de ventilar essa luta dentro do processo propicia às partes realizar o que é positivo na medida em que se libertam do con-

---

7    FOLBERG, op. cit., p. 13.

8    Ibidem.

MEDIAÇÃO – Uma solução judiciosa para conflitos

flito mediante suas próprias condições sem acarretar ou estruturar novos conflitos.

*Segunda* - De maneira mais completa e, consequentemente, melhor, as pessoas elaboram decisões quando estão conscientes dos sentimentos criados pelos conflitos e trabalham efetivamente com esses conflitos[9]. Significa integrar os sentimentos com as decisões, sem deixar que as emoções prejudiquem a racionalização do problema. Não são os sentimentos propriamente que atrapalham a feitura das decisões, e sim a forma como esses sentimentos são ventilados e respondidos. Por exemplo, uma esposa pode guardar uma grande tristeza pelo processo de separação e mesmo assim trabalhar os interesses envolvidos na disputa, ao invés de dirigir o sentimento para a retaliação ou a vingança.

*Terceira* - Os participantes numa disputa pessoal podem geralmente canalizar melhores decisões sobre suas próprias vidas do que uma autoridade alheia às nuances da situação[10]. Quem melhor do que as partes tem conhecimento dos fatos e das circunstâncias do caso? Nem mesmo seus representantes, advogados e procuradores possuem. O conhecimento das partes é original e completo, ao passo que qualquer outro envolvido o receberá de segunda mão, sempre faltando um pedaço. Somente os entraves da comunicação e da administração dos sentimentos podem impedir as partes de trabalharem a melhor solução.

*Quarta* - Os participantes de um acordo estão mais afeitos a entender os seus termos e sentem-se responsáveis pelo resultado e desenvolvem um compromisso com o processo usado para alcançar o acordo.

*Quinta* - Em mediação o histórico passado dos participantes é importante somente em relação ao presente e como base para predispor necessidades futuras, bem como intenções, habilidades e reações às decisões[11].

*Sexta* - Quanto mais o acordo mediado reflete acuradamente as necessidades, intenções, habilidades e reações às decisões maior probabilidade de duração comporta[12]. O conflito surge em função da falta de suprimento das

---

9    Ibidem.

10   Ibidem.

11   Ibidem.

12   Ibidem.

necessidades de cada um e são eles que geram a disputa. Necessidades remanescentes geram novos conflitos que por sua vez geram novas disputas.

*Sétima* - A partir do momento que as intenções, necessidades e habilidades dos participantes se modificarem e de acordo com o envolvimento das partes deve existir a probabilidade de modificação do acordo[13]. Logicamente a primeira experiência de resolução funcionará como parâmetro educativo para as futuras interações. Poderão existir quantas modificações se fizerem necessárias e as partes estarão sempre aptas a empreender novas soluções.

*Oitava* - O processo de mediação é basicamente o mesmo para todos os participantes e em todas as situações, mas as técnicas, organização e metas a serem cumpridas devem variar para enquadrar as circunstâncias, os participantes e o próprio mediador[14].

A mediação é um processo antigo de resolução de disputas, mas novo nos moldes que estão sendo desenvolvidos atualmente. A atividade mediadora sofre modificações todos os dias e de acordo com a área de aplicação, o que promove o surgimento de outras proposições. Mesmo porque, as características de cada mediador determinam modelos e criam especialidades que demandam observação e estudo. Contudo, as proposições apresentadas por Jay Folberg formam um contingente de orientação que deve ser enfocada e utilizada em cada processo e serve de orientação para o futuro do processo.

Em se tratando de expansão e comportamento de todos os aspectos da natureza humana, jamais haverá padrões estanques de mediação, mas, por certo, todas as disputas, de uma forma ou de outra, se encaixarão nas proposições delineadas.

## 6. DIFERENTES CAMPOS DE ATIVIDADE DA MEDIAÇÃO

O trabalho de mediação desenvolvido nas últimas décadas, principalmente nos Estados Unidos, tem demonstrado uma grande diversidade de aplicação. O processo tem se revelado eficaz num vasto universo de atividades. Dentre as áreas onde mais tem sido eficazmente aplicada salientam-se as seguintes: comercial e civil, com demandas envolvendo quebra de contratos; industrial e do trabalho; e da família, incluindo-se separação de casais e divórcio; questões de

---

13  Ibidem.

14  Ibidem.

vizinhança e comunitárias envolvendo questões de propriedade, questões de posse, etc.; envolvendo, enfim, questões públicas e conflitos sociais; conflitos internacionais.

Em cada conflito, onde as disputas emergem, comportam-se diferentes tradições, culturas e valores, transformando cada situação num contexto único e consequentemente exigindo técnicas e estratégias variadas.

## 6.1. Disputas comerciais e civis e demandas sobre quebra de contrato

As questões básicas que envolvem essas disputas tendem a ser factuais, legais e/ou técnicas e requerem soluções negociais, que vão desde um simples desacordo à disputas complexas, de natureza comercial e técnica. Podem surgir, virtualmente, com relação a qualquer tipo de disputa civil, civil-contratual, comercial ou empresarial; responsabilidade civil, quebras de contrato, atos ilícitos, reclamações de seguro, disputas de consumidores e fabricantes, desacordos em empresas ou relacionamentos profissionais como sociedade, *franchisers, joint venture,* etc.

A mediação comporta especialidades, e demanda do mediador uma formação e treinamentos específicos. Por exemplo, na área trabalhista o terceiro interventor deverá ter especialização em matéria trabalhista. É isso que já acontece nos países onde a mediação é usada. Nesses países existe uma variedade de mediadores com diferentes formações e disciplinas que se habilitam para as diversas áreas de conflito. Eles se especializam em disputas da construção civil, da computação, sociedades, *joint ventures* e outros relacionamentos de modo a oferecer serviços determinados para determinadas disputas, em áreas diversas.

## 6.2. Disputas industriais e do trabalho

As disputas no setor industrial e do trabalho são as que mais têm se utilizado da mediação como alternativa de solução. A atuação dos mediadores nessas áreas tende a ser mais pró-ativa. Ou seja, interferem mais no contexto da disputa, oferecendo, às vezes, sugestões ou mesmo apresentando aspectos legais. Pode-se dizer que nas disputas do trabalho a mediação assume aspectos de conciliação e, às vezes, é com ela confundida. Todavia, a diferença básica é que o mediador pode fazer recomendações às partes como indicação de consultoria. As recomendações, diversamente da arbitragem, podem ou não ser acatadas pelas partes, não têm o caráter de sujeitabilidade.

## 6.3. Disputas de família

A mediação é usada para ajudar casais com seus problemas, na maioria dos casos, com guarda de filhos, pensões alimentícias. Questões relativas à separação judicial e divórcio, como partilha de bens, uso de nome, etc, também são objeto dos processos de mediação. Liquidações de casais de fato, propriedade, finanças, heranças, custódia e administração de bens, relações de pais e adolescentes, irmãos e outros membros familiares.

Tanto a Inglaterra quanto os Estados Unidos contam com várias associações empenhadas em propiciar mediação para esse tipo de disputa.

Hoje, no Brasil, já existem várias instituições que tratam de conflitos familiares. Embora novas, já vem produzindo grandes resultados.

## 6.4. Questões comunitárias e de vizinhança

Os primeiros mediadores comunitários surgiram naturalmente de alguns grupos, sem cunho profissional. Hoje, as comunidades, nos Estados Unidos e Inglaterra, contam com serviços municipais de mediação que atendem a problemas entre vizinhos, disputas de pais e escolas, e questões da comunidade em geral como reparação de danos, etc. Os mediadores, normalmente, são pessoas que se sobressaem nas comunidades por força de sua boa reputação, idoneidade e mesmo carisma, gozam da confiança dos membros da comunidade.

## 6.5. Questões sobre normas públicas e conflitos sociais

As disputas se desenvolvem em função do uso da terra ou questões ambientais, locações e gerenciamento imobiliário, e vários tipos de conflitos sociais como conflitos raciais, e problemas polícia/comunidade. Todas essas disputas recebem ajuda da mediação em nível local e nacional. Os Estados Unidos é o grande palco desse tipo de conflito. Aliás, graças a movimentos anti racistas na década de 70, a mediação teve seu impulso nos Estados Unidos.

## 6.6. Qustões internacionais

Disputas que envolvem Direito Internacional Privado são mediadas entre indivíduos e empresas baseadas em diversos países. Existem organizações internacionais especializadas e orientadas para cobrir essas situações. Acordos de colaboração entre organizações de ADR em diferentes países têm sido feitos para atender a esses problemas. A nível de Direito Público, a mediação tem frequentemente sido usada para resolver disputas entre países, e muito tem sido divulgado e escrito a respeito dessas atividades.

## 6.7. Outros campos de atuação

Existem muitos outros campos nos quais a mediação tem sido aplicada em muitos países. Mediação em Academias de Polícia, na Igreja, nos Hospitais, Sistemas de Saúde, relações médico/paciente, disputas de gênero (masculino/feminino), danos com asbestos, fazendeiros e arrendatários, rebeliões em prisões, e para outras situações disparatadas como a mediação entre guerras de quadrilhas.

## 7. TIPOS DE MEDIAÇÃO

Pode-se dizer que existem tantos tipos de mediação quanto existe diversidade de conflitos, diversidade de partes e diversidade de mediadores. O enfoque usado para mediar uma disputa dependerá da natureza do conflito, sua projeção na disputa, a experiência e recursos dos disputantes e da formação do mediador. Cada situação de disputa envolve inúmeras feições e requer trabalhos diferentes. O ambiente e as discussões de uma disputa envolvendo um conflito internacional não podem ser comparados ou assimilados a um processo envolvendo conflito entre um inquilino e um proprietário.

Para se configurar uma mediação há que se identificar os elementos: conflito, partes, ambiente e mediador, e então estabelecer um estilo baseado nas variantes de cada elemento. As disputas podem estar relacionadas com dinheiro, com direitos, *status,* etc., dando margem a uma grande variação de conflitos com interseções contínuas. Isto faz com que alguns autores entendam ser difícil uma tipologia para mediação. Mais adequado seria visualizar a mediação em diferentes estilos dependentes dessas interseções, de acordo com a severidade e imediatidade das consequências do conflito e a extensão dos interesses públicos nessas consequências. Os conflitos entre empresas com interesse privado na devastação de uma área florestal com representantes de uma associação ambiental demandam tomadas diferentes do que a disputa entre cônjuges numa partilha de bens.

O treinamento, orientação e autoridade do mediador também dão diferentes feições a uma mediação. Uns estão autorizados e podem planejar, redigir, esclarecer item de um acordo e outros se restringem a acompanhar as peculiaridades da disputa, encaminhando o processo, questionando, traduzindo falas, amenizando demonstrações emocionais, enfim, guardando o processo até o seu termo.

Como um processo informal, a mediação não está submetida a regras substantivas ou processuais, mas alguns mediadores com experiência do processo desenvolvem um tipo de mediação apropriado para seus conflitos. É o caso de algumas empresas que já possuem uma tradição em mediação, como, por exemplo, nos Estados Unidos a *General Motors* e a *United Auto Workers,* que trazem para as sessões de mediação, no *Federal Mediation and Conciliation Service,* um refinado conjunto de normas processuais e parâmetros regulatórios[15]. O mesmo não acontece com mediações de vizinhança, num exemplo oposto, onde os mediadores lidam com conflitos inusitados, sem qualquer regulamentação ou exigência processual.

Mesmo dentro dos exemplos acima aparecem incontáveis combinações e variações que permitem dizer que cada mediação é única, seu processo é ímpar e, como tal, sem parâmetro para elaboração de um modelo de mediação. Contudo, em função da incidência em determinadas áreas, ou pela forma como as partes chegam à mediação, ou pela ocorrência de determinadas técnicas, além de outros fatores e características comuns, pode-se esboçar algumas formas. Entretanto, mesmo que se exagerem nas características de cada uma, ainda não se poderá chamar de modelo de mediação e sim estilos de prática de mediação.

## 7.1. Mediação supervisão

Este é o estilo mais comum de mediação. De uma forma ou de outra todos nós já participamos de uma mediação. É absolutamente informal e geralmente baseada numa autoridade: pais, professores, técnicos esportivos, chefes ou qualquer outra autoridade, com interesse na resolução da disputa. Logicamente, se o resultado da mediação se pautar pura e unicamente nessa autoridade e não preservar os interesses de ambas as partes retirando delas o poder de negociar e a responsabilidade pela decisão, por definição não se poderá dizer que a disputa foi mediada. Entretanto, por intuição, muitas dessas autoridades aplicam inconscientemente os princípios da mediação e obtêm os resultados apregoados pelo processo.

Alguns autores entendem que esse tipo de mediação, pela sua absoluta informalidade e pela presença da autoridade pode absorver o poder de autodeter-

---

15  FOLBERG, op. cit., p. 131.

MEDIAÇÃO – Uma solução judiciosa para conflitos 175

minação das partes e decidir por elas. É o caso, por exemplo, de um chefe que interfere numa disputa pela preferência por determinado período do ano para férias e determina que o empregado com mais tempo de serviço receba o direito. Nesse caso a autoridade empregou critérios próprios para determinar um direito e nesse momento fugiu dos objetivos da mediação. Já foi dito que a mediação não é um processo destinado a resguardar direitos e sim destinado a propiciar às partes elaboração de normas para o seu próprio interesse e interesse da outra parte. Não deixa de ser uma intervenção de terceiro, aparentemente neutra, mas os resultados foram definidos: um ficou com o direito, o outro não; um ganhou, o outro perdeu. Isto não é mediação, é intervenção e julgamento.

## 7.2. Mediação terapêutica

Esse estilo de mediação depende basicamente do tipo de especialização e treinamento profissional do mediador. Geralmente é praticada por profissionais com formação psicoterapêutica ou com formação em saúde mental ou psiquiatria.

A atuação desses profissionais, junto às partes, tem como objetivo imediato a facilitação da comunicação. Para tanto trabalham no sentido de trazer aos envolvidos o entendimento de seus conflitos não manifestos e se movimentarem dessa posição para clarear os conflitos manifestos. Para tanto enfatizam a dimensão emocional através da qual, via de regra, esses conflitos se delineiam. Esse entendimento e movimentação abrem as portas para aceitação da realidade da disputa e facilitam sua resolução.

Se por um lado esse estilo de mediação oferece as vantagens que normalmente uma terapia produz, tem desvantagem de ser um processo mais prolongado e não pode ser adotado quando a natureza da disputa exige solução imediata. São mais bem aplicadas quando os conflitos são de ordem psicológica e as diferenças jurídicas não são mais do que a projeção daquele tipo de conflito num contexto mais concreto. Também não se deve esquecer de que o objetivo da mediação é o acordo e sua formalização requer o trabalho legal que o terapeuta não pode oferecer. Nesse caso, normalmente, os disputantes contratam advogados para formalizar o resultado da mediação.

## 7.3. Mediação legal

Da mesma forma que psicólogos, psiquiatras e terapeutas conformam a mediação terapêutica, advogados, juízes e juristas, de um modo geral, configuram a mediação legal. Enquanto um tende a enfocar os aspectos emocionais do conflito, o outro dá ênfase aos aspectos jurídicos e legais da disputa.

A mediação legal se concentra mais nos conflitos manifestos, porque estes se apresentam na forma de disputa por direitos. Mas a função do mediador legal não é fornecer consultoria ou proteção legal a nenhuma das partes, em particular. Não é incomum mediadores advogados prestarem informações às partes em conjunto, atendendo solicitação prévia. Contudo, essa alternativa é considerada uma prática delicada em se tratando de mediação. É necessário cautela na prestação desses serviços, que devem ser imparciais. As partes devem restringir suas decisões à proteção legal que eventualmente tenham.

Advogados, como mediadores, nos Estados Unidos e Inglaterra, principalmente aqueles que desenvolvem atividade particular, sob este aspecto tendem a ser mais informais e deixam refletir no seu trabalho de mediação os procedimentos de um escritório de advocacia. Não só a crítica dos estudiosos da matéria é desfavorável a esse procedimento. A presença da lei é um elemento estranho ao processo mediador e o seu peso como critério de avaliação de direitos é muito grande e costuma balançar a autodeterminação . das partes e colocar em risco o resultado do acordo. Por isso, advogado mais experientes na pratica mediadora limitam-se à criativa função de facilitar a negociação e evitam qualquer tipo de consultoria.

O que caracteriza a mediação legal é a possibilidade do mediador, propiciando o trabalho independente e autodeterminante das partes na elaboração das decisões consubstanciadas no acordo, promover a formalização deste. Normalmente, para que possam homologar judicialmente o acordo obtido com a mediação, têm de enquadrar as decisões às leis estabelecidas para a disputa.

## 7.4 Mediação *sole* ou co-mediação

O comum, nos Estados Unidos principalmente, é o trabalho de mediação em base única. O mediador trabalha sozinho com as partes. Da mesma forma, na Inglaterra, em mediações comerciais e civis, o mediador se incumbe de todo o trabalho. Já na área de família os dois estilos, *sole* e co-mediação, são utilizados.

A co-mediação acontece quando profissionais com especialidades diferentes se associam para facilitar e dirigir uma mediação. É o caso de terapeutas e advogados atuando simultaneamente com questões psicológicas e legais, para levar as partes ao acordo. Os primeiros fazem intervenções quando percebem

MEDIAÇÃO – Uma solução judiciosa para conflitos

que as pessoas envolvidas se recolhem ao seu campo de conflitos não-manifestados e interrompem a negociação. os outros orientam as partes quanto às limitações legais a serem consideradas nas decisões. Ao terapeuta é facultado pontuar momentos obscuros na manifestação das partes, questionando e esclarecendo as questões em pauta para derrubar os obstáculos e favorecer a comunicação. Normalmente esses momentos acontecem em sessões paralelas e individuais durante a sessão principal quando manifestações emocionais de choro, raiva, etc. são comuns e o seu favorecimento se constitui em técnicas da mediação terapêutica.

Uma vantagem dessa associação está no fato de que, por ocasião de sessões individuais paralelas, denominadas *caucus*, uma parte não fica isolada do contexto, enquanto o mediador se ocupa da outra, e o processo não sofre interrupção. É importante, entretanto, que a sequência dos acontecimentos seja comunicada ao outro mediador para preservar a continuidade do trabalho de facilitação do diálogo entre as partes. Isto requer uma certa preparação e principalmente experiência dos mediadores em equipe. A movimentação das partes de uma questão para outra exige grande atenção do mediador e a condição de co-mediação facilita o revezamento para que se assegure de que nada se perca. Um mediador pode refletir enquanto o outro mantém o andamento do processo e assim por diante.

Ainda como co-mediação a associação de profissionais masculinos e femininos tem se revelado de grande valia em disputas familiares. Quando se fala em neutralidade do mediador e da necessidade do modelo de imparcialidade para as partes, está se falando do ideal. Entretanto, o que se pode até então anotar é que mediados confidenciam, depois da conclusão dos processos, o sentimento de desconforto em relação ao outro e ao próprio mediador quando atuam com mediadores de sexo diverso. Naturalmente questionam sobre os sentimentos do mediador com relação às partes. Principalmente em mediações entre casais esse problema é mais frequente. O marido presume que o mediador é mais simpático à mulher e a mediadora ao homem e essa presunção se constitui em mais uma barreira aos objetivos do processo. Além disso cada gênero tem suas maneiras próprias de manipulação que são facilmente identificáveis pelo correspondente e, às vezes, impossíveis de serem detectados pelo outro. O equilíbrio propiciado pela presença de mediadores de ambos os sexos é um fator considerável quando se fala em associação de profissionais na mediação.

Têm-se informação de outras associações, como advogado/engenheiro, em disputas na construção civil, ou advogado/contador em questões de falência e concordata. O advogado é o profissional que maior treinamento interdisciplinar oferece, por isso a maioria dos mediadores tem formação jurídica e se associam com grande eficiência com profissionais da saúde mental. Outras especialidades, como técnicos ambientais combinam advogados e terapeutas, para cobrir todos os aspectos, ambiental, emocional e legal[16].127 A mediação apresenta uma oportunidade única de combinação de diferentes disciplinas e profissionais para propiciar melhores serviços e esta combinação se estende a engenheiros, educadores, enfermeiros, psicólogos, cientistas, físicos, administradores e muitos mais.

Na co-mediação, deve-se acrescentar, a comunicação entre os mediadores constitui-se em um acréscimo ao processo. É de grande valia o intercâmbio de percepções e sua manifestação pelos mediadores. Essa comunicação, entretanto, dá-se dentro de sessões privadas, mesmo que de curtíssima duração. Essas sessões são auxiliares da sessão principal.

## 7.5. *Caucus* e *caucusing*

Primeiramente as mediações eram feitas somente em sessões conjuntas onde o mediador atuava, durante toda a sessão, num triângulo com os disputantes. Algumas vezes, por razões de estratégia, o mediador percebia a necessidade de alertar uma das partes para determinados pontos sem chamar a atenção da outra. Passou-se então a separar a partes, por algum tempo, para esclarecer particularmente cada uma. Essa medida aconteceu ser de grande valia e foi assim incorporada à mediação com a denominação de *caucus*. Nela o mediador funciona como uma espécie de *going between*. Através do *caucus,* o mediador transporta propostas ou ideias dentro das expectativas da parte dando tempo e ambiente para melhor exame. Ficou demonstrado ser importante para favorecer o estreitamento das diferenças, acelerar a negociação e eventualmente até resolver uma disputa.

Alguns mediadores criticam essa prática afirmando que elas criam constrangimento para a parte que naquele momento particular não está sendo atendida. Principalmente em *sole*-mediações familiares onde os cônjuges costumam fantasiar o que pode estar sendo informado ao mediador. A maneira de se evitar que isso aconteça é fazer com que essas sessões sejam previamente

---

16  FOLBERG, op. cit. p.140.

MEDIAÇÃO – Uma solução judiciosa para conflitos 179

esclarecidas, nas colocações de abertura da mediação. Sem essa prática existe a possibilidade de se colocar em risco a credibilidade do mediador e sem ela é impossível a mediação. Revelações que por ventura sejam feitas nas sessões de *caucus* podem ser comunicadas à outra parte quando solicitadas pela parte que presta a informação ou mediante autorização quando o mediador entende ser de importância para a movimentação da negociação.

## 7.6. Mediação *shuttle*

Alguns autores preferem identificar essa modalidade de mediação com o *caucusing* o que não denota imprecisão técnica, principalmente se o termo *caucusing* e não *caucus* for utilizado.

A mediação *shuttle* não deixa de comportar as características do *going between,* o leva e traz que caracteriza o *caucus*. Em padrões mais amplos, essa estrutura está estreitamente vinculada com a resolução de disputas internacionais nas quais os líderes de nações em disputa convencionam conferências privadas com mediadores de países neutros, para tratar das questões em conflito. Nas disputas internacionais há que se considerar as distâncias geográficas e a atenção do público, por isso a negociação onde o mediador se desloca oferece maiores vantagens. As sessões privadas têm o condão de minimizar questões e facilitar a exploração de posições. Logicamente outros elementos, como a capacidade dos representantes, *a* experiência do mediador e das partes e a necessidade de ratificação do acordo, são igualmente importantes. Aqui tudo tem de ser negociado, local, hora, duração, formato da mesa de negociações, ofertas, etc

As condições especiais da mediação *shuttle* propiciou um grande avanço estratégico nessa modalidade, permitindo a utilização de avançada tecnologia de comunicação como videotransmissores, modernos computadores. Esse aparato é de vital importância quando os participantes não podem se apresentar em pessoa.

## 7.7. Mediação estruturada

Talvez seja este o único modelo real de mediação em meio a todos os estilos descritos. A informalidade, que é um princípio da mediação, aqui é contornada para oferecer certa diligência e rapidez a casos que se repetem no cenário mediador. Os serviços que a *Family Mediation Association* oferece aos casais submetidos de forma voluntária ou *court ordered* à mediação são organizados mediante regras de procedimento que definem o processo passo a passo. As regras especificam quem pode atender às sessões, as metas de cada sessão, o papel do mediador, a extensão de cada sessão, a ordem das questões, as consequências do não-cumprimento das metas, os momentos quando os advogados podem ser consultados, condutas permitidas entre as sessões, e a forma como o acordo final será elaborado e implementado[17].

A mediação estruturada tem sofrido críticas por ferir o princípio da informalidade do processo de mediação e cercear, por exemplo, o direito dos participantes de consultarem seus advogados durante as sessões. Ao mesmo tempo, é enaltecida por oferecer certa segurança às partes, além de mais facilmente norteá-las quanto ao procedimento e facilitar o trabalho do mediador. Certa flexibilidade, contudo, pode ser adotada mesmo dentro dessa estruturação. Ela serve para preencher determinadas expectativas daqueles participantes que não estão habituados a processos informais.

É importante notar que certa estruturação faz parte da maioria dos estilos de mediação, como forma de introdução do processo e também para favorecer o ambiente negocial. Normas processuais são criadas, pelas partes, numa fase anterior às discussões sobre as questões em conflito, através de negociações.

## 7.8. Mediação multimensional

Mediação mulitidimensional é um conceito recentemente desenvolvido pelo árbitro e mediador Paul Eric Mason através de sua prática profissional em mediação de conflitos comerciais internacionais. O conceito vai muito além do que define o número de partes, muito embora também faça, comumente, parte do primeiro.

Como o termo sugere, mediação multidimensional envolve um cenário complexo onde muitos fatores e elementos entram em ação. Além dos elementos essenciais, duas partes e o mediador, a configuração da cena mediadora pode conter: mais de duas partes que podem ser entidades organizacionais com interesse indireto no resultado do processo ou advogados como representantes ativos; co-mediadores; especialistas como auxiliares técnicos do processo; integrantes e coadjuvantes podendo vir de diferentes países com diferentes culturas e tradicionais estilos de negociação; uso de várias línguas; e mais de uma

---

17  COOGLER, A J. *Structural mediation in divorce setlement*. Lexington : Lexington Books, 1978, p. 67.

organização envolvidas nos aspectos administrativos. Além disso o quadro pode conter diferentes meios de condução, como vídeo conferencias por exemplo[18].

Este tipo de mediação requer grande habilidade técnica e talento do mediador sabido que vários pontos de interesse e importância se diversificam durante as sessões exigindo grande atenção do interventor.

## 7.9. Mediação obrigatória

Essa denominação parece atentar contra tudo que foi dito a respeito de mediação. Por definição e por princípio, a mediação é um processo voluntário, e como tal não comporta imposição sob nenhum fundamento. Na verdade, o que é chamado de mediação obrigatória é o mandado judicial que, nos Estados Unidos e na Inglaterra, recomenda o processo de mediação, inicialmente nos casos de divórcio com disputas sobre custódia e pensões alimentícias. O mandado obriga requerentes e defensores a comparecerem a uma sessão de mediação, previamente estabelecida para se inteirarem do processo e dos seus objetivos. Se caso as partes não concordarem com a mediação e decidirem pela sua não-conformidade, o caso volta para o tribunal e segue o seu curso litigioso normal. Não existe, em verdade, obrigatoriedade para o processo de mediação, e sim de informação a respeito dessa alternativa pelo obrigatório comparecimento das partes à sessão de mediação para a qual são convocadas judicialmente. De forma alguma essa prática fere o princípio da voluntariedade, que é fundamental para a configuração do processo como para o sucesso da mediação.

Aliás, o sucesso das *court connected family mediation,* nos Estados, fez com que a mediação fosse estendida, nos mesmos moldes, a outras áreas de conflito e disputa. Já é corrente o seu uso para execuções de pensão, delinquência juvenil, resolução de disputas civis sobre quantias estipuladas, uma diversidade de pequenos delitos, além de outros. É uma prática de interesse público e tem funcionado como um laboratório para a mediação.

No Brasil, uma experiência semelhante tem colhido grandes resultados em Curitiba, no Estado do Paraná. O serviço de defensoria pública do fórum tem recomendado a mediação para casos como os mencionados acima, de forma gratuita. Esse trabalho, que foi pioneiro no Brasil, tem oferecido grandes re-

---

18    MASON, Paul E. "In Multi-Dimensional Mediation, Open Communications Take Many Paths, Through People and Technology" in *Alternatives to the High Cost of Litigation* journal, CPR/New York. Vol. 28, No.2 February 2010, pp 30 -32.

sultados ao conseguir resolver considerável número dos casos recomendados. Além disso, tem desenvolvido importante papel educativo do processo.

## 7.10. Mediação do trabalho

Os interesses públicos e privados que envolvem os conflitos trabalhistas, os altos preços pagos por problemas não resolvidos entre setores industriais e seus sindicatos, como a ocorrência de greves e piquetes em vários setores da atividade trabalhadora, incentivaram o desenvolvimento desse estilo de mediação, que passou a servir de modelo para outras que se seguiram.

Os diferentes elementos da mediação trabalhista contam com um profissional da mediação, representante das classes com experiência do processo mediador e sessões especiais de *caucus*, tradição em procedimento, precedentes, regulamentações e frequentemente exigem ratificação ou aprovação do acordo mediado. Atualmente, a mediação do trabalho, na América do Norte é bem estruturada, dada a sua frequência e popularidade no setor.

## 7.11. Mediação facilitativa

Até meados da década de 90, teoricamente, não se discutia a adjetivação facilitativa para a mediação. Havia um entendimento de que toda mediação tinha o intuito de facilitar a interação das partes envolvidas em um conflito com o fim de resolve-lo. O acordo, muitas vezes buscado, não se constituía no objetivo principal do processo de mediação. Leonard Ruskin inaugurou a discussão ao dicotomizar a mediação em facilitativa e avaliativa. A discussão sobre mediação facilitativa do mediador que previne sua atuação baseada em entendimento próprio ou voltada para os seus interesses. Assim, a mediação facilitativa é a mediação propriamente dita, que permite um número incontável de funções do mediador, inclusive a facilitação de meios e recursos avaliativos.

## 7.12 Mediação avaliativa

A apresentação de inferências avaliativas dentro do processo de mediação é ocorrência natural. Como agente da realidade, o mediador pode, sem ferir o princípio da neutralidade, apresentar critérios objetivos de avaliação e, até mesmo, deixar as partes no trabalho apreciativo de valoração de suas posições e interesses.

Principalmente, na lida com conflitos comerciais, as partes não conscientes, incapazes de exercer o poder de autodeterminação ou carente de informação adequada, buscam esse suporte no exercício do mediador. Papel este, muito eminentemente desempenhado pelo conciliador privado.

Também, os advogados atuando como mediadores deixam de utilizar sua função de informante no processo, que é sua qualificação profissional, e usam o recurso avaliativo como ferramenta para auxiliar as partes a ponderarem a legalidade de suas posições ou interesses. Não como parâmetro para argumentação, mas como química de clareamento de questões e até legitimação de pedidos.

A possibilidade de avaliação dentro do processo mediador pode ser vista como um atalho à definição de entendimentos conclusivos inteirados pelas partes, desde que as informações não forneçam elementos que extrapolem os limites da exposição de critérios versus parecer técnico. Este, sem dúvida, contribuirá como reforço de poder e contribuirá para eventual desequilíbrio de poder, e afetará, não só o princípio de imparcialidade, quanto o da neutralidade.

Por exemplo, o fluxo de decisões judiciais considerados em determinado tempo e lugar não deixa de ser um critério objetivo de avaliação, mas a informação, principalmente como resposta a um questionamento das partes, pode orientá-la e facilitar o ajuste de eventuais posições.

Assim, a exposição de um quadro de realidade de contextos, sejam de que seara forem, somente prioriza a função do mediador como agente da realidade.

## 7.13. Mediação transformativa

Da aplicação de todo processo resolutivo de conflito emerge uma transformação que afeta tanto seu mérito quanto seus efeitos. Quando se considera a mediação, esta transformação atinge, não somente o conflito em seu mérito ou sua forma de encará-lo, mas, principalmente, produz modificações na maneira como as partes consideram resolver o conflito.

Partes em conflito, de um modo geral, sabem como considerar seu poder de negociação quando se trata de estabelecer direitos e obrigações. Mas quando se acena lidar com conflitos para dirimi-los, normalmente se sentem inseguras, incompetentes e desqualificadas. O auto poder habitualmente presente em toda negociação direta parece desaparecer e isto faz com que as pessoas transfiram o controle da aplicação de eventuais soluções a terceiros, notadamente ao Estado.

Uma antiga pesquisa Canadense[19] demonstrou que 100% das pessoas entrevistadas sobre como se sentiram depois de submeteram seu conflito a um procedimento de mediação responderam que sofreram algum tipo de transformação. Seja na surpresa pela existência e eficácia do processo, na constatação de seu próprio poder para fazer face a um conflito e mesmo na sua disposição de usar o processo em futuros conflitos para evitar disputas, todas demonstraram algum tipo de modificação em sua maneira de ponderar seus sentimentos e pensamentos diante de seus conflitos e sua maneira de resolvê--los. Principalmente as pessoas se sentem encorajadas a usar a mediação como forma de resolução para seus próximos conflitos.

E isso também se revela não só pela mudança de comportamento, mas na projeção social paulatina que tal mudança tem proporcionado, revelada pelo número crescente de pessoas educadas na matéria e entusiasmante quantidade de pessoas a se utilizarem do processo.

Apesar de alguns autores não concordarem com essa dicotomia, entende--se por mediação transformativa, aquela no qual o mediador limita-se a facilitar o entendimento e a harmonização das questões relativas ao conflito, sem oferecer ou se quer apresentar qualquer sugestão, conselho, parecer, ou opinião. Mas, pode apresentar, se utilizar juntos as partes, de técnicas facilitativas que levem a resolução do conflito.

Entretanto, se faz necessário acrescentar que, muitas vezes, este fator modificador da mediação é confundido com as prerrogativas da terapia, que tem por objetivo o clareamento e entendimento de conflitos intrapessoais para provocar alguma modificação resolutiva.

## 7.14. Mediação conciliativa

O mediador consultado pela parte não se esquiva de pontuar vários caminhos conciliatórios, conduzindo-as ao entendimento e aceitação de possíveis conceitos, leis, decisões jurisprudência, etc. sem, contudo, influenciar sobre a decisão, mediante seu próprio entendimento.

A diferença entre Conciliação Privada e Mediação Conciliativa limita-se à forma de aplicação das mesmas premissas. O mediador apresenta, mostrando as disparidades entre uma ou outra situação versus interesses, enquanto o conciliador privado, além de pontuar, enaltece uma e outra realidade, mostrando

---

19   Court Connected Family Mediation Programs in Canadá. Research Paper.no. 20. Alberta Law Reform, Edmonton Alberta, 1994, pg. 43.

MEDIAÇÃO – Uma solução judiciosa para conflitos

o caminho legal, legítimo, jurisprudencial ou mesmo conceitos de acordo com seu próprio entendimento das questões em disputa.

É aquela mediação onde o mediador, diante da ignorância das partes envolvidas sobre o aparato normativo e conceitual das questões conflituosas, assume uma postura informativa, principalmente quando percebe grande desequilíbrio de poder, extravagância e falta de legitimidade em algumas posições.

Evidentemente que a técnica de abordagem dessa medida, o que se dá normalmente em sessões privadas, demanda a apresentação para ambas as partes do contexto de possíveis consequências, o que não ocorre no processo privado de conciliação privada propriamente dito, quando o processo de elucidação da legalidade, legitimidade, etc. se sobrepõe ao de mera informação.

## 7.15. Mediações extravagantes

### 7.15.1. Mediação Judicial

Apesar de não oferecer uma definição, essa modalidade de mediação foi oferecida no Brasil pela Lei 13.140 de 2015 na sua Subseção III, o que a Lei intitula Mediação Judicial.

Assim denominada, a mediação apresenta impropriedades. Em primeiro lugar, sua própria classificação, para ser identificada diferentemente da extrajudicial, já se contrapõe ao princípio da privacidade do processo de mediação, que em boa análise encerra a natureza da mediação. Não existe o extraordinário sem o ordinário e o que está na ordem e não fora dela é a mediação propriamente dita, que é iminentemente privada e não judicial. Em outras palavras, a mediação judicial seria a regra e a mediação extrajudicial seria exceção, ou a mediação judicial o gênero e a extrajudicial a espécie, contrariando o arsenal teórico da mediação já existente, que entende a mediação como um processo iminentemente privado.

Sob essa visão, a mediação extraordinariamente judicial é aquela oferecida pelo Poder judiciário ao público como um serviço anexo ao judiciário, ajustando-se a todas as características e princípios da mediação em sentido estrito.

Assim, a mediação que ocorre dentro do judiciário não pertence ao poder público. A mediação é oferecida pelo judiciário como mais uma forma de acesso a justiça oferecida pelo poder público.

Nesse sentido, a mediação que ocorre no judiciário como serviço acessório ao judicial não integra a atividade judicial ao empregar o vocábulo judicial, porque não está ligada a nenhum tipo de intervenção judicial e consequentemente a um nenhum tipo de julgamento.

Como sabemos, tudo que comporta julgamento não é mediação, uma vez que neste processo prevalece, como princípio, o total poder intrínseco das partes em detrimento de qualquer outro vindo de qualquer terceiro interventor.

Dessa forma, entendemos que a mediação, trazida pela Lei 13.140 de 2015 como judicial, é a mediação propriamente dita, que ocorre dentro do poder judiciário como um serviço auxiliar agregado à atividade judicial.

Apesar da formação do mediador judicial relativo ao mediador extrajudicial ser diferente, (qualquer pessoa capaz e com capacidade para mediar versus educação superior e compleição de curso de formação de mediador; Arts. 9º e 11. da Lei acima citada) não deve representar uma superioridade qualificativa do mediador judicial. A mediação em qualquer área de conflito ou de aplicação está restrita a seus princípios, e o mediador atuando junto ao poder público submete-se ao mesmo código ético.

Mas, é bom lembrar que a mediação como um processo privado é na realidade o gênero, e a mediação judicial deriva da mediação propriamente dita, sendo, no Judiciário, uma espécie.

## 7.15.2 Mediação Extrajudicial

Primeiramente, é importante ressaltar que uma das principais características da mediação é ser um processo privado de resolução de conflitos. Não importa se os sujeitos sejam de direito público ou de direito privado, a mediação será sempre um processo privado de resolução de conflitos.

Contudo, a Lei 13.140 de 2015 trouxe dois novos conceitos, a mediação judicial, abordada no tópico anterior e, em oposição, a mediação extrajudicial. Nesse raciocínio, a mediação propriamente dita, entendida no seu sentido estrito, foi legalizada, legitimando a profissão de mediador como uma atividade extraordinária, fora do seu âmbito ordinário que é o judicial.

Então, a mediação realmente ordinária e principal passa a ser extraordinária, com a denominação mediação extrajudicial..

Assim, para a nova Lei de Mediação, a mediação extrajudicial é aquela que ocorre fora do âmbito do poder público.

Por outro lado, verifica-se uma valorização da Mediação denominada Judicial em detrimento da chamada extrajudicial, pela Lei 13.140 de 26 de junho de 2015, quando exige para Mediadores Judiciais uma formação criteriosa (art. 11º), ou seja: formação superior, curso específico da matéria com mínimo de carga horária, e deixou ao critério informal e sem especificação a formação dos mediadores atuantes no setor privado (art. 9º).

## 7.16. Outros tipos de mediação

Como foi observado, existem incontáveis formas de mediação consubstanciadas em função da infinidade de situações que requerem resolução de disputas. Cada uma dessas situações necessita de conformação do processo para atender às necessidades dos envolvidos. Dentre elas é oportuno mencionar, pela assiduidade com que é mencionada pelos autores, as seguintes:

### 7.16.1. Mediação de Crise

Acontece em situações onde a intervenção de terceiros tem de ser urgente e contínua. Antes que a situação seja, pelo menos, contornada, a mediação não pode ser interrompida. Suas sessões se fazem aos moldes de uma maratona e têm por objetivo principal o acomodamento das tensões. É uma espécie de processo preliminar de mediação enquanto não se preocupa com as questões em conflito propriamente ditas, mas trabalha, prioritariamente, com o contexto emocional ou a iminência de perigo, como greves, boicotes, motins, distúrbios em prisões, etc. Profissionais médicos ou policiais são comumente convocados para esse tipo de mediação que está muito mais baseada na autoridade e no carisma do mediador do que sua experiência em resolução de disputas.

### 7.16.2. Mediação de Celebridade

Esta forma de mediação é usada quando grande interesse público envolve os participantes e as questões em conflito. A celebridade do mediador tem o poder de atingir mais facilmente os envolvidos e acelerar as decisões, porque sobre estas pesa o julgamento público, o que por si já é um moderador de posições. Mesmo que este mediador tenha formação profissional, para essa atividade a celebridade é o que conta, nessa situação.

### 7.16.3. Mediação de Comunidade

A intervenção nesse tipo de mediação se dá por autoridades comunitárias, mesmo sem qualquer titulação. O pároco ou pastor do bairro, uma pessoa influente pela sua reputação ilibada. A sociedade americana conta com instituições distritais e de bairro para atender a situações conflituosas, como os *Comunity Boards,* os *Neighborhood justice Centers* e outras associações, destinadas a promover resolução de disputas.

## 8. TEORIAS DA MEDIAÇÃO

### 8.1 O *empowerment* e o reconhecimento

A mediação tem como efeito o posicionamento de indivíduos em torno de seus interesses. Isso por si a explica e justifica.

Nos Estados Unidos, a realidade cultural que caracteriza a mediação pauta-se no que chamam de *empowerment* e no reconhecimento. O primeiro quer dizer a consideração do poder que naturalmente têm os indivíduos de analisar e decidir sobre os problemas de sua própria vida, muitas vezes retomado das mãos de terceiros, como os juízes ou árbitros. O segundo na atitude de reconhecer, conhecer de novo, gerar empatia para os problemas alheios e admitir como bom e legítimo o interesse do outro.

### 8.2 Outras teorias

#### 8.2.1 Teoria da satisfação

Nem sempre os indivíduos reconhecem seus próprios conceitos ou entendem a origem dos seus sentimentos. Esse desconhecimento gera uma grande insatisfação e manifesta o que chamamos de conflito intrapessoal. Quando isso acontece em relação aos conceitos e sentimentos expressados por outrem surge desconforto, o conflito e consequentemente a disputa. Em contrapartida quando os conceitos, valores e sentimentos são clareados são entendidos e geram satisfação. Dessa forma os conflitos não são levados para os tribunais.

#### 8.2.1 Teoria da Justica social

O reconhecimento dos conceitos e valores do outro, trazidos para a esfera do próprio interesse, leva o individuo a expandir sua moral e o senso comunitário. Esses conceitos e valores aplicados em qualquer área seja comercial, social, familiar, meio ambiente, etc., inevitavelmente, levam a patamares sociais de mais igualdade e justiça.

### 8.2.3 Teoria da transformação

Mesmo que o processo não reestruture a natureza ou personalidade do individuo ou da sociedade permite uma visão nova dos conceitos e valores ou até preconceitos próprios e não deixa de provocar uma transformação. Uma pesquisa canadense já mencionada neste livro demonstra que depois de se submeterem a um processo mediador as pessoas demonstram uma nova atitude com relação a maneira de enfocar e resolver problemas. Mesmo as que, buscaram na mediação um acordo e não conseguem, afirmam o propósito de se utilizarem do processo na resolução de eventuais novos conflitos.

### 8.2.4 Teoria da opressão

Cabe á lei nivelar os indivíduos nos mesmos direitos. Equilibra o poder de partes em litígio no que é conhecido como o principio da isonomia. Para alguns, entretanto, deixar as pessoas á mercê de seu próprio poder pode demandar desequilíbrio e provocar a supremacia do mais forte em detrimento do mais fraco. Os que assim entendem não creem na justiça sem a proteção da lei e do poder judiciário.

## 9. NATUREZA JURÍDICA DO CONTRATO DE MEDIAÇÃO

Partimos do patamar que trata a mediação como um contrato aos moldes dos contratos em geral. O objeto é a resolução de um conflito mas, a exemplo dos contratos advocatícios, não determina o resultado. O acordo se faz em torno do empenho na resolução que dependerá, não só da técnica mediadora empregada pelo neutro interventor, mas sobretudo pela disposição das partes no resultado do processo.

O conceito amplo de contrato pode se aplicar à mediação, pois existem comprometimentos específicos entre o mediador e os mediados, tanto de ordem pecuniária quanto de obrigações de fazer e não fazer, baseados nos princípios da mediação.

### 9.1 Locação de serviços

Corresponde a antiga locatio operarum, que é a o ato no qual, mediante certa remuneração, uma pessoa presta a outra trabalhos de variada natureza, material ou imaterial, desde que não condenados pela lei ou pelos bons costume. No caso da locação de serviço de mediação, uma pessoa ou mais presta serviço a duas ou mais pessoas e, nesse caso, são denominados não como locadores e locatários, mas solicitantes e executores, ou seja, mediadores e mediados.

A remuneração do locatário são considerados honorários.

## 9.2 Locação de obra

A obra é o efeito do trabalho ou da ação.

Nesse caso, a obra mediação, com seus elementos e processo, está voltada para a compleição do trabalho de facilitar, propiciar e levar a efeito a comunicação de partes em conflito com o objetivo primeiro de viabilizar um acordo.

## 9.3 Mandato

Muito a propósito o vocábulo *mandatum,* cuja origem esta no verbo latino mandare (de manu + dare), de mãos dadas, serve de analogia para a mediação. Dentro do processo, o mediador realmente passa a ser o elo de um indivíduo a outro, ou outros, na medida em se interpõe mas liga as mãos de um ou uns com outro ou outros.

Nosso código civil, no seu artigo 1.288, diz que acontece *o mandato quando alguém recebe de outro poderes para, em seu nome, praticar atos ou administrar interesses.* Diríamos que o mandato, em se falando de mediação, seria *sui generis,* considerando que os atos a serem praticados ou os interesses a serem administrados não se circunscrevem a esfera de pessoas e sim de partes, pelo menos duas simultaneamente, a princípio com direitos diversos. O papel neutro do mediador, com relação aos direitos dos mandatários, entretanto, distingue capitalmente a função do mandante, porquanto não abraça a causa jurídica do mandatário. Não existe mediação com objetivos estanques em favor de alguém, a não ser quando esses objetivos são legitimados pela solicitação e aceitação de outro mandante, dentro de um acordo.

## 9.4 Comissão

Solucionada a controvérsia sobre necessidade de, numa comissão, alguém obrigar-se a realizar somente operações mercantis, e considerar que a comissão possa se estender a negócios que não se caracterizem como atos de comércio, poder-se-ia dizer que mediação e comissão se aliam. O comitente teria a função básica de aceitar a missão de trabalhar para levar partes em litígio a um senso comum. O comissário ou comissionistas entendem pelo trabalho a missão de se submeterem ao processo mediador para levar a termo o objeto da comissão.

## 9.5 Fiança

É sabido que a fiança é um contrato pelo qual um sujeito se obriga, a título gracioso ou oneroso, a executar uma prestação para com outro sujeito, que seja seu credor, caso o principal obrigado a dita obrigação não a satisfaça. Existem três sujeitos na relação, o fiador, o credor e o devedor. Querem os adeptos desta teoria identificar as figuras das partes mediadas com as do credor e do devedor, alternadamente. E o mediador seria o fiador, por vez, do credor e do devedor, simultaneamente.

## 10. MEDIAÇÃO E TECNOLOGIA NA ERA DA INTERNET

A primeira edição deste livro foi publicada em 1999, antes que a internet ficasse altamente desenvolvida e expandida. Hoje é literalmente possível alcançar milhões de usuários, participantes e clientes em potencial via internet com baixo custo e altíssima velocidade e eficiência. A mídia na internet, diferente dos anos 90, inclui não somente texto, mas também figuras, voz e vídeos. Esta nova ferramenta tem revolucionado a maneira pela qual muitas profissões são praticadas. Mediação não fica de fora.

Existem várias maneiras pelas quais a internet afetou a prática da mediação como é conhecida. Estas incluem as seguintes:

- Organizações usam seus *websites* para promover atividades, publicar suas regras e padrões, desempenhar monitoramento dos casos e fornecer biografias e outras listagens dos seus painéis de mediadores[20].

- Indivíduos mediadores que criam seus próprios *websites* para informar ao público seus serviços e qualificações. Muitos mediadores têm adotado essa prática. Os *sites* incluem o nome do mediador como nome de domínio para efeito de facilitar o reconhecimento e pesquisa pela internet.

---

20 A *American Arbitration Association* adota essa prática. A *AAA* tem parte de seu *website* www.adr.org. alocado ao público para informar sobre a maneira pela qual fornece suporte para mediações e regras sobre mediação, e outra parte porção privada de seu *site* para uso de cada um de seus neutros o que inclui informações e acompanhamento sobre suas mediações e arbitragens em andamento. Os mediadores designados para o Quadro de Mediadores da *AAA* podem também acessar e atualizar suas biografias profissionais nesta porção segura do *site*. Outras organizações como a WIPO/OMPI – Genebra para disputas sobre propriedade intelectual (www.wipo.int) , CPR/New York no www.cpradr e a CCI- Paris, *International Chamber of Commerce* (http: www.iccwbo.org/court/adr) muito embora a ICC não conte com um diretório de mediadores usa. esquema semelhante.

Ainda, um internauta procurando por "*on line mediation*" encontrará muitos artigos e referências a uma variedade de *websites* e organizações que oferecem este tipo de serviço, usualmente para disputas de pequeno porte. Os artigos exploram as vantagens e as óbvias limitações de se conduzir mediações *online*[21].

---

21 Tradução de texto não publicado de PAUL E. MASON.

Capítulo II

# PROCESSO DE MEDIAÇÃO

## 1. NOÇÃO

O processo de mediação envolve partes em disputa no seu encontro com uma terceira parte que age como um super facilitador. A função deste é ajudar disputantes numa negociação, de tal forma que possam conseguir uma resolução pacífica de suas diferenças sem uma determinação imposta. De acordo com cada área e modelo, é composto de várias fases e degraus.

O processo mediador varia de acordo com o campo de ocorrência do conflito, natureza do conflito, experiência das partes e do mediador e produz diferentes métodos de atuação. Este capítulo intenta apresentar e desenvolver os procedimentos mais amplamente desenvolvidos e usados nos vários métodos da atividade mediadora à luz de nossa própria experiência na prática do processo. Nessa parte, serão salientados campos individuais, funções, representações e preparação acadêmica do mediador, e outras matérias relativas à prática da mediação.

## 2. ESTÁGIOS DO PROCESSO MEDIADOR

Empreender uma mediação significa iniciar uma jornada de inúmeros momentos que são denominados de estágios. Estágios, e não etapas, porque os participantes passam por uma experiência, contribuindo para o desenvolvimento do processo, que é fundamental para se alcançar os objetivos. Os diferentes estágios são marcados por conquistas dos participantes e pequenos avanços que são denominados passos. Esses passos nem sempre obedecem uma sequência cronológica ou temporal rígida como no procedimento judicial. Quando se fala em mediação, não se fala em prazos, termos, modo ou condição, etc. Somente quando existem aceitação e conforto com relação aos estágios se passa para o seguinte. Muitas vezes os passos se interligam e auxiliam na resolução, mas cada um comporta objetivos próprios, com vital importância para o sucesso do todo. Estes estágios são organizados de maneira a comportar as seguintes tarefas (Riskin & Westbrook, 1987, p. 214):

1) Concordância das partes para mediar.

2) Entendimento das questões em disputa.

3) Criação de opções para negociação.

4) Realização e organização do acordo.

5) Implementação do acordo.

Cada estágio, nesse capítulo, será discutido com relação às suas implicações e objetivos, seus objetivos e ao papel que, genericamente, o mediador representa. Esta é uma tentativa de oferecer um corpo teórico para uma prática que foge aos padrões dos processos de resolução de disputas tradicionais, aos quais advogados e profissionais do direito e justiça estão habituados.

## 2.1 Estágio preliminar – compreensão e engajamento das partes

Não se pode priorizar nenhuma fase do processo de mediação quanto à sua importância, mas não é arriscado dizer que este estágio é o mais importante do processo, talvez por estar de par com o provérbio: a *primeira impressão é a que mais perdura*. Esta é uma fase onde se conquista junto às partes confiança e cooperação para todo o resto do processo.

A abordagem das partes na mediação é completamente diferente do processo judicial. Ainda nos Estados Unidos, onde a mediação é largamente utilizada, na Inglaterra, onde já existe uma base de ADR, e, principalmente, no Brasil, a maioria das pessoas desconhece o processo ou não tem qualquer ideia do que seja mediação. Quando essas pessoas procuram um escritório de advocacia, o fazem em busca de aconselhamento e, muitas vezes, representação, mas essencialmente sempre buscam ajuda para resolver seus conflitos e problemas. Mesmo quando o processo é entendido, as pessoas têm dúvidas quanto à pertinência da medida ou quanto à eficiência dos resultados. Por outro lado, quando já têm alguma informação e elegem o processo como meio de solucionar sua disputa, se deparam com a dificuldade de engajar a outra parte na iniciativa. Quem toma a iniciativa, normalmente, receia que uma tentativa

MEDIAÇÃO – Uma solução judiciosa para conflitos 195

de fazer com que a outra parte participe numa negociação seja uma demonstração de fraqueza com relação às possibilidades de obter bons resultados. Por outro lado, pode provocar desconfiança com relação ao mediador.

Essa fase é a mais difícil de ser ultrapassada pelo mediador. Criar confiança em nível profissional já demanda um contexto que envolve histórico pessoal. Com a mediação, a necessidade é ainda maior, e envolve criterioso relacionamento, credibilidade, etc. Quando se trata de um movimento desconhecido, novo, comparado à advocacia que está plantada em terreno milenar e altamente conservador, o problema se avoluma. Esta não é somente uma questão de mercado profissional. Engajar as partes num processo de mediação significa empreender uma tarefa que exige muita consideração e implica habilidades específicas.[1]132

Muitas organizações, no exterior, já desenvolveram políticas próprias[2],133 e métodos para lidar com a investigação inicial do processo de mediação. Algumas são mencionadas:

### 2.1.1 Fornecimento de material escrito

- Esse material é indicado para informar sobre o processo de mediação e sua relevância na resolução de determinadas disputas e para esclarecer sobre procedimentos e normas básicas. Serve também para informar sobre a duração do processo, custos, qualificações, experiência e treinamento dos mediadores, e oferecer dados sobre desenvolvimento, extensão do seu uso dentro da mediação. Algum material pode ser sugerido:

- Brochuras de profissionais e de empresas que vão desde uma simples folha, dobrada em três, até sofisticados *booklets*;

- Pacotes de informações, que podem incluir cópias de artigos de jornais e outros materiais promocionais;

- Artigos de periódicos científicos e jornais-carta;

- Notas biográficas sobre mediadores individuais.

---

1 BROWN, op. cit. p. 122.

2 Ibidem.

## 2.1.2 Informação Oral

Principalmente no Brasil, muitas pessoas preferem o contato pessoal para receber informações, usualmente por telefone. No caso de mediações particulares, o próprio mediador faz esse contato

quando existe interesse pelo processo. Aqui sua função é explicar em que consiste o processo, desde as questões preliminares como custo, duração, até seus objetivos e meios de alcançá-los.

Quando se trata de mediação individual, ninguém melhor do que o próprio mediador pode passar a ideia. Nessa oportunidade o interventor pode utilizar suas habilidades pessoais nessa tarefa propiciando ao interlocutor a chance de considerar e discutir o que está sendo informado. No caso de organizações, a prática é simplificada pela atuação de um sistema central que passa as informações de maneira impessoal, mas sem risco de provocar desconfianças com relação à imparcialidade do mediador que atuará na disputa.

Nas mediações recomendadas judicialmente, o mediador esclarece às partes sobre o processo nas sessões próprias da mediação.

## 2.1.3 Assistência no engajamento de outras partes

Advogados mediadores muitas vezes aceitam a incumbência de estabelecer contato com uma das partes para auxiliar no trabalho de persuasão para aceitar a mediação numa disputa. A pedido de uma das partes, quando esta já conhece ou foi informada do processo e suas vantagens, convoca a outra para esclarecimentos, pessoalmente ou por telefone. Ninguém melhor do que o próprio mediador para falar sobre mediação e esclarecer seu estilo processual. Entretanto, essa providência costuma acarretar algumas dificuldades no estabelecimento de confiança com relação à parte contatada. Ocorre, comumente, uma certa desconfiança da parte a ser persuadida, quando o mediador assiste a primeira no trabalho de persuasão da segunda em participar do processo. Mesmo que o informante esteja preparado para esclarecer todas as dúvidas, resta uma indagação que normalmente não é expressa. De que lado estará esse profissional?

Experimenta-se uma certa dificuldade em passar para a outra parte em contato posterior à primeira, a mesma credibilidade e confiança. Por outro lado verifica-se, em pessoas contatadas posteriormente, um certo reconhecimento pela iniciativa de seu oponente por um processo não-adversarial. Os primeiros momentos da mediação podem, ainda, ser de exame e avaliação do profissional, mas, à medida que o processo avança, não só a parte assistida para

MEDIAÇÃO – Uma solução judiciosa para conflitos

participar, mas também a outra têm oportunidade de constatar a imparcialidade do mediador como um princípio dentro do processo. Isto não quer dizer que não existam mediadores que possam pecar nesse particular, mas isso se constitui uma anomalia na mediação.

## 2.14 Aceitação e contrato

Desde que as partes concordem em participar do processo de mediação, é necessário uma certa formalização para resguardar o compromisso com o mediador e de uma parte com a outra. Esta formalização se consubstancia num contrato juridicamente regulamentado. É assim porque, em qualquer tempo, o contrato para mediação pode ser terminado e não vincula as partes, nem estipula nenhuma sanção. Nos países onde a mediação é recomendada judicialmente, o contrato é formalizado por escrito, mas nada impede que seja verbal.

O contrato de mediação tem finalidades definidas, a saber:

- Registrar características do processo como confidenciabilidade, privilégios, pagamentos e outros aspectos práticos;

- Registrar o compromisso das partes ao processo de mediação, à boa fé e à intenção de realizar um acordo;

- Registrar que o processo, muito embora informal, tem um caráter profissional e negocial;

- Registrar a não-responsabilidade do mediador com relação às decisões tomadas pelos disputantes.

## 2.2 Estágio introdutório – encontro das partes e criação de estrutura e confiança

Desde que os disputantes adentrem a sala de mediação, o processo está instaurado. Este é o momento mais delicado e necessita de todo empenho e atenção do mediador, pois, mesmo que as partes tenham aderido de boa vontade, nesse momento podem apresentar alguma resistência. No estágio introdutório se trabalha a estruturação do processo que objetiva maior disposição das partes para o restante do trabalho. A estruturação se baseia em alguma regulamentação, mas a maior parte está voltada para a sedimentação da confiança e credibilidade no mediador. Para isso, se fazem necessárias algumas averiguações quanto à motivação dos participantes, a formação a base do conflito e o levantamento do estilo de cada parte como negociadora.

A fase introdutória é estruturada em passos ou momentos que não obedecem a uma ordem rigorosa, mas que se apresentam interligados. Alguns autores descrevem essa fase de forma continuada, obedecendo ordens diferentes, mas sempre com a mesma preocupação de demonstrar a necessidade da criação do contexto mediação. Esse contexto visa à obtenção de determinados resultados semelhantes no processo de negociação:

- Estabelecimento de um ambiente de harmonia, confiança e respeito mútuo.

- Promoção ou assistência de procedimento que encoraje expressões emocionais sem explosões destrutivas.

- Promoção ou assistência no desenvolvimento de estrutura

- .para educação mútua com relação às questões a serem discutidas.

- Promoção de estrutura que enalteça a possibilidade de comunicação acurada[3].

Nesse estágio existem dois degraus importantes para o sucesso da mediação. São dois os passos pelos quais o processo caminha. Esse número poderá variar dependendo da ênfase que o mediador der a cada passo que deve comportar pequenos e diferenciados momentos, a saber:

## 2.2.1 Primeiro passo - breve introdução e acomodação dos participantes

Quando os participantes chegam no local da mediação, tudo deve estar preparado para propiciar os resultados planejados pelo mediador. O próprio momento de encontro na sala de espera é um fator que tem de ser considerado. Muitas vezes, o clima de tensão entre as partes é tal que a sua permanência no mesmo local por qualquer tempo pode ser constrangedora e pode conter o risco de predispô-las para o encontro auspiciado pelo mediador. Qualquer indisposição pode ser considerada como mais uma barreira a ser transposta. Cada mediador tem sua maneira própria de contornar esse problema: uns providenciam duas salas, ou encaminham a parte que chegou primeiro a sala de negociações. Tem se observado que, em qualquer circunstância, é preferível evitar as pequenas conversas fora do contexto do processo.

---

3    MOORE, C. *The mediation process*: practical strategies for resolving conflict. San Francisco: Jessey Bass, 1986, p. 86.

Uma sala de mediação deve comportar assentos em várias posições, com mesas ou com sofás que os participantes escolhem na medida de sua comodidade e preferência. Os mediadores terapeutas, que militam com disputas familiares, preferem os sofás e poltronas, porque entendem que dessa forma se reproduz melhor um ambiente familiar. Outros preferem mesas redondas para sugerir o equilíbrio físico entre as partes. Em qualquer posição, esses assentos devem proporcionar conforto e facilitar a comunicação e controle dos participantes. É importante salientar a posição mediadora do interventor e indicar, através da distância dos assentos, a sua neutralidade. Por questões óbvias, o posicionamento físico do mediador entre as partes é o mais indicado.

Advogados e consultores, quando acompanham as partes, sentam-se ao lado das mesmas e mais afastados do mediador, para descaracterizar o tradicional posicionamento judicial. Diferentemente deste, os advogados não falam pelas partes e sim para as partes quando solicitados. Em adição, o mediador tem maior facilidade de se dirigir às partes.

A maneira pela qual as partes adentram a sala e se acomodam representa dados que normalmente o mediador analisa e pondera. Por exemplo, quem entra primeiro, a que distância se assenta da outra parte, etc. São as chamadas comunicações não-verbais, que indicam traços da personalidade das pessoas e que no âmbito da mediação fornecem dados sobre as partes. Um mediador experimentado estará atento a essas informações e considera essa maneira de se expressar importante instrumento de comunicação.

## 2.2.2 Segundo passo - Colocações de abertura

Este é o segundo momento de uma sessão mediadora. Nele, o mediador presta importantes e decisivas informações que vão nortear o processo até o fim. O conteúdo dessas colocações, para abarcar o que tem de ser de conhecimento das partes, inclui o seguinte:

### 2.2.2.1 INTRODUÇÃO

A introdução é o primeiro contato com o processo. Clareza e precisão são fatores importantes nesse momento. Para atender a esses fatores pronuncia-se a ratificação:

a) Identificação das Partes

- Os nomes e endereços das partes - Esse pronunciamento tem o condão de personalizar a sessão. É importante que as partes sejam chamadas pelo primeiro nome para reforçar a informalidade do processo. Essa medida normalmente acarreta conforto para os disputantes.

b) Duração das Sessões

- O processo de mediação não comporta normas que estabeleçam o tempo de duração das sessões. Existe, entretanto, nos Estados Unidos, uma preocupação regulamentar quanto ao prolongamento das sessões. Com relação a isso o Estatuto da Flórida, parágrafo 44.1011, artigo 10.050, letra (c) orienta:

"Prolongamento de sessões. O mediador deve planejar um esquema de trabalho de forma que os presentes e futuros compromissos sejam cumpridos num tempo determinado. O mediador deve recusar encargos quando demonstrarem que o cumprimento das tarefas da mediação acatada não pode ser feito num tempo determinado. O mediador deve desempenhar os serviços de mediação com tempo e expedição apropriados, evitando atrasos sempre que possível."

A praxe na Flórida, como exemplo, é de que as sessões se comportam num período em torno de quatro horas. Os mediadores com maior experiência estabelecem esse período de quatro horas, com início à primeira hora da tarde. Essa prática normalmente possibilita uma mediação começar e terminar no mesmo dia. Caso isso não aconteça, o mediador programa novo período para continuação do processo.

c) Honorários do mediador - A norma 10.100 do Estatuto da Flórida 44.1011, estabelece:

- "a) *Requisitos Gerais.* O mediador ocupa uma posição de confiança com relação às partes e aos tribunais. Como compensação pelos seus serviços e despesas, o mediador deve ser governado pelo mesmo alto padrão de honra e. integridade que se aplica a todas as outras fases do seu trabalho. O mediador deve esforçar-se para manter o valor total dos honorários e despesas de forma razoável e condizente com a natureza do caso. Na existência de despesas a serem cobradas, o mediador deve fornecer às partes explicações, por escrito, a respeito de possíveis taxas e custos correspondentes. Deve incluir prazo e forma de pagamento, antes do início da mediação. A explanação deve incluir:

1. As bases do cálculo e a quantia cobrada, se existirem, por:

a) sessões de mediação;

b) preparação para as sessões;

c) tempo de viagem;

d) adiamento ou cancelamento das sessões de mediação, pelas partes, e as circunstâncias sob as quais essas cobranças são normalmente feitas ou não consideradas;

e) preparação do termo de acordo das partes; e

f) qualquer outro item a ser cobrado pelo mediador; e

2. O *pro rata* das partes das taxas e custos da mediação se previamente determinados judicialmente ou aceitos pelas partes.

d) Arquivo.

- O mediador deverá manter um arquivo para comprovação de cobrança de despesas e serviços e deve apresentar um extrato tanto às partes quanto ao tribunal, caso seja solicitado.

e) Referências.

- Nenhuma comissão, bonificação, ou remuneração similar deverá ser oferecida ou recebida pelo mediador por referendar clientes para mediação ou serviços correlatos.

f) Honorários contingentes.

- O mediador não cobrará honorários contingentes ou com base no resultado da mediação.

g) Princípios.

O mediador deverá ser orientado pelos seguintes princípios gerais:

- A cobrança por tempo de serviço não deverá exceder ao tempo realmente despendido ou alocado para a sessão.

- A cobrança pela preparação não deverá exceder ao tempo real despendido nessa tarefa.

- As cobranças por despesas deverão ser por despesas normalmente ocorrentes e reembolsáveis em casos de mediação e não deverão exceder as despesas reais.

- Quando o tempo despendido a ser cobrado ou despesas envolvem 2 (dois) ou mais conjuntos de pessoas como partes, num mesmo dia ou viagem, tal cobrança deve ser rateada apropriadamente.

- O mediador deve especificar com antecedência o mínimo cobrado por uma sessão de mediação sem violar posteriormente essa regra.

- Quando o mediador é contatado, diretamente pelas partes para serviços de mediação, tem a responsabilidade profissional de responder questões com relação a honorários, fornecendo uma cópia das bases de cobrança de honorários e despesas.

h) A formação do mediador e *disclosure:*

O mediador apresenta suas credenciais. Na Flórida, um mediador tem de ser certificado pela Suprema Corte e ter formação em Direito, ou mestrado em psicologia ou serviço social. Com as duas últimas formações somente podem mediar disputas de família. Para ser certificado pela Suprema Corte há a exigência do cumprimento de cursos de formação estipulados e treinamento de mediadores através de cursos credenciados pela Suprema Corte da Flórida. Os candidatos deverão atender a, pelo menos, quarenta horas de curso e treinamento. Para disputas comerciais e civis, somente advogados podem ser mediadores mas, lhes é exigido curso especial de mediação em *circuit civil.*

i) Recomendação do processo:

O mediador enaltece as vantagens da mediação em relação aos outros processos de resolução de disputas, principalmente os adversariais.

j) Definição de Mediação:

- Definir a mediação, aqui, significa orientar as partes quanto ao que as espera durante a sessão. Quanto mais entendido e aceito for, a *priori,* o processo, mais chances de sucesso comporta. Para tanto, nesse momento, salienta-se:

- Neutralidade da intervenção - significa que, mesmo que por alguns instantes o mediador permaneça mais tempo com uma das partes, não quer dizer que sua condição de neutro e imparcial deva ser desconsiderada.

- O papel do mediador - como condutor do processo e facilitador da comunicação e das negociações.

- A natureza consensual e voluntária da mediação - explica-se com a informação de que nenhum acordo será imposto e que deve partir de decisão conjunta das partes e não do mediador.

MEDIAÇÃO – Uma solução judiciosa para conflitos 203

k) "O quadro mediador[4]" – contém:

- Pronunciamentos iniciais das partes.

- Explicações sobre o papel dos advogados, quando presentes - Prestar informações sobre os aspectos legais, a pedido das partes. Muitas vezes o mediador se dirige aos advogados, mas preferencialmente em sessões privadas, quando sente o advogado negociar com posições e não coopera para novas soluções. É importante esclarecer que o processo pertence às partes.

- Informações sobre as sessões privadas, *"caucus"* - Surgem quando o mediador necessita prestar esclarecimentos em particular a uma ou outra parte. Somente quando esclarecidas nesse momento os disputantes aceitam essa prática sem desacreditar na imparcialidade do mediador;

- Informações do procedimento sobre intervalos - As partes precisam se sentir livres para interromper momentaneamente a sessão, para fumar (via de regra não é permitido fumar durante as sessões, nos Estados Unidos), comer alguma coisa, etc. Os escritórios contam com áreas externas e um pequeno *buffet* para facilitar essa movimentação das partes; e

- Estabelecimento de REGRA ÚNICA: cada um fala de cada vez - Esta é a única norma exigida durante as sessões. Tem o caráter educativo, principalmente porque incentiva a compreensão do que a outra parte está tentando comunicar no momento. Para melhor viabilizar essa medida, o mediador fornece papel e caneta às partes e explica como registrar o que acha importante na fala do outro e as observações que deverá fazer posteriormente. Ao anotar os pontos em discussão evita-se interromper a outra parte, e incrementa-se a compreensão do que o outro esta falando mediante uma escuta mais apurada.

l) Confidencialidade - Explica o princípio quando:

- Aplicado nas sessões gerais - Tudo que está sendo veiculado, permanecerá somente de conhecimento dos presentes e nada poderá ser utilizado no tribunal. Existem exceções ao princípio da confidencial

---

4 RONEY, Esquire Keneth R. *Mediation*: a basic approach. Altamonte Springs : Academy of Dispute Resolution, 1995, p. 35.

idade na mediação quando ocorrem casos de abuso de crianças e maus tratos.

- Aplicado em sessões privadas - O que for revelado nas sessões privadas por uma das partes não será revelado à outra, salvo por solicitação da própria parte.

m) Direito de cancelar ou interromper o processo:
- E importante enfatizar o direito que tanto as partes quanto o mediador têm de desistir da mediação, em qualquer tempo, nas seguintes circunstâncias:
- Se o mediador percebe que uma das partes não atua de boa fé, recusando-se a cooperar.
- Se o mediador percebe que as condições emocionais de uma ou das partes excedem às manifestações consideradas positivas para o resultado da mediação.
- Se o mediador se considera suspeito ou percebe sua parcialidade. Por outro lado, por qualquer motivo, as partes podem interromper o processo, em qualquer tempo.

n) Questões:
- Oportunidade para as partes questionarem a respeito do processo.

o) Compromisso com o processo:
- Solicitação às partes. Um pronunciamento é solicitado às partes como forma de estabelecer e documentar a disposição e voluntariedade das partes no engajamento ao processo de mediação:
  "As partes confirmam seu compromisso de se empenhar tanto quanto possível para resolver as questões aqui apresentadas?"

## 2.3 Estágio um - apresentação feita pelas partes

Neste estágio, os participantes em disputa começam com algumas declarações de abertura. Suas afirmações, normalmente, estão dirigidas para salientar os interesses substantivos. Algumas vezes, quando as partes adiantam por escrito algumas informações, as colocações de abertura têm a finalidade de completar, ratificar ou esclarecer alguma informação já prestada. Os pronunciamentos, ainda que dirigidos ao mediador, estabelecem, ao mesmo tempo, um procedimento de negociação e constroem a interação com a outra parte, na medida em que propiciam o conhecimento das partes e a percepção de cada posição.

MEDIAÇÃO – Uma solução judiciosa para conflitos

Em alguns casos, representantes das partes fazem essas declarações de abertura, traduzindo os interesses com uma visão jurídica do processo. Às vezes, também, facilitam a objetivação das questões e agilizam o processo. De qualquer maneira, é sempre preferível que as próprias partes adentrem com suas colocações para propiciar maior realidade nas questões discutidas. Dessa maneira, entre outras vantagens, o mediador tem condição de avaliar a personalidade dos disputantes, o estilo, habilidades e estratégias de cada parte.

Dois fatores dimensionam essa fase da mediação: a natureza e a complexidade das questões em conflito e o contexto emocional. O conflito é apresentado em vários níveis de informação. Via de regra, as partes enaltecem suas questões particulares e suas soluções preferidas. Muitas vezes expressam sua opinião sobre o entendimento e soluções apresentadas pelo outro, de igual modo. Em disputas entre casais essas afirmações vêm, às vezes, permeadas de manifestações emocionais. Choro e raiva fazem parte desse momento. Essas colocações põem o mediador a par do contexto de personalidade onde vai militar e é nesse quadro que deverá desenvolver o seu conhecimento e promover a mediação.

## 2.4 Estágio dois - descoberta e isolamento das questões

Durante ou em seguida às apresentações, o mediador passa a fazer perguntas para determinar a natureza do conflito, procurando salientar aqueles que não estão manifestados. Para isso, usa critérios objetivos de avaliação como: imediaticidade do conflito, duração, intensidade dos sentimentos e a rigidez das posições[5].136 A tarefa principal do mediador nessa fase é desmontar barreiras e defesas para evocar os conflitos camuflados. O reconhecimento desses conflitos é grande parte do caminho andado e permite a interação dos dois lados através de clareamento e amplificação das questões.

Interrupções não devem ser permitidas nesses momentos e, se o linguajar é algumas vezes abusivo ou inflamado, cabe ao mediador discricionar se é oportuno interferir.

---

5    FOLBERG, op. cit., p. 47.

## 2.5 Estágio três - facilitando a comunicação e a troca de informações

Neste ponto as partes verdadeiramente começam a se engajar no processo. O mediador tem a preocupação de maximizar informações precisas e de eliminar comportamentos negativos. Utiliza algumas técnicas de comunicação:

- Enfatização das afirmações - Consiste em ouvir e repetir à maneira das partes o que está sendo dito.

- Paráfrase - Dá-se na escuta e repetição de conceitos usando palavras diferentes. É também chamada de tradução.

- Escuta ativa - Escutando e recolocando as emoções da mensagem.

- Expansão - Escutando e então elaborando a mensagem, com recolocações mais claras e precisas.

- *Cross examination* - Perguntas diretas designadas a colher uma resposta em particular.

- Sumarização - O mediador condensa a mensagem do interlocutor.

- Disposição - Organizam-se as ideias com uma ordem determinada (histórica, importância, quantidade, tamanho, etc.).

- Classificação - Dando ordem, de acordo com as categorias e classes.

- Estruturação - O mediador assiste ao interlocutor a organizar e arranjar seus pensamentos e discurso numa mensagem.

- Separação e fracionamento - O mediador divide em ideias ou questões em várias partes menores.

- Sondagem - O mediador faz perguntas para encorajar a elaboração de uma ideia.

- Explicação - As perguntas são feitas para esclarecer ou aumentar informações sobre aspectos de uma questão.

Da mesma forma, o mediador estimula e ensina as partes a questionar usando as mesmas práticas de comunicação. Na medida em que todos os conflitos estão delineados, se torna possível o conhecimento de até onde poderá o interventor conduzir as partes. Nesse momento, os desejos, as aspirações e principalmente os pontos que não podem ser aceitos ficam mais claros.

## 2.6 Estágio quatro - estabelecendo um clima emocional positivo

Na realidade, esse estágio pode acontecer em qualquer momento da mediação ou permear todo o processo. Não é um momento estanque com tempo determinado. O clima emocional faz parte do processo de negociação. Mediar significa, entre outras considerações, a veiculação das implicações emocionais das partes. Como seres humanos, são tratados nesse particular com especial atenção. Raiva, hostilidade, medo e desconfiança podem levar as partes a adotar uma atitude que em negociação adversarial ficou convencionado chamar de "engolir ou ser engolido", nocautear antes de ser nocauteado. As intervenções do mediador devem ser conduzidas de maneira a propiciar descontração e estabelecimento de ambiente livre para a circulação das verdades de cada um e exposição dos motivos de suas posições. O grande veículo dessa descontração é a liberdade para demonstração de emoções. Uma conferência de mediação precisa ser feita em ambiente seguro, um lugar onde as partes não tenham de "ser engolidas". Lidar com emoções, entretanto, demanda um cuidado ainda mais acentuado por parte do interventor. Para isso, são utilizados alguns procedimentos, tais como:

- Permitir algumas explosões emocionais - A parte emocionada é comumente levada ao choro ou manifestações de raiva. Fazem parte do contexto. Todavia, é mister a prevenção de ataques verbais ou qualquer tipo de agressão. A escalada de eventuais manifestações violentas pode ser interrompida através da rememoração das linhas de conduta estabelecidas pelas próprias partes.

- Verificar a sinceridade das emoções - Somente com uma escuta apurada o mediador tem condição de saber quando essas manifestações são autênticas ou quando se constituem em forma de manipulação das partes. Existem maneiras objetivas de se detectar essas diferenças. Quando isso ocorre, não podem se constituir motivos para que o mediador tome partido.

- Manter a ordem na enfatização da REGRA ÚNICA que norteia a mediação. Ao falar ao mesmo tempo, as pessoas têm a tendência a aumentar o volume na expectativa de calar a outra e se fazer ouvida.

- Mudar para uma questão "mais fácil" dentro do elenco e tratar cada uma por sua vez, como forma de aliviar a tensão do momento.

- Utilizar o parafraseamento quando perceber que as expressões e conotações utilizadas pela parte desencadeiam novas manifestações e desentendimentos.

- Encorajando as partes a enfocarem os problemas se abstraindo da pessoa do outro.

- Convidar as partes a revelarem seus impactos emocionais e expressar seus sentimentos uma a outra.

- Utilizar as sessões privadas.

- Sugerir um recesso.

## 2.7 Estágio cinco - sessões privadas ou *caucus*

Em alguns modelos de mediação, as reuniões separadas facilitam a comunicação. Muito embora não sejam confidenciais e comportem revelação da matéria discutida nas sessões conjuntas, podem contar com revelações que permanecem estritamente confidenciais a uma parte individualmente. É necessário que fique claro que nada será revelado para a outra parte sem específica autorização. Para isso é conveniente que o mediador faça apontamentos indicando claramente aspectos que podem e quais não podem ser revelados.

O mediador encoraja cada parte, separadamente, a descobrir seus interesses e necessidades, indicando, em termos gerais, qual a natureza dos termos do acordo que está disposta a aceitar. É preciso também que fique claro a necessidade de uma certa flexibilidade para viabilizar a negociação. O *caucus* ou reunião privada é geralmente conduzida como uma *"shutle diplomacy"* ou *"shuttle mediation"*, através da qual o mediador se movimenta para a frente e para trás entre as partes como parte da estratégia para estreitar e ajudar a resolver as questões entre elas ou pontuar alguns avanços com os advogados. Alternadamente, de acordo com o mesmo princípio, o mediador pode permanecer na sala enquanto as partes se movimentam[6].137

Talvez seja este o instrumento mais usado pela maioria dos mediadores. Em princípio, as sessões privadas já reforçam a separação, o seu abuso costuma dividir a mediação em duas sessões privadas logo depois das colocações de abertura. O mediador nesse caso passa a funcionar como *going between,* correndo o risco de ser contraprodutivo. Por outro lado, existe sempre a des-

---

6  BROWN, op. cit., p.135.

confiança da parte que é deixada sem assistência, principalmente, por muito tempo. Nesse caso, a presença de um co-mediador é de grande utilidade. Não se discute, apesar de tudo, a validade do *"caucus"*, a questão é saber quando e como usá-lo de modo produtivo. Algumas circunstâncias são sugeridas:

- Para explorar insinuações ou palpites de concessão ou informação que o mediador acredita, a parte não tem condição de prestar ou discutir na sessão conjunta.

- Para retomar o controle quando as partes fogem dos objetivos.

- Quando o mediador acredita necessitar de algumas sugestões de risco.

- Para prevenir escalada do conflito.

- Quando acredita que a negociação está à beira de um impasse.

As sessões privadas são de grande utilidade, não só para manter o fluxo do trabalho mediador, mas como meio de facilitar o acordo. Os passos mais significativos em direção ao acordo são dados ou motivados por essas sessões, quando o mediador propicia momentos de relaxamento e confidência às partes. Durante essas sessões, o mediador é advertido para algumas ações denominadas *ESCAPE*[7].

E - Exploração de opções de acordo. As partes começam a se repetir e a negociação fica estagnada. Numa sessão privada o mediador tem oportunidade de entender melhor o porquê da não-aceitação de alguma opção em particular e propiciar melhor atmosfera para exploração de várias soluções, sem ter de adotar imediatamente nenhuma delas.

S - Sinalização de chamadas de alerta. Numa disputa, as partes subestimam o efeito que a conduta de cada um provoca na outra parte. Cabe ao mediador salientar a conduta desejada pelas partes.

C - Confirmação de movimento. Existem várias maneiras pelas quais as partes se movimentam em direção a um acordo. Às vezes essa movimentação não é muito clara e numa reunião particular o mediador pode colher maiores dados para perceber e avaliar um passo à frente dado por uma das partes.

---

7 STULBERG, J.B.*Talking charge/managing conflict*. New York : Lexington Books, 1987, p.109.

*A* - Ataque à parte recalcitrante. Em determinados momentos da negociação, o mediador percebe qual parte tem de fazer o movimento. Sem atribuir nenhum juízo de valor o mediador envida esforços com a parte recalcitrante para iniciar ou reiniciar a movimentação. Normalmente um movimento provoca outro e assim o acordo pode ser conseguido.

*P* - Pausa. Um movimento sempre acarreta avaliação e ponderação. A parte que observa o movimento necessita de uma pausa para analisar o movimento. Elas não necessitam da presença do mediador, precisam de um momento para reflexão. O mediador, então, declara o *caucus* indicando os tópicos específicos a serem considerados nas respectivas reuniões e os dirige para um lugar onde possam estar a sós.

*E* - Estimativa. Também o mediador necessita de tempo para avaliar o andamento do processo. Sugerindo que as partes façam o mesmo, o mediador retira-se, mesmo que por poucos minutos, para rever suas anotações e decidir o melhor a ser feito.

## 2.8 Estágio seis –Observação da linguagem corporal

Da mesma forma que o anterior, esse estágio se constitui em ocorrência do processo e não num momento específico. Esse tipo de comunicação se desenvolve desde os primeiros momentos da mediação e aqui são mais bem anotados pelo mediador como dados a serem considerados em todo o desenrolar da mediação. Autoridades em comunicação são unânimes em salientar a importância da comunicação não-verbal e muitos afirmam ser o principal meio pelo qual as pessoas transmitem mensagens. Estas se constituem em gestos, uso do espaço, manipulação de objetos, expressões faciais, que, intencionais ou não, querem dizer alguma coisa. O mediador tem de estar atento às mensagens silenciosas que as partes transmitem durante as sessões e ao mesmo tempo tem de estar consciente das mensagens que pode estar transmitindo com seus gestos, contato com o olhar, e mesmo comportamentos.

## 2.9 Estágio sete - criação e desenvolvimento de opções

As técnicas usadas em mediação para gerar alternativa de procedimento ou de decisões são as mesmas utilizadas em negociação. São várias as características comuns. Em primeiro lugar, os mediadores focalizam as opções apresentadas e transformam as posições bipolarizadas em multipolarizadas, ou seja, acrescida de várias outras soluções. Em segundo lugar, diferencia este estágio do estágio anterior numa demonstração de que as decisões partirão não mais dos conceitos que norteavam o posicionamento anterior, que eram baseados nos pontos de vista iniciais ampliados por várias outras opções. Esse comportamento, segundo Riskin, assegura que o processo de busca seja mais compreensivo e completo e não inibido por julgamentos prematuros[8].

Naturalmente, nessa fase, as partes começam a produzir suas próprias opções, mas nada impede que o mediador adicione, sugira ou mencione algumas soluções já usadas por outros disputantes. É comum a menção de soluções encontradas pelos tribunais (com muito cuidado para não caracterizar consultoria).

## 2.9.1 Construção de confiança e entendimento

Não se pode dizer que seja fácil articular esses elementos num relacionamento em conflito. A existência de conflito por si só significa que o entendimento e a confiança em determinado relacionamento foram deteriorados, mas indica também que já existiram com razões autônomas. De alguma maneira, esses componentes podem ser restaurados ou pelo menos mencionados num contexto explicativo. É uma oportunidade, por incrível que pareça, muitas vezes esperada pelas partes. Os bloqueios de comunicação provocados pela estrutura interna do conflito deixam as pessoas sem coragem de entabular esses desejos e os colocam em compartimento inacessível. Esse momento propicia chance às partes de esclarecerem seu posicionamento, demonstrando sinceridade e credibilidade. É mister do ofício do mediador corrigir as distorções e mal-entendidos. Não que esses fatores sejam imprescindíveis para que as partes consigam um acordo que atenda a ambos os interesses mas, sem dúvida alguma, facilita e ajuda sua feitura.

## 2.9.2 Brainstorming

Nesse estágio, nenhum autor pesquisado se furtou de mencionar a técnica do *brainstorm* como desenvolvimento de opções para decisão. Como foi visto em negociação, ela se assenta no adágio de que duas cabeças são melhores do que uma para criação de opções. Com o mediador, esse momento fica ainda mais verídico, porquanto existe o acréscimo das sugestões e orientação do que é criado e formulado como ideias novas. As partes demonstram o tempo de

---

8    RISKIN, op. cit., 224.

convivência com os problemas e não raro já têm pensadas ou mesmo estudadas algumas opções.

O processo consiste na apresentação e anotação das soluções, na ordem como são sugeridas pelas partes. Assim, serão submetidas a uma consideração posterior. Não se faz nenhuma crítica, comentário ou avaliação antecipada. Da maneira como surgem, são anotadas. Sua praticabilidade ou aceitabilidade só serão discutidas depois que as partes criarem um número substancial de opções. Acontece de sugestões, a princípio consideradas fora de cogitação, tomarem corpo durante as considerações e até mesmo serem escolhidas como solução.

O mediador, como dirigente do *brainstorm* vai anotando as ideias num quadro com ampla visão para os participantes, na medida em que vão surgindo. Por exemplo, um casal em processo de divórcio, discute opções quanto à guarda de dois filhos menores, um menino e uma menina. Com quem ficam? Sem discutir as razões e os princípios que pautam as posições de cada pai, uma lista de sugestões é apresentada:

| POSIÇÃO DO PAI | POSIÇÃO DA MÃE |
|---|---|
| *Os dois permanecem comigo* | *Os dois permanecem comigo* |
| *Um fica com a mãe e o outro com o pai* | *Um fica com o pai e o outro comigo* |
| *Ambos ficam com minha mãe* | *Ambos ficam com meus pais* |

### OPÇÕES DE AMBOS

*Ambos ficam com a mãe e passam os quatro meses de férias com o pai*

*Ambos ficam com o pai e passam os quatro meses de férias com a mãe*

E assim por diante.

## 2.9.3 Verificação da realidade das opções

Este passo propicia ao mediador a oportunidade de verificar a realidade das opções. Sua visão, posições, condutas e propostas. Analisando as consequências de cada opção com cada negociador avalia-se até que ponto estas

MEDIAÇÃO – Uma solução judiciosa para conflitos 213

podem ser aceitas e apreciadas e permitem melhor reflexão sobre as posições originais. Como agente da realidade, ele faz com que os participantes ponderem as dúvidas e firmezas dessas opções. Para conduzir as partes a esse ponto, o mediador tem de agir como o timoneiro que conduz o barco a um porto seguro, real. Perguntas são feitas que os conduzem das águas da maleabilidade para a terra em porto real: E se...?[9], ou Que opções melhor preencheriam as necessidades de todos?[10] Numa disputa comercial, por exemplo, critérios objetivos de avaliação têm de ser considerados. Uma parte não pode sustentar uma posição irreal e cobrar um preço por uma mercadoria que está totalmente fora do mercado. Em família, uma ex-esposa não pode querer uma pensão que está muito além do que o ex-marido pode produzir mensalmente. Sejam quais forem as escolhas, as partes nesse momento estão aptas a trocar suas informações e ponderações. De acordo com cada personalidade, têm ambiente e estrutura para promover as negociações entre si, deixando para o mediador o papel de observador e de ouvinte, fazendo colocações somente para questionar a praticabilidade ou aconselhar sobre a opção.

## 2.10 Estágio oito - negociar com intervenção

Um fato é ter em mãos uma série de escolhas como decidir uma questão, outro é decidir verdadeiramente. Não necessariamente várias opções significam ajuda para decisão. É um instrumento e nada mais. Como usá-lo vai depender da disposição e condição das partes e da habilidade do mediador. O leque de opções terá de ser reduzido ao mínimo possível baseado nos conceitos de praticabilidade e necessidade, que permitem dispensar a maioria das opções. As que permanecem vão ser negociadas.

Os participantes podem então tentar eliminar as opções que favorecem unicamente a outra parte. A princípio, não se dispõem a aceitar sugestões, mas pouco a pouco o quadro se movimenta em outro sentido, no momento em que, descartando algumas hipóteses, dão origem a outras. Depois disso iniciam a fase de negociação propriamente dita.

Os básicos princípios de negociação não-adversarial se constituem no caminho mais curto para se produzir bons resultados, enquanto favorece o trabalho das partes e do mediador. Esses princípios básicos, saliendados por Uri e Fischer, têm de ser observados pelo mediador:

---

9  BROWN, op. cit., p. 136.

10  FOLBERG, op. cit., p. 56.

1) Separe os problemas das pessoas;

2) Concentre nos interesses não em posições;

3) Crie opções para ganhos mútuos;

4) Assegure um processo imparcial;

5) Pratique comunicação direta.

Muitas vezes, no entanto, as partes encontram dificuldades em identificar suas metas numa negociação. Segundo Christofer Moore, por quatro razões:[11]

1) Não sabem quais são seus interesses.

2) Usam como estratégia esconder seus interesses.

3) Às vezes "foram tão longe" sustentando suas posições que, não podem facilmente "salvar as aparências" e pronunciar seus interesses.

4) As partes desconhecem o procedimento para explorar interesses.

Romper com as quatro barreiras de identificação e colocação de interesses numa negociação é tarefa do mediador, nesse estágio decisivo da mediação. Facilitar negociação aqui significa ajudar as partes a revelar seus interesses, pois com eles na mesa a negociação adquire flexibilidade e tem grande chance de chegar a bom termo. A pergunta básica que o mediador faz é: Por quê?

Nesse estágio as partes se defrontam e negociam diretamente, estão de frente para seus conflitos e trabalham para resolvê-los de acordo com seus estilos que, como vimos, são cinco. O competitivo sintetiza seu estilo na frase: "Resolve-se do meu jeito ou não se resolve", o colaborador: "Minha preferência é esta. Qual é a sua escolha?", o meio termo: "Eu dou um passo atrás se você fizer o mesmo", o acomodado: "O que você disser" e o "sai fora": "Conflito? Que conflito?"

O mediador agora se dirige às partes muito menos enfaticamente do que nas outras fases. Seu maior enfoque é para as questões em conflito. Entretanto, a manutenção de certa igualdade na comunicação é importante para evitar que um estilo competitivo, por exemplo, imponha sua opinião a um acomodado que normalmente é silencioso e passivo, por medo, culpa ou vergonha. Não cabe ao mediador valorizar nenhum estilo mas sim propiciar uma comunica-

---

11  MOORE, C. *The mediation processo-pratical* – pratical strategies for resolving conflict. San Francisco : Josey Bass, 1986, p. 112.

MEDIAÇÃO – Uma solução judiciosa para conflitos    215

ção bilateral, onde ambas as partes colaboram na decisão, ao invés de facilitar uma escolha por simples reação.

A tendência das partes é operar sob o preceito "o que é meu é meu. O que é seu é negociável." E a postura dos negociadores na "barganha posicional", onde assumem uma posição e se recusam a negociar. Cabe ao mediador quebrar essas barreiras mediante algumas intervenções:[12]

- Criando dúvidas com alertas e avisos, sem fazer ameaças.

- Educando as partes.

- Focalizando sua atenção para as consequências negativas de não se realizar o acordo.

- Fazendo perguntas apropriadas para testar a realidade.

O mediador, todavia, tem de estar consciente de que determinados sentimentos, quando aflorados nas partes, face à mediação, se transformam em resistência. A culpa e a vergonha têm de ser evitadas 100%. Isto não quer dizer que o mediador não deva demonstrar à uma parte recalcitrante o entrave que provoca na resolução do problema. Faz-se necessário que o mediador passe à parte suas impressões da resistência de forma que ela entenda claramente que tal resistência está ligada à falta de progresso nas negociações. Essa confrontação deve ser melindrosa mas direta.

Presteza para tomar decisões é uma postulação pessoal. Algumas vezes requer uma mudança de percepção, outras somente mais um item de informação, ou mesmo tempo para criar a mudança de acordo com o desenvolvimento e a maturação de cada um. Mediadores devem ser treinados em avaliar a presteza de cada participante antes de prosseguir com este estágio. Devem também saber como trabalhar com participantes que não estão prontos para tal.[13]

Como último recurso o mediador pode anunciar um impasse e retirar arbitrariamente o poder de autodeterminação da parte resistente. Ele o faz negando acesso a uma decisão ou sugerindo que a decisão saia da esfera da mediação e vá para arbitragem ou mesmo para juízo. Essa perda momentânea ou a consciência da escolha por perder o direito de decidir costuma produzir um impacto e impelir a parte a recuperar seu poder de decisão.

---

12    RONEY, E.K., op. cit., p. 24.

13    FOLBERG and TAYLOR, op. cit., p. 60.

## 2.10.1 Estratégias para o impasse

Impasse é a estagnação do ato de negociar. É o limite entre a disposição de resolver e a falta de opção e disposição para negociar. É o momento quando nenhum movimento é produzido pelos negociadores em direção à resolução de um conflito. Na realidade, quando as partes procuram os tribunais ou a mediação, a negociação se encontra nesse patamar. O processo mediador é uma forma de desbloqueio desse entrave e uma forma de ressuscitar a negociação. Todo o processo de mediação está voltado para esse momento. Desde a preparação à abertura, desde sondagem das questões conflituosas à negociação, o processo visualiza e trabalha com a situação de impasse. A distância que separa a negociação do impasse é sempre muito pequena e o mediador sabe disso. Pisando em ovos, o interventor procura sempre aumentar essa distância e fazer o possível para que o movimento das partes não cesse. Com isso as oportunidades de acordo continuam a existir.

No início, a única força que aciona a negociação é o mediador. Pouco a pouco as próprias partes emitem movimentos e praticamente sopram o barco da mediação por elas mesmas. Mas um pequeno detalhe pode colocar em risco uma negociação e determinar um impasse no processo mediador. Já existia, antes do início do processo, foi atingido com a resolução de mediar, mas continua vivo e pode imperar a qualquer momento.

Por que, iniciado o processo, acontece o impasse? Observando-se dentre um considerável número de mediações, foi possível detectar, algumas razões e algumas estratégias que podem ser utilizadas pelo interventor.

Algumas estratégias são sugeridas para diluir as questões conflituosas que algumas vezes não conseguem comportar senão soluções provisórias. De qualquer forma, nas situações de impasse a intervenção tem de objetivar não a melhor solução para a questão em pauta, mas a retomada do movimento e reinstalação do ânimo de negociação. Existe o risco de que essa prática somente adie o momento de impasse e mesmo agrave o problema. Nessa iminência, o mediador deverá discernir de acordo com seu entendimento se a demora pode contribuir para a solução.

### 2.10.1.1 A EXISTÊNCIA DE UMA QUESTÃO DE VALORAÇÃO

Esta questão pode determinar um impasse, mas é mais simples de ser contornada. A utilização de um *expert* no assunto, contribuindo com uma informação de valor científico, enquanto a mediação fica pendente, normalmente elimina o impasse. O *expert* pode também, em casos apropriados, assistir à sessão de mediação e prestar informações e mesmo auxiliar as partes nas suas dificuldades. Quando o problema é legal, uma consultoria pode ser estabelecida, mesmo que sem sujeitar as partes. Por exemplo: quais são as normas que regulam a exportação de ferro gusa?

### 2.10.1.2 DIVERGÊNCIA DE PERCEPÇÃO DE FATOS

Pode parecer que, com relação a fatos, a única maneira de solução são as provas, mas quando se trata de disputas, os fatos assumem feições diferentes, mesmo em face às mesmas provas. São as percepções e interpretações subjetivas que o mediador tem por meta identificar, eliminando as diferenças de percepção. O mediador recusa-se a aceitar qualquer interpretação, mas reemoldura o fato e busca alguns pontos comuns capazes de aliviar o antagonismo.

### 2.10.1.3 QUANDO EXISTE REPRESENTAÇÃO DAS PARTES E O REPRESENTANTE ENVOLVE-SE EMOCIONALMENTE COM A DISPUTA E BLOQUEIA-SE PARA QUALQUER MOVIMENTAÇÃO

Ocorre em disputas comerciais onde os representantes, por razões diversas, se colocam pessoalmente na disputa e acionam sua própria estrutura. O mediador pode sugerir revezamento de pessoa. Sempre que possível e apropriado.

### 2.10.1.4 A EXISTÊNCIA DE QUESTÃO SIMBÓLICA

Essa problemática é comum em disputas familiares, muito embora não esteja limitada a elas. Numa separação de casais, por exemplo, cujos itens pessoais e materiais são negociados, a resolução fica entravada na discussão sobre o uso do nome do marido. Ou o inexplicável apego a determinado objeto sem qualquer valor, seja material ou estimativo.

Onde surge um impasse em razão de terminologia ou símbolo, pode ser de grande ajuda para ultrapassar o bloqueio a distração do símbolo em questão, para descobrir-se as reais necessidades submersas na aparente importância do objeto em conflito. É imprescindível, para a solução de questões simbólicas, a identificação e a discussão do que existe "por baixo dos panos".

## 2.10.1.5 QUANDO AS QUESTÕES ATINGEM O CAMPO IDEOLÓGICO

Ética, religião, moral, cultura - Muitas mediações falham quando surgem essas posições. Um estudo sobre o campo do conflito revelou que existe em cada ser humano um espaço onde habitam todos os conceitos éticos, religiosos, culturais, etc., próprios. São necessários muitos anos para sua formação e o dobro do tempo para sua destruição. Um casal pode conviver com suas crenças religiosas, por exemplo, mas numa separação onde existe o conflito: onde educar meu filho?, no catolicismo ou no judaísmo? Dificilmente as pessoas negociam seus princípios e valores. No trabalho de interação das pessoas a norma é modificar e não acatar.

## 2.10.1.6 QUANDO ENVOLVE QUESTÃO DE JUSTIÇA

Talvez este aspecto complique ainda mais e forje com muito mais facilidade o impasse numa negociação. Para iniciar a ponderação se pergunta: afinal, o que é justiça? Não se adentra nessa discussão com qualquer teoria, dentre as centenas, que já foram discutidas através dos tempos. Dar a quem o que é de quem, ou dar segundo seus méritos, ou segundo sua necessidade, são questões que por si demandam outra tese. Esse problema sob o enfoque da mediação tem de ser visto como mais um desafio para o entendimento, o que sugere uma intervenção voltada para a escuta, para que se possa buscar uma maior compreensão do senso de justiça de cada parte e confrontá-lo com outras percepções de igual valor.

Uma revisão do processo para averiguação das razões pelas quais as negociações chegaram a um impasse é uma prática que tem produzido resultados positivos. Salientar pontos, isolando-os do contexto da disputa, com todas a implicações pessoais, sociais, etc., pode representar um fator de alerta para as partes. Cabe ao mediador apresentar, de forma clara, a relação de causa e efeito das questões com o impasse e a continuidade da disputa. Além disso, estabelecer a relação de causa e efeito da disputa em si, com todas as outras questões que possam advir da própria delonga na solução ou da utilização de outros meios de resolução, como seus custos, ônus, etc. Um resumo escrito dessa situação pode propiciar novas sugestões e a repegada da negociação.

As intervenções em face do impasse estão dirigidas pura e unicamente ao propósito de trazer de volta para a mesa de negociação as partes que se imobilizaram por qualquer razão. Seu objetivo é específico e foi atingido quando a mediação é reiniciada.

MEDIAÇÃO – Uma solução judiciosa para conflitos 219

O impasse, apesar de todas essas providências do mediador, ocorre. Quando ocorre e foram esgotadas todas as estratégias para reativar a negociação sem sucesso, tudo que o mediador pode fazer é declarar o impasse. Se a mediação é designada pelo tribunal, reportar o fato judicialmente. Mesmo assim, a mediação cumpriu um papel a mais no histórico da disputa. Seja qual for o próximo método de resolução a ser utilizado, o quadro apresentado será diferente de quando se iniciou a mediação. As partes estarão muito mais educadas com relação ao seu caso e metade do entulho que atravancava o entendimento das questões ou a resolução da disputa estará removida.

Uma recente pesquisa sobre o grau de satisfação ou insatisfação de pessoas mediadas em algum tipo de disputa revelou que 97% dos entrevistados veem o conflito e as disputas de um modo geral de modo diferente, depois que se submetem ao processo. Uma vez submetidos à mediação, mesmo que tenham chegado ao impasse em alguma disputa, estão dispostos a participar novamente da mediação sempre que surgirem situações de conflito. Além disso, recomendam o mesmo para outras pessoas.[14]

## 2.11 Estágio nove - a resolução da disputa

De uma maneira ou de outra uma negociação sempre termina. O encerramento da disputa e o acordo quanto a todas as questões em conflito é o resultado principal objetivado por todos. Muitas vezes o resultado não é exatamente este, apresenta-se parcial e pode representar conclusões de comum acordo em questões de forma, ou, às vezes, parte das questões substantivas, ou não estabelecem acordo nenhum. Seja qual for o resultado alcançado pela negociação, cabe ao mediador determinar o seu fim.

A mediação pode terminar em várias circunstâncias, mas apresentam, de acordo com um critério simplista de avaliação, três tipos de resultados: resolução de todos ou de algumas questões substantivas, resolução de questões formais, sem resolução, seja em questões adjetivas ou substantivas.

### 2.11.1 Resolução de todas ou algumas questões substantivas

O sucesso da mediação não é avaliado pelo acordo em todas as questões da disputa, mas, quando isso acontece, as partes se congratulam e o mediador considera cumprido o sétimo estágio da mediação. Se as partes conseguiram

---

14 FOLBERG, op. cit., p. 222.

solucionar algumas questões, mas ainda têm outras a serem resolvidas, o mediador explora duas opções: a concordância em um processo para resolver as questões remanescentes, a arbitragem ou outro método de resolução, ainda se considera como se tudo tivesse sido resolvido com o processo de mediação. Concordam em implementar as questões resolvidas, mesmo que algumas permaneçam sem solução.

Nem sempre é possível implementar resoluções de forma parcial, por exemplo: em disputas do trabalho as partes podem concordar em várias questões substantivas, esquema de férias, regras sobre trabalho pesado, melhoramento em programas de saúde, mas, se não concordam quanto ao salário, impossibilitam a implementação do que foi conseguido. Ocorre uma interdependência de questões substantivas, resolvidas e não resolvidas. Sem uma, as outras são impraticáveis. Da mesma forma, quando algumas questões substantivas são resolvidas de forma independente, mas em relação às outras são consideradas de menor importância, também não incentivam o seu implemento.

### 2.11.2. Resolução com acordo somente em questões de procedimento

Quando a mediação não resolve as questões substantivas de uma disputa, como acontece com qualquer processo, às vezes provoca reações extremas nas partes. Resolvem, por exemplo, fazer justiça com as próprias mãos. É o caso de cônjuges, em processo de separação, quando sequestram os filhos ou simulam alienações dos bens do casal, para evitar ceder a guarda dos filhos ou partilhar o patrimônio comum. Neste cenário, quando na mediação as partes decidem, pelo menos, levar o processo para discricionamento judicial, ou trabalhar os conflitos com um terapeuta, ou mesmo estabelecer uma trégua, já se pode considerar o resultado. O valor desse entendimento é que revela expectativas confiáveis, para suportar os problemas, mesmo que por curto tempo.

### 2.11.3. Resolução sem acordo em questões substantivas ou processuais

Não é nenhuma surpresa quando as discussões terminam sem que qualquer questão seja objeto de acordo. As partes podem não ignorar o fato, mas o mediador tem de pontuar outras conquistas advindas do atendimento e da participação das partes no processo de mediação. É importante que as partes abandonem a sala das sessões com sentimentos mais estabilizados e pelo menos com uma ideia mais clara da situação conflituosa. Muito raramente as partes deixam o cenário da mediação sem nenhuma conquista. Na pior das hipóteses, se conscientizam de que é possível resolver problemas através de uma negociação direta, é possível lidar com conflitos sem destruir relacionamentos., etc. Nessa situação, o melhor resultado da mediação se dá quando as partes acreditam poder encarar seus problemas em situações futuras.

Ao mediador cabe trazer para si toda a responsabilidade do resultado, aos moldes de um "bode expiatório". Mesmo que saiba que as partes não conseguiram um acordo por teimosia ou ignorância, não permite que elas se mortifiquem com nenhum sentimento que os faça encarar o futuro em matéria de disputa, de maneira drástica ou com desconfiança. Declara que lamenta não ter conseguido ajudar as partes a conseguir seu melhor intento.

Por outro lado, não deixa de salientar que as discussões não foram inúteis. A discussão mediada deu nova luz às questões, desenvolveu uma base de informação mais confiável, como parâmetro para futuras interações, propiciou sondagem das fraquezas e fortalezas das várias opções de acordo, melhorou a comunicação das partes ao cortar retóricas inflamadas.[15] O sentimento de frustração é minorizado com essa atitude, dentro dos limites, sem exagerar ou enaltecer os resultados.

O mediador deve sempre cumprimentar as partes pelo seu esforço em resolver as questões, e almeja que eles possam consegui- lo de alguma maneira pacífica no futuro, para mútua satisfação. Assim encerra a reunião, de maneira cortês.[16]

## 2.12 Estágio dez – esclarecimento e redação do termo de compromisso

Como forma de selar todo o processo, o mediador considera a necessidade de um acordo por escrito, ou não. Às vezes a disputa envolve simplesmente um pagamento, que é feito mediante recibo, que nos Estados Unidos pode ser o próprio cheque. As partes é que decidem quanto a essa necessidade. Acordo por escrito, ou termo de compromisso, deve ser feito de forma a incluir não só as provisões resolvidas, mas também permitir que os participantes possam ler facilmente e revisar posteriormente caso as questões adquiram novas feições.

---

15  STULBERG, J. op. cit. p.124.

16  Ibidem.

Deve ser redigido de maneira concisa, completa e numa linguagem que os participantes entendam (partes costumam reclamar das dificuldades em lidar com a redação jurídica dos acordos judiciais).

Quando o acordo é escrito, o mediador deve querer ter alguma coisa pronta antes que as partes deixem o recinto da mediação. O primeiro passo é identificar os interesses de todas as partes. A partir daí desenvolver um texto ou proposta de texto que melhor satisfaça os interesses identificados. Este documento se constitui numa minuta do acordo a ser circulado entre as partes para comentários e revisão. Em alguns casos, quando o acordo não é sujeitante, o documento pode ser rascunhado depois das reuniões e submetido posteriormente. Quando recebe algum ajuste, por parte dos advogados ou mesmo das partes, é bom que possa estar pronto para assinaturas antes da saída das partes. De qualquer forma, o trabalho final deve espelhar, de forma única, a manifestação dos acontecimentos pelas partes. Tem de espelhar os princípios do acordo, seja em tópicos ou minuciosamente trabalhado com todas as provisões relevantes. Deve obedecer uma sequência organizada, lógica, para que as partes possam se referir às suas estipulações e não se transformar no que é chamado de *"mediation shop"*[17] (modelo padronizado de resolução através do processo mediador).

Muitos advogados mediadores têm como parte do seu trabalho a redação e formalização do acordo, mas é preciso que fique claro que seu maior interesse não está no resultado das negociações mas sim no trabalho de facilitação do processo de negociação, da maneira mais apurada possível.

As assinaturas do plano mediado é um ato simbólico, que representa cooperação e encerramento, como tal deve ser registrado com comportamento especial. Depois que as assinaturas são colhidas e cópias pessoais são distribuídas, até cálices de champanhe com um brinde pelo árduo trabalho e sucesso dos participantes podem ser apropriados em alguns casos.[18] Mesmo um aperto de mão depois das assinaturas pode ajudar os participantes a entabular um trabalho conjunto de forma positiva. Essa forma eufórica, entretanto, deve ser evitada quando alguma das partes ou ambas ainda conservam um sentimento com relação ao desgaste da disputa. Este é bem um estilo americano de fechar de forma positiva uma negociação, pode parecer sofisticação de estilo, mas, de qualquer forma representa uma nova imagem do nascer, crescer e morrer do conflito, em face do qual não perde nada a humanidade em adotar.

---

17  FOLBERG, op. cit., p. 62.

18  Ibidem

## 2.12.1 Vinculação das partes ao contrato mediado

Depois de assinado por ambas as partes, o termo de compromisso passa a ser um contrato que vigorará entre as partes, dependendo da matéria e das formalidades. A prática americana desaconselha mediadores assinarem contratos de mediação como testemunha, para evitar responsabilidade civil.

A experiência no Brasil, principalmente com cônjuges em conflito de separação e dissolução do casamento, quando chegam a um acordo quanto às questões da disputa encaminham o processo para homologação. A mediação evitou o litígio e tudo o que precisam, depois de decidirem sobre guarda, partilha, etc., é a homologação judicial.

Da mesma forma, infrações contratuais, questões comerciais podem receber provisões de como e em quais circunstâncias o acordo alcançado na mediação vinculará as partes.

## Capítulo III

# INTRODUÇÃO DA MEDIAÇÃO E DA CONCILIAÇÃO PRIVADA NO NOVO CPC

Há que se salientar a importância definitiva da abertura dada pelo novo CPC à mediação e à conciliação privada. Um novo e poderoso patamar resolutivo de conflitos se abre, não só por seu mister produtivo, mas pela possibilidade de contribuir sobremaneira, de forma positiva, com a atividade judiciária.

Em primeiro lugar, criou-se com esta abertura um novo direito ao cidadão brasileiro, qual seja, o direito de poder resolver seus conflitos em paz. E com ele, o incentivo à todos os profissionais envolvidos com justiça, de promoverem a solução consensual para disputas entre pessoas e grupos de pessoas.

E nesse hall de entrada criado pelo CPC, ampliou-se também o poder do juiz, facultando-lhe, a qualquer tempo do processo judicial, acatar ou mesmo promover espaços processuais conciliatórios ou mediativos para litigantes no judiciário.

Outorgou também o espaço para a criação de centros, câmaras e quadros cadastrais de registros para mediadores e conciliadores, bem como mecanismos próprios para atender à demanda de litígios passíveis de serem resolvidos por meios não contenciosos.

Para tanto, estipulou requisitos para sua regularização profissional junto aos Órgãos Judiciários, bem como indicou a maneira alternada e aleatória da escolha dos mediadores e conciliadores atuantes no fluxo dos casos alinhados. E, evidentemente, demarcou as limitações para eventuais impedimentos de advogados, quando em exercício de algum juízo.

Com essa abertura, legitimaram-se, legalizaram-se e regularam-se profissões, antes informais e descredenciadas, como as de mediador e conciliador privado. E aqui, insisto nesta denominação privada para o conciliador, para diferenciar a conciliação judicial prevista anteriormente pelo CPC. E, também, embora com alguma impropriedade conceitual, criaram-se as figuras do Mediador Judicial e do Conciliador Judicial.

O mais surpreendente é que se definiu, mesmo que implicitamente, a atuação dos mediadores e conciliadores, ao identificar, separando suas funções, destituídas ou não de neutralidade. Ou seja, identificando a ação de conduzir (mediador) ou influenciar (conciliador) a opinião das partes no seu caminho de busca de soluções para seus conflitos.

E como embalagem das novas concessões foram enaltecidos, ainda que não todos e nem com a devida pertinência, os princípios basilares da mediação e da conciliação. Lá estão a imparcialidade, a autodeterminação e poder das partes, mesmo que identificada como autonomia da vontade.

E no tocante à autodeterminação, não deixou de fora a abrangência deste princípio ao enfatizar a liberdade de escolha e mesmo criação de regras de procedimento para o personalizado processo resolutivo de um conflito no seu caminho de resolução.

O novo CPC também salienta a importância do princípio da confidencialidade da mediação e da mediação privada, abrangente a todos os envolvidos na execução do processo, sejam mediadores, conciliadores ou partes.

Mesmo sendo de domínio na área de resolução de conflitos e mais, por estarem contidas no bojo da definição dos seus processos afins, as novas regras do CPC preocuparam-se em mencionar o uso de técnicas próprias, negociais.

Por enquanto, mediadores e conciliadores não contam com um cadastro geral ou um órgão de classe que os cubra em suas atividades. Principalmente advogados ainda permanecem ligados a seus órgãos de classe originais. Assim considerando, questiona-se não só a liberalidade de aceitação de profissionais não cadastrados para atuação nos tribunais. Da mesma forma indaga-se sobre a informalidade e por que não dizer, precariedade na educação de mediadores ou conciliadores fora do cadastro dos tribunais. Isto se observou também quando a Lei 13.140, chamada Lei de Mediação, reduziu a formação do chamado mediador extrajudicial ao mínimo de uma pequena formação especial para intervir no processo de mediação como terceiro neutro.

Para corroborar com essa afirmação, anotamos aqui a presente experiência americana, onde mediadores não cadastrados podem atuar em mediações nas cortes da Flórida[1] A prática gerou grande inconformismo, não só por parte dos cadastrados, como por parte de usuários, mediante a precária qualidade do desempenho de mediadores não cadastrados. Reclamam da insuficiência do conhecimento substantivo, atalhos ao princípio da neutralidade e até da atuação antiética daqueles mediadores com formação deficiente.

Até o ponto em que passou-se a discutir a necessidade de que todos os mediadores atuantes nos Tribunais daquele estado sejam devidamente cadastrados.

O cadastramento para atuação junto aos tribunais da Flórida requer formação superior, mínimo de 48 horas de cursos específicos, mínimo de 2 (duas) observações e 2 (duas) co-mediações, dentro dos tribunais, o que não é exigido dos mediadores não cadastrados.

No caso brasileiro, continuamos entendendo que, o cadastramento de mediadores, além das vantagens técnicas, tem o condão de proteger o usuário da má qualidade ou insuficiência de capacidade para o exercício da mediação. Por força da multidisciplinariedade do seu processo, fazem-se necessários outros requisitos com parâmetros mais condizentes além do mero atendimento a um curso intensivo de mediação.

No que diz respeito ao estimado princípio da voluntariedade das partes, resta saber qual o critério de escolha aplicável aos cadastrados, ou voluntários, como permite a lei, na ausência de manifestação das partes.

A remuneração tem sido um pomo de discórdia e descontentamento por parte de profissionais da mediação e conciliação que atuam no judiciário. Sem adentrar no arrazoado do problema, ocorre perguntar: Não seria oportuno pesquisar o funcionamento do Fundo de Mediação existente na Argentina, por força de lei?

A nova Lei processual também estipulou sobre os impedimentos que, por certo, se espelham nos mesmos elencados para a atividade judiciária em geral. Mas foi oportuna ao estabelecer momentos, meios, efeitos e procedimentos, para a ocorrência da eventualidade. Da mesma forma previu a punibilidade para os terceiros interventores impedidos.

---

1  "Florida Mediators in Fiery Debate Over Credentialing", by Celia Ampel, *Daily Business Review,* July 6, 2017, ver http://www.dailybusinessreview.com/id=1202792404002/Florida-Mediators-in-Fiery-Debate-Over-Credentialing?mcode=0&curindex=0&curpage=1

MEDIAÇÃO – Uma solução judiciosa para conflitos    227

Nem sempre os conflitos se resolvem somente com uma sessão mediada, e a lei estipula dois meses de intervalo entre uma e outra. Nosso entendimento é que as nuances de uma mediação são como as nuvens no céu. Podem se espalhar, em minutos, levando para longe a chuva, mas podem se carregar e fechar trazendo consigo barreiras para o brilho da paz. O momento na mediação encerra em cada segundo a mágica do entendimento ou o bloqueio da luz. Não seria esse prazo demasiado longo? Seria o intervalo de 20 minutos relativo à pauta (e aqui entende-se diferentes mediações com diferentes partes) aplicável à mesma mediação?

A mediação é um processo capaz de promover a solução de qualquer tipo de conflito. Não ficam de fora os conflitos envolvendo órgãos e entidades no âmbito administrativo público. Presumimos que o mesmo cadastro de registro, nos tribunais, quando houver, norteará a escolha do terceiro interventor. Mas a lei fala em concurso público para aceitação de mediadores e conciliadores no âmbito público. E nesta circunstância questiona-se: Primeiro, concursados, estes profissionais não se transformariam em servidores públicos? Segundo, não poderiam eles, principalmente quando uma das partes for privada, serem arguidos de suspeição?

Mas, nosso tempo ainda é um tempo de insegurança. Justifica-se com isso a equiparação de todos os acordos mediados quanto à execução. Já é manifesta minha opinião de que a real resolução de um conflito traz, em seu conteúdo, a disposição para o cumprimento de seu consequente acordo. Existem estatísticas que comprovam esta assertiva. Mas, por mais seja inegável o sentimento de segurança que a possibilidade de coerção no cumprimento das deliberações de um acordo mediado propicia, existe sempre o sentimento melancólico, pela sutil mas crucial lacuna de perfeição do processo de mediação. Criam-se muitas leis, mas nem sempre pode-se criar todas as leis adequadas e necessárias para o saneamento de um conflito. Muito menos assegurar a infalibilidade de sua execução. Por isso, a Lei Processual, dentre suas inúmeras benesses, encarregou-se de guarnecer, o que pra muitos é uma grande conquista, a exequibilidade do acordo na mediação.

# Capítulo IV

# CONCEITOS DE MEDIAÇÃO
# NO BRASIL DEPOIS DA NOVA LEI
## (LEI Nº. 13.140, DE 26 DE JULHO DE 2015)

## 1. INTRODUÇÃO

Finalmente, com muitos anos de falta e espera, vimos promulgada a Lei que instituiu a profissão de mediador no Brasil.

Nossa história em mediação tem agora seu marco inicial definido e vive um dos seus momentos mais importantes. Sem surpresa, assistimos a um grande interesse pela matéria por parte de profissionais e estudantes, tanto do Direito como de outras áreas profissionais ou acadêmicas.

Esse interesse tem dado azo ao surgimento de muitos seminários, congressos, competições, cursos, etc. voltados para atender a uma demanda cada vez mais crescente de capacitação e certificação profissional.

A mediação foi formalmente autorizada pela Lei, tirando de vez aquela pecha antiga de algo "não autorizado", que alijava o processo do mundo resolutivo das disputas e favorecia o desconhecimento da matéria.

A Lei nº. 13.140 de 26 de junho de 2016 abriu o caminho para mediação e a "auto composição" para resolução de disputas envolvendo entidades públicas, que pode ter um papel enorme no mundo das contendas normalmente levadas para o judiciário e porque não dizer com reflexos na economia brasileira.

Estas reflexões, entretanto, restringir-se-ão ao Capítulo I quando se refere a mediação como instrumento privado de resolução de controvérsias.

Apresentada de forma genérica como meio privado e consensual de resolução de conflitos, a Lei, contudo, não refletiu todo o aparelhamento teórico

MEDIAÇÃO – Uma solução judiciosa para conflitos 229

já desenvolvido sobre a matéria que, nos dias atuais e no mundo, possibilita a utilização da mediação de forma eficaz e profícua.

Todas as vantagens desse processo único, não adversarial e definitivamente resolutivo foram sobejamente enunciadas, enaltecidas e proclamadas por raros pioneiros nos idos anos 80, com poucos interessados no início do século, e o despertar da atenção de estudiosos no Brasil somente há alguns anos.

Foram vários anos de muitos discursos que se diluíram nas críticas a projetos ainda então inconsistentes que perderam a força nas casas do Poder Legislativo. Muitos por causa do debate sobre a necessidade ou não de instituir a mediação obrigatória, como foi feito na Argentina nos anos 90.

Contudo, todos os que abraçaram a mediação, principalmente aqueles que o fizeram desde os anos 80, têm nos dias presentes motivo de satisfação pelo reconhecimento da atividade, o que, por si só, significa um divisor e um avanço no mundo das profissões que lidam com resolução de disputas.

Ao mesmo tempo, têm razões inequívocas e claras para ficarem apreensivos quanto a aplicação da mediação a todo o universo de disputas e o destino da profissão de mediador a caminhar com os conformes do instituto apresentados pela Lei.

Ainda falta precisão nos conceitos que a institucionaliza e a necessária e esperada dignificação e proteção que a matéria requer.

O instrumental, como foi projetado, não conseguiu na sua essência separar a profissão de mediador do elenco de tantas outras formas de resolução privadas, nem revestiu o processo dos parâmetros do seu mister.

Deixou a complexa e importante profissão ao discernimento de qualquer pessoa capaz, mesmo que desprovida de conhecimento e treinamento técnico apropriado - a não ser quando tornou dicotômico o instituto com a inadequada e indefinida classificação, Mediação Extrajudicial x Mediação Judicial.

Nesta Lei, o instrumental a disposição dos profissionais ainda é uma incógnita e reticência.

Os limites do processo, da função do mediador, do poder das partes, largamente estudados e aplicados com eficiência, consubstanciados em princípios rígidos e desconhecidos no meio jurídico e do grande público, não foram, em sua totalidade, estatuídos ou definidos dentro dos conformes da mediação, como é praticado há anos em outros países.

O conteúdo textual, a despeito de representar um marco importante nas conquistas do mundo resolutivo de conflitos no Brasil, deixa a matéria com brechas para dúbias interpretações e consequentes inadequações.

Não detectamos todos os princípios que revestem a mediação de caraterísticas próprias e únicas.

Já no enunciado da Lei começamos a nos perguntar: trata-se mesmo da Mediação propriamente dita?

Entretanto, cabe dizer que leis quando nascem o fazem com espaço designado para seu aperfeiçoamento. Trazem na sua infância algo a ser suprido ou acrescido ou quiçá, de alguma forma, melhorado. Infância é, notoriamente, situação que requer atenção e cuidado, no mais, o tempo corrige.

Não deverá ser diferente com a Lei 13.140 de 25 de julho de 2015.

## 2. COMENTÁRIOS AO TEXTO LEGAL

A primeira observação que faz um leitor da Lei é a carência de conceitos claros de mediação que possam conduzir à uma definição sem o risco de confundi-la com outros institutos ou processos de resolução de conflitos.

E a confusão mais recorrente é aquela que trata a mediação e conciliação privada ou a conciliação considerada pelo CPC da mesma maneira.

Isso acontece sempre que se insiste em modificar a função do mediador no processo, ampliando sua interferência no mérito das questões conflituosas ou mesmo nas avaliações da solução.

Quem optar por uma intervenção com sugestões, considerações legais, avaliações, pareceres técnicos ou outro reforço de poder procura um conciliador. Se necessitar de uma intervenção que destrinche o conflito na busca de compreensão e aceitação das partes para resolvê-lo contam com a mediação. Simples assim.

Em seguida, depara-se com um elenco de princípios, no seu art. 2º, cuja disposição leva a entender a mediação como algo banal e descompromissado dos seus próprios conformes. Principalmente quando diz que estes limitam-se a orientar a mediação, sem sequer serem respeitados ou obedecidos.

Além disso, deixou de fora princípios como a voluntariedade, que propiciou a intervenção do poder público na teoria da matéria.

De igual maneira ignorou o princípio da informalidade do processo, sobejamente evidenciado na mediação pela ausência de estrutura em numerus clausus.

Ao apresentar o princípio da autodeterminação das partes como autonomia da vontade, a Lei equipara o resultado da medição à elaboração de um contrato submisso à cláusula pacta sunt servanda, e não à ação de resolver o conflito propriamente dito.

A Lei ainda inclui no elenco de princípios a oralidade, com o objetivo aparente de substituí-lo pela flexibilidade do processo. Denomina a busca de consenso, melhor configurado como consensualidade, porque o objetivo da mediação não é, como vimos, unicamente o acordo; estatui o implícito da boa fé, quando esta é condição sine qua non que deve estar presente em todas as relações humanas lícitas configurando o ato jurídico perfeito; considera a isonomia entre partes quando se sabe que na mediação aceita-se as partes com as suas diferenças e que o tratamento dado ao desequilíbrio de poder na mediação é diverso do recebido no processo legal judicial.

E por último, e não por menor importância, desconsiderou o princípio da neutralidade, o que, vitalmente, caracteriza e define a função do mediador como terceiro interventor realmente neutro, diferente do terceiro somente imparcial.

Também foi lacunoso ao apresentar o caráter da mediação, sabidamente um processo complexo e que demanda, para formação do seus profissionais, um aparato técnico científico multidisciplinar, portanto, especial.

Tudo isso numa aparente necessidade de simplificar o processo de mediação, que por toda a complexidade de seu desenvolvimento (quem já mediou sabe), não se coaduna com o conceito simplista apresentado pela Lei.

## 3. CONCLUSÃO

Há que se dar tempo ao tempo para que a devida revelação dos grandes méritos da mediação sejam reconhecidos e apregoados. Estamos diante de um longo caminho cultural.

Mas, por enquanto, há que se dar à mediação stricto sensu a conformação própria oriunda de observações objetivas que já sedimentaram uma teoria vasta e inequívoca da todas as nuances que compõem este novo processo, e cobri-lo da efetiva legalidade que espelhe o seu valor e possa colocá-lo a serviço da sociedade.

Para tanto confiamos que algumas assertivas sejam consideradas.

I. A Lei No. 13.140 de 26 de junho de 2015 é um marco importante para a cultura e a implantação da mediação no Brasil como processo resolutivo de conflitos e disputas e como uma profissão, mas que demanda algumas modificações e regulamentação.

II. Mediação não é somente um meio informal, mas um reconhecido processo sui generis de resolução de conflitos.

III. A formação do mediador demanda melhor regulamentação - especialmente para a chamada "Mediação Extrajudicial" - considerando-se que a mediação é um processo complexo, que demanda conhecimento e preparação estruturada em dimensões e disciplinariedade múltiplas.

IV. Mediação é o único processo resolutivo de conflitos interpessoais ou disputas onde o terceiro interventor é neutro.

V. Ser neutro não significa ser só imparcial. Significa mais. Ser imparcial quer dizer ser apenas ausente de predisposição quanto às partes, e a neutralidade quanto ao comprometimento com estruturas de mérito e valor. O mediador tem de ser os dois.

VI. Mediação não é conciliação privada, nem conciliação nos conformes do CPC. Diferente de ambos, a mediação não comporta opinião do mediador que, sem qualquer poder decisório, não influencia diretamente as partes em relação a leis, regras técnicas, opiniões, pareceres técnicos, etc.

VII. A rigor, não há "mediação judicial", consequentemente, é inadequado dizer-se de uma "mediação extrajudicial". Em sua acepção estrita, a mediação é privada e executada em caráter privado, seja em ambiente particular ou público. A rigor, se a mediação é judicial, tem de envolver algum tipo de julgamento. E se comporta julgamento, não é mediação.

VIII. Solucionar uma disputa não é resolver um conflito. Uma sentença e um laudo podem ser soluções, mas não resoluções, na medida em que estancam a contenda mas não sanam o conflito.

IX. Mediação não demanda somente boa fé para sua realização. Mais do que isso, demanda boa vontade e disposição das partes.

MEDIAÇÃO – Uma solução judiciosa para conflitos    233

X. Mediação, a exemplo de todos os atos lícitos, e boa fé, andam juntas. Não há "pulo do gato" em mediação.

XI. Na mediação a confiança é básica no processo. Não é presumida ou contratada, é construída, conquistada e tem de ser real.

XII. Mediação, por ser um processo privado, não comporta qualquer intervenção estatal para sua consecução, porque qualquer tentativa de legalização dentro do processo pode levar ao impasse. As partes podem se negar ao processo em qualquer tempo.

XIII. A mediação representa o reconhecimento da capacidade e legitimidade dos agentes do conflito e do seu poder de resolução, e não o do poder de qualquer lei.

XIV. Mediadores necessitam de multidisciplinar e vigorosa formação, pois as ferramentas da mediação são multidimensionais e não são aplicadas de forma rígida ou previamente organizada dentro do processo.

XV. Considera-se qualquer desigualdade das partes no processo de mediação. O processo de mediação está talhado para cuidar das diferenças. Esse papel não é da Lei.

XVI. Servidores públicos não podem ser mediadores quando a disputa envolva uma ou mais partes que sejam órgãos ou instituições públicas. Servidores públicos estão ligados à causa pública e não privada, consequentemente, pode ser suspeita sua neutralidade.

XVII. A função do advogado no processo de mediação é diferente da sua função de protetor de direitos individuais no processo judicial e semelhantes processos adversariais. Sua função básica é informar sobre esses direitos sem advogar os direitos. Entretanto, sua função se expande na medida em que, assimilando a essência e a importância do processo, o advogado passa a enaltecer e negociar os interesses de seus clientes. Ou seja, deixa de ser coadjuvante para ser colaborador.

XVIII. Mediação é um processo, complexo, sui generis, privado e voluntário, não adversarial, informal e flexível, de negociação assistida, entre partes revestidas de total poder de decisão, onde um terceiro interventor, neutro e imparcial, através de técnicas multidisciplinares, conduz as partes à identificação, reconhecimento e harmonização de seus interesses para a resolução de um conflito, eventualmente, tendo em vista um acordo.

XIX. O Brasil, por estar ainda na fase educacional da mediação, tem muito por fazer pelo processo. Por enquanto ele é o púbere patinho feio da família de resolução de conflitos. Oxalá a história corra célere e chegue o tempo de reconhecer a majestade do cisne que ele é.

*"I envision the day when attorneys will be viewed acounselors, problem solvers, and delivers of prompt, appropriate and affordable justice."*

"Vislumbro o dia quando advogados serão vistos como consultores, solucionadores de problemas, e ministros de pronta, apropriada e acessível justiça."

**WILLIAM W. FALCGRAF**

# TÍTULO II

## OS MEDIADORES

## Capítulo I

# OS MEDIADORES CONHECIDOS
# E OS DESCONHECIDOS

Desde os mais longínquos recônditos da China até os luxuosos salões da Wall Street, eles estão aí, por toda parte, resolvendo disputas, diluindo conflitos, desempenhando um papel que, oficialmente, seria do juiz. Mas, diferentemente deste, ao invés de eleger perdedores ou ganhadores, trabalham por uma justiça e um direito que os próprios envolvidos determinam ser justiça ou direito.

Em 1981, na China, existiam 100.000 comitês de mediação. Cada um já contava com mediadores preparados para solucionar problemas da comunidade, conflitos do trabalho e outros. Esses mediadores representam a mais antiga tradição chinesa de juízes de paz. Na China, a harmonia é a chave da vida social. Os comitês desempenham o importante papel de preservação dessa paz.[1]

Uma publicação francesa de 1981, sob o título *"S'Entremettre"*, a respeito de um documentário britânico Intitulado, *"In the Heart of Dragon"*, apresentou estudos de diversos aspectos da vida cotidiana na China. Numa de suas abordagens descreve, em linhas práticas e simples, o papel do mediador na sociedade chinesa, relatando uma sessão de mediação familiar, num processo de divórcio. O relato é o seguinte: Sra. Gu Ling Ping, esposa de vinte e seis anos, reclamava que, desde que dera à luz a uma criança mulher, seu marido se tornara cruel e ameaçava matar a menina. É importante saber que o divórcio, na China, apesar de legal é muito malvisto pelos chineses. Por questões políticas, imperava no país a lei do filho único, segundo a qual um casal só pode ter um filho, fosse do sexo masculino ou do feminino. Essa lei, segundo a mulher reclameante, frustrara o sonho do marido de ter um descendente varão para dar continuidade à estirpe do pai. O mediador encarregado de intervir no caso

---

1 SIX, Jean-François. *Les temps des mediateurs*. París: Édition Du Seuil, 1990, p. 65.

MEDIAÇÃO – Uma solução judiciosa para conflitos    237

reuniu todos os componentes das duas famílias em torno de uma mesa, concentrando seus esforços em salientar o papel feminino na sociedade chinesa. Nessa sociedade as mulheres representavam os verdadeiros chefes de família. Eram elas responsáveis pelas grandes decisões econômico financeiras do grupo familiar. A simples presença das mulheres, na sessão de mediação, foi o bastante para mudar, no local, a posição do marido enraivecido. Depois disso, um termo, assinado pelo casal, selou um acordo em que ambos se comprometiam a atender as recomendações do partido, educando e fazendo da filha uma boa cidadã chinesa. O mediador ainda acrescentou, para fechar a sessão:

> "Este homem, depois de 10 anos no partido, sabe, perfeitamente, quais são os seus deveres." Um ano após, tudo permanecia em paz naquela família.[2]

Na Dinamarca, com seus Estados-províncias, com leis cada vez mais numerosas e complexas, foi criado o *"Folketingets Ombudsman"*, o mediador do Parlamento, através de norma da Constituição de 1953. A instituição é, ao mesmo tempo, órgão jurídico de controle e de reclamação com o objetivo de buscar satisfazer os interesses do estado e do povo.[3]152

*El defensor del pueblo* é o mediador institucionalizado da Espanha, numa democracia recente. As recomendações desse órgão, oriundas de trabalho mediador entre questões do estado, com particulares, muito dificilmente são contestadas. O trabalho é reconhecido, de ponta a ponta, no país.

Na França, encontram-se três tipos de mediadores: os desconhecidos, que atuam obscuramente nas comunidades. É uma figura do povo que se salienta pelas suas características de imparcialidade e sabedoria; os conhecidos, que recebem mandato público, outorgado por um Conselho de Ministros, por seis anos, porta o título de *Mediateur de La République;* e os mediadores/instituição como, por exemplo, a *Comission Nationale Consultative des Droits de L'homme.*

Os Estados Unidos deram uma feição nova e mais definida ao trabalho de mediadores. Seu papel está intrinsecamente ligado ao sistema judiciário, como órgão de suporte em matéria de resolução de disputas. Em quase todos os Estados americanos existe legislação própria, definindo, regulando sobre sua formação e certificação. Atualmente, no Estado da Flórida, estado líder em todo o país, em matéria de organização, regulamentação e utilização do processo mediador, existiam até 1995, catalogados pelo *Directory of Court Ba-*

---

2    Ibidem.

3    Ibidem

*sed Programs,* 800 mediadores, sem falar em outros tantos certificados, pela Suprema Corte da Flórida, que atuam no setor privado.[4]

Nos moldes americanos, vários países europeus, a Austrália, vários países do Oriente Médio e Oriente contam com elenco de mediadores institucionalizados que prestam serviços em resolução de disputas, em vários setores.

As próximas décadas marcarão o tempo dos mediadores. Os exemplos acima têm o objetivo de estudar o perfil do mediador e sua presença no mundo da resolução de conflitos. Os muros caem nesse fim de século, tudo tende a ser trabalhado de forma aberta, completa e direta. O mundo deixa de ser branco e preto, para oferecer nuances de cinza; o certo e o errado, o legal e o ilegal, o justo e o injusto misturam-se e não podem ser estipulados ou determinados, de maneira igual. Cada momento e cada circunstância demandam uma norma, e o trabalho de intervenção, no mundo do século XXI, não comporta decisões alheias ao contexto de qualquer disputa. Sua verdade está encerrada no seu próprio coração e só de lá poderão surgir diretrizes, para seus envolvidos, e só no trabalho de auto legislação o mundo tem alguma chance de viver em paz.

Para melhor se empreender o estudo do perfil do mediador, há que estudar o seu tempo, e responder algumas perguntas pertinentes a esse tempo, Quem são esses mediadores?, Que fazem?, Por que fazem? Como fazem?

---

4    Ibidem

Capítulo II

# O PERFIL DO MEDIADOR

O último diretor do Serviço Federal de Mediação e Conciliação, William E. Simkin, enumerou dezesseis combinações do que um mediador em potencial tem de possuir:

1. A paciência de Jó.
2. A sinceridade e as características do inglês.
3. A presença de espírito do irlandês.
4. A resistência física de um corredor de maratona.
5. A habilidade de romper barreiras de um *halfback*.
6. A personalidade, à prova de investigação, de um bom psiquiatra.
7. A astúcia de Maquiavel.
8. A impenetrabilidade de um rinoceronte.
9. A discrição de um mudo.
10. A capacidade de demonstrar integridade e personalidade.
11. Conhecimento básico e confiança no processo de barganha coletivo.
12. Fé no voluntarismo em contraste com a imposição.
13. Crença fundamental nos valores humanos e potenciais, moderados pela habilidade de acesso às fraquezas e fortalezas pessoais.
14. Aguçada habilidade para analisar o que é disponível, em contraste ao que pode ser desejável.
15. A sabedoria de Salomão.
16. Suficiente vigor pessoal e ego, qualificados por disposição de se auto--anular.

A essas características, acrescenta-se:

1. A percepção do felino.
2. A memória da escrita.
3. A serenidade das águas de um lago.
4. A firmeza de uma montanha.
5. A determinação de uma bússola.

Ainda tem de ser um mestre em alternativa, na medida em que deve fomentar a criação de caminhos novos quando dois caminhos se cruzam e se obstruem.

A anatomia do mediador não pode ser definida com facilidade. Alguém poderia dizer que essa figura não é humana, é divina. E não estaria errado. O propósito dessa configuração é a necessidade de fazer claro que a mediação envolve todos os aspectos do ser e do comportar humanos e que o mediador tem de estar preparado para permanecer como a brisa que leva as partes a porto seguro, com qualquer tipo de barco.

A melhor maneira de se listar as qualidades de um mediador é colocar-se, alternadamente, no papel de uma das partes. As seguintes qualidades estariam incluídas:

1. Capaz de apreciar a dinâmica do ambiente, no qual a disputa está ocorrendo.
2. Inteligente.
3. Ouvinte efetivo.
4. Articulador
5. Isento para julgar.
6. Flexível.
7. Vigoroso e persuasivo.
8. Criativo.
9. Engenhoso.
10. Uma pessoa de posição e reputação profissional.
11. Confiável.
12. Capaz de natural acesso aos recursos necessários.
13. Não-defensivo.

14. Pessoa de integridade.

15. Humilde.

16. Objetivo.

17. Neutro, com relação ao resultado.[1]

Com razão, o Professor Stulberg salienta três dessas qualidades. A primeira é a capacidade de analisar o ambiente, no qual a disputa está ocorrendo, para fazer valer o objetivo da negociação, que é o acordo. O mediador deve ser capaz de apreciar o mundo real dos constrangimentos, pressões e frustrações sob as quais as partes agem. Somente assim, poderá estimar o tempo e as possibilidades compatíveis com aquele especial tipo de disputa. Segundo, o mediador necessitará de treinamento e habilidade em comunicação e conhecimento do conteúdo da disputa. Dessa forma, o mediador estará apto a questionar a respeito do assunto, evitando se constituir em entrave, quando as negociações descem a minúcias do assunto mediado.

Finalmente, e não por fim, a necessidade de neutralidade, com relação aos resultados. Partes negociam porque não têm poder suficiente para atingir seus objetivos unilateralmente. A partir do momento em que adquirem confiança de que o mediador protege e acompanha todos os lances do processo, não têm nenhum interesse, e não agem em direção a nenhum resultado, em particular; reconhecem que não têm nada a perder, só a ganhar, com a intervenção do mediador. Dentro desse patamar, não há como o mediador colocar em risco, ou minguar, os interesses respectivos das partes.

---

1 STULBERG, J. B. The theory and practice of mediation: a reply to professor Susskind. VT. *Law Review*, v.6, n.85, p. 9197, 1981.

# Capítulo III

# FUNÇÃO DO MEDIADOR

## 1. APRESENTAÇÃO DO ASSUNTO

O papel do mediador é conseguir com que a negociação entre determinadas pessoas ou grupos cheguem a um termo favorável aos interesses de todos. O mediador tem a responsabilidade primária de estruturar e gerenciar as discussões dessa negociação e encaminhá- las a soluções mutualmente aceitáveis para as questões em disputa. Essa responsabilidade engloba funções tanto de ordem processual quanto substantiva, que são desempenhadas em diferentes momentos do processo mediador. Algumas vezes simultaneamente, outras vezes consecutivamente.

A qualidade e valor do processo de mediação em cada caso depende de um número de fatores, incluindo, principalmente, o modelo de mediação usado, o código de práticas aplicáveis e as técnicas e estratégias usadas pelo mediador.

## 2. O MEDIADOR COMO GERENTE DO PROCESSO

Quando a mediação não é organizada por uma empresa de ADR, cabe ao mediador fazer todos os arranjos práticos para a sessão inicial. É de sua responsabilidade o estabelecimento do número, horário, duração e local para as reuniões, bem como o formato de cada reunião e o número de participantes. O mediador também providencia meios de registrar o acordo, fotocópias do acordo, providencia telefone e outros serviços de suporte disponíveis para as partes. Além dessas providências práticas, elabora documentos, eventualmente necessários, como, por exemplo, o contrato de mediação.

MEDIAÇÃO – Uma solução judiciosa para conflitos    243

Sua função principal é a de presidir as reuniões:

1. Assegurando que as partes contem com um ambiente organizadamente apropriado e seguro para que as discussões ocorram efetivamente, construtivamente e sem interrupções.

2. Assumindo responsabilidade pela condução do processo de acordo com as normas estabelecidas pelas partes.

3. Formulando uma agenda, de acordo com as partes, ou adaptando a agenda de acordo com a situação.

4. Gerenciando as reuniões, regulando o tempo despendido nos diferentes aspectos, sob discussão: quando reunir-se com as partes separadamente, detendo condutas abusivas, permitindo ou prevenindo interrupções e, geralmente, assistindo às partes, no uso produtivo do tempo.

## 3. O MEDIADOR COMO CATALISADOR

A exemplo do agente químico, transforma o ambiente de uma disputa, produzindo reações nas partes, sem tomar o lugar de nenhuma delas e impedindo a polarização. A simples presença do mediador afeta o modo como as pessoas interagem, sem que ofereça qualquer trabalho de julgamento do mérito da disputa.

## 4. INTERVENÇÃO EDUCATIVA

A função educativa do mediador não se compara com a função de um professor numa sala de aula. Ele não tem de discursar sobre matéria alguma, a não ser para informar e detalhar aspectos técnicos, ou mesmo filosóficos, das questões em disputa. Ele deve conhecer os desejos, aspirações, procedimentos de trabalho, limitações políticas e os constrangimentos negociais das partes, para imergir na dinâmica da controvérsia e explicar (o que não quer dizer justificar) as razões de determinadas propostas, ou a recusa em acatar determinadas demandas.[1]

O mediador deve enfatizar com as aspirações das respectivas partes e entender os aspectos técnicos de cada proposta substantiva, e, então, ser capaz

---

1   RISKIN, Leonard. *Dispute resolution and lawyers*. St. Paul: West Publishing Co, 1987, p. 209.

de, efetivamente, canalizar a informação para a outra, que tem carência desse conhecimento, nas bases do próprio entendimento das partes.[2]

## 5. UM ESTUDANTE DO PROCESSO

Para melhor desempenhar seu papel de professor, o mediador tem de se aplicar no conhecimento do caso, através de apurado estudo de todos os elementos e circunstâncias da disputa. Não pode se furtar de identificar cada parte, pela classificação de seus conflitos, para melhor lidar com cada uma durante o processo. Como uma das tarefas do estudante, o mediador faz todas as anotações relevantes da situação, para melhor analisá-la, por exemplo:

1. Dados indicativos do conflito.

2. Propostas de entendimento salientadas, e detalhes dessas propostas.

3. Títulos do acordo.

Para tanto, o mediador deve, também, ser um escrevente, embora atento para não se transformar em um gravador e esquecer- se da análise da disputa. A função de escrevente, como tarefa do estudante, pode ser ampliada pela aceitação em redigir o documento de acordo, que se constitui, em si, uma função específica e especial.

## 6. O MEDIADOR COMO TRADUTOR

A maneira de dizer, e não a substância do que dizer, pode ser objetada por uma parte. Acontece quando o que é dito é recebido com sentimentos negativos de medo, hesitação. A linguagem empregada pelo mediador, para retransmitir determinadas mensagens, deve se constituir numa tradução, que aumente as possibilidades de aceitação da proposta pela outra parte.

O papel do mediador é transmitir a proposta de cada parte numa linguagem que seja, ao mesmo tempo, confiável e compatível com os desejos de uma e formulada para assegurar o maior grau de receptividade da outra.[3]

## 7. O MEDIADOR COMO COMUNICADOR

No calor de uma disputa, a comunicação é muito dificultada por fatores

---

2    STULBERG, J. op. cit., p. 32.

3    RISKIN, L. op. cit., p. 211.

vários, sejam de ordem psicológica, de educação ou informação. Cada parte, muitas vezes, não entende o que a outra está dizendo, porque ocorre, também, a comunicação indireta, ou não- verbal. Cabe ao mediador transmitir as ideias, posições, convicções e emoções, de maneira tal que as partes possam se entender mutuamente. A ordem e ênfase de colocação das questões impingidas por uma parte constituem-se em mensagens que a outra não percebe. As partes vão perceber as mensagens, que estão mais próximas do seu contexto, e de acordo com ele. O contexto de cada uma tem de ser percebido e comunicado à outra parte, fazendo certo o entendimento e as prioridades, afim de que a discussão seja, adequadamente, visualizada. Essa é uma de suas funções.

## 8. O MEDIADOR COMO COLETOR DE INFORMAÇÕES

As diferenças das partes nem sempre são aparentes. Muitas vezes, escondem-se atrás de questões de somenos importância, e determinam um girar inútil na negociação. Quando não existem solicitações, o mediador precisa usar outros métodos para identificar as questões: usualmente, através de coleta de informações comuns, disponíveis, e através de informações de cada uma das partes. Questões como: a pensão que seu marido pede é muito pequena? O que seria uma pensão satisfatória? Às vezes, essas perguntas não podem ser feitas em sessões conjuntas. O mediador percebe quando a parte tem dificuldade em pronunciar uma quantia, mas sabe que o número já foi pensado muitas vezes. O recurso das sessões privadas é providencial, nesse momento.

## 9. EXPANDINDO OS RECURSOS

O mediador pode aumentar o sortimento de recursos, tanto materiais quanto profissionais, ou sociais, que as partes podem utilizar para resolver suas disputas. Desde o fornecimento de facilidades com computador, até o oferecimento de profissionais, como um assistente social, por exemplo. Uma experiência positiva brasileira revela que a utilização de assistência, social ou psicológica, aliada à mediação, é de grande valia, quando as partes se engajam numa disputa sem avaliação de suas reais necessidades. É preciso, entretanto, estar atento para as limitações das partes, para a aceitação, inclusive, desses recursos. Algumas partes, menos esclarecidas, podem entender a oferta como uma forma de indiscrição, principalmente quando sua atitude e visão do conflito podem ser reveladas, pelos recursos utilizados, como inadequadas, indesejáveis ou inaceitáveis pela outra parte.

## 10. UM "BODE EXPIATÓRIO"

Inevitavelmente, seja qual for o resultado de uma disputa mediada, este estará, de acordo com a percepção das partes envolvidas, ligado ao mediador. Todas as conquistas ou fracassos são, em todos os estágios do processo, inconscientemente, a ele atribuídas. O mediador é o muro das lamentações das partes, onde elas expressam sua raiva e frustrações. Esses sentimentos, provocados pela obstinação ou obscuridade das partes, que são omitidos no encontro direto, são despejados em sessões privadas com o mediador. Este passa a "merecer tal comportamento, por não estar conseguindo o que a parte deseja". É claro que, até certo ponto, a atitude das partes é positiva e ajuda a manter a comunicação viva. No momento em que retornam às sessões conjuntas e retomam a negociação, pela intervenção do mediador, normalmente, estão mais calmas e têm condições de se dirigir cada uma à outra parte com certa tranquilidade.

Enquanto mediador, a intervenção tem de estar livre de qualquer manifestação do ego, ou seja, da personalidade do mediador com seus próprios conceitos e juízos. O autoconhecimento é instrumento básico do mediador, que se assenta numa sessão de mediador para se constituir em receptáculo das personalidades em disputa. O que o mediador pensa ou sente a respeito do conflito deve, sempre, ficar do lado de fora da sala de mediação.

## 11. AJUDA PSICOLÓGICA

Não raro, o mediador tem de administrar as manifestações psicológicas das partes. Seja de raiva, frustação e outros sentimentos que podem desaguar em choro ou outras reações têm de ser entendidas e apoiadas pelo mediador, muitas vezes até incentivadas.

Logicamente, o ambiente de normalidade tem de ser preservado, mas o equilíbrio da comunicação depende também do *venting* eventual das partes.

Isto não significa que o mediador seja obrigatoriamente psicólogo, mas sua formação como mediador requer recursos para lidar com situações em que a emoção se faz presente nas sessões de mediação.

## 12. O MEDIADOR COMO AGENTE DA REALIDADE

O mediador deve testar a visão e percepção de uma parte, em relação à posição e entendimento da outra, com critérios objetivos, onde eles existam.

MEDIAÇÃO – Uma solução judiciosa para conflitos    247

Quando não existem, devem ser testados pela percepção do mediador.

As pessoas, frequentemente, ficam compromissadas em advogar uma e somente uma solução para um problema. Se essa solução está fora da realidade, por exemplo, se uma oferta está muito aquém das expectativas e das possibilidades da outra, o mediador tem de trazer a outra parte para a situação presente. Nem sempre essa irrealidade é uma estratégia de negociação; ocorre, frequentemente, por ignorância, ou falta de informação. Um cliente influente, depois de receber uma mercadoria sem condições de ser utilizada, pode exigir a demissão de um funcionário, depois de constatar a sua falta de atenção no caso. O mediador, depois de se informar da situação, tem de viabilizar a troca ou o ressarcimento da mercadoria pela outra parte, visto que a demissão do funcionário não pode ser considerada pela direção da loja. Não existiu nenhum julgamento de que o gerente da loja estaria certo e o cliente errado. A real situação é de que o gerente, por qualquer razão, não está disposto a sacrificar o funcionário.

O mediador funciona como o "advogado do diabo", e essa conotação tem de ser explicitada para a parte que pode se melindrar por estar sendo contestada, como se não houvesse real neutralidade na intervenção.

O mediador tem de constatar até que ponto as partes estão sendo realistas com relação ao caso, não se deixando levar pelas suas propostas. O mediador é um agente da realidade, porquanto esclarece às partes a viabilidade das propostas, as fraquezas de suas posições e outro qualquer aspecto considerado fora de cogitação pela parte requisitada.

## 13. GUARDIÃO DE SOLUÇÕES DURÁVEIS

O mediador não entra no mérito de nenhuma questão. Seu trabalho é dirigir as pessoas em disputa para uma solução que satisfaça a ambas, seja viável e possa perdurar. Como não é um juiz, não impõe qualquer julgamento ou preferência pela maneira como a disputa deve ser resolvida. Mas o mediador deve considerar as consequências do que as pessoas estão decidindo, e tentar assegurar que os termos do acordo que desenvolvem possam perdurar.

A impraticabilidade de certas decisões advém da pressa em concluir determinadas discussões. Um inquilino pode concordar em deixar um apartamento locado, em uma semana; mas o encargo foi deliberado, sem que tenha assegurado o novo local de sua moradia. Será difícil manter o acordo de mudança, sem considerar essa situação, de forma real. Mesmo permanecendo neutro, o mediador deve prevenir as partes ao fazer acordos que não podem, na prática, honrar.

## 14. PROTETOR DO PROCESSO

Esta talvez seja a função mais importante do mediador. O processo de mediação é um veículo de ajuda às pessoas que demandam a resolução de conflitos numa disputa. Como tal, deve ser preservado da simulação de partes, que não têm, genuinamente, interesse em resolver as disputas, e usam o mediador como veículo tático de seu engodo. A boa fé dos disputantes é fator preponderante, não só para o sucesso da mediação, como para a preservação do processo mediador, como instrumento do bem-estar pessoal. Diz-se que a má fé é o fato mais difícil de ser provado, em Direito. Na mediação, isso não ocorre. A recusa de uma parte em fornecer informações, o *"no show"* às reuniões estipuladas, e a recusa em discutir fraquezas e fortalezas de qualquer proposta, são sinais da falta de real disposição para negociar, que orientam o mediador, para se recusar a atuar como interventor, naquele caso.

"Life would be intolerate if every man insisted on his legal rights."

"A vida seria intolerável se cada homem insistisse em seus direitos ."

***FREDERECK POELOCK***

# TÍTULO III

## ÉTICA NA PRÁTICA DA MEDIAÇÃO

# Capítulo I

## PADRÕES MORAIS E LIMITAÇÕES ÉTICO-PROFISSIONAIS PARA MEDIADORES

Mediação é uma prática, em desenvolvimento no Brasil, que atravessa fronteiras do processo tradicional de resolução de disputas, por reconhecer não só os aspectos legais de uma disputa, como também o social e, principalmente, o emocional. É conduzida em ambientes privados, muitas vezes sem advogados representando as partes. É, também, um processo que não está atado a regras substantivas ou de procedimento, não se podendo dizer, de maneira genérica, se seus resultados são justos ou produtivos.

A flexibilidade substantiva e processual da mediação cria uma constante preocupação com relação ao equilíbrio de poder das partes que, em tese, o sistema tradicional de litigação não tem. Muitas vezes, uma parte tem mais conhecimento do que a outra, detém maior poder econômico ou mantém maior controle emocional. O sistema comum ignora esses fatores, analisando e decidindo, simplesmente, em função dos dados concretos apresentados, à luz de considerações genéricas. A força do poder das partes se revela na preparação desses dados, mediante experiência e habilidade da representação. No julgamento judicial não se cogita a existência de outros fatores, a não ser os revelados por essa preparação.

Na mediação, tudo é abstrato, desde a vontade das partes até os interesses e a forma com que são levados ao ajuste. Por isso, questões de justiça, padrões de confidencialidade, responsabilidade, padrões éticos, certificação e licenciatura têm de ser levantados, como forma de proteger e propiciar o desenvolvimento do processo de mediação.

Advogados têm sido os profissionais mais ativos em questionar a ética na mediação. Eles consideram os métodos alternativos como atividades de sua competência. Pelo fato de lidarem com o conflito dentro do sistema legal, esforçam-se por preservar o sistema adversarial e resguardar o complexo controle e equilíbrio no qual o sistema repousa, e atentam para impor restrições a todos, advogados e não advogados, que oferecem mediação.

- Ao agir como um neutro interventor, o mediador assume uma série de responsabilidades, que envolvem competência, princípios e integridade, não só no exercício da atividade mediadora, quanto na sua formação. O mediador tem de se comprometer com uma série de regras e acordos sobre confidencialidade, imunidades, além de observar altos padrões éticos, na maneira como conduzem o processo e a si próprios, dentro dele. Na proporção em que a atividade mediadora começa a se incorporar no dia a dia do brasileiro, não há como não desenvolver e estabelecer padrões práticos, e estabelecer limites éticos básicos. Atualmente, aqueles que abraçam a profissão mediadora já trazem, de suas carreiras de origem, um código ético-profissional, mas dentro da mediação terão de acrescentar padrões e limites especialíssimos.

Baseado em códigos existentes e, principalmente, na regulamentação do Estado da Flórida, esse esboço tem a finalidade precípua de orientar para o que poderiam ser os fundamentos de um código ético na profissão de mediador. Um código de ética, propriamente dito, normalmente é ditado por um órgão de classe, para estabelecer o que é permitido e o que não é permitido fazer na prática da profissão, mas os padrões profissionais existem como uma estrutura externa, sob a qual o profissional se protege, protegendo ao mesmo tempo a sociedade. Esses padrões figuram no contexto profissional como uma linha de comportamento, de certa forma esperado, e até cobrado pela população, e por que não dizer, pelos próprios tribunais. Não é diferente na mediação. A flexibilidade do processo e a ausência de normas de procedimento acarretam a vinculação a normas éticas específicas e de extrema sutileza.

Capítulo II

# CÓDIGO ÉTICO PROFISSIONAL
# PARA MEDIADORES

## 1. PREÂMBULO

Fora dos Estados Unidos não se encontra um corpo legal consistente para a atividade mediadora, mas verifica-se na literatura inglesa sobre a matéria uma preocupação com os aspectos éticos. O fato da mediação contar com profissionais de várias áreas, principalmente o Direito, fez com que as instituições que oferecem alternativas para resolução de disputas acatem as normas da profissão de origem do mediador. É o caso da Inglaterra, cuja associação de advogados, através de seu *General Council of the BAR,* estabelece que, em qualquer função desempenhada pelo advogado, inclusive a de mediador, se aplicarão normas de conduta e padrões éticos, sob os quais os membros do *BAR* atuam.

## 1.1 Escopo da mediação

O Capítulo 44 dos estatutos da Flórida, em sua norma 10.020 (a), determina regras que "... intentam promover a confiança do público no processo de mediação, e para servir de guia de conduta do mediador.

A exemplo de outras formas de resolução de disputas, a mediação deve ser construída à luz do entendimento e da confiança do público. As pessoas, servindo como mediadoras, são responsáveis para com as partes, para com o público e para com os tribunais, pela sua conduta, como maneira de merecer confiança e credibilidade daqueles setores. Estas regras se aplicam a todos os mediadores certificados ou que participem de mediações referendadas pelos tribunais, e se constituem em guia de conduta para o mediador, no desempenho de suas responsabilidades profissionais, tanto em casos cíveis, familiares ou municipais, no Estado da Flórida".

## 1.2 Definição

O mesmo capítulo 44 dos estatutos da Flórida define a mediação como

"...um processo onde e através do qual uma terceira pessoa, denominada mediadora, age no sentido de facilitar a resolução de uma disputa, entre duas ou mais partes. É um processo, através do qual, uma parte neutra age, no sentido de encorajar e facilitar a resolução de uma disputa, sem prescrever qual. É um processo informal, não-adversarial, com o objetivo de ajudar as partes em disputa a encontrar um acordo mutualmente aceitável."

Muitos estados americanos apresentam legislação que define e estabelece normas que regulam a atividade mediadora, e são unânimes no reconhecimento dos princípios da autodeterminação, que resguarda às partes o direito de negociarem as questões de suas disputas, a voluntariedade das partes, além da não-adversariedade do processo, mencionados pela definição dada pelos Estatutos da Flórida. Entretanto, a Flórida apresenta, atualmente, o mais completo e minucioso conjunto de normas em matéria de padrões éticos do mediador. Desses princípios, advêm responsabilidades e deveres, que envolvem a profissão de mediador no que se refere a sua atuação junto às partes, que se utilizam dos serviços do mediador, ao processo de mediação em si, em relação à profissão original do mediador, a outros mediadores e ao público em geral.

## 1.3 Papel do mediador

Em seu preâmbulo, o Capítulo 10.020, *Fla. Stat.* (c), estipula:

"...O papel do mediador inclui, mas não está limitado a assistir às partes na identificação das questões, reduzindo obstáculos na comunicação, maximizando a exploração de alternativas, e ajudando as partes a encontrar um acordo voluntário."

Professor Golberg, ainda em 1985, delineou diretrizes para um código de ética, com a preocupação de enaltecer os princípios que deverão ser empregados na prática da mediação. A maioria dessas diretrizes está estatuída na legislação da Flórida e funciona como esboço de um código de conduta profissional, que deverá ser usado tanto para mediação civil, comercial, como de família.

Capítulo III

# RESPONSABILIDADE DO
# MEDIADOR COM AS PARTES

## 1. PROTEGER O PRINCÍPIO DA VOLUNTARIEDADE DAS PARTES

A intervenção do mediador só se dará mediante a vontade das partes, mesmo que a iniciativa para o processo não tenha partido delas. Nas *court annexed mediation,* nos Estados Unidos, quando a mediação é recomendada pelo tribunal e as partes têm de comparecer à sessão, lhes é facultado não se submeter ao processo se for essa sua vontade. Ainda que iniciado o processo, as partes ou o mediador podem cancelar a mediação, em qualquer tempo. Da mesma forma, essas providências podem ser tomadas quando a mediação advém de legislação ou contrato.

## 2. PROTEGER O PRINCÍPIO DA AUTODETERMINAÇÃO DAS PARTES

O Capítulo 44, 1011, (2), definindo mediação estabelece que:

"...Em mediação a *autoridade de tomar decisões fica* com *as partes...*". O mediador, em qualquer tempo tem o dever de reconhecer que os acordos feitos durante a mediação são inteiramente voluntários e feitos pelas partes... O papel do mediador inclui, "assistir as partes na identificação das questões, incentivando a negociação conjunta e explorando alternativas para entendimento"; essa responsabilidade significa, também, que o mediador não pode forçar as partes ao acordo. Em hipótese alguma, pode tomar decisões substantivas pelas partes.

Pela norma 10.060, sob o título Autodeterminação, a *FIa. Stat., estabelece:*

a) *Direito de decidir das partes.* Um mediador deve assistir às partes a conseguir um acordo voluntário e satisfatório. As decisões são tomadas, voluntariamente, pelas próprias partes.

b) *Proibição de coerção.* O mediador não pode coagir ou, injustamente, influenciar a parte a fazer um acordo, e .não pode tomar decisões substantivas, por nenhuma das partes, no processo de mediação.

c) *Dissimulação.* Um mediador não pode, intencional ou com conhecimento, dissimular fatos materiais ou circunstâncias do caso, no curso da condução da mediação.

d) *Equilíbrio do processo.* Um mediador deve promover um processo equilibrado, e deve encorajar as partes a conduzir deliberações da mediação, de maneira não-adversarial.

e) *Responsabilidade para* com *as partes não representadas.* O mediador deve promover considerações pelos interesses de pessoas afetadas pelo presente ou acordo potencial, que não estejam representadas na mesa de negociação.

f) *Respeito mútuo.* O mediador deve promover respeito mútuo entre as partes, no transcurso do processo de mediação.

## 3. HONORÁRIOS DO MEDIADOR

Antes de iniciada a mediação, o mediador informará às partes sobre o pagamento dos seus serviços. O item (g) da *rule* 1.700 do Capítulo 44 estabelece que:

> "O mediador, designado pelo tribunal, pode ser compensado ou não compensado", pelas partes. "Quando o mediador é com- pensado, no todo ou em parte pelas partes, o juiz que preside o caso deve determinar a razoabilidade dos honorários, cobrados pelo mediador. Na ausência de acordo escrito, estabelecendo a compensação do mediador, este deve ser compensado por hora- base, estabelecida pelo juiz que fizer a recomendação do caso."

A norma 10.050, (b) *Flórida, Statutes* reza:

> "...no começo da sessão o mediador tem de informar às par- tes...os custos da mediação...".

A norma 10.100, sob o título Honorários e Despesas, também determina:

a) *"Requisitos gerais:* Um mediador ocupa uma posição de fé pública (confiança e verdade) perante as partes e os tribunais. Ao cobrar por serviços e despesas, o mediador deve ser norteado pelos mesmos altos padrões de honra e integridade que se aplicam para todas as outras fases do trabalho de mediação. O mediador deve se empenhar em manter num limite razoável o total cobrado pelos serviços e despesas consistente com a natureza do caso. Se honorários são cobrados, o mediador deverá fornecer, às partes, uma explicação por escrito dos honorários e das despesas relativas ao trabalho, incluindo prazo e forma de pagamento, antes de iniciar a mediação. A explanação deve incluir:

1) a base de cobrança e a quantia cobrada, qualquer que seja, por:

    A) sessões de mediação;

    B) despesas de viagem, inclusive sua duração;

    C) adiamentos ou cancelamentos das sessões de mediação, pelas partes, e as circunstâncias sob as quais essas despesas serão normalmente incluídas ou excluídas;

    D) preparação do acordo escrito das partes; e

    E) todo e qualquer outro item cobrado pelo mediador; e

    F) a cota *pro rata* do montante cobrado pela mediação e custos se, previamente, determinada pela corte, ou ajustada pelas partes."

2) A legislação da Flórida estabelece, também, considerações sobre o arquivo, referências e honorários contingentes:

    *b) "Registros.* O mediador deve manter um registro adequado, para justificar a cobrança pelos serviços e despesas, e deve fazer uma prestação de contas para as partes e para o tribunal.

    *c) Referências.* Nenhuma comissão, devolução, ou remuneração similar devem ser dadas ou recebidas pelo mediador, por recomendações de clientes para mediação ou serviços correlatos.

    *d) Honorários contingentes.* O mediador não pode cobrar honorários contingentes ou basear seus honorários no resultado do processo.

    *e) Princípios.* O mediador deve ser guiado pelos seguintes princípios:

        1) O tempo cobrado não deve exceder o tempo efetivamente alocado para a sessão.

        2) O tempo cobrado para a preparação não deve exceder o tempo real despendido.

3) Cobranças por despesas devem se referir a despesas normalmente ocorrentes e reembolsáveis pelos casos de mediação e não devem exceder as despesas reais.

4) Quando o tempo ou despesas envolverem dois (2) ou mais conjuntos de partes, ao mesmo tempo, ou viagem, esse tempo e despesa devem ser cobrados *pro rata,* apropriadamente."

Para melhor corresponder à filosofia da mediação, o mediador deve conscientizar as partes em dividir, equitativamente, os honorários a serem pagos pelo processo. De qualquer maneira, são elas que decidem, em bons termos, quem e em que proporção arca com as despesas. A regra 1.700 do Estatuto da Flórida estabelece que:

"...Quando apropriado, cada parte deve pagar uma quota proporcional do total cobrado pelo mediador."

## Capítulo IV

# RESPONSABILIDADE DO MEDIADOR COM RELAÇÃO AO PROCESSO DE MEDIAÇÃO

## 1. GUARDIÃO DO PROCESSO

O mediador é o guardião do processo mediador. É responsável pela sua integridade, não só perante os participantes, quanto pela imagem fora da arena de mediação. Pela extrema maleabilidade da condução do processo, exige daqueles que o aplicam um redobrado autocontrole no sentido de não colocar qualquer empecilho à livre manifestação e decisão das partes, mas também para não fugir do objetivo primordial, que é o acordo. Algumas diretrizes determinam atitudes técnicas, que na verdade se constituem em imposições no trabalho do mediador, e obrigações perante o processo.

## 2. EDUCADOR DO PROCESSO

Mediação, como foi visto, não é uma estrutura a ser imposta, como no processo adversarial conhecido. É um processo participativo, onde os disputantes entabulam uma negociação e constroem, ativamente, uma resolução. O mediador tem obrigação de desenvolver sua função de educador, informando, claramente, a respeito da responsabilidade das partes dentro do processo. Essa educação é muito importante para que as partes se conscientizem do seu poder de determinar o destino da disputa e, também, para que assimilem o padrão de comportamento construtivo para sua atuação futura, com relação a disputas.

Para tanto, a norma 10.050, (a), Capítulo 44.101, *FIa. Stat.,* estabelece que, na sessão de orientação, ou seja:

> "...No começo da sessão de mediação, o mediador tem de informar, a todas as partes, que o processo é consensual por natureza, que o mediador é um facilitador imparcial e que o mediador não pode impor ou forçar nenhum acordo para as partes."

MEDIAÇÃO – Uma solução judiciosa para conflitos 259

## 3. PROPRIEDADE DO PROCESSO

Como a mediação não é uma panaceia para todos as males, o mediador é responsável por informar a respeito da propriedade da aplicação do processo. Conflitos puramente psicológicos demandam, também, uma intervenção terapêutica e não só mediação. O mediador está eticamente atado à obrigação de esclarecer o disputante e dirigi- lo para o procedimento mais adequado para intervir no conflito. A decisão tomada tem de se encaixar, claramente, com o tipo de resultado que a parte deseja alcançar. Caso haja outros métodos alternativos, que a parte possa escolher, têm de ser oferecidos e explicados pelo mediador.

Essa diretriz está consubstanciada no dispositivo 44.050, (b) *FIa. Stat.*

"O mediador deve assistir às partes na avaliação dos *benefícios, riscos* e custos da mediação e dos métodos alternativos do *problem solving* disponíveis para elas. O mediador, desnecessariamente, não deve prolongar a sessão de mediação se ela se revela inapropriada para mediação, ou se uma ou mais partes não estão dispostas ou são incapazes de participar do processo de mediação, de maneira significativa."

## 4. CONDUTA DO MEDIADOR

Não é, simplesmente, de supervisão do processo. Na medida em que as partes vão revelando suas necessidades e interesses, o mediador tem obrigação de conduzir essas necessidades e interesses à conciliação e satisfação. Seu papel não é cumprido pela conservação de bons modos e harmonia dentro do processo. O profissional mediador tem de estar preparado para, a pedido das partes, oferecer sugestões substantivas e de procedimento com pertinência. Faculta, entretanto, às partes, a ponderação e o possível acatamento dessas sugestões. Como o *status,* a experiência e a habilidade do mediador dão peso às suas sugestões e recomendações, ele tem de avaliar, cuidadosamente, o efeito dessas intervenções ou propostas, e aceitar inteira responsabilidade pela honestidade e mérito dessas intervenções.

O caráter, as condições intelectuais, emocionais, sociais e atributos técnicos do mediador são constantemente revelados por sua conduta. E essa conduta tem de passar para as partes conceitos de integridade, objetividade e honestidade. A maneira como o mediador conduz sua vida profissional e suas responsabilidades projeta-se e revela-se através de sua comunicação oral ou escrita com as partes, com outros mediadores e com o público.[1]

Na Flórida, a norma 10.030, do Capítulo 44, de seus estatutos, sob o título *Qualificações e Padrões Gerais para o Mediador,* esclarece que:

> "Integridade, imparcialidade e competência profissional são qualificações essenciais, para qualquer mediador. Mediadores devem ater-se aos mais altos padrões de integridade, imparcialidade e competência profissional ao prestar seus serviços."

Essas qualificações são essenciais e preponderantes na escolha do mediador, mas, principalmente, são fundamentais para o desempenho dos procedimentos da mediação.

## 5. ÉTICA NA PUBLICIDADE E PROPAGANDA FEITA PELO MEDIADOR

Toda atitude do mediador reflete-se diretamente na imagem do profissional. Face a isso, não é conveniente que o mediador faça publicidade e propaganda de seus serviços, de forma a enganar ou conduzir os interessados a ideias falsas do processo, seu custo e benefícios e muito menos de seu papel, competência e qualificações.

A norma 10.130, da lei em estudo, sob o título *Propaganda,* estatui sobre a matéria:

> "Qualquer propaganda, feita pelo mediador, deve representar, honestamente, os serviços a serem prestados. Nenhum compromisso ou promessa quanto aos resultados específicos, que impliquem favoritismo a um lado, deve ser feito com o propósito de obter o serviço. O mediador deve fazer somente afirmações cor- retas sobre o processo de mediação, seus custos e benefícios, e sobre as qualificações do profissional."

## 6. ÉTICA E NEUTRALIDADE

O mediador não adentra o mérito das questões em discussão, a não ser para orientar as partes quanto a seus interesses. Em hipótese alguma faz qualquer julgamento da disputa, razão pela qual deve permanecer isento de qualquer posicionamento. Para tanto, deve rever todo e qualquer envolvimento,

---

1    GOLDBERG, op. cit., p. 118.

seja monetário, psicológico, emocional, associacional ou de associação autoritativa que tenha com qualquer uma das partes, que possa causar conflito de interesses ou afetar a aparente ou a real neutralidade profissional no desempenho de suas tarefas. Se o mediador perceber que sua formação encerra um preconceito potencial ao seu desempenho, o mediador deve se desqualificar da execução do serviço.[2]

Ser neutro significa que o mediador não fará nenhum julgamento para identificar quem está certo ou errado, que o mediador tem o dever ético de não desempenhar um papel que favoreça a adversariedade, ou transforme a mediação num processo adversarial de resolução de disputa. O mérito da disputa está diretamente ligado ao que é benefício para as duas partes, e nesse particular o mediador não pode entrar para favorecer uma ou outra parte. Sua função está circunscrita a harmonizar os interesses.

Agir como neutro implica catalisar. O trabalho do catalisador é semelhante ao vento, que resfria o ambiente por onde passa, sem interferir na substância que toca.

A neutralidade representa um dos princípios da mediação, e é cobrada como um dever ético, cujas sanções não são estipuladas, mas se refletem no conceito do processo, bem como seu resultado.

## 7. ÉTICA E IMPARCIALIDADE

O mediador deve ser imparcial e aconselhar todas as partes a respeito de qualquer circunstância, que importe em qualquer preconceito, suspeição, parcialidade. Imparcialidade, define a norma 10.070, do Estatuto da Flórida em seu Capítulo 44:

> "...significa estar livre de qualquer favoritismo, ou preconceito, em palavras, ação ou aparência. Imparcialidade significa um compromisso em ajudar todas as partes, em oposição a qualquer delas, individualmente, na movimentação em direção a um acordo".

## 8. ÉTICA E CONFIDENCIALIDADE

Nos Estados Unidos, talvez seja esse o aspecto mais valorizado da mediação. Os processos judiciais, de um modo geral, são apresentados publicamente.

---

2   Ibidem.

Somente são resguardados por segredo de justiça em função de lei ou decisão da Suprema Corte. Os mediadores estão, por dever ético, impedidos de discutir com pessoas alheias ao processo o que é revelado nas sessões de mediação, a não ser que essas revelações sejam autorizadas pelos participantes ou por ordem judicial. É referida pela norma 10.080:

> "O mediador deve preservar e manter a confidencialidade de todo o procedimento da mediação, exceto onde seja exigido por lei, a revelação de informações."

É necessário, entretanto, distinguir vários contextos dessa confidencialidade. Uma surge de maneira privada e outra pública, ou ainda sob a forma de imunidade contra testemunho em juízo. Informações prestadas durante a mediação não podem ser divulgadas ou participadas, mesmo que o mediador seja compelido a revelar as informações em juízo. A única exceção a essa postura dá- se quando o mediador considera que a não revelação de informações recebidas nas sessões possam colocar em risco a vida, segurança ou saúde de qualquer pessoa. Nesse caso, a confidencialidade não é devida.

As revelações feitas ao mediador durante as sessões de *caucus*, ou sessões privadas, devem ser mantidas em segredo com relação à outra parte, exceto na extensão em que o mediador tenha sido autorizado a revelar. A letra (b) da norma 10.080, dispõe:

> "Quando a revelação é permitida, o mediador deve manter confidencialidade, com relação à outra parte, das informações recebidas em sessões privadas individuais, a não ser que, expressamente, a outra parte, em *caucus*, o permita."

Existem duas posturas a respeito das informações em sessões privadas com relação ao aspecto confidencialidade: o assunto discutido, mediante consentimento da parte, pode ser levado, pelo mediador, às reuniões conjuntas, subsequentemente, em base de completa abertura ou mantém estrito segredo da matéria discutida, privadamente, e, em hipótese alguma, dará conhecimento à outra parte. O que ética e tecnicamente tem sido considerado mais apropriado pelos mediadores é conservar a regra de segredo das informações prestadas em sessões privadas e revelar, como exceção, informações que sejam do interesse das partes. Estas, então, são transmitidas pelo mediador à outra parte, em sessões privadas ou conjuntas. O contrário também pode ser adotado: tudo pode ser revelado, exceto o que for de interesse das partes ser mantido em segredo. Eticamente, o mediador estará resguardado com essas duas considerações.

## 9. USO ÉTICO DO REGISTRO E ANOTAÇÕES DE MEDIADOR

Em razão da confidencialidade, todas as informações colhidas durante a mediação e conservadas pelo mediador não poderão ser divulgadas no futuro, em nenhum processo adversarial. O mediador tem o dever moral de informar às partes a respeito, e obter sua aprovação para essa medida, caso haja necessidade de divulgar informações.

O mediador tem, ainda, o dever de se recusar em testemunhar voluntariamente em juízo, ou usar suas anotações em favor ou contra quem quer que seja e resistir a qualquer intimação nesse sentido.

O segredo prevalecerá para todas as comunicações e negociações relacionadas com a mediação, que será conduzida em base de não-suspeição. A não ser que isso seja liberado pelas partes e se constitua em parte do acordo, com relação a todas as informações ou em relação a algum aspecto em particular. Nenhuma parte se referirá, em nenhum eventual procedimento subsequente, a qualquer discussão ou negociação revestida do privilégio de confiabilidade da mediação, ou mesmo requerer que o mediador o faça. Nenhuma parte terá acesso às anotações do mediador como testemunha em nenhum processo.

A letra (c) dispõe a respeito dos registros das informações colhi- das, pelo mediador, estatuindo que:

> "... o mediador deverá manter confidencialidade na conservação e disposição dos registros e apresentar, anonimamente, todas as informações identificáveis, quando o material for usado para pesquisa, treinamento ou compilações estatísticas".

## 10. ÉTICA E EQUILÍBRIO DE PODER

Este é o grande desafio da mediação e o maior obstáculo ao sucesso desse processo de resolução de disputa. Como ética e, tecnicamente, o mediador tem de ser neutro, de forma a impedir que uma parte mais poderosa determine a solução do conflito, conforme seus únicos interesses em detrimento dos interesses da outra. Deve ser atentamente trabalhada pelo mediador. Em linhas gerais, é absolutamente ético a intervenção do mediador, no sentido de encaminhar dados ou pessoas que assistam a parte em desvantagem, para reforçar e equilibrar o poder e propiciar a negociação de forma mais equitativa. Mais do que isso, constitui-se em obrigação ética do mediador. Além disso, é reconhecido pelos técnicos em mediação que os acordos feitos com base no desequilíbrio de poder das partes tendem a ser injustos e de pouca durabilidade.

Pela sua complexidade e importância, essa matéria deverá ser tratada, mais profundamente, em capítulo especial.

## 11. ÉTICA E *EMPOWERMENT*

O *empowerment* ou revestimento de poder é outra grande diferença do processo mediador. Através dele as partes conservam ou retomam o poder de decisão que têm como negociadores. Este normalmente fica nas mãos do terceiro interventor nos outros processos resolutivos. É importante salientar que não é o terceiro mediador que faculta o poder às partes, e sim o processo de mediação propriamente dito.

## 12. APOIO PSICOLÓGICO

Eventualmente, uma ou outra parte necessita, durante ou antes da mediação, ajuda psicológica. Se o mediador entende que o processo pode ser ineficiente em razão dessa ocorrência, ele tem de fazer recomendações apropriadas no sentido de encaminhar a parte, em deficiência, para um profissional. Mediadores não são terapeutas, terapeutas podem ser mediadores. Assim sendo, a mediação não comporta um trabalho de resolução de conflitos psicológicos, mas deve clarear os meios para sanar esse problema e, se possível, então, o mediador deve promover o processo.

A norma 10.090, (b), encarrega-se de embasar esse comportamento, por parte do mediador:

> "Parte ausente. Se uma das partes é incapaz de participar do processo mediador, por razões físicas ou psicológicas, o mediador deve adiar ou cancelar a mediação até a data em que todas as partes estejam em condições e dispostas a negociar perante o mediador."

## 13 INFORMAÇÕES LEGAIS PRESTADAS PELO MEDIADOR

Como foi visto anteriormente, mediador não é advogado, mas advogado pode ser mediador. Portanto, o mediador não pode fornecer consultoria, individualmente, às partes, por não estar cuidando de nenhum interesse em particular. Seu trabalho tem de atender aos interesses dos disputantes, de forma conjunta ou harmonizada. Não existe empecilho para que o mediador, mesmo que seja advogado, possa recomendar consultoria a outros advogados. É dever ético fazê-lo.

Como padrão ético profissional a norma 10.090, (b), reza sob o titulo: Parecer legal independente que:

"Quando o mediador acredita que a parte possa não entender ou estimar quanto um acordo possa, adversamente, afetar direitos legais ou obrigacionais, deve aconselhar os participantes a procurar consultoria legal."

Não se entende, contudo, que o mediador advogado não possa fornecer informações objetivas, para esclarecimentos de ambas as partes, em sessões conjuntas. Não se trata, neste caso, de fornecimento de parecer legal, e sim de informações imparciais, que possam nortear as partes, em conjunto, na negociação. Com relação a parecer advocatício, a norma 10.090, (d), sob o título *Opinião Pessoal,* é clara:

"Enquanto mediador, pode o profissional apontar possíveis resultados do caso; sob nenhuma circunstância pode um mediador oferecer opinião pessoal ou profissional, de como um tribunal, em um caso adjudicado, resolverá a disputa."

De qualquer forma, adiantar uma decisão judicial significa especular um resultado. Entretanto, não se percebe por que informar às partes a respeito das tendências dos tribunais, como forma de orientação para determinadas decisões, possa ser entendido como fornecimento de parecer advocatício e ferir a norma que proíbe essa prática nas sessões de mediação.

Através de nota da comissão, na mesma lei, os mediadores são advertidos da necessidade ético-legal de:

"explicar os riscos do procedimento de mediação, sem suporte de aconselhamento legal independente...", e de "...aconselhar as partes a consultarem advogado durante o curso da mediação, e antes de assinar qualquer acordo preparado pelo processo, para as partes."

## 14. ÉTICA E IMUNIDADE DO MEDIADOR

Existe clara preocupação doutrinária quanto à figura pública do mediador. Algumas legislações estaduais, nos Estados Unidos, expressam esse cuidado. Assim reza o número 107, do Capítulo 44 do Estatuto da Flórida, referindo-se aos mediadores designados pela Suprema Corte:

"... O mediador apontado, sob o Capítulo 44, nº 102 *(Court Annexed Mediation)* deve ter imunidade judicial, da mesma maneira, e na mesma extensão, que o juiz."

Essa imunidade refere-se à responsabilidade civil do mediador, dentro de suas específicas funções. O mesmo texto legal assim se refere:

"...A pessoa designada, sob o Capítulo 44, nº 106, para assistir à Suprema Corte, desempenhando sua atividade disciplinária, deve contar com absoluta imunidade, decorrente de responsabilidade por atos, praticados no exercício de seu ofício, enquanto atuando dentro do escopo de suas funções."

## 15. ÉTICA NA CONCLUSÃO DA MEDIAÇÃO

Como a mediação pode apresentar vários resultados, para cada tipo de conclusão corresponderá uma atitude por parte do mediador. O acordo é o objetivo da mediação, e sua busca e facilitação é função primeira do mediador. É dever do ofício a entabulação e feitura de um acordo que preencha, tanto quanto possível, de forma satisfatória, as necessidades das partes e atenda a ambos os interesses. Esse acordo é normalmente reduzido a termo de compromisso, pelo mediador, e documenta o processo de mediação. Pode ser:

Conforme a norma 10.110, (1) o acordo conseguido na mediação pode ser:

a) *Acordo total* - "O mediador arrazoará os termos de qualquer acordo conseguido para serem apropriadamente memorializados e discutidos com os participantes do processo para formalização e implementação."

O mediador tem de apresentar as opções de formalização e legalização, assegurando às partes o recebimento de um documento escrito, mesmo rascunhado, com a assinatura dos participantes.

b) *Acordo parcial* - A norma 10.110, (2), estabelece que:

"Quando os participantes conseguirem um acordo parcial, o mediador deve discutir os procedimentos disponíveis para resolver as questões remanescentes."

Quando o mediador conclui que o acordo incorre em alguns vícios comprometedores à sua execução, ou apresenta outras irregularidades, é dever do mediador determinar e declarar as causas e adotar algum comportamento sanador ou impedidor da concretização do acordo.

Sob o subtítulo Integridade do Acordo, a norma 10.110, (3) estabelece que:

"O mediador não deve, com conhecimento, assistir às partes em conseguir um acordo que, por razões tais, como fraude, coação, simulação, ausência de habilidade de negociação, ou inconsciência, será invalidado."

MEDIAÇÃO – Uma solução judiciosa para conflitos    267

Como causas que demandam saneamento ou impedimento, os acordos podem ser:

1) *Ilegais* - Quando ferirem normas substantivas de relevância privada ou social. Por exemplo: numa separação de cônjuges, através da mediação, um deles não pode abrir mão da pensão alimentícia dos filhos, mesmo que em troca de outros benefícios.

2) *Grosseiramente injustos para* com uma *das partes* - Como a estipulação de juros exorbitantes para uma das partes, ou extrema desigualdade de divisão de bens.

3) *Resultado de informação falsa* - Liquidação baseada em avaliações inverídicas e fora do mercado.

4) *Resultado de negociação de ma-fé* - Um cônjuge apresenta rendimentos baseados em pensão para tratamento médico e oculta sua atividade comercial autônoma, altamente remunerada, mas sem comprovação.

5) *De impossível execução* - Uma parte se compromete a vender uma casa, de alto valor, em região desvalorizada, dentro de prazo exíguo.

6) *Com probabilidade de curta duração* - Uma parte se compromete a ressarcir os danos de uma colisão de trânsito de determinado valor, pagando mensalmente prestações que excedem o seu rendimento mensal.

Para atender um enquadramento ético, condizente com a envergadura do mediador, algumas alternativas são apresentadas:[3]

1) Informar às partes das dificuldades que o mediador encontra no acordo.

2) Informar às partes das dificuldades e fazer sugestões que possam remediar o problema.

3) Retirar-se da mediação sem revelar a nenhuma das partes a razão para sua desistência.

4) Retirar-se da mediação mas revelar, por escrito, a ambas as partes as razões de sua ação.

5) Retirar-se da mediação e revelar, publicamente, as razões gerais pelas quais toma a decisão.

A revelação pública, contudo, independente do mérito das razões apresentadas pelo mediador, pode ferir princípios gerais da mediação. A má fé, ilegalidade ou irrazoabilidade do acordo, têm de ser comunicadas às partes ou

---

3    STULBERG, op. cit., p. 139.

a seus representantes presentes à mediação, que decidem quanto ao destino e aplicação dessas informações. Normalmente, a parte prejudicada pela atitude da outra recorre à alternativa litigiosa. A questão aqui retorna à confidencialidade do processo; além disso, as irregularidades apresentadas se constituem em matéria de prova no processo litigioso, e pode demandar revelação por parte do mediador, caso seja compulsória.

Quando a mediação termina sem acordo, com impasse, há que se considerar quem determinou o impasse. Se for (em):

a) *Os participantes* – A norma 10.110, (b), (1), regula: "O mediador não solicitará a presença futura de nenhum participante a nenhuma conferência posterior quando fica claro que os participantes desejam cancelar a mediação."

b) *Se o mediador* – O número 2, (b) da mesma norma, estipula: "Se o mediador acredita que os participantes são incapazes, ou não se dispõem a participar significativamente, no processo, ou que um acordo é improvável, o mediador suspenderá ou terminará a mediação. O mediador não deve prolongar, improdutivamente, discussões que resultarão em custos emocionais e financeiros para os participantes. O mediador não continuará a prover os serviços de mediação, onde exista completa ausência de habilidade para negociação."

A habilidade de negociação se revela pelo posicionamento das partes face às questões em disputa, e é facilmente detectável pelo mediador, que tem o dever ético de terminar a mediação.

Capítulo V

# A RESPONSABILIDADE DO MEDIADOR PERANTE OUTROS MEDIADORES

No relacionamento com outros mediadores, a responsabilidade ética do mediador é substancial, não só para a continuidade do intercâmbio entre os profissionais, mas para preservação da filosofia da mediação. Essa forma de resolução de disputas está pautada na ausência de competição, o que estimula um respeito absoluto pela atitude do outro e, consequentemente, a não- interferência em qualquer atividade passada em curso, ou futura, de qualquer colega.

Essa matéria é regulada pela norma 10.140, (a), (1).

"O mediador", diz a regra, "não deve mediar nenhuma disputa que esteja sendo mediada por outro mediador sem antes consultar ou tentar consultar a pessoa ou pessoas que estejam conduzindo tal mediação."

Em algumas situações de co-mediação, onde mais de um mediador participa de um determinado caso, "cada mediador tem a responsabilidade de manter os outros informados do desenvolvimento da essência da mediação, para que o esforço coletivo tenha resultado único. As aspirações das partes sobrepõem aos interesses dos mediadores".

É o que determina a norma 10.140, (a), (b), do Capítulo 44, do Estatuto da Florida.

A figura do mediador é envolvida por uma aura de responsabilidade e confiança, sobre as quais se baseia o intercâmbio das questões em conflito, para o sucesso da mediação. A presença de co-mediadores não deve, em hipótese alguma, macular essa aura, com manifestações de discordância ou crítica ao outro mediador. As discussões a respeito das ações que os mediadores devem ou não tomar não podem violar o princípio da confidencialidade. Como já foi observado, as discussões entre os mediadores devem ser feitas, estritamente, em sessões privadas.

Capítulo VI

# RESPONSABILIDADE DO MEDIADOR PERANTE OUTROS PROFISSIONAIS

O relacionamento do mediador com outros profissionais há de ser de cooperação. São grandes os benefícios que esse entrosamento sistêmico pode proporcionar à mediação. O processo mediador de resolução de disputas necessita, simultaneamente, do instrumental de várias ramos das ciências humanas e seus profissionais. A disputa tem de ser trabalhada tanto nos seus aspectos legais, quanto sociais ou psicológicos, com o mesmo peso de importância. Daí a necessidade da cooperação desses profissionais quando em co- mediação ou assistência.

"O mediador", estabelece a norma 10.140, (a), (1 ), "deve respeitar o relacionamento entre a mediação e outras disciplinas profissionais, incluindo direito, ciências contábeis, ciências da saúde mental, assistência social, e deve promover cooperação entre mediadores e outros profissionais."

Capítulo VII

# A RESPONSABILIDADE DO MEDIADOR PERANTE A PROFISSÃO

Atualmente, quando a mediação ainda é desconhecida para a maioria das pessoas que podem ser beneficiadas e mesmo por profissionais que podem desempenhá-la a contento, é de grande importância que as pessoas que militam com o processo alternativo se empenhem em construir uma imagem real e positiva da nova profissão. Para tanto, é necessário que se apliquem no aprimoramento de suas habilidades, e busquem, sempre, novos caminhos de aperfeiçoamento das técnicas a serem aplicadas na mediação.

## 1. TREINAMENTO E EDUCAÇÃO

O mediador tem responsabilidade com a sua profissão, na medida em que tem de estar devidamente aparelhado para sustentar o padrão de conhecimento que é exigido na mediação. Os mediadores não deverão, inclusive, desempenhar serviços em áreas para as quais não esteja devidamente qualificado, não só por experiência, quanto por aprendizado e treinamento. A atuação do mediador nas áreas em que esteja despreparado coloca em risco, não só a mediação, quanto pode provocar danos psicológicos, financeiros, legais, ou mesmo físicos às partes submetidas a sua falta de competência. O mediador é obrigado a buscar conhecimento nas disciplinas necessárias, ou referir os casos para outros mediadores, que são treinados nas áreas em que o mediador é carente.

A norma 10.120, (a), determina:

"Um mediador está obrigado a adquirir conhecimento e treinamento no processo de mediação, incluindo um entendimento apropriado de ética profissional e padrões de comportamento e responsabilidades. Mediante solicitação, o mediador é obrigado a revelar a extensão e natureza de seu treinamento e experiência."

## 2. EDUCAÇÃO CONTINUADA

Em todas as profissões liberais, existem, nos Estados Unidos, normas que exigem, para renovação de licenças para prática da profissão, comprovação de educação contínua dos profissionais. Constantemente, advogados, médicos, psicólogos e outras profissões, que funcionam mediante registros em órgãos de classe, são submetidos a cursos de atualização e aperfeiçoamento para continuarem atuando no campo, para o qual foram graduados e certificados. Na profissão de mediador acontece o mesmo.

Sob o subtítulo *Educação continuada,* a norma 10.120 (b) específica:

"É importante que mediadores continuem sua educação profissional durante o tempo em que oferecem seus serviços. O mediador deve ser pessoalmente responsável por contínuo crescimento profissional, incluindo participação na referida *continuing education,* como requerido por lei."

## 3. TREINAMENTO DE NOVOS MEDIADORES

Além disso, o mediador tem de estar disponível para promover o crescimento do quadro de profissionais, facultando seus conhecimentos a outros mediadores. Da mesma forma, propiciando aprendizado e treinamento de novos mediadores.

Assim dispõe a norma 10.120 (c), com relação ao assunto:

"Um mediador experimentado deve cooperar no treinamento de novos mediadores, inclusive servindo como mentor."

Capítulo VIII

# RESPONSABILIDADE DO MEDIADOR PERANTE O PÚBLICO E PARTES NÃO REPRESENTADAS

O cerne da mediação está no ato de negociar, e este é essencialmente um ato de natureza privada, um processo voluntário. O propósito primeiro da mediação é assistir às partes a conseguir um acordo. Esta assistência não derroga os direitos das partes de recorrer para sanções econômicas, sociais, psicológicas e legais. Entretanto, o processo de mediação deve incluir a responsabilidade de assegurar os interesses do público ou outras partes não representadas no processo, em razão de um acordo em torno de uma disputa, em particular. Mediadores devem questionar acordos que não atendam aos interesses do público, ou partes não representadas, cujos interesses e necessidades devem ser e não estão sendo considerados, na mesa de negociações. Mediadores devem questionar se os interesses de outras partes deveriam estar na mesa. É claro, contudo, que o mediador não controla ou regula o conteúdo de qualquer acordo negociado.

Capítulo IX

# QUESTÕES CONTROVERTIDAS E COMPLEXAS EM MATÉRIA DE PADRÃO PROFISSIONAL DO MEDIADOR

## 1. COLOCAÇÃO INTRODUTÓRIA

Mesmo nos países onde a mediação não é institucionalizada ou divulgada, discussões sobre esse assunto começam a abundar, principalmente no meio advocatício. Já é lugar comum falar-se sobre as dificuldades com o judiciário, quando a questão é resolver um caso em disputa. O assunto é alternativa e a alternativa mais pura e simples, que todos visualizam, além da negociação direta, é a mediação.

Em países onde a mediação é desenvolvida, o assunto faz parte do dia-a-dia de todas as pessoas, e sua formalização cresce a olhos vistos. O gerenciamento de conflitos vem, cada dia mais, atraindo novos e muitos participantes. Esta expansão, todavia, acarreta preocupação, críticas e preconceitos sobre a natureza do trabalho e das pessoas que atuam com ele, e demandam da parte, daqueles que se instruíram sobre o assunto, um trabalho de divulgação e esclarecimento. O movimento cético e cheio de apreensão que se pode observar é entendido como um fator positivo para a construção de um trabalho. Isto porque a mediação deve ser entendida e permanecer, pelos mesmos objetivos tão aspirados e esperados, por vários ramos profissionais. A desconfiança é obstáculo na implantação de novas ideias mas, por outro lado, é fator de sedimentação quando essas ideias têm oportunidade de serem aplicadas e testadas.

Entre aqueles que adquiriram alguma informação sobre a matéria, os questionamentos são ainda maiores e dividem mesmo *experts* e estudiosos, representando desafios a serem acatados e vencidos. Tal movimentação, às vezes cética, às vezes entusiástica, ou, simplesmente, questionamentos, devem ser bem-vindos, endereçados e ponderados.

As questões envolvem problemas com os quais a humanidade vem militando há milênios e que, agora, ressurgem na mediação e outras alternativas para solução de disputas, como uma forma de alertar para conceitos que permanecem não resolvidos, e outros, que surgem em razão dos primeiros. São desafios à inteligência e aspirações do homem, em busca de seu destino. São questões relativas à justiça, poder e lei. O mediador se defronta com esses desafios, porque está na "linha de fogo" da ação inovadora da mediação; no seu campo de ação, tem minutos para contemplação e só uma chance de responder, com sucesso, a esses desafios. É muito o que está em jogo.

## 2. MEDIAÇÃO E DESEQUILÍBRIO DE PODER

A negociação é a base da mediação e é pautada no inter- relacionamento de sujeitos em torno de objetos disputados. O estudo preliminar desses sujeitos, numa negociação, talvez seja o passo mais importante do terceiro, que trabalha intervindo e facilitando a resolução de uma disputa. Quando um mediador verifica que uma das partes domina o cenário da negociação, impondo seus interesses, face a seu maior conhecimento da matéria disputada, maior carisma pessoal, melhores condições econômicas, melhor posicionamento social, melhor poder de comunicação, melhor controle de emoções, maior disponibilidade de tempo, melhor assessoramento técnico, melhores condições psicológicas, se vê diante de um quadro, com diferentes elementos, com capacidades distintas para entabular elevar a efeito uma negociação e um acordo. O mediador poderá estar diante de desequilíbrio de poder entre os sujeitos numa mediação. Essa identificação, contudo, não é tão simples assim.

A questão desequilíbrio de poder é um dos mais importantes pontos a serem considerados em mediação. É, também, um dos aspectos que, com justo motivo, dá azo a muitas preocupações, que podem ser sumarizadas na pergunta: como pode a mediação, um processo de resolução de disputas, que depende, basicamente, do consenso das partes, lidar com uma situação conflituosa, na qual uma das partes é mais poderosa do que a outra e pode, em razão desse desequilíbrio de poder negocial, influenciar e mesmo determinar o resultado da disputa?

Para que se possa responder com maior critério essa indagação, é necessário que se conceitue *poder de negociação* em sentido amplo, o que por si só é uma tarefa bastante complexa. O conceito de poder de negociação é vago. Mesmo que alguém possa catalogar fontes de poder - armas, recursos humanos e econômico-financeiros, informações, recursos naturais, fé religiosa, ausência de competidores - ninguém pode determinar, com precisão, qual fonte é mais útil ou quanto de uma determinada fonte alguém deve possuir, para atingir o limiar de "ter poder".[1] Ainda que se possa avaliar, qualitativa e quantitativamente, essas forças, restará sempre o trabalho de estimar seus resultados mediante a interação com outros fatores, como tempo, espaço e as próprias condições da outra parte, do outro lado. Poder não é um elemento necessariamente estático, pode mudar quando mudam as circunstâncias.[2] Avaliar se o poder de negociação de uma parte é maior do que a outra, é sempre uma presunção, e como tal duvidosa.

Na prática, verifica-se, também, que o poder existe em diferentes formas e é comum ser exercitado, de forma muito sutil. Além disso, o conceito de poder é afetado pela percepção que as partes têm de seu próprio poder e do poder dos outros, o que pode, ou não, levar a conclusões acuradas. Relacionamentos de poder podem contar com muitos elementos de poder, que podem se apresentar de maneiras diferentes em cada parte, o que determina um equilíbrio aparente e camufla o poder propriamente dito. Identificar e definir o poder é como sondar a natureza humana, é um trabalho sempre especulativo e perigoso.

A despeito de tudo, intuitivamente, é possível entender quando algumas pessoas exercem influência sobre outras: pessoas em cargos de chefia, intimidando subordinados, maridos egocentralizados, impondo comportamentos em mulheres chamadas donas-de-casa, multinacionais impondo cláusulas contratuais a *franchaisers,* companhias de seguro pressionando sinistrados, e muitos outros.

O mediador opera dentro da realidade em que qualquer negócio envolve pessoas com diferentes poderes de negociação. Praticamente, poderes *diferentes* provavelmente significam poder desigual de negociação.[3] O que se quer dizer é que existe sempre uma certa disparidade de poder entre as partes em disputa e, nesses casos, as técnicas de mediação são adequadas e devem estar talhadas para lidar com o desequilíbrio. A questão é saber, entretanto, até que ponto essa disparidade pode ser administrada pelo processo, e a partir de quando passa a comprometer o sucesso da operação?

---

1  GOLDBERG, op. cit., p. 121

2  BROWN, op. cit., p. 240.

3  STULBERG, op. cit., p. 139.

A maioria dos autores afirma que o desequilíbrio de poder tem de ser *grande, sério* ou *severo,* o que significa a mesma indefinição quanto ao nível de aceitação, por parte do mediador, de uma disputa eivada de desequilíbrio de poder.

O que acontece na prática é que o desequilíbrio quando grande ou sério, via de regra, não chega à sala de mediação. E quando existem casos, nessa situação, não passam das entabulações preliminares para a primeira sessão. As próprias partes se sentem desconfortáveis ou acreditam ser "perda de tempo" uma negociação. A parte, flagrantemente mais poderosa, tem necessidade de afirmar esse poder, não só perante a outra parte, mas também perante o mediador. Normalmente, não acata qualquer limitação ou comprometimento exigido pelo processo. O que impede a realização do processo não é a disparidade de poder por si só considerado, mas o desequilíbrio psicológico de partes. Não pelo fato de serem mais poderosas, mas pela necessidade de afirmar esse poder perante outros. Às vezes, a necessidade de reconhecimento do poder se limita à outra parte, o que acontece muito em relações deterioradas entre cônjuges. Ocorre se acomodarem, na presença do mediador.

De qualquer forma, mediadores não podem fazer presunções prematuras a respeito de desequilíbrio de poder, porque essa avaliação, como pode ser estimada, é muito mais complexa e obscura do que possa ter sido apreciado. Talvez essa assertiva possa responder à pergunta que, invariavelmente, fará alguém no caminho da profissão de mediador: deve, então, um mediador aceitar uma mediação quando entende existir desequilíbrio de poder?

Ninguém pode afirmar, antecipadamente, qual o resultado de uma mediação antes de encerrada. Mesmo porque grandes diferenças de poder só aparecem quando as partes estão engajadas em suas discussões. Existem casos onde as partes adentram a sala de negociações com interesses tão díspares, quanto poderes, e depois de se exporem por alguns minutos, fecham um acordo; e outros, onde o nível de cordialidade e predisposição é flagrante, mas o mediador tem de determinar um impasse depois de horas de negociação. Tudo pode acontecer num recinto de mediação. Nessa matéria, tudo o que se classificou foram os conflitos. Ainda não se tem dados suficientes para classificar casos em absolutamente mediáveis e absolutamente imediáveis.

A resposta mais viável para a aceitação ou não de um caso, com disparidade severa de poder, é sim e não. Sim, quando as partes, mesmo quando flagrante a disparidade de poder, não demonstrarem para o mediador que é impraticável a intervenção. Não, quando houver possibilidade de avaliação da inviabilidade de aplicação do processo ao caso, antes que as partes se manifestem suficientemente, o que é muito difícil de acontecer.

Um cuidadoso e competente guardião de um processo de mediação pode neutralizar os efeitos unilaterais do desequilíbrio de poder, que é manifestado numa mediação. Entende-se que são *cavacos do ofício* de mediador a utilização de técnicas e estratégias que facilitem a negociação, a despeito desse desequilíbrio.

O que se pode dizer, em linhas gerais, é que desequilíbrio de poder não significa impossibilidade de acordo. Se assim fosse, não se saberia explicar a ocorrência de 95% de entendimentos encontrados nos casos que chegam aos tribunais, nos Estados Unidos. É sabido que a maioria das reclamações judiciais se pauta na necessidade de equilíbrio de poder, o que, em tese, o sistema adversarial propicia, através do enquadramento das partes, a uma forma genérica e abstrata de julgar. Também, em tese, essa forma de julgamento faz com que as partes cheguem ao embate, em igualdade de condições.

Entretanto, quando o mediador, ultrapassados os momentos anteriores à mediação, ou já iniciada, acreditar que a questão do desequilíbrio de poder permanece como obstáculo a uma efetiva negociação, deve terminar a mediação. Para tanto, estará acobertado por arrazoados que justificam essa conduta e normas que regulam eticamente essa prática.

## 3. EMPOWERMENT DAS PARTES PELA MEDIAÇÃO

Poderia se afirmar que *empowerment,* ou revestimento de poder, é um conceito complexo e controvertido em matéria de mediação. É também um dos aspectos que, compreensivamente, gera maiores indagações, talvez o maior desafio dos processos alternativos de resolução de disputa.

Em primeiro lugar, existe uma focalização diferenciada da questão *empowerment.* Uns autores se preocupam com o aspecto institucional e outros, por saber que, teoricamente, este o maior empecilho do processo mediador, o identificam com mediação, para contestar a validade do processo.

O aspecto institucional, a que muitos autores se referem, na realidade, consubstancia-se no princípio da autodeterminação das partes. Nessa interpretação, representa o cerne do processo de mediação, daí a sua grande importância. É por meio dele que as partes podem chegar ao acordo, dirigidas pelo seu próprio e único trabalho, com absoluto controle. Nesse caso, não é o mediador que estabelece esse poder. Ele representa a diferença entre os processos comuns de resolução, onde o poder de decisão permanece nas mãos do interventor.

O *empowerment* pode aparentar, às vezes, ser muito pequeno, especialmente quando as partes estão acompanhadas de seus representantes. Advogados e outros consultores eventuais dentro do processo, todavia, terão sempre papéis definidamente coadjuvantes. O controle, é importante salientar, permanecerá sempre nas mãos dos negociadores. Este controle é conferido institucionalmente pela mediação e cabe ao mediador assegurar a sua posse e uso pelas partes. No caso da litigação, o poder de controle das negociações e do resultado, desde o momento em que as partes assinam uma procuração para seus representantes, sai de suas mãos para advogados, juízes, etc. Pode-se, portanto, dizer que o *empowerment,* mesmo que aparentemente o quadro da sessão mediada indique o contrário, existe em toda sua dimensão no processo.

No desenrolar do processo, o que se salienta é o aspecto interpessoal do *empowerment.* Não como um conjunto protocolar, como entendem alguns,[4] onde existam instruções para que o mediador, por exemplo, se levante toda vez que os disputantes adentrem a sala de mediação, nem o que isso, efetivamente, significa. O *empowerment* propriamente dito, na sua acepção lógica, significa, efetivamente, conclamar todas as partes ao nível de poder que lhe é mister e próprio para a negociação, o que significa informar ou educar[5] as partes, como alguns autores preferem, nos seus efetivos interesses. Numa disputa, é aí que se situa normalmente o terreno do equilíbrio de poder.

*Empowerment* de uma parte em relação à outra significa aumento de sua habilidade de negociar, em função da dinâmica do processo, na maneira como a comunicação é incrementada, por força da atenção dedicada ao equilíbrio de poder. O que significa que, individualmente, a parte que está em situação inferior fica mais livre para tomar suas próprias decisões.

## 4. RUMOS ÉTICOS DO MEDIADOR FACE AO DESEQUILÍBRIO DE PODER

A questão que surge, não é saber se o mediador deve ou não aceitar a tarefa mediadora, quando as partes estão em desequilíbrio do poder. Entende-se que, a partir do momento que existe disputa, existem diferentes pessoas, com diferentes visões e bagagens, e consequentemente, desequilíbrio de poder. Poderes diferentes significam níveis desiguais de poder. Quem pode afirmar que uma

---

4   SHAILOR, J. G. *Empowerment in dispute resolution* – a critical analysis of communication. London: Praeger, 1994, p. 7.

5   FOLBERG, op. cit., p. 10.

disputa entre duas pessoas, com mesma formação intelectual, mesmas condições socioeconômicas, físicas, psicológicas, discutindo uma quantia relativamente pequena, pode esconder um grande desequilíbrio de poder? Por outro lado, que evidência se tem de que, numa disputa entre uma poderosa firma, negociando com um trabalhador mínimo assalariado, existe equilíbrio de poder? No primeiro caso o mediador pode entender que exista perfeito equilíbrio para a negociação. No segundo, a impressão é a de que uma das partes está em desvantagem. Além disso, fatores objetivos da disputa podem vir ao cenário. As partes podem estar, aparentemente, mais aparelhadas de recursos substanciais, como o contrato com melhores advogados e, provavelmente, tudo isso pode levar um observador a entender que as partes menos favorecidas serão mais afetadas por um resultado adverso. Este é o quadro real da situação, se o enfoque for o desequilíbrio de poder. Nesse quadro, podem ainda existir outros fatores, entretanto, que podem equilibrar essa situação: por exemplo, os aspectos legais da disputa podem favorecer a parte em desvantagem, no caso de um julgamento; a parte em desvantagem pode ser melhor sucedida; politicamente, o resultado favorável pode representar grandes perdas para uma empresa, por exemplo, em vantagem, porquanto outras empresas podem se espelhar no resultado adverso de sua semelhante, e o massacre de uma pequena companhia, por outra de grande porte, pode representar má publicidade e afetar a imagem e os negócios, da vencedora, perante o público em geral; ainda o colapso da pequena empresa, que se constitui em fonte de negócios, pode não ser o mais interessante para a multinacional, que pode preferir uma solução que conserve a menor dentro do comércio. As circunstâncias e fatores que envolvem as partes, à primeira vista, podem ser avaliados erradamente.

A pergunta, então, que aflora imediatamente ao estudioso da matéria, é saber como o mediador trabalha diante desse quadro e como pode reverter, ou pelo menos neutralizar as diferenças, para que elas não prejudiquem ou influenciem o resultado da negociação. De outra forma, o mediador, a exemplo da legislação da Flórida, talvez seja obrigado a descontinuar o processo.

Um fator relevante e óbvio é a representação legal no processo. A representação, por si só, já funciona como elemento compensador do desequilíbrio. Se as partes não estão representadas, é mister que o mediador sugira que cada parte faça consultas independentes a advogados, se ainda não o fizeram, ou concordem que consultores legais sejam chamados a participar das sessões, fornecendo consultoria imparcial, onde for adequado.

A representação ou a consultoria comum não é, contudo, fator imprescindível na mediação, mesmo que haja desequilíbrio de poder. O mediador deverá, com ou sem representação, estar vigilante quanto à guarda do processo e prevenir qualquer abuso de qualquer lado, e sugerir procedimentos e usar estratégias que possam extinguir o desequilíbrio de poder, quando for detectado. Suas intervenções deverão ser frutos da observação, na medida em que o processo avança, se está devidamente utilizado, formulando questões, de tempo em tempo, assegurando de que as informações próprias estão sendo canalizadas para a resolução. Quanto mais informações estiverem na mesa de negociações, maior distribuição de poder haverá entre as partes, porquanto "possuir e controlar informações é uma forma de poder".[6]

Nesse caminho, algumas práticas são sugeridas:[7]

1) Permitir partes (ambas ou todas), oportunidade própria para expressar seus pontos de vista.

2) Prevenir comportamentos abusivos, de ameaças, de acusações, incluindo ironias, sarcasmos, menosprezo, ou outras formas de expressão, que exponham as partes ao ridículo.

3) Fazer com que as partes estabeleçam regras mútuas, que permitam comunicação e negociação mais efetiva.

4) Ajudar as partes a lidar com suas preocupações e interesses, de forma construtiva e não indevidamente ameaçadora.

5) Não permitir,. tanto quanto seja praticável, qualquer conduta, dentro ou fora do processo, através de regras de comum acordo, que impeçam as partes de exercitarem poder ou influências indevidos, que possam afetar o resultado da mediação.

As decisões do mediador são guiadas pelo comportamento, pontos de vista e preferência das partes. Inicialmente, ou mesmo durante o processo, é orientado pelos disputantes, sobretudo da parte em desvantagem, como forma de equilibrar o poder, até o ponto em que tudo pode ser observado e dimensionado.

É lógico, entretanto, que não cabe ao mediador informar a uma parte, em particular, a situação de desequilíbrio. O processo é voluntário, e cabe à parte, que receia ser levada a uma decisão desvantajosa, recusar-se a participar

---

6    BROWN, op. cit., p. 352.

7    Ibidem.

do processo. O que o mediador pode fazer é informar as partes, de maneira aberta, mas sem expressar qualquer julgamento, a respeito da dificuldade de comunicação, nessas circunstâncias. Para tanto, o mediador tem de se utilizar das sessões conjuntas.

Afora o exposto, como foi anteriormente visto, existe sempre a prerrogativa do mediador de terminar o processo, fracassadas todas as iniciativas de reforçar o poder das partes em situação inferior para equilibrar o poder.

## 5. MEDIAÇÃO E JUSTIÇA

O sistema adversarial fornece uma estrutura de resolução de disputas com conjuntos de normas substantivas e de procedimento que vêm, através dos tempos, sendo testados, avaliados para fazer justiça. Não se pode dizer, mesmo quando todos os ritos foram cumpridos e as verdades comprovadas, que o resultado de uma disputa julgada foi justo. Quem pode afirmar se foi justo? Baseado em quê? Na lei? E se a lei não for justa? Em princípios? Quando?

Quando se fala em justiça, fala-se de algo relativo, em comparação a um padrão determinado, razão por que o conceito é tão largamente discutido, e nunca estabelecido. Quando se fala em mediação, essa relatividade desaparece porquanto não existem padrões de comparação para se avaliar se uma decisão é justa ou não. O justo resultado de uma disputa mediada é aquele que melhor atender aos interesses dos disputantes. Numa versão romântica dessa explicação poder-se-ia dizer que é o que fizer as partes "felizes". O que for bom para as partes é justo. Não importa a comparação com princípios de sistemas jurídicos hebraicos, romanos ou da "*Commom Law*", porque esses foram mudados ou construídos de acordo com o tempo e o lugar, sendo sempre "um", mas o sistema pessoal será sempre "*o*" e destitui qualquer validade da comparação.

Com raras oscilações, 50% dos disputantes, ao perderem uma causa em juízo, acharão que o resultado foi justo. Mais do que isso, disputantes mesmo vencendo uma demanda consideram o resultado injusto, porquanto obtêm, em retorno a suas expectativas, aquilo que foi manufaturado pela estrutura legal e judicial. Existe um abrigo, ao qual a disputa tem de se acomodar, e esse abrigo carece de exatidão para fornecer o que é pedido. Invariavelmente, ao tentar enquadrar um caso para uma decisão judicial, é necessário estreitá-lo e reduzi-lo, deixando de lado não só aspectos circunstanciais e legais, mas os aspectos pessoais e psicológicos de um conflito.

MEDIAÇÃO – Uma solução judiciosa para conflitos    283

Mediação, como alternativa de solução, é adversa a regras gerais. Ao invés de construir um caso para uma estrutura, constrói-se uma estrutura para um caso, mediante a colocação de todos os aspectos de uma disputa, em suas bases originais e por quem, melhor do que ninguém, sabe do assunto. O resultado obtido pela mediação é único e revela tudo o que foi possível considerar e ponderar, porque os disputantes não só encontram oportunidade, como contam também com tempo para expressar seus pontos de vista a respeito do caso. Uma pesquisa no Canadá revelou que 93,6% dos participantes de mediação expressam essa condição, enquanto somente 80,5% das pessoas que participaram no contencioso o fizeram. Além disso, 81,2% confiaram que o mediador entendeu "completamente" ou "quase completamente" do que, realmente, se tratava sua disputa, e tiveram chance de trabalhar com as questões que a envolveram.[8] Enquanto 71% dos litigantes sentiram que o juiz "completamente" ou "quase completamente" entendeu seu desentendimento.[9]

A informalidade da mediação faz com que o processo seja mais compreensível porque, além de consensual, busca resoluções autodeterminadas, com apresentação e movimentação das partes. Durante a dança da mediação, o mediador afasta cadeiras da pista, neutraliza obstáculos e deixa as partes dançarem a sua própria música, no ritmo e no balanço que a elas aprouver. Com isso, a mediação pode apropriadamente reconhecer a colisão de "normas legais", com as "normas de orientação pessoal.[10] Essas normas pessoais, muito embora descartadas pelos advogados, por serem irrelevantes para o julgamento judicial, são importantes para os disputantes e ajudam na formação de seus acordos, pelas características únicas de sua disputa. A acomodação dessas normas, de um universo bem mais amplo, produzirá um resultado muito mais próximo do ideal de satisfação das partes, do que o produzido somente com aceitação de normas c princípios legais.

Para que um resultado justo possa ser, realmente, conseguido, na acepção mais pura do termo, o processo de mediação conta com algumas intervenções voltadas para o que seja justo para as partes. O conhecimento e aparelhagem psicológica do mediador intenta favorecer a avaliação das posições relativas das partes, para a ponderação de todos os fatores relevantes e favorecer os

---

8   Court-Connected Family Mediation Programs in Canadá. Research Paper, n. 20, Alberta Law Reform Institute, Edmonton, Alberta, 1994, p. 42.

9   GOLDBERG, op. cit., p. 130.

10   FOLBERG, op. cit., 245.

momentos de maior conforto. No conforto das partes, entende-se esteja o resultado de maior justiça.

Existem algumas salvaguardas[11] de justiça, na mediação, que é mister mencionar para melhor entendimento dessa justiça. A principal é a presença do mediador com conhecimento e condições psicológicas próprias, para perceber os momentos de cada parte e favorecer a avaliação das posições relativas, para que possam, depois de ponderar todos os fatores relevantes, vislumbrar decisões, que lhes pareçam justas. Em segundo lugar, a função do mediador como controlador, porque previne e obstaculiza intimidação e autoproteção, estabelecendo equilíbrio de poder, para estimular chances iguais de qualificação das decisões. Em terceiro, como agente da realidade, guia as partes para o contexto efetivo das disputas e as consequências de suas opções. Em quarto, a responsabilidade do mediador em promover a razoabilidade das decisões, principalmente, quando afetam terceiros, como o público e incapazes.

Os resultados de uma mediação não têm efeito de execução compulsória. As partes o acatam e executam porque é do seu interesse fazê-lo, e isso é entendido como evidência da justiça da mediação, porque oferece a alternativa judicial e propicia, sempre, a revisão. Pode-se dizer que, dessa forma, a mediação não propicia, às partes, segurança quanto à execução e duração das resoluções. Contudo, em resposta mais apurada, estatísticas recentes, no Canadá, revelam que os resultados mediados, por serem pautados na ampla liberdade de decisão das partes contam com 97% de eficiência, em matéria de execução, e não apresentam índices consideráveis de recursos, e têm maior durabilidade que os processos não mediados.[12] Além disso, o caráter educativo do processo mediador leva as partes a; procurar a mediação, para rever seus acordos, quando sentem seja necessário.

## 6. DILEMAS DO MEDIADOR COM RELAÇÃO À JUSTIÇA

Até que ponto o mediador é responsável pelo resultado da mediação? Essa é uma questão que surge quando se fala em justiça na mediação. O mediador tem um papel importante para desenvolver com relação ao resultado como um todo, mas não se pode dizer que sua responsabilidade chegue aos termos do acordo. Um princípio fundamental da mediação é que as partes são os ne-

---

11  Ibidem.

12  Court-Connected Family Mediation Programs In Canadá. *Research Paper,* n. 20, Alberta Law Reform Institute, Edmonton, Alberta, 1994, p. 43.

MEDIAÇÃO – Uma solução judiciosa para conflitos    285

gociadores, e o mediador se limita a facilitar o trabalho de comunicação, para propiciar o acordo. São tarefas totalmente diferentes, uma é processual, a outra é substantiva, com relação à disputa e seus resultados.

Mesmo aceitando que as partes sejam responsáveis por suas próprias decisões, algumas dúvidas, de caráter ético, pairam diante do mediador, durante o processo. Por exemplo, durante as sessões privadas, resguardadas pelo princípio de confidencialidade, o mediador recebe informações, que, participadas à outra parte, mudam completamente o rumo da negociação e, principalmente, seu resultado. Por exemplo, se o mediador se inteira de que uma das partes está disposta a pagar muito mais do que a outra está pedindo, na venda de um determinado bem, como mínimo aceitável, ou quando é informado de que um cônjuge cometeu adultério e pleiteia uma volumosa pensão do marido, pela separação, aproveitando-se do fato notório do adultério do marido.

A *rule* 10.060, (b), sob o subtítulo, Proibição de coerção do mediador, estabelece que:

"O mediador não pode coagir ou *injustamente influenciar* uma parte em direção ao acordo, e não deve tomar decisões substantivas, por nenhuma das partes de um processo de mediação."

O grifo salienta a situação de dilema, que face à justiça, o mediador pode se encontrar, como nos exemplos do parágrafo anterior. Como definir o que seria justo ou injusto, para permitir ao mediador influenciar a outra parte, no sentido de aceitar ou negar o que é oferecido e fechar o acordo?

Casos existem onde o mediador, decididamente, não poderá se manifestar, como informar sobre culpas de uma ou de outra parte. Mas, em várias circunstâncias, o mediador pode vencer seu dilema revelando, mediante autorização, algumas informações que podem resultar em reversão de posições acirradas, o que, em última análise, é o papel do mediador.

Outra situação é quando as partes questionam o mediador, quanto à razoabilidade e justiça de alguma oferta em particular. As partes, normalmente, tentam atrair o mediador para reforçar seus pontos de vista. Nesses casos, mesmo que o mediador entenda, favoravelmente, tem de resistir em dar seu endosso a uma das partes. Por exemplo: se o mediador acatar que o pedido de aumento de salário de uma classe trabalhadora, estimado pelo aumento do custo de vida, seja justo ou razoável, então qualquer proposta que exceda aquela figura, automaticamente, será taxada de injusta ou não- razoável. A. resposta do mediador, para essas solicitações, tem de ser pronta e uniforme: a responsabilidade tem de voltar-se para as costas das partes: "Não é importante que eu acredite ser razoável ou justa a proposta. A questão é saber se esse é um arranjo que vocês possam viver com ele."[13]

A tendência das partes é relacionar os resultados da mediação com o mediador. Entretanto, com a postura de neutralidade, o mediador jamais será substancialmente responsável pelas decisões tomadas pelos disputantes, durante a mediação. Se assiste, e não impõe suas opiniões, não tem qualquer responsabilidade pelo resultado, esse é o pensamento de várias vertentes e a postura da regra 44.107 do Estatuto da Flórida:

> "...o mediador apontado sob a norma 44.102 tem imunidade da mesma maneira e na mesma extensão do juiz". Tal pessoa, diz o texto legal, "tem absoluta imunidade por responsabilidades, no desempenho de suas funções, enquanto atuando dentro do escopo da função, para a qual foi designada".

Mas se uma proposta é tão manifestamente injusta, que ofende a consciência do mediador, não existe razão para que este não se retire do processo, mediante sua declaração de impossibilidade, por , questões éticas.

## 7. LICENCIATURA DO MEDIADOR

É corrente a preocupação dos envolvidos com mediação, seja no setor universitário, judicial ou educacional, definir se o mediador deve ou não ser licenciado. Até agora o que se viu foi a atividade do mediador acontecer de maneira natural, em todos os níveis e setores da vida humana. Mediadores desconhecidos é o que mais existe no mundo. Todas as pessoas agem como mediadores, seja como pais, amigos, supervisores, companheiros, vizinhos, ou cidadãos; para alguns, mediação é uma habilidade nata. Não há como exigir que sejam todos licenciados. A ocorrência é que a mediação começou a deixar o campo do empirismo, e a ser utilizada de forma organizada e em áreas determinadas. Na proporção em que o conflito começou a ser estudado, como fator de desenvolvimento, e as disputas transbordaram as prateleiras judiciais, esses mediadores anônimos passaram, em muitos países, a ser imitados e desenvolvidos. Aí, então, não se pode deixar de organizar a profissão e tratar de oferecer formas de certificar, legalizando as atividades daqueles que, necessariamente, estão atuando como mediadores.

---

13 STULBERG, op. cit., p. 148.

Por outro lado, existem outros autores que entendem que o público tem o direito de ser protegido, pela licenciatura ou certificação para mediadores. A falta de regulamentação incentiva charlatães e incompetentes de todos os naipes para oferecer seus serviços, como mediadores, para um público desconhecido, que pode não ter informação adequada, ou critério para fazer uma escolha sensata e inteligente.

Em 1984 já existia, nos Estados Unidos, regulamentação no setor público. Normas estaduais e administrativas existem, com relação a credenciais e experiência para *Court Connected Mediators* e outros , funcionários públicos que serviam como mediadores. Já então se exigia formação superior em psicologia, assistência social ou campos correlatos, para mediadores de família, nas Cortes da Califórnia, Connecticut, Nevada, Oregon e outros. Alguns programas, estabelecidos por normas judiciais, para ajudar a aliviar o congestionamento do protocolo de litigação, exigiam que mediadores fossem membros da *American Bar Association*.

Ainda não existe regulamentação da mediação no setor privado. Muito embora exista considerável discussão sobre a necessidade de tal regulamentação, muitas questões ainda têm de ser resolvidas.

O Estado da Flórida, atualmente, mantém avançada legislação em matéria de mediação. A parte I, encerra a Regra 10.010, determina as qualificações gerais do mediador. São três as qualificações: *County Courts Mediators, Family Mediators* e *Circuit Civil Mediators.* Os mediadores certificados para as *County Courts,* ou cortes municipais ou de justiça, só podem atuar, de acordo com as características da jurisdição, em ações criminais de pequeno porte e ações cíveis de valor não superior a US$25.000,00 (vinte cinco mil dólares). Os mediadores de Família atuam em ações relativas à família de um modo geral, casos de delinquência juvenil, adoção, divórcio, custódias, pensões alimentícias, heranças, etc. O *Circuit Civil* é responsável pelas disputas cíveis de maior porte, e pelas ofensas criminais de maior gravidade, chamadas de *"felonies"*, e são também denominadas *"Superior Court".*

Para casos de *County Courts* os *mediators* têm de ser certificados como *Circuit Mediators* ou *Family Mediators,* a não ser que:

1) Complete um mínimo de 40 horas num programa de treinamento certificado pela Suprema Corte.

2) Observe um mínimo de 4 sessões de *Court Annexed Mediation,* conduzidas por um mediador certificado e conduzir 4 sessões de mediação de

*County Court* sob a supervisão e observação de um mediador certificado pela corte.

3) Ser de bom caráter moral.

Para mediadores de família e questões de dissolução de casamento, as exigências, de acordo com a mesma regra, são:

1) Completar um mínimo de 40 horas, de um curso de treina- mento em mediação familiar certificado pela Suprema Corte.

2) Ter grau de mestre ou doutorado, em assistência social, psiquiatria, ou ciências do comportamento ou sociais; ser médico certificado, em prática de adulto ou psiquiatria infantil; ou ser advogado ou contador público, certificado e licenciado, para prática em qualquer jurisdição dos Estados Unidos; e ter pelo menos 4 anos de experiência na prática de um dos campos mencionados, ou ter 8 anos de experiência em mediação familiar com uma média de, no mínimo, 10 mediações por ano.

3) Observar 2 mediações de família, conduzidas por um media- dor de família certificado, e conduzir duas mediações de família sob a supervisão e observação de um mediador de família certificado.

4) Ser de bom caráter moral.

Para mediadores da comarca, exceto mediação de família, o mediador deve, no mínimo, ter:

1) "Completado um mínimo de 40 horas de curso, sobre mediação da comarca, certificado pela Suprema Corte.

2) Ser membro, em boa situação, da *Florida Bar Association,* com pelo menos 5 anos de exercício no Estado da Flórida e ser um membro ativo da *Florida Bar* no ano de inscrição para o certificado; ou ser juiz aposentado de qualquer jurisdição dos Estados Unidos e seja membro, em boa situação, do *Bar* no estado onde presidiu, como juiz, por pelo menos 5 anos imediatamente precedente ao ano em que o certificado é solicitado.

3) Observar 2 mediações de comarca, conduzidas por um mediador certificado pela Suprema Corte da Flórida e conduzir 2 mediações da comarca sob a observação e supervisão de um mediador certificado.

4) Ser de bom caráter moral.

Até julho de 1990, os mediadores de família e os da comarca eram devidamente certificados em circunstâncias diferentes, com menos exigências. Após a implementação do Capítulo 44 dos Estatuto da Flórida, os mediadores, até então certificados, foram julgados qualificados, de acordo com as novas regras. E o que foi determinado pela norma 10.010, letra (d) sob o subtítulo Condições Especiais. A partir de então, os novos mediadores tiveram de se submeter às novas regras.

A legislação reguladora da atividade profissional do mediador, nos Estados Unidos, é apresentada na forma de atos, *Licensing Acts* e *Certification Acts*. Os primeiros, tipicamente, definem a prática profissional e descrevem a natureza das atividades permitidas, excluindo profissionais não cobertos pela definição. A administração do exame e determinação das qualificações para licença, assim como a tarefa de policiamento de prática não autorizada, foi, muitas vezes, delegada para organizações profissionais do estado. Os outros geralmente autorizavam o uso de certos títulos ou textos descritivos, para retratar os serviços oferecidos por indivíduos certificados. Estes atos, expressamente, ou por implicação, prescrevem o uso desses títulos para aqueles que não são certificados. Esses estatutos, geralmente, prescrevem sanções criminais e regulam como os profissionais podem fazer publicidade e se anunciarem, e normas de responsabilidade civil por negligência.[14]

Existem outras formas de controlar a entrada de profissionais no campo da mediação ou estabelecer o treinamento e a experiência exigida. Logicamente não têm a mesma força ou impacto do licenciamento ou certificação, mas foram usados para estabelecer um certo controle do universo da mediação. Eram registros de agências estaduais de mediadores que atingiam certos requisitos mínimos para a prática. Outras agências requeriam subscrições, em um padrão de prática ou código de ética antes de permitir seu alistamento, ou uso de mediadores, em suas atividades. Alguns departamentos governamentais, ou mesmo agências e organizações profissionais, ainda podiam credenciar alguns cursos educacionais ou programas de treinamento, e então exigir alguns desses cursos, como condição para empregar ou referendar mediadores. Também existiram critérios para estabelecer a inclusão de mediadores em diretórios ou listagem, tanto privadas quanto públicas, dos serviços de mediação.[15]

A solução da Flórida tem funcionado, apropriadamente, atendendo às expectativas e necessidades cogitadas, no início do movi- mento de alternativa nos Estados Unidos. Havia uma séria preocupação quanto às exatas qualifica-

---

14 FOLBERG, op. cit., p. 260-1.

15 Ibidem.

ções necessárias para, efetivamente, promover os serviços de mediação e assegurar a devida proteção aos interesses do público. Na época, alguns casos de incompetência foram reportados e o surgimento de várias instituições e associações profissionais favoreceu o trabalho de organização e promoveu unidade e direção para a profissão. Não havia como limitar a entrada de mediadores no novo campo através de sanções estaduais, para licença e certificação. Quase 15 anos foram transcorridos da formação de entidades profissionais até que o Estado da Flórida, assim como Califórnia, Connecticut, Nevada e Oregon estabelecessem regras para limitar a profissão.

*"The providence of man is never to know, but to search, always to search. So, let us get on with our business."*

"A missão do homem é nunca saber, mas buscar, sempre buscar. Então, cumpramos o nosso papel."

**GERRY SPENCE**

# TÍTULO IV

## EDUCAÇÃO PARA MEDIADORES

# Capítulo I

# INTRODUÇÃO

## 1. ALGUMAS POSIÇÕES

Dentro do restrito campo desenvolvido pela mediação no Brasil, existe uma clara preocupação quanto à educação de mediadores. Na verdade, aqueles que têm algum conhecimento sobre a matéria e se entusiasmam pelo processo não sabem como se habilitar para sua prática ou mesmo se informar para uma estruturação profissional.

Atualmente, em alguns países onde a mediação é desenvolvida como uma nova profissão já regulamentada existem cursos de graduação específicos e pré-requisitos acadêmicos, para a formação de profissionais. Essa formação, nos Estados Unidos, por exemplo, se constitui em aperfeiçoamento prático, composto de uma série de especificidades acrescentadas a determinadas bases profissionais, como Direito, Psicologia e Administração, muitas vezes adquirida para atender à norma que exige de profissionais liberais registrados educação continuada.

Alguns advogam a prática da mediação, de forma livre, por pro- fissionais que tenham ligação específica com o campo da resolução de disputas. Todavia, um conceito seguro sobre a aplicação de qualquer dessas maneiras de formação de mediadores demandaria uma experiência, em ambas as maneiras. Somente um histórico mais longo do que o já existente, em vários países, pode demonstrar a melhor hipótese.

A experiência americana, inicialmente, adotava mediadores voluntários, sem maiores exigências, além de uma formação universitária. Hoje, várias legislações estaduais organizam a profissão regulamentada com cursos de especialização e treinamento específico, nos vários circuitos, onde a mediação é aplicada.

De uma forma ou de outra, não existe controvérsia, no universo das pessoas que estudam, praticam ou usam a mediação, quanto à real necessidade de uma formação dirigida, especificamente, para a prática da mediação. Aqueles que têm uma formação acadêmica conceitual reconhecem a carência da prática e aqueles que vieram do campo experimental sentem-se, de certa forma, perdidos, sem um dimensionamento teórico da matéria.

## 2. O QUE EXISTE EM MATÉRIA DE FORMAÇÃO E TREINAMENTO DE MEDIADORES

### 2.1 Nos Estados Unidos

Há, aproximadamente, duas décadas os Estados Unidos pesquisam, experimentam e aplicam a mediação. Em face desse trabalho, têm desenvolvido um vasto programa de treinamento e ensino em todo o país. São disciplinas integrantes dos cursos de graduação e pós-graduação, em várias escolas, como Direito, Psicologia, Administração, Assistência Social e cursos de especialização, oferecidos por entidades, credenciadas, por todo o país. Dentre elas, salientam-se o próprio órgão da classe de advogados, a *ABA -American Bar Association,* a *Academy* of *Dispute Resolution,* a *Spidr -Society of Professional in Dispute Resolution,* entre outras.

A experiência americana está espalhada por vários focos educadores, em matéria de mediação. Existe uma diversidade de abordagens para treinamento, por isso os interessados têm um leque de opções e programas. Desde o treinamento de pessoas da comunidade, para solucionar pequenos problemas comunitários e de vizinhança, até avançados programas de negociação, com intervenção neutra, em programas de pós-graduação de famosas universidades.

Os esquemas comunitários estão acomodados em programas práticos, de um dia, denominados *workshops.* Os programas introduzem conceitos básicos de mediação e suas técnicas.

Similarmente, *workshops* de um dia são oferecidos para orientar advogados, no serviço de mediação, em pequenos litígios comerciais e casos de lesões corporais culposas, que se constituem no grande contingente de ações. Ainda existem programas de curta duração, para *continuing education* e aperfeiçoamento para profissionais, que já possuem uma formação, em prática de mediação.[1]

Também são ministrados programas intensivos, de um dia até uma semana, que enfatizam exercícios participatórios. e demonstrações de técnicas de mediação são oferecidas para profissionais da área de resolução de disputas, de um modo geral. Esses programas têm desempenhado um importante papel para o estudo da mediação, porquanto orientam os profissionais para as particularidades da prática. Permitem o acoplamento das especialidades profissionais de cada participante às conformações do processo mediador. Mediadores experimentados são frequentemente convidados a fazer palestras sobre suas conquistas e estilos, além de divulgar os conceitos oriundos de sua experiência particular e, ao mesmo tempo, propiciar o desenvolvimento da teoria e da prática da mediação, no país.

A Universidade de Miami, dentre outras, oferece *mediation workshops* como disciplina curricular em seus cursos de LLM, que valem de 1 a 6 créditos. Os cursos são oferecidos em quarenta horas, distribuídas em três meses de aulas. Ou, ainda, na forma de cursos intensivos de mesma duração, nos programas de verão, como parte integrante dos cursos de ADR. Nesses cursos, além do conteúdo teórico, fazem parte do programa ensaios de mediação, com técnicas de *role playing*, objetivando experimentação simulada, para a prática do processo.

Cursos especiais de mediação são oferecidos pela Universidade de Harvard, como parte do programa de instrução para advogados. São limitados a quarenta e cinco participantes por semestre em cada modalidade, Mediação básica e Mediação avançada. A primeira consta de um estudo introdutório da mediação, como um conceito e uma técnica, voltados para advogados. Não advogados, com formação apropriada, principalmente na área da saúde, podem ser admitidos nos cursos, mediante aprovação dos instrutores. O programa consta de uma combinação de teoria e prática com oportunidade para os participantes se envolverem em uma série de simulações, desenhadas em vários cenários, tais como família, vizinhança, comercial e normas públicas. Questões críticas, como por exemplo, responsabilidade ética do mediador, são também examinadas. A segunda modalidade está baseada num modelo especial de mediação, em suas sessões conjuntas, ao invés de por meio de *caucus*

---

1    FOLBERG, op. cit., 234.

ou *shutle mediation.* O objetivo é assistir às partes a resolverem suas próprias disputas, sem que os advogados tomem a frente de suas decisões.

Hoje, nos Estados Unidos, o quadro educacional em matéria de mediação é bem diferente. A *Catholic University* of *America,* a *University* of *Colorado,* a *University* of *Illinois* e a *University* of *Maryland* passaram a oferecer titulação e certificados para seus cursos de mediação. Várias outras universidades seguiram os exemplos.

A *NOVA - Southeastern University* conta com uma faculdade sistêmica, *school* of *Social and systemic studies.* Nessa escola é oferecida formação integral de ADR, em três níveis: bacharelado, mestrado e doutorado. São os cursos: *Graduate certificate* em *Dispute Resolution,* que consiste em um programa de um ano. O curso oferece uma avaliação fundamental da intervenção no conflito e sua prática;

*M.s. (master) in Dispute Resolution,* delineado para especialização de alunos graduados em ADR. O grau do programa focaliza os enfoques pragmáticos inerentes aos relacionamentos humanos; *Ph.D. in Dispute Resolution,* com a missão de atender a estudo e prática avançados em resolução de disputas através de monitorização e desenvolvimento em pesquisa, teoria e informação de liderança no campo de ADR. Em todos os níveis, os cursos têm mediação, como um de seus carros-mestre.

Atualmente existem incontáveis cursos de adr na maioria da Universidades americanas além de várias organizações que prestam serviços em mediação e arbitragem.

## 2.2 Na Inglaterra

A *Law Society,* no Reino Unido, publica, anualmente, um relatório sobre o desenvolvimento de ADR. Em 1992, seu segundo relatório designou ADR como área prioritária para treinamento, tendo em foco dois estágios. O primeiro dava conhecimento aos interessados da disponibilidade, no Reino Unido, de cursos de ADR. No segundo, dois aspectos de treinamento foram identificados: especialização para advogados para representarem clientes em mediação e outros processos de ADR e treinamento de advogados, para atuarem como mediadores, ou outras formas de intervenções neutras.[2]

---

2    BROWN, H. *ADR principles na practice.* London : Sweet and Maxwell, 1993, p. 385.

Cursos introdutórios e treinamento técnico especializado em mediação são, geralmente, oferecidos por um sempre crescente número de organizações como o *Center for Dispute Resolution, The British Academy of Experts, Mediation U.K., The Family Mediators Association, The National Association of Family Mediation and Conciliation Services* e *lDR - Europe Limited* e *ADR Net*. O *Colege* of *Law* já oferece cursos introdutórios, e outras entidades oferecem treinamento para assistir advocacia, em negociação emediação.[3]

Na Inglaterra, os cursos introdutórios são ministrados em quatro e em oito horas e dão conhecimento do processo de mediação, seu procedimento, conceitos, sua relevância e os tipos de casos e circunstâncias, nas quais o processo pode ser usado. Todavia, os cursos introdutórios não habilitam os certificados para atuarem como neutros. Para tanto, necessitam de treinamento com maior carga horária.

A formação de neutros exige um treinamento de quatro dias, ou trinta e cinco horas, sendo que o curso de Mediação familiar é ministrado em trinta e cinco horas, durante cinco dias. O curso mais intensivo é ministrado em um programa de dois dias, que é considerado insuficiente.

Os cursos de treinamento envolvem, normalmente, uma combinação de aulas expositivas, aliadas a outras técnicas de ensino, como: material escrito, palestras, pequenos e grandes grupos de discussões, representações, usando disputas simuladas como exercícios, demonstrações, apresentações de audiovisuais e sessões de perguntas e respostas. Ênfase é dada à participação e envolvimento dos integrantes do curso, para eliminar a passividade da tomada de notas. O objetivo do treinamento é fornecer ao participante perícia e conhecimento, combinando apreciação teórica do processo e suas implicações, treinamento das técnicas e habilidade para trabalhar, com competência, em mediação.

Esses cursos básicos podem ser complementados de várias maneiras: com cursos avançados, seminários e conferências, publicações, jornais e artigos, constantemente publicados, com o intuito de divulgar e propiciar o desenvolvimento da mediação, na Inglaterra.

---

3    BROWN, op. cit., p. 385.

## 2.3 No Brasil

O Brasil caminha, já não tanto às cegas, a estrada da mediação. Alguns Estados, como o Paraná e o Rio de Janeiro, apresentam-se em trabalhos isolados, mas vigorosos. Algumas entidades oferecem cursos intensivos e maratonas de 40 e 20 horas. Os cursos são limitados, quanto à teoria da mediação, e somente propiciam um conhecimento prático e teórico introdutório. Já existem programas- piloto junto a Defensorias Públicas, para onde são encaminhados casos em busca de solução amigável. Ao mesmo tempo, oferecem estágios junto àquela defensoria pública, para os profissionais que concluem os cursos. O estágio, como observadores e como mediadores, segundo alunos do curso, não propicia aos habilitandos a segurança para mediar, em razão da carência de elementos objetivos de estudo, seja nos cursos, ou bibliografia nacional pertinente.

Palestras e conferências têm sido proferidas, sem um respaldo científico adequado. É comum verem-se impressos como: "Drs. Fulanos de Tal, advogados e mediadores associados", o que nos faz presumir uma abordagem *latu sensu* do processo, que não é o objeto desse trabalho.

Desde 1998, a Faculdade Mineira de Direito da PUC-MG, oferece em nível de mestrado , a disciplina. Técnicas alternativas de resolução de disputas em dois módulos de 30 horas cada. O SAJ – Serviço de Assistência Jurídica dessa Faculdade aparelha-se para propiciar estágio para alunos do curso e consequentemente fornecer certificados de mediadores.

Aos poucos vai se arrefecendo a resistência que existia por parte dos órgãos de classe advocatícia e de magistratura à aceitação da mediação como alternativa para o judiciário. Um trabalho de divulgação e orientação se faz necessário e principalmente de esclarecimento do instituto em sentido estrito para romper as eventuais barreiras existentes.

Capítulo II

# FORMAÇÃO PARA MEDIAR

## 1. IMPORTÂNCIA DO ENSINO DE MEDIAÇÃO

A iniciativa, no Reino Unido e Estados Unidos, das organizações de resolução de disputas preenchia, há dez anos atrás, uma lacuna deixada pelas Escolas de Direito, Serviço Social, Psicologia, Administração e outras escolas da área de estudos humanos. *Workshops* e seminários eram oferecidos como meio de acesso dos interessados à profissão de mediador.

O crescente interesse no campo de alternativa de solução de disputas tem estimulado a criação de programas sistêmicos, combinando as Escolas de Direito com Serviço Social ou Psicologia. Paralelamente, outros cursos associados com o Direito foram desenvolvidos, tais como Direito e Urbanismo, Direito e Administração, Direito e Psicoterapia e Direito e Criminologia. Esses cursos e titulações têm a finalidade de atender o fluxo de interesse, desenvolver novas áreas de pesquisa e sua aplicação e oferecer currículos que valorizem e. enriqueçam os cursos regulares, com a preparação de novo material de ensino, além do objetivo principal, que é oferecer um corpo complementar de conhecimento.[1]

Não é de se admirar que mais e mais Escolas de Direito e Departamentos de graduação, nos Estados Unidos, estejam oferecendo cursos teóricos e práticos de mediação. Essa expansão desenvolve a separação de titulação. Uns estão voltados, unicamente, para a especialização de profissionais do direito e outras escolas das Ciências Humanas, com titulação especial, outros como parte integrante de seus cursos de Administração, Psicologia, Direito, Serviço Social e outros.

---

1  FOLBERG, op. cit., p. 235.

A educação em solução de disputas, mais precisamente em mediação, propicia maior credibilidade ao assunto e ao mesmo tempo amplia o quadro de profissionais atuando num mercado, cada dia maior e mais carente. É positivo que a mediação se revista de tantas feições, oriundas de tantos campos das ciências humanas; maior chance terá o processo de atingir os objetivos a que se propõe, visto que maior profundidade e especificidade se dará ao trabalho, junto a disputas.

Três razões para fóruns alternativos são comumente citados, para justificar o ensino de mediação, nas escolas de Direito: para aliviar o congestionamento de ações nos tribunais; para melhorar o acesso à justiça comum, pelos economicamente menos favorecidos, para propiciar maneira superior de resolver alguns tipos de disputas. De maneira abrangente, essa ampliação curricular vem ao encontro da obrigação, que têm as Escolas de Direito, de promover o bem-estar social e fazer o direito presente, trazendo respostas diretas para os anseios da sociedade.

Já se observa, em meio às empresas de grande porte, um interesse e mesmo preocupação em dirigir soluções próprias para controvérsias, preferindo negociar suas questões, ao invés de esperar por decisões judiciais. Alegam que os tribunais decidem, estritamente com base legal, ignorando interesses de classes, de um modo geral. Empresários e executivos não veem mais controvérsias, somente adversariedades. Os conflitos começam a ser reconhecidos, como fatores de transformações e desenvolvimento. Mesmo assim, as escolas continuam a ensinar o direito, ainda voltado para o contencioso, ignorando o aspecto negocial de todas as disputas.

As Escolas de Direito representam um importante papel e detêm grande poder sobre os movimentos sociais. O currículo não deve refletir somente o que existe no mundo, mas deve propiciar, da mesma forma, as mudanças. O ambiente das Escolas de Direito é excelente palco para se explorar maneiras de se criar novos sistemas. Uma Escola de Direito deveria mesmo se chamar Escola de Direito e Justiça porque é inegável a ineficácia do sistema adversarial para solucionar determinados tipos de disputas.

## 2. CONTEÚDO DA FORMAÇÃO DE MEDIADORES

De que o mediador precisa se inteirar para bem desempenhar suas funções? Se a resposta fosse: cumprir a formação acadêmica exigida para o mediador, estaria incompleta. O atendimento a cursos de mediação, treinamentos, leitura de livros e participação em simulações não constroem, por si só, um mediador. É preciso uma mistura de estudo sistemático, entendimento, observação, prática e constante supervisão.

Como integrantes de sua bagagem de estudo sistemático e treinamento, o mediador, assim como uma instituição que se interesse por organizar um programa de estudo, tem de incluir, apropriada- mente, cinco matérias básicas: estudo do conflito, a situação do processo mediador em meio a outras formas de resolução de disputas, estudo da negociação, o processo de mediação, técnicas de mediação, conhecimento substantivo do objeto da disputa e padrões éticos da mediação.

## 3. ENTENDENDO O CONFLITO

O conflito é a mãe e o pai da disputa. Não se pode entender uma contenda, muito menos como resolvê-la, se não se puder reconhecer e dissecar o conflito contido na sua formação. A formação do mediador requer, basicamente, um estudo que envolva o entendimento do conflito, desde o seu nascimento. Há que se identificar seus fatores de origem e sua natureza, pela situação do campo de atuação do conflito, seja psicológico, social, etc; sua forma de manifestação, em determinadas disputas, sua dinâmica, como cresce, porque cresce; e consequentemente, como pode ser administrado. Alguns profissionais, sem esse conhecimento, ainda conseguem ajudar a resolver uma disputa, uma simples decisão imposta elimina um caso, mas para que um mediador saiba exatamente o que faz em termos de efetiva resolução de disputas deverá ter o conflito sob uma lupa de realce e orientação.

## 4. O PROCESSO DE MEDIAÇÃO E SUAS PRESUNÇÕES

Mediação não é uma estrutura que tenha de ser imposta a nenhuma disputa para propiciar solução. É um processo, e como tal dinâmico, produzido pela interação das forças conflituosas de determinadas partes e catalisadas por um terceiro interventor. A dialética da mediação é composta por teses e antíteses não definidas, e por sínteses que não incorporam ou representam nenhuma premissa, mas que as reconduzem às suas origens, propiciando a reformulação e evolução de suas forças originais de criação. Na mediação, nenhuma disputa encerra um conflito estático. Nela o conflito passa por vários estágios básicos e formatos, até desaparecer (vide Processo de Mediação), que o mediador deve conhecer e manipular. Esse importante aspecto da mediação, apresentado tan-

MEDIAÇÃO – Uma solução judiciosa para conflitos 301

to de maneira cognitiva quanto experimental, se constitui em matéria obrigatória para o estudo da mediação.

De igual importância, colocam-se as funções do mediador, dentro do processo, e o que precisa ser alcançado em cada um dos estágios desse processo. Esses dois pontos têm de ser assimilados, como um aspecto positivo de sua educação. Enquanto isso, baseado em uma das presunções da matéria, está o seu aspecto negativo, representado pela necessidade que tem o mediador de deixar de lado presunções de sua formação básica. Por exemplo, "o mapa filosófico"[2]180 dos advogados conserva a presunção que disputantes são adversários e que as disputas são resolvidas pela aplicação de leis, pertinentes ao caso. Em mediação, essa presunção não é comportada. Em contrapartida imperam outras:

1) Todas as partes podem se beneficiar através de uma solução criativa, na qual acreditam.

2) Cada situação é única e, consequentemente, não pode ser governada por nenhum princípio geral, exceto sob a condição de que as partes o aceitem.

O advogado com seus conceitos de adversariedade das partes, ou psicólogos, com os de anomalias de comportamento e tratamento das causas do conflito, têm de ficar na sala de espera da mediação, até que assimilem as novas presunções. Essas formam grande parte do universo do estudo de mediação. Os parâmetros e ambiente da mediação situam-se no mesmo patamar e talvez os mesmos objetivos dos sistemas adversariais, mas a receita para galgar esse patamar é totalmente diversa.

## 5. CONTEÚDO DE UM PROGRAMA DE MEDIAÇÃO

A mediação é um processo de resolução de disputas que comporta e utiliza formações e treinamentos oriundos de grande número de profissões. Quando um mediador atinge seu melhor potencial, como interventor em disputas, terá como instrumental para sua atuação uma amálgama de sua formação original e as técnicas aprendidas e experimentadas no contexto do estudo da mediação.

Cada profissão oferecerá uma ajuda a mais ao processo, e a falta de uma será compensada pela presença de outra, e assim por diante. O ideal seria que

---

2    FOLBERG, op. cit., p. 237.

um mediador tivesse, na sua bagagem, várias formações e pudesse lidar com os sentimentos das partes, como um terapeuta, identificar e testar realidades, como um advogado, e tivesse a capacidade de planejar e organizar, próprias de um administrador, ou pudesse transmitir conhecimentos, como um verdadeiro professor. Com o tempo, lacunas são preenchidas pela experiência, e cada mediador passa a ser um pouco de cada um dos outros profissionais. Além do mais, dependendo da conformação da disputa, as mesmas habilidades deverão ser utilizadas com enfoques diferentes. Por exemplo, a habilidade de adquirir confiança de um cliente, através do fornecimento de subsídios de proteção, não é a mesma para lidar com duas ou mais partes, com interesses diferentes. Uma coisa é advogar uma causa, outra é advogar duas causas simultaneamente.

Em qualquer circunstância, para se formar um mediador é mister a compleição de determinadas técnicas e habilidades, que devem ser oferecidas num programa educacional, ao lado das habilidades já compartimentalizadas, no mediador em potencial, em razão de sua . formação de origem.

Cursos que apresentam instrutores com várias formações e enfatizam cada uma delas, dentro dos aspectos da mediação, devem ser considerados como mais apropriados e adequados a preencher os requisitos de uma boa formação para mediadores.

Um grupo de experientes mediadores organizou uma lista de técnicas, que consideravam, em 1982, apropriadas para educação e treinamento de mediadores:[3]

1) Habilidade de escutar.
2) Habilidade de adquirir confiança e propiciar harmonia.
3) Técnicas de acesso a interesses e necessidades.
4) Técnicas de criação de opções.
5) Habilidade para lidar com o sentimento de raiva.
6) Habilidade de *empowerment*.
7) Técnicas de susceptibilidade.
8) Técnicas de reforçamento e remolduramento de expressão.
9) Habilidades de parafraseamento.
10) Técnicas de negociação.
11) Habilidade de fornecer informações.

---

3   FOLBERG, op. cit., p. 238.

12) Técnicas de quebrar bloqueios.

13) Técnicas para permanecer neutro.

14) Técnicas de autopoliciamento.

15) Técnicas de desmembramento de modelos e estereótipos.

16) Técnicas de inclusão de outras partes.

17) Técnicas de humorização.

18) Técnicas de estabelecimento de objetivos.

19) Técnicas de entrevistas com crianças.

20) Habilidade de identificação e organização de itens de agenda.

21) Técnicas de planejamento de estratégias.

22) Técnicas de esboço de planos temporários.

23) Técnicas de premiação e afirmação.

24) Técnicas de utilização de advogados e outros profissionais.

25) Técnicas de construção de impulsos.

26) Técnicas de *caucus*.

27) Técnicas de equilíbrio de poder.

28) Técnicas de identificação e análise de conflitos.

29) Técnicas de redação de acordos.

30) Técnicas de construção de credibilidade.

31) Técnicas de desenvolvimento de regra fundamentais.

32) Técnicas de aconselhamento.

33) Técnicas de direção de atenção.

O mesmo grupo listou uma série de conceitos que, entre outros, devem ser aprendidos, como parte da educação de mediador:

1) Estágios da negociação.

2) Natureza e papel do poder.

3) Aceitação do fracasso e definição do sucesso.

4) Parâmetros de ética profissional.

5) Padrões de normalidade *versus* ordenamento privado.

6) Orçamento.

7) Responsabilidade com partes não representadas.

8) Oportunismo.

9) Influência da outorga sobre as partes.

10) Durabilidade dos acordos.

11) Barganha distributiva *versus* barganha integrativa.

12) Processos de pós-mediação e acompanhamento.

13) Procedimentos do acordo.

14) Modelo de comunicação efetiva.

Basicamente, dois grupos de disciplinas salientam-se e estão voltados para a prática da mediação: um envolvendo negociação e outro voltado para o entendimento do comportamento humano. Muito embora o mediador não negocie, diretamente, as questões em disputa, tem de dominar as técnicas de negociação, para melhor assistir às partes, nesse mister.

## 5.1 Conhecimento substantivo

Quanto mais conhecimento tiver, maior facilidade terá o mediador de entender as questões conflituosas e promover sua solução. A tendência dos mediadores é especializar-se em assuntos relacionados com sua área de interesse, muito embora a experiência e *expertise* em determinada matéria, isoladamente, não fará um bom mediador. Ser somente *expert*, em determinado assunto, não propicia mediação. A associação do conhecimento substantivo, mais a educação e treinamento das técnicas e *skills* da mediação completam os requisitos de ". um bom mediador.

Já é comum, nos Estados Unidos, mediadores vindos de diversas especializações, em Direito, concentrarem-se a mediar as mesmas disputas de sua especialização jurídica. Disputas no trabalho exigem um conhecimento em gerenciamento do trabalho, leis e regulamentos

! trabalhistas, algum conhecimento de organização de sindicatos. Para se mediar questões familiares é preciso estar familiarizado com as implicações psicológicas e sociais que envolvem o relacionamento familiar. Entretanto, um advogado mediador, por exemplo, pode tranquilamente atuar num caso de *stress* e reconhecê-lo, sem ter necessidade de saber como tratá-lo. De igual modo, um psicólogo tem condição de identificar pontos de discórdia, em torno de administração de capital, sem ter de dar consultoria na matéria. O mediador só precisa contar com um conhecimento, a respeito do funcionamento de determinada área substantiva, relativa à disputa, para poder ajudar os par-

MEDIAÇÃO – Uma solução judiciosa para conflitos      305

ticipantes a identificar as questões, desenvolver opções e reconhecer a necessidade de consultar peritos, ou recomendar outros.

Em primeiro lugar, como foi mencionado, há que se acrescentar técnicas do comportamento humano na sua manifestação psicológica. O advogado obtém, no estudo de psicologia, o entendimento da estrutura do conflito. A associação dessa área, com o estudo substantivo da matéria da disputa, forma a grande base dos processos de mediação: expressão de sentimentos e orientação de conceitos.

Outros tantos conhecimentos, derivados de outras profissões, também se refletem em habilidade, técnicas e conceitos, que devem fazer parte da formação do advogado mediador. A assistência social, já anteriormente mencionada, por exemplo. Essa diversidade de enfoques determina complexidade na matéria, mas traduz uma necessidade básica do processo de mediação, porquanto é aplicado na busca de pacificação e construção de relações humanas seja qual for a nuance psicológica, funcional, social, mental ou educacional, que tenha o conflito ou seus envolvidos. Essa diversidade deve se refletir na estrutura do treinamento não só para advogados mas nos programas educacionais destinados à formação do mediador, em qualquer profissão.

Idealisticamente, a educação do mediador tem então de promover determinadas técnicas e habilidades que estejam relacionadas, basicamente, com algumas profissões: o Direito, a Psicologia e a Assistência Social, seja para tratar com disputas em divórcio, greves de trabalhadores, ou questões comerciais ou financeiras. Em circunstâncias muito definidas, ao mediador é facultado prestar serviços específicos de sua formação original; o que, efetivamente, ele precisa saber é como e quando buscar informação substantiva, afora essas três, que possa se transformar em fator de cooperação, para resolver uma disputa. Um curso preparatório da atividade mediadora tem de fornecer os subsídios básicos, mas também enfatizar os recursos técnicos e peritos que ajudem o mediador a navegar as partes à solução do conflito.

## 5.2  Educação sobre padrões éticos da prática da mediação

Um programa educativo, de qualquer atividade profissional, deve conter informações relativas à compreensão das restrições éticas e padrões, sob os quais a prática tem de se orientar. Uma pessoa interessada na profissão de mediador tem de se inteirar das suas obrigações e direitos, junto a população, bem como seu compromisso com relação à profissão que abraça. Cada profissão tem um modelo que, tradicionalmente, estabelece maneiras de alcançar harmonia e dignidade na prática profissional.

A mediação comporta padrões éticos que fogem aos moldes tradicionais de qualquer outra profissão. Os conceitos de justiça, autoridade, poder, da profissão de advogado, terapeuta ou assistente social, necessitam ser remodelados, polidos e mesmo redesenhados na mediação. Existe, basicamente, um refinado trabalho de autoconhecimento e constrangimento, por parte do profissional de mediação, que foge aos padrões tradicionais. Essa percepção tem de estar evidente, no comportamento mediador.

Como um processo híbrido, a mediação não se encaixa perfeitamente em compartimentos de padrões profissionais existentes em códigos de ética de outras áreas.[4] Exige um código próprio, com padrões refinados e específicos, que demandam um estudo diferenciado e complexo.

A letra (e) da parte III relativo aos objetivos do aprendizado de mediação, sob o título Padrões de conduta/Ética para Mediadores, do Capítulo 44 do Estatuto da Flórida, apresenta algumas diretrizes. Aqui são citadas de forma substancial, sem as particularidades da legislação americana. Como padrões de conduta e ética profissional, o mediador tem de:

1) Identificar dilemas éticos em potencial, no contexto da mediação.

2) Identificar e demonstrar uma tomada de ação apropriada, quando confrontado com um dilema ético (quando, por exemplo, o mediador se considera suspeito pela aproximação, relacionamento ou familiaridade com uma das partes).

3) Entender as regras, para certificação e recomendação de mediadores.

4) Entender a responsabilidade do mediador perante a corte (na Flórida o mediador credenciado pelos tribunais tem de prestar informações sobre o resultado da mediação, seja acordo total, parcial ou impasse).

5) Identificar e pontuar o direito de autodeterminação das partes, e demonstrar como incorpora esse.) direitos, dentro da sessão de mediação.

---

4    FOLBERG, op. cit., p. 242.164 Como essas normas estão baseadas no código de ética dos Estatutos da Flórida, comportam menção à mediação como processo preliminar do processo judicial. Trata-se de *Court Annexed Mediation.*

MEDIAÇÃO – Uma solução judiciosa para conflitos 307

6) Identificar situações, nas quais o mediador pode perceber conflito de interesses, e reconhecer situações, nas quais revelações sobre o relacionamento passado das partes se fazem necessárias.

7) Entender que o mediador não pode assistir às partes, na consecução de um acordo que, por razões de fraude, coação, *overreaching*, ausência de capacidade de negociação, ou inconsciência não possa ser executado.

8) Demonstrar o papel do mediador, de mantenedor do controle e decoro da sessão de mediação.

9) Entender e demonstrar o papel do mediador, de promotor de um processo equilibrado, encorajando as partes a conduzir as deliberações da mediação de maneira não-adversarial.

10) Identificar situações, nas quais a mediação não é apropriada, e a sessão deve ser terminada.

11) Entender a regra estatutória da confidencial idade e identificar exclusões tanto na mediação, como um todo, quanto em sessões privadas.

12) Entender a interação entre padrões profissionais e as regras de ética profissional dos mediadores, certificados e dos apontados pelos tribunais *(Court Appointed Mediators)*.[5]183

13) Entender o papel do mediador, de protetor da integridade do processo de mediação, reconhecendo quando a parte, sem um genuíno interesse na resolução da disputa, está abusando do processo.

14) Distinguir a prática proibida de prover consultoria da participação construtiva de conhecimento e informação.

15) Entender que o mediador pode declinar um encontro, cancelar, ou requerer assistência técnica, quando conclui que o caso está além da competência de um mediador.

16) Entender as obrigações éticas do mediador, com relação à prática de propaganda e cobrança.

17) Entender a obrigação do mediador de aceitar, somente, os casos que realmente tenha competência para mediar.

18) Distinguir entre dar consultoria e fornecer informações.

---

5 Como essas normas estão baseadas no código de ética dos Estatutos da Flórida, comportam menção à mediação como processo preliminar do processo judicial. Trata- se de *Court Annexed Mediation*.

19) Entender o procedimento reclamatório, contido nas leis pertinentes à mediação do local das sessões, tanto para mediadores quanto para mediadores apontados pelos tribunais.[6]

Devido às sutilezas da mediação, com relação à autodeterminação das partes, todos esses aspectos têm de ser salientados, para a preparação do clima de confiança, necessário ao desenvolvimento do processo. Não é sem razão que o Estado da Flórida é considerado o. mais desenvolvido em matéria de legislação e organização em mediação em todos os Estados Unidos. Esse entendimento é revelado pela alta aceitação, aplicabilidade e sucesso da mediação nesse Estado.

Cada país, todavia, tem de construir seu próprio sistema ético mediador. A regulamentação dependerá das bases culturais, morais e sociais de cada local associadas aos princípios básicos da mediação.

---

6    Estatutos da Flórida para mediadores e Court Appointed Mdiators.

# Capítulo III

# EDUCAÇÃO PARA ADVOGADOS

## 1. INTRODUÇÃO

A história da mediação será escrita por advogados. Não há como impedir a vida de um movimento que nasceu, que tem força e valor para viver, ainda que os maiores responsáveis pelo seu florescimento ainda não o tenham reconhecido. Por quê?

Uma das razões pelas quais os advogados no Brasil abstêm-se de recomendar a mediação, ou mesmo aplicá-la, é a sua completa ignorância sobre o assunto. Entre 10 advogados entrevistados sobre mediação, 9 respondem revelando seu total desconhecimento. Uns afirmam que praticam mediação em seus escritórios, mas a descrevem como conciliação, transação e outras figuras jurídicas. Outros ainda confundem o processo com arbitramento, mas também não conseguem definir essa outra forma de resolver disputas.

A verdade é que, fundamental e raramente, os advogados, no Brasil, têm qualquer oportunidade de receber informações sobre o processo, muito menos serem educados para mediar. A literatura sobre educação de mediação, nos Estados Unidos e Inglaterra, no início do movimento sobre o processo, detectava as mesmas razões pelas quais pouquíssimos advogados entendiam de mediação e se interessavam por aplicá-la em seu trabalho. Atualmente, a situação é bem diferente. Incontáveis advogados são certificados como mediadores e aqueles que não o são recomendam e utilizam serviços de mediação como prática rotineira de sua função, junto a disputantes.

Educação dessa matéria, para advogados, é uma necessidade imposta pela realidade social. Quanto mais e melhor ela se der, mais proveito tira a sociedade dessa forma de resolução de disputas. A experiência de países, onde a mediação está desenvolvida, revela que somente a educação, que inclua técnicas e treinamento, permite ao advogado identificar e ultrapassar determinadas situações e posições existentes no contexto mediador. Por exemplo: as satisfações e frustrações da mediação; os conflitos pessoais e profissionais que evoca; a tendência existente, tanto no sistema legal quanto mediacional, de negar os valores do outro; a disposição e habilidade do advogado para mediar ou determinar se um caso específico é apropriado para mediação; a identificação de sua personalidade, com estilo próprio de mediação, e tantas outras.

Não se faz um advogado com um curso de Direito, mas, sem ele, também não. Bacharéis em direito existem muitos, advogados "existem quando sua formação se amalgamou à sua personalidade e vocação, evoluiu ou estacionou, de acordo com seu estágio na vida, ou em sua profissão. Se sua personalidade apresenta tendências conciliatórias e pacificadoras; se desenvolveu um conceito próprio de justiça, e aprendeu a identificar a eficácia e a ineficácia do processo judicial; se trabalha voltado para a finalidade do direito e da ciência de um modo geral, invariavelmente estará interessado em mediação. Principalmente, se tiver sido esclarecido desde os primeiros contatos com o estudo jurídico, nos bancos universitários. Se seu curso, entre- a tanto, estiver voltado para a busca de emprego de conhecimentos jurídicos, além do processo adversarial, face às grandes dificuldades em aprender a ser representante de facções estanques, ou pelas frustrações normais do processo contencioso, também se voltarão para a mediação. Ali, por certo, melhor e mais apropriadamente, poderão aplicar sua experiência. Outros, que, mesmo dentro dos limites da advocacia comum, puderem ainda experimentar a mediação, incluirão o processo mediador em suas lides. Outros, enfim, em razão de sua dependência e "confiança no padrão do mapa filosófico do advogado e do valor instrumental desse mapa, jamais se entusiasmarão a respeito, ou mesmo se interessarão por mediação".[1]

## 2. A FORMAÇÃO DO ADVOGADO E SUAS VANTAGENS PARA A MEDIAÇÃO

A formação advocatícia oferece uma grande experiência em litigação e tem um intrínseco relacionamento com a resolução de disputas. Mesmo adversarial, seu histórico lidera como profissão a matéria educação de mediadores.

Quando alguém vivencia uma disputa e deseja solucioná-la, em primeiro lugar pensa em um advogado, como alguém que entende de leis e sabe como interpretá-las para estruturar a lógica do que quer demonstrar. Em outras pa-

---

1    GOLDBERG, op. cit., p. 141.

lavras, sabem apresentar solução para resolver um determinado caso. Além disso, advogados são, reconhecidamente, os profissionais que maior conhecimento substancial, em torno dos mais diversos objetos de disputa, angariam durante sua educação. Entretanto, a adaptação da advocacia ao papel neutro da intervenção mediadora necessariamente envolve aprendizado de como aplicar experiência e técnica em Direito, de forma diferenciada. Associada a essa adaptação, faz-se necessário o aprendizado de novas técnicas, até então desconhecidas nessa profissão.

A maioria das disputas está ligada, em um ou vários aspectos, a questões legais. Não que a lei seja o parâmetro da solução, mas tanto a lei quanto costumes se constituem em referências que, inconscientemente, as partes conservam em seu reservatório de princípios, ideias e conceitos. Para se entender de leis é necessário percorrer um sem número de campos, onde elas são aplicadas, e o currículo das escolas de direito é exemplo disso. Uma variedade de áreas de atuação é percorrida, minuciosamente, pois as leis, pela sua generalidade e abstração, têm de abarcar, ao máximo, se possível, todas as circunstâncias do comportamento humano, tanto para beneficiar o homem, quanto para sancioná-lo.

O currículo jurídico é o único que percorre todas as áreas do relacionamento humano onde ocorrem os conflitos, como a área civil e todas as suas ramificações, na família, na sucessão hereditária, na posse e propriedade e todas as outras, oriundas de obrigações, como o ramo trabalhista, comercial e mesmo envolvendo interesses públicos, como relações com o Estado e a área criminal. Em todas essas categorias ocorrem conflitos envolvendo todas as áreas do conhecimento humano, da Saúde, da Engenharia, Genética e tantas outras. Por isso, cada dia mais advogados se especializam em determinadas áreas, tal a vastidão da ocorrência das questões jurídicas. Esse conhecimento substantivo está voltado para a aplicação das leis genéricas e abstratas. Na mediação, todo esse conhecimento é usado e aplicado para entendimento do conflito, em cada área, especificamente, e a construção de normas concretas e específicas.

## 3. IMPORTÂNCIA DA EDUCAÇÃO DE MEDIAÇÃO PARA ADVOGADOS

Advogados, professores e estudantes de Direito as vezes se questionam se o que é oferecido pela profissão advocatícia e pelas escolas jurídicas, propriamente, preenche as necessidades dos indivíduos e da sociedade. Em adição a esse questionamento, o mundo jurídico carrega, não sem um certo pesar, o estigma de uma reputação sinistra onde o litígio é a galinha dos ovos de ouro e como tal é alimentado e tratado. Roscoe Pound criticava, em 1909, em seu discurso, Causas da Insatisfação Popular com a Administração de Justiça, na *Americam Bar Association,* a "esportiva" competitividade dos advogados que se utilizam de manobras legais ao invés de buscar a verdade.[2]

É lugar comum afirmar-se que a mediação ajuda as pessoas envolvidas em processos de disputa a poupar tempo, dinheiro e o desgaste emocional, que acompanham esses processos. A educação da mediação, para advogados, pode oferecer muito mais do que isso. A disseminação do estudo e preparação da mediação, além da economia que propicia a melhor interação entre as pessoas, que buscam um profissional para resolver conflitos, reforça-lhes o poder de controlar o destino de suas vidas.

Apropriadamente adquirido, o treinamento de mediação para advogados chama à consciência aqueles que o recebem, para suas próprias necessidades emocionais e orientações de valor de si e dos outros. Deve expandir sua habilidade para entender ambos os lados de um caso - não só com sua cabeça, mas também com o coração.[3] Esta nova visão do Direito faz com que o advogado perceba melhor as necessidades dos clientes, propiciando-lhe trabalhar muito mais, efetivamente, em diversas áreas e em meio a todo tipo de pessoas.

A mediação salienta a integração dos seres humanos, no convívio com seus problemas, ao passo que o sistema adversarial os polariza. Não só compreende e favorece os direitos individuais mas os enfoca, sempre em relação ao outro e à sociedade, como um todo, enquanto tem em mente as consequências das soluções aplicadas aos seus conflitos. No sistema adversarial, um indivíduo só consegue satisfação, numa disputa, se se sobrepõe ao outro. O advogado mediador faz com que os indivíduos se entendam, se acomodem e, com isso, a sociedade ganha.

Não se quer, contudo, atacar o papel tradicional do advogado: muitas vezes, esse trabalho é o único que pode ser feito para garantir direitos individuais; tem de existir e de se fazer valer, também, pela expectativa dos clientes e do próprio Poder Judiciário. Sua fortaleza e eficácia têm sido provadas e aprovadas, ao longo dos séculos, por promover vigorosa competição de interesses

---

2    SUTTON, E. Alternative methods of dispute resolution. In: A study of barriers to the use of alternative methods of dispute resolution. South Royalton, VT, Vermont Law School Dispute Resolution Project, 1995, p. 230.

3    GOLDBERG, op. cit., p. 143.

MEDIAÇÃO – Uma solução judiciosa para conflitos     313

e posições, por se orientar no sentido de unificar a sociedade, sob mesmas medidas de segurança e expectativa e manter possibilidades de justiça entre as pessoas, independentemente de *status*. Entretanto, essa postura se cristaliza na falta de percepção e falta de interesse em outros aspectos humanos, de igualou maior valor, que se esgueiram, sob a força da generalização e abstração das regras de Direito e dos padrões de justiça preestabelecidos.

Muitas causas são perdidas, por mínimos detalhes processuais, por milímetros de falta de ajuste às leis, e isso obriga o advogado a ser extremamente zeloso ao abraçar seu papel adversarial. Isto faz com que a litigação se torne prolongada, dispendiosa, incerta e desgastante, sob o ponto de vista emocional. Consequentemente, mais e mais profissionais legais buscam um arranjo negocial para seus clientes, na expectativa de evitar todos esses aspectos negativos. Existe uma tendência generalizada, na profissão advocatícia, de prolongar e obstruir verdades e exacerbar a disputa, sob a crença de que o sistema adversarial é útil, na medida em que focaliza os direitos individuais. Normalmente, esses direitos são reduzidos a termos monetários e fazem dos processos de disputa uma simples briga de cifras. Mediadores, muito embora sem a presunção da verdade, também correm o mesmo risco. Mas a mediação, por princípio, incentiva o advogado a contribuir com soluções criativas, não só para problemas sistêmicos, quanto para questões individuais.[4] Contribui para a quebra de "cavernas e compartimentos",[5] características da visão convencional que os advogados têm do mundo.

São muitas as vantagens que o treinamento de mediação oferece às Escolas de Direito. Não só relativas ao processo de mediação, propriamente dito, seus objetivos e alternativas, mas para dar ao estudante de Direito uma nova oportunidade para questionar seu relacionamento com o sistema adversarial, e a sua responsabilidade face ao código modelo de responsabilidade profissional. Com isso, responder algumas perguntas como: minha atuação realmente preenche os interesses e necessidades do meu cliente? O ensino e treinamento da mediação nas Escolas de Direito fazem pelos estudantes o que a mediação faz pelos disputantes: ajuda-os a decidirem, por eles próprios, o que eles realmente querem fazer com sua profissão e com suas vidas?[6]

---

4    RISKIN, op. cit., p. 70.

5    GOLDBERG, op. cit., p. 144.

6    GOLDBERG, op. cit., p. 141.

Adicionado a tudo isso, é somente lógico que mediação e outras alternativas devem representar importante papel na experiência de uma Faculdade de Direito. A maioria dos advogados passa grande parte do seu tempo dando consultoria e negociando para seus clientes. O conteúdo da mediação e da negociação é parte integrante do seu trabalho. Estudantes de Direito precisam aprender, tanto quanto possível, essas matérias, porque deles serão exigidos nessas habilidades, ao lidar com seus clientes, seja em problemas comerciais, trabalhistas, familiares ou tantos outros.

## 4. BARREIRAS PARA A EDUCAÇÃO E FORMAÇÃO DA MEDIAÇÃO

No Brasil, basicamente, a falta de educação é a principal razão pela qual a mediação não logrou florescimento nessas últimas décadas, o que não ocorreu em outros países latinos. A falta de informação e instrução da mediação, para advogados, é responsável pelo preconceito existente no meio advocatício sobre a matéria. Afora isso, e mais profundamente, a visão que grande parte dos advogados tem do mundo e a estrutura econômica da atual prática advocatícia. Não se faz necessário um estudo aprofundado do perfil do advogado para se detectar esses fatores. Mas todos sabem que nós advogados somos treinados para ter razão. Mas o que falta é justamente interesse e informação.

### 4.1 A visão advocatícia do mundo

Riskin, em sua obra, *Mediation and Lawyers,* utiliza-se de uma história narrada por E. F. Schumaker em *The Guide for de Perplexed,* onde explica o que ele chama de mapa psicológico do advogado:[7]

> "Numa visita a Leningrado, alguns anos atrás, consultei um mapa... mas não pude decifrar. De onde eu estava, pude observar várias e majestosas igrejas, das quais não existia o menor traço no mapa. Quando, finalmente, um intérprete veio em minha ajuda e explicou: Nós não mostramos igrejas em mapas. Ao que eu repliquei, apontando para uma que estava visivelmente marcada. Isto é um museu, o intérprete explicou, não é o que chamamos de 'igreja viva'. Somente as 'igrejas vivas' nós mostramos nos mapas. Então me ocorreu que aquela não era a primeira vez em que me era fornecido um mapa que falhava em me mostrar coisas, que eu podia ver bem em frente dos meus olhos. Em todo o tempo em que estive no Colégio e na Universidade, eu tenho recebido mapas da vida e ensinamentos nos

---

7    RISKIN, op. cit., p. 57.

MEDIAÇÃO – Uma solução judiciosa para conflitos    315

quais, dificilmente, existem um traço sequer de muitas das coisas que me são caras e que me parecem de possível grande importância na condução de minha vida."

O mapa psicológico do advogado que Riskin descreve é aquele utilizado pela maioria dos profissionais do Direito e que é apresentado e instruído nas Faculdades. O que aparece nesses mapas é determinado pelo poder de duas presunções sobre matérias que os advogados sustentam:

1) Disputantes são adversários, se um ganha o outro tem de perder.

2) Disputas têm de ser resolvidas através do emprego de uma terceira parte, baseado em alguma disposição legal.[8192]

Ao que se pode acrescentar uma terceira, uma quarta e uma quinta presunção:

3) Disputas envolvem *somente* questões legais.

4) Advogados somente podem ter em mente os direitos do seu cliente e esses são incompatíveis com os direitos da outra parte.

5) Só existe uma verdade jurídica e esta só tem uma face.

Essas presunções chocam-se, diametralmente, com as presunções existentes na mediação:

1) Disputas envolvem questões psicológicas, sociais e legais.

2) Disputantes nem sempre são adversários e podem ter interesses comuns ou interesses que se combinam entre si sem determinar um ganhador e um perdedor, e oferecer vantagens para ambos.

3) Raramente, uma norma genérica e abstrata pode comportar as contingências únicas de um caso concreto, e que ninguém melhor do que as próprias partes conhecem o caso e ninguém melhor de que elas podem regular a respeito.

Por outro lado, advogados são ensinados a transformar todas as questões de disputa em números, e desprezar a qualidade dessas questões. Se uma parte ganha, ganha dinheiro, se perde, só perde dinheiro ou o que ele representa, sem consideração a qualquer valor abstrato como o relacionamento, respeito, honra, dignidade, segurança, a preservação de valores morais, afeto ou o valor do entendimento e da paz. Ordinariamente, os juízes são obrigados a arrazoar em cima de bens, que se diluem com a própria luta, enaltecendo-os e sublinhando-os, sem fazer menção a valores, que estão posicionados em outras ba-

---

8    RISKIN, op. cit., p. 56.

ses, e que são mencionados e valorizados somente quando são surrupiados e omitidos. Muitas vezes, aquele que foi furtado, num valor material, quer muito mais de volta, o reconhecimento do fato e a restauração de seu respeito face ao outro, do que propriamente a mesma moeda.

Advogados ainda estão voltados para o trabalho de enquadrar todas as coisas e pessoas, o que dificulta uma visão ampla e flexível de todos os fatores determinantes de uma situação, ou uma pessoa. Não se quer dizer que essa postura racional seja descartável, e que não existam oportunidades para seu emprego; o paradigma, do sistema adversarial baseado no cenário-padrão do advogado, tem um poder proporcional à sua utilidade. O que se quer dizer é que, antes da redução das questões em conflito, a pontos limitados de direitos e deveres, há que se vascular outros códigos que, via de regra, não são organizados e polarizados como os códigos legais. Consequentemente, são muito mais difíceis de ser identificados e trabalhados.

Muitos advogados, pelas características conciliatórias de suas personalidades, ao longo de suas carreiras têm desenvolvido formas e fórmulas de ampliação desses horizontes jurídicos, e trabalham a duras penas. A própria população tem receio de arriscar as prateleiras definidas do direito, pela responsabilidade de elaborar um texto personalizado para incidir sobre suas vidas. São normas concernentes a seus próprios interesses, sobre os quais funcionarão direitos ímpares. Para esses advogados, os horizontes da mediação são portas abertas, para novas e mais efetivas maneiras de aplicar suas habilidades e preencher aspirações profissionais. Eles reconhecem seu valor, e conscientizam seus clientes para tal.

## 4.2 Implicações econômicas e estruturais

Quanto mais crise econômico-financeira existir no mundo, mais advogados clássicos existirão. Os setores produtivos, com relação à sua vida econômica, estão sempre inversamente posicionados à classe advocatícia, cujo caos representa tempo de colheita para aqueles. Essa contingência polarizada tende a se movimentar em outro sentido, com a mediação. No mundo mediado, o cinza substitui a definição do preto e do branco. Essa harmonização é entendida, por muitos advogados, como ameaça ao seu campo de trabalho. Se advogados brigam e mediadores apaziguam, um campo ou outro poderia ser a premissa, sob a ótica dos advogados que veem a mediação como uma ameaça. Mas não é. Conflitos sempre existirão; o que pode mudar é o enfoque dado ao conflito.

# MEDIAÇÃO – Uma solução judiciosa para conflitos

Quando as pessoas procuram um advogado, fazem-no porque necessitam, em primeiro lugar, de orientação quanto aos seus direitos e, em segundo lugar, de maneira de garantir esses direitos. Um cliente sabe o que necessita e o que pode ser justo reivindicar. Contudo, nem sempre um aconselhamento legal se coaduna com o que realmente o cliente necessita. O advogado aconselha, de forma a oferecer o "melhor", de acordo com o ponto de vista legal e, principalmente, quanto ao seu próprio ponto de vista. Nesse momento, o advogado elabora um plano de luta e cobra para executá- lo. Com a mediação, o ponto de vista do advogado desaparece e com ele a ação isolada de guerra, pela qual o advogado teria de cobrar. Em compensação, essa lacuna é preenchida por uma ação integrada de paz, e pela qual o advogado, também, tem de cobrar. O que precisa mudar nessa interação cliente-advogado não é o ato de cobrar (quem trabalha tem de ganhar), o que muda com a mediação é o valor da troca de uma ação estratégica por outra.

Em verdade, além da consultoria, o advogado cobra pelo aparato que tem de estruturar e acionar para fazer prevalecer seu ponto de vista e o ponto de vista legal. Depois de percorrer toda uma estrada burocrática, sua obra vai cair nas mãos de um juiz, que pode lhe dar razão, ou não. Se seu ponto de vista for eleito, recebe pela decisão do juiz, se não, muitas vezes recebe do mesmo jeito. Como mediador, o advogado se isenta dessa preparação, e cobra pelo tempo que dedicará à administração, do ponto de vista das partes, trocando a trajetória judicial, pela qual não tem controle algum (o próprio advogado tem muito pouco), por um trabalho de condução controlada do processo decisório. A decisão vem com e pelas partes, e por ela o advogado não recebe. Entretanto, se houver acordo, este normalmente é redigido por um advogado, que, então, nesse caso, será pago por ele, de acordo com os mesmos critérios de competência e experiência utilizados para o resultado final.

Se todavia, mediante seu próprio aconselhamento, o advogado levar o caso para outro mediador, continuará com seu cliente, nas bases jurídicas que tiver entabulado, até o ponto em que as partes, na mediação, retomarem o controle das questões em disputa. Nesse caso, o advogado recebe pelo seu aconselhamento, e pelo tempo que dispuser para assistir ao cliente na mesa de negociação. Seu trabalho, contudo, é bem mais reduzido, porque os aspectos legais, numa mesa de negociação, funcionam como fator de orientação e não como determinante do conteúdo de decisão. Seu trabalho é mais bem estimado pelo tempo de atuação, do que pela substância contenciosa. Não se espera, com a mediação, estreitamento do campo de trabalho do advogado: muito pelo contrário, visualiza-se seu alargamento. Conflitos, disputas e partes sempre existirão, em todas as medidas, principalmente a adversarial. O que se intenta fazer é estimular o trabalho, principalmente o advocatício, para distinção das disputas em suas dimensões e possibilidades e, antes de mais nada, propiciar a maneira mais adequada para sua solução, sob o ponto de vista do disputante.

É corrente afirmar-se que o preço da guerra é bem maior, mas tempo é dinheiro e o tempo da guerra é também muito maior. Enquanto o advogado trabalha por uma ação no contencioso, propicia resolução para um número bem maior de casos, e produz tanto quanto, ou mais, no mesmo espaço de tempo, com a mediação. O resultado final, pode-se dizer, é equitativo. O que o advogado perde por trabalho de arrazoamento, ajuizamento e acompanhamento do processo judicial, ganha em trabalho de preparação, orientação e condução e conclusão do processo mediador.

Diferentemente do Brasil, o advogado nos Estados Unidos ganha não só em função das quantias que recupera *(contigency fee)* mas por hora de trabalho, ao invés de por honorários percentuais, previamente estabelecidos, ou por contingência de sucesso. A mediação ameaça diminuir o volume do que é angariado, pelas partes, numa ação judicial, porquanto costuma distribuir, mais equitativamente, os resultados de uma disputa. Em contrapartida, valoriza. determinados elementos abstratos, que não podem ser expressos em dinheiro, mas são também reconhecidos e estimados pelas partes envolvidas. Principalmente, o desgaste emocional e a continuação do relacionamento. Tudo isso é benefício, que se consubstancia no tempo eficaz da mediação, pela qual, gratificantemente, o mediador recebe.

*"The sun shines upon those who are able to achieve solutions to unpleasant and seemingly irreconcilable controversies. All that is needed is intelligence and the willingness to use whatever peacemaking techniques are most likely to bring results"*

"O sol brilha sobre aqueles que são capazes de encontrar soluções para controvérsias desagradáveis e aparentemente irreconciliáveis. Tudo que é preciso é inteligência e boa vontade para usar qualquer técnica pacificadora que apresentem maior probabilidade de oferecer resultados."

**ROBERT COULSON**

# TÍTULO V

# MEDIAÇÃO EM CONFLITOS DE FAMÍLIA

# Capítulo I

# ASPECTOS GERAIS

## 1. COLOCAÇÃO INTRODUTÓRIA

Nenhuma área de conflito reflete melhor as vantagens e desvantagens da negociação de acordos, feitos através da mediação, do que a familiar. Conflitos de família ocorrem entre pais e filhos adolescentes, ou entre cônjuges em separação, sobre guarda de filhos, ou propriedade, e são configurados por questões especialíssimas e extremamente interligadas. Por isso, vêm desafiando as decisões judiciais, pelo retorno sem fim de seus processos às salas dos tribunais. As famílias, geralmente, operam de acordo com suas próprias leis, e são rebeldes à imposição de padrões de terceiros. Quando são pressionadas, tomam a justiça em suas próprias mãos, e ignoram decisões, sejam profissionais ou judiciais. Quem não tem na família um caso de divórcio ou separação onde, por anos a fio, os cônjuges brigam por questões básicas, como pensão alimentícia e guarda de filhos? Quem não conhece casos onde obrigações decididas judicialmente são desobedecidas, e não raro, são objeto de novas e novas ações?

A realidade dos conflitos familiares contém um indistinto emaranhado de conflitos legais e emocionais, e quando não são resolvidos pelos protagonistas, transformam-se em disputas intermináveis nas mãos de terceiros, deixando sérias marcas na sociedade. A fuga às drogas, por exemplo, é uma consequência cantada e decantada de dissolução de famílias, quando os conflitos, que envolvem seus elementos, não recebem tratamento adequado. Estes conflitos são tidos como mais complexos do que as próprias questões criminais. No crime, os determinantes causais são detectados pela revelação, e na família, muitos conflitos sequer deixam o campo interno de sua estrutura, para que possam ser observados.

As disputas familiares, por definição, envolvem relacionamentos que precisam perdurar. Numa família onde existem filhos, os cônjuges transformam-se em parentes, até muito além do que a morte os separe. Mesmo que se separem, terão netos em comum, bisnetos e assim por diante. Existirão sempre discussões sobre questões que envolvem ex-cônjuges, sejam decisões de última vontade dos pais, uso comum de propriedade de herança entre irmãos, ou a disposição de um negócio de família. Será sempre difícil

evitar encontros, mesmo que seja em casamentos ou funerais.[1]

A síndrome do perde-ganha dos tribunais provoca um verdadeiro desastre numa família que se desfaz. Não existe a devida preocupação dos responsáveis com as consequências de suas decisões. Não que o comportamento se constitua em desleixo, mas porque os conflitos, com envolvimento de questões familiares, raramente podem ser resolvidos a contento de todos os envolvidos, sem uma intervenção criteriosa. Um critério que tenha esse cuidado, nem de longe, pode ser encontrado nas decisões do sistema adversarial.

A mediação, onde vem sendo aplicada, tem se revelado no método mais eficiente e de soluções mais duradouras em questões familiares. Suas técnicas de intervenção neutra trouxeram resposta às milhares de perguntas que sempre se fez em matéria de disputas familiares. Principalmente, onde existe a necessidade de continuidade dos relacionamentos, seja adoção, transmissões necessárias de *bens mortis causa*, divórcio, ou conflitos entre pais e filhos. Nos Estados Unidos, as leis e os costumes são extremamente vigilantes com relação a esses conflitos.

Os pais são constantemente policiados por professores e autoridades, com relação ao comportamento com os filhos e, no Brasil, já se vislumbram soluções com o já conhecido programa de Conselho Tutelar. Por essas razões, o processo de mediação caiu como uma luva para o difícil trabalho de solução de disputas entre componentes de famílias, onde não raro existem situações de maltrato a crianças, violência com mulheres, e outros problemas.

Entretanto, advogados podem ficar surpresos com a abordagem deste trabalho. Acostumados a linguagem hermética da estrutura legal e do aparato judicial, podem perceber fragilizada a atividade buscadora de justiça ao verem inseridos nesse patamar, arrazoados e técnicas de outras disciplinas que não o Direito, notadamente da ciência da psicologia. Isto se dá pela absoluta relevân-

---

1   SINGER, L.R. *Setling Disputes* – Conflict Resolution in business, families, and the legal system. Bouler: Westview Press, 1994, p.31

cia das questões psicológicas no mundo dos conflitos, aos quais os tradicionais militantes do Direito não estão familiarizados. Mediação em conflitos de família é a área em que mais se enquadra na definição de um processo multidimensional e interdisciplinar.

## 2. ORIGENS DA MEDIAÇÃO EM DIVÓRCIO E SEPARAÇÃO

Depois da civilização chinesa, não se pode dizer que novos rumos para a problemática humana tenham sido criados. O que se verifica é o aproveitamento de costumes que atravessam os séculos com roupagem e nuances novas. No mundo ocidental, tudo o que se faz é aparelhar velhas descobertas a situações comuns.

Várias instituições religiosas, tanto no oriente quanto no ocidente, preocuparam-se com os conflitos familiares e sua resolução, e receberam uma família nuclear, cuja liderança já não contava com a solidez e o consequente poder para resolver seus conflitos. Ao mesmo tempo que o divórcio passou a ser um problema privado, passou também a necessitar de mecanismos que possibilitassem uma intervenção apropriada para sua resolução.

As últimas décadas propiciaram um avanço em estudos psicológicos. A ciência criança, como é chamada a Psicologia, passou a ser instrumento de auxílio para elementos de famílias em desajuste, mas o divórcio propriamente dito, ainda permanece visto por profissionais da saúde mental como um processo legal além do contexto terapêutico. Ao mesmo tempo, profissionais do Direito conscientizam-se cada vez mais sobre as limitações da lei para tratar dos conflitos entre cônjuges, e veem, na psicoterapia, um recurso de primeira linha para a resolução de disputas. A teoria do divórcio movimentou também estudos sociológicos. De uma visão dimensional, como um processo legal, expandiram o divórcio para uma visão mais integrada, como um processo multidimensional, que demanda o envolvimento de ambas as matérias, legal e psicológica,[2] além da Sociologia.

A ideia do divórcio multidimensional foi concebida, nos Estados Unidos, por advogados e psicólogos, frustrados pela sua inabilidade em alcançar as necessidades de clientes, em casos de separação, e que não se contentavam com o processo adversarial tradicional. A maioria dos mediadores, naquele país, são advogados ou profissionais da saúde mental, que arriscaram ultrapassar os li-

---

2   FOLBERG, J., MILNE, A. *Divorce Mediation* – Theory and Practice. New York: Guilford, 1988, p.5

MEDIAÇÃO – Uma solução judiciosa para conflitos

mites do seu papel convencional para ajudar seus clientes a conseguirem o que, realmente, desejavam. Advogados de família começaram a se revoltar contra a escalada desnecessária de violência que atingiam processos de divórcio, nas mãos de advogados beligerantes.

Em 1974, *O. J. Coogler*, um advogado e conselheiro de família, estabeleceu o *Family Mediation Center*, em Atlanta, Geórgia. Incentivado pelo seu próprio processo de dissolução conjugal, financeiro e emocionalmente custoso, popularizou a ideia de mediação em divórcio, através da publicação de seu livro *Structured*

*Mediation in Divorce Settlement* (1978).[3] Nesse livro, *Coogler* propõe uma estrutura processual que envolve uma terceira parte, como mediadora, capaz de assistir a casais em casos de divórcio. Uma estrutura que, mediante o entendimento das partes, pudesse resolver questões de finanças, divisão de propriedades, pensões e guarda de filhos, usando técnicas de comunicação e intervenção, até então emprestadas de negociações do setor trabalhista e das ciências sociais.

O divórcio sem culpa foi introduzido na Califórnia, na década de 70, e rapidamente foi adotado em muitos outros estados.[4] Essa medida facilitou o processo de divórcio, mas não eliminou a necessidade dos casais, de buscarem ajuda, tanto de psicólogos, quanto de advogados, para efetivarem suas separações. Cônjuges em processo de separação, então, foram e continuam sendo atraídos para esse campo, por uma variedade de motivos[5] :

1. Um casal pode procurar um advogado para elaborar e redigir seu acordo final. Normalmente, num processo adversarial, cada cônjuge procura um advogado, separadamente, mas várias são as razões para que eliminem a prática e busquem um só profissional legal:

a) eles sabem o que é melhor para ambos e não vêm necessidade de aconselhamento separado;

---

3    FOLBERG, J, MILNE A. op cit. pg. 6

4    BLADES, J. *Family Mediation* – Cooperative Divorce Settlement. New Jersey: Englewood Cliffs, 1985,    p.33.

5    Ibidem. p. 34

b) já iniciaram a feitura do divórcio e passaram por algumas dificuldades. Não querem representação, e sim, aconselhamento a respeito de seus direitos;

c) espelharam-se em amigos, cujo divórcio ficou hostil, depois de visitas a diferentes advogados;

d) necessitam economizar dinheiro.

2. Casais que faziam terapia em conjunto, e que tinham dificuldades em negociar as questões do divórcio, retornavam a seus conselheiros, em busca de ajuda.

3. Os profissionais, insatisfeitos pelos resultados contra produtivos do sistema adversarial, decidem propiciar aos casais uma forma de trabalhar, não adversariamente, com a necessária assistência profissional, tanto legal quanto psicológica.

Não estão muito longes os dias em que a mediação em divórcio começou a se estruturar e aplicar. As razões de suas origens continuam, entretanto, as mesmas mas todos os que mergulham no processo resolutivo de disputas familiares, com o instrumental pacífico e construtivo da mediação, olham para o futuro das relações, como seu objetivo principal.

## 3. A PRÁTICA DA MEDIAÇÃO EM DIVÓRCIO E SEPARAÇÃO

Com razão, *Folberg* afirma que, para se ter uma visão completa da mediação do divórcio, há que se entender de onde vêm e como são treinados os mediadores, que atuam nos vários setores, público e privado; que se examine a estrutura das organizações, que oferecem esses serviços, e também que se pesquise e analise os enfoques usados.

Mediação ainda caminha sua primeira infância. Mesmo nos países onde vem sendo desenvolvida, são amplos os seus horizontes e sabe-se que, nas próximas décadas, muito está para acontecer, de forma a estimular e ampliar o campo e a forma de atuação. O processo, contudo, veio para ficar e tem um lugar especial, em meio à resolução de disputas. Por enquanto, o corpo de mediadores de família, que se ocupam primordialmente do divórcio, é formado por profissionais, vindos de outras áreas e formações superiores, principalmente do Direito e da Psicologia. Existem dados, nos Estados Unidos, que revelam uma prática de 36% dos mediadores do setor privado, que vêm do setor da saúde mental, psicólogos e psiquiatras; 18%, no setor público. Assis-

MEDIAÇÃO – Uma solução judiciosa para conflitos    325

tentes sociais ocupam uma grande parcela do universo de mediadores e advogados ficam com o restante 16% em ambos os setores. Percebe-se, também, que muitos profissionais, atuantes em família e, principalmente, divórcio, já contam com ambas as formações. Existem, também, os times de mediação que complementam as áreas de conhecimento com a co-mediação, ou seja, atuação de dois ou mais profissionais nas sessões. Frequentemente, advogados e psicoterapeutas se unem nesse trabalho, com grande eficácia, tanto no setor público, quanto privado. Esse é o quadro americano, não é referente no Brasil.

Os serviços de mediação, nos Estados Unidos, são oferecidos tanto no setor público quanto privado, distinguindo os serviços quando são apresentados por advogados ou não-advogados. Existem, basicamente, três tipos de serviços: organizados pelos tribunais, de prática privada e agências ou clínicas.

Em todos os serviços encontram-se as modalidades da mediação de divórcio simples e a combinada, ou seja, co-mediação, com profissionais da área da saúde mental e advogados. Essa combinação tem se revelado de grande utilidade e diligência nos processos de divórcio, pelas razões, já expostas, da existência de conflitos pertinentes às diferentes áreas: psicológica e legal. A mediação de divórcio, cada dia mais, é vista como um espelho interdisciplinar.

## 3.1 *Court-based mediation*
## – A mediação de família nos tribunais

Muitas varas de família, na Inglaterra, Canadá, Estados Unidos, Escócia, Nova Zelândia e outros países, oferecem serviços de mediação em divórcio, paralelamente a serviços de terapia de reconciliação, terapia de divórcio e investigação para guarda e visitação de filhos.

Muitos programas de mediação de divórcio, conectados com os tribunais, foram iniciados por juízes de varas de família, motivados pela observação dos efeitos disfuncionais do processo adversarial em divórcio. Muitos deles foram influenciados, posteriormente, pelo maior acúmulo de trabalho ocorrido a cada dia, e a necessidade de criticar as decisões de visita e custódia, baseadas simplesmente nos autos do processo de divórcio e limitadas pelas regras de prova, na carência de conhecimento do próprio juiz, e a ausência de consideração de outros ramos da ciência social[6]. Em algumas jurisdições, os juízes aproveitaram-se de departamentos de conciliação e prova, e expandiram esses serviços, com mediação em custódia e visitação. Onde aqueles serviços não

---

6   FOLBERG & MILNE, Op. cit., p.8

existiam anteriormente, os juízes exploraram e desenvolveram programas de mediação, através de meios legislativos ou entabularam o trabalho junto às agências da comunidade. Para isso, desenvolveram a *court connected mediation* ou *court referred mediation*[7].

Quando primeiramente instalada, a mediação assentada pelas cortes eram obrigatórias ou voluntárias. Leis como a da Califórnia em 1981 (*California Civil Code Section 4607*), foram logo seguidas pelos estados de Kansas, Maine, Oregon, Washington, Michigan, New Hampshire e Flórida, entre outros que se seguiram[8]. A legislação da Flórida, de acordo com os princípios fundamentais da mediação (voluntariedade do processo é um deles), encoraja fortemente a mediação através de *Estatute* ou *Court Rule,* mas não exige a mediação de casos protocolados, para julgamento.

Atualmente, é difícil precisar quantos serviços de mediação existem nos tribunais americanos. O Estado de Maine iniciou seu programa em 1976 pelo *Cumberland Country Bar Association* e existe também no Estado de Wisconsin. Em 1977 foi a vez de Minnesota, seguidos pelo Alaska, Arizona, Califórnia, Connecticut, Delaware, Flórida, Hawai, Illinois, Indiana, Maine, Michigan, Nevada, New Jersey, New York, Ohio, Oregon, Pensilvânia, Washington e Wisconsin. Projetos especiais de mediação foram instalados em Massachussets, Minnesota, Missouri, Montana, Nebraska, Oklahoma, Texas e Virgínia.[9]

A mediação obrigatória tem sido criticada, principalmente, pelos puristas da teoria da mediação, de que princípios como a voluntariedade, confidencialidade e o próprio poder do mediador são alterados nesse tipo de mediação. Alguns mediadores, em mediações obrigatórias, abrirão para os tribunais informações colhidas na mediação, argumentam. Entretanto, a defesa dessa prática se explica, mas não justifica, pelo comportamento altamente conflitivo de indivíduos que são acatados nesse metiê, com raras possibilidades de fazerem acordos, senão através de meios coercitivos.[10] Mesmo assim, involuntária ou não, as presentes partes na sessão de Mediação poderão, em qualquer tempo, negar-se ao acordo ou mesmo ao processo. A obrigatoriedade está voltada simplesmente para o caráter educativo da norma.

---

7    Ibidem, p.12

8    Ibidem.

9    PEARSON, J. *The Divorce Mediation Project directory,*1982.

10   PEARSON, J. Op. cit.

## 3.2 Provisão de fundos dos serviços públicos de mediação

Os serviços de mediação fornecidos pelas cortes americanas são geralmente fundeados por receitas de impostos locais. Num crescendo, entretanto, esses serviços estão sendo propiciados, financeiramente, por taxas de licença de casamento e divórcio. Na Califórnia, US$5,00 das licenças de casamento e US$15,00 das ações de divórcio e das revisões de divórcio são designadas para custear serviços de mediação nos tribunais, e prover o total fundamento dos programas judiciais.

## 3.3 Um exemplo dos serviços de mediação familiar pública

Existem, em todo o mundo da *Common Law* e de outros sistemas jurídicos, inúmeros centros especializados em mediação familiar. Esta área da mediação apresenta características próprias e se distingue, no universo de disputas, por apresentar nuances de todas as outras áreas e comportar um dimensionamento psicológico, muito particular. Por essa razão, os centros de mediação em família adotam procedimentos especiais quando o processo é privado ou quando vem recomendado judicialmente, como ante câmara do tribunal.

Por exemplo, na Escócia,[11] quando o tribunal recomenda um caso para mediação familiar, adota os seguintes procedimentos:

1. o oficial de justiça informa ao serviço de conciliação sobre as partes e sua disputa;
2. o serviço de mediação, então, contata os litigantes, para entrar em entendimentos, quanto à aceitação dos serviços, determinação do local, hora etc.

A mediação se dá da mesma forma e procedimento, tanto quando o caso é referendado pela corte, como quando as partes se encaminham voluntariamente. O processo consiste de uma ou mais sessões, nas quais as partes e o mediador estão presentes, juntos ou eventualmente em *caucus*, ou sessões privadas, da seguinte forma:

---

11 SCOTTISH LAW COMMISSION, n.136. *Report on Evidence:"* protection of family mediation – Laid before parlament by the Lord Advocate under section 3 (2) of the Law Commissions Act 1965. Ordered by the house of commons to be printed 4th November, 1992, Edinburgh: HMSO, p.3.

a) clareando as áreas de disputa;

b) sondando as causas não aparentes da disputa;

c) sugerindo caminhos;

d) resolvendo ou limitando as áreas de disputa, com ativa participação dos disputantes;

e) com a imparcialidade e neutralidade do mediador;

f) com a eventual entrevista ou participação dos filhos menores, conjunta ou separadamente, no sentido de considerar sua visão da disputa;

g) com o referendamento dos cônjuges, filhos, irmãos ou qualquer outra parte, na família, os assistentes sociais, médicos, psicólogos ou outros para consultas adicionais;

h) redigindo um acordo, se conseguido pelos disputantes.

O serviço de mediação informa à corte quando o processo é concluído, o que ocorre quando um acordo é feito ou é determinado o impasse. O serviço também contata o tribunal, na necessidade de estabelecimento de tempo maior do que o estabelecido pelo tribunal (número de sessões) para conclusão do trabalho.

## 3.4 A prática privada da mediação em separação e divórcio

Existe uma grande diversidade de mediadores profissionais que atuam com problemas de família, vindos de várias profissões e *backgrounds* na área privada. Essa diversidade significa crescimento de novo campo para esses profissionais, motivado pela oferta de nova fonte de renda e aproveitamento do "background" já desenvolvido. Hoje esses mediadores operam com base na cobrança de honorários, regulamentados por normas éticas e de procedimento, ou ainda, independentemente de um órgão de supervisão.

Os serviços de mediação em divórcio foram oferecidos primeiramente por profissionais da área da saúde mental, em razão do *background* de psicólogos, terapeutas e psiquiatras, em terapia de família, e por entenderem a mediação como uma alternativa eficaz para o sistema judicial, e também, porque a nova profissão além de se revelar rentável propicia satisfação imediata a clientes em disputa. Esses profissionais usam um modelo de mediação voltado para a terapia, discutindo as razões do divórcio para explorar possibilidades de salvar a situação de casamento. Para isso, terapeutas se utilizam de sessões conjuntas

MEDIAÇÃO – Uma solução judiciosa para conflitos    329

para avaliar e permitir que as partes avaliem seus pontos de vista, mas exploram as sessões privadas, sem receio de adentrar às condições internas dos conflitos das partes. As decisões concluídas pelo casal são sumarizadas pelo terapeuta, que aconselha às partes levar a seus advogados para continuação do processo, também à luz de parâmetros legais. Como a prática terapêutica comporta uma mediação mais prolongada, normalmente em várias sessões, as partes consultam seus advogados no ínterim do processo. Esse facetamento incentivou terapeutas a buscar conhecimento jurídico e se habilitarem, também, como advogados, para melhor concentrar o processo, evitando as idas e vindas dos clientes, para buscar informações fora da mediação.

Advogados que oferecem serviços com dupla especialidade são em número menor e encaram os serviços como uma forma de maximizar os interesses dos integrantes da família, a exemplo da dissolução de uma sociedade comercial. Isto é o que fazem, como nenhum outro profissional. Há quem afirme que advogados são perfeitamente talhados para mediação de divórcio, pela sua familiaridade com o Direito de propriedade, pensão e contrato, e podem, como mediadores, explicar a lei e as relativas vantagens de acordos, dentro ou fora dos tribunais, citando jurisprudência e apresentando possibilidades, sem, evidentemente, especular. Além disso, o advogado, principalmente pela sua formação jurídica, tem condição de auxiliar às partes na formação de normas que possam se aplicar ao seu próprio caso, diferentemente de leis já estatuídas. Partem do princípio de que, ninguém melhor do que os diretamente interessados podem saber o que pode ou não funcionar dentro de sua problemática familiar. Por exemplo, o casal pode estabelecer que os filhos sejam educados conjuntamente, mediante revezamento de domicílio, o que, aos olhos de pessoas fora do contexto dessa resolução, pode parecer absurda. Ou cônjuges podem decidir viver sob o mesmo teto, comunicando sua vida econômica e, a despeito do vínculo conjugal, terem vidas pessoais apartadas, o que pode parecer ainda mais absurdo.

Muitas vezes, o profissional funciona como advogado do diabo.

Essa atitude ajuda a esclarecer a posição dos envolvidos na disputa. Além disso, a prática é extremamente eficaz para trazer cônjuges à realidade de sua situação, não só jurídica, como hipoteticamente judicial. É um papel simulado, que o advogado, pela sua vocação polêmica, também desempenha com muita facilidade.

Mas advogados mediadores encontram grande dificuldade em lidar com as questões emocionais dos clientes. Os conceitos de justo e injusto, desenvolvidos pela carreira de um advogado, constituem-se em entraves para assimilação e administração de questões psicológicas. Por isso, terapeutas precisam de advogados na mediação familiar, e da mesma forma, advogados precisam de terapeutas. Mais e mais se observa a busca de nova formação por parte de profissionais engajados com o processo mediador.

Professores de Direito, responsáveis por cadeiras de ADR e Mediação, declaram que, a cada semestre, cresce o número de alunos interessados nessas matérias e também o *background* desses alunos vêm se apresentando mais completo e variado, e numa faixa de idade mais elevada do que até então, nas universidades.

Um terceiro tipo de mediador é, então, o profissional que tem duplo grau de formação, tanto em Psicologia, ou outro da área de saúde mental, juntamente com Direito. Esses profissionais permeiam a mediação estruturada, em seus estágios definidos, com assistência à comunicação, envolvendo questões psicológicas e permitindo o vazamento de emoções, dentro das sessões. O desconforto do só advogado mediador é substituído pela habilidade de usar essas ocorrências, como fatores que contribuem para a resolução do conflito. Da mesma forma, terapeutas imbuídos da preocupação de trabalhar as questões emocionais dos cônjuges, no processo de divórcio, podem encaixar informações legais e articulações jurídicas, dentro do processo de mediação, evitando sua descontinuidade.

Outra solução encontrada por profissionais de ambas as ciências é a co--mediação[12]. Consiste na formação de um time mediador que se revesa nas intervenções, sempre que necessário. Entretanto, o que se verifica é que as primeiras fases da mediação concentram o maior conteúdo emocional dos conflitantes. Seu acomodamento se constitui em preparação para as discussões relativas às questões práticas legais em negociação. Isso não quer dizer que só ocorram manifestações emocionais nessas fases, elas ocorrem em qualquer momento, desde o início até o fim da mediação, mas os primeiros momentos são, reconhecidamente, aqueles onde as pessoas estão mais sensíveis, não só pelos conflitos que envolvem a situação, mas em face do medo do desconhecido (não sabem como uma mediação funciona) e a ansiedade com relação ao resultado. O melhor da festa é sua preparação, diz o ditado popular; o pior da mediação é a sala de espera de suas sessões.

---

12  BLADES. Op.cit., p.67 *Gary Friedman e Henry Elson* compõem um conhecido time de mediadores na Califórnia, tendo iniciado sua prática em 1974/76. O primeiro time tem formação em Direito e o outro em Terapia de Família.

MEDIAÇÃO – Uma solução judiciosa para conflitos     331

As sessões mediadas através de times de mediadores comportam algumas providências não tão exploradas pela solo mediação. O time tem necessidade de se reunir, em momentos do processo, para trocar impressões, não só para isolar as questões, como para estabelecer estratégias de intervenção.

## 3.5 Clínicas e agências de mediação familiar

A mediação, no terceiro mundo, é uma realidade, que cada dia mais faz parte da vida social. As agências da comunidade, ou clínicas de saúde mental, que oferecem uma série de serviços e empregam um número de indivíduos e profissionais; dentre os serviços de terapia familiar, planejamento financeiro e outros serviços, a mediação de divórcio é oferecida como terapia, de forma seriada.

O grande compromisso com as crianças faz com que os profissionais, nessas clínicas e agências, se empenhem nos serviços que envolvem custódia e visitação e fazem dessas questões do divórcio seu carro mestre.

Os *Dispute Resolution Centers* e os *Neighborhood Dispute Resolution Centers* são também estabelecidos para promover serviços de mediação em divórcio. Entretanto, esses serviços são limitados, devido à carência de advogados no setor, a maioria dos profissionais são da área da saúde e do serviço social. Os princípios que orientam esses centros são a exploração dos recursos da comunidade, para resolver problemas de vizinhança e prevenir disputas civis, de se transformarem em atitudes criminais[13]. A mediação em divórcio não chega a ser sua atividade principal, mas são serviços procurados pela comunidade, a cada dia mais. Já se fala em mediação de divórcio, junto ao grande público, com certa familiaridade e como primeira forma de resolver disputas familiares, em direção ao divórcio.

## 4. MEDIAÇÃO EM SEPARAÇÃO DE MARIDO E MULHER E DIVÓRCIO

### 4.1 Introdução

Pela maior ocorrência, também pela similitude das questões discutidas nas sessões de divórcio, é a disputa o que mais ocorre em mediação, seja privada ou recomendada judicialmente. Por isso, quando se fala em mediação de família, em primeiro lugar, se pensa em ruptura de sociedade conjugal, porque,

---

13   FOLBERG. Op.cit., p.15

afora o divórcio, as ocorrências familiares só vêm a público quando envolvem crimes ou relevantes questões de herança. Alguns terapeutas de família comumente adaptam técnicas de mediação em famílias intactas, mas o processo é mais conhecido e mais frequentemente usado para trabalhar questões que envolvem a dissolução familiar.

De acordo com dados fornecidos pelo *National Center for Health Statistics*, em 1992, nos Estados Unidos, existiam pouco menos de 2.5 milhões de casamentos para mais de l milhão de divórcios[206]. Em outras palavras, quase 50% dos casamentos foram desfeitos em razão de vários fatores, inclusive pela ampliação do divórcio sem culpa. No Brasil, o quadro não é tão diferente. Por isso, tanto tribunais quanto comunidades jurídicas, terapêuticas e leigas articulam-se para minimizar os efeitos drásticos dessa avalanche na sociedade. O tema é largamente abordado em livros, treinamento profissional e serviços.

O divórcio, como instituição, nas últimas décadas, tanto no Brasil quanto nos Estados Unidos, deixou de ser um problema iminentemente público para se demandar uma solução privada, não só em nível terapêutico. Por essa razão, e ainda porque as questões do divórcio amalgamam, muito intrincadamente, à lei e aos sentimentos, a matéria começou a ser tratada de forma a atender, mais de perto, aos aspectos legais aliados aos envolvimentos psicológicos da separação. Nesse contexto, a mediação tem seu melhor papel.

## 4.2 Mediação em divórcio e processos correlatos

É bom lembrar que a mediação começou a ser conhecida do grande público pela sua aplicação e eficácia em casos de família. Atuando, primeiramente, com guarda de filhos e direito de visitação, essas questões abriram campo para resolução de disputas mediadas, em incontáveis outras situações, envolvendo pessoas ligadas pelo vínculo matrimonial ou de parentesco e seus bens.

Atualmente, em todos os países onde existe desenvolvimento em matéria de mediação familiar, esta é descrita como um processo, através do qual, pessoas, em disputa por questões de divórcio, pensões alimentícias, guarda de filhos, herança, divisão de bens ou qualquer outra questão familiar, que sejam ou possam ser objeto de procedimentos legais, são ajudadas no sentido de chegar a acordos ou estreitar as áreas de desentendimento entre elas, com a ativa intervenção de terceira parte imparcial. Entretanto, apesar do envolvimento de várias questões jurídicas e problemas emocionais semelhantes, há que se con-

MEDIAÇÃO – Uma solução judiciosa para conflitos    333

siderar situações diferenciadas, bem como distinguir a mediação em divórcio de outros processos.

Três processos correlatos, mas dissemelhantes, podem ser confundidos com mediação familiar: reconciliação, conciliação e terapia, ou aconselhamento.

A reconciliação tem como objetivo salvar o casamento dos participantes, ou seu relacionamento conjugal. Esse objetivo pode ser alcançado pela mediação, mas não é sua meta principal. Na reconciliação, a parte interventora funciona como protetor do vínculo existente entre as partes, e não considera seus interesses individuais, trabalhando pela destruição de suas posições.

A terapia ou aconselhamento ajuda os participantes a reconciliar ou resolver diferenças, que jamais estarão sujeitas a procedimentos legais ou judiciais. O processo terapêutico adentra às origens psicológicas do conflito de cônjuges ou familiares, e trabalha pela conscientização das partes com relação ao seu comportamento e contribuição para a concretização da disputa. Normalmente, ocorre antes de atingir o estágio litigioso, ou potencialmente litigioso da disputa.

Mais próximo, já que o processo envolve procedimento legal ou judicial, está a conciliação. Fundamentalmente, difere da mediação, pois tem como objetivo o acomodamento das questões através de intervenção de terceiro, no mérito da disputa familiar. O conciliador não se limita a distinguir as questões entre cônjuges ou familiares e trabalhar pelo seu equilíbrio para facilitar a comunicação. Adentra o mérito da questão e trabalha pelo convencimento da parte recalcitrante, em aceitar o que, segundo seu julgamento, é legal ou de direito.

Informalmente, a mediação é aplicada na área de família, por muitas pessoas ligadas à saúde, à religião e ao próprio ambiente doméstico. São padres, pastores, rabinos, médicos, psicólogos e amigos, que fazem as vezes de mediadores. São os chamados mediadores desconhecidos dos quais poucas referências científicas se fazem.

Advogados atuam em qualquer nível de desenvolvimento da disputa, mas por circunstância do ofício, somente interferem quando ocorre o questionamento de questões legais, ou judiciais. Nos países onde a mediação é referendada judicialmente, existe aparelhamento legal, dando poderes aos tribunais, para encaminhamento das partes a centros de serviço de mediação ou a mediadores do próprio tribunal.

# 5. TERAPEUTAS E ADVOGADOS E MEDIAÇÃO E DIVÓRCIO

## 5.1 Abordagens técnicas

Dissolução de sociedade conjugal é um assunto que favorece e propicia excelente oportunidade de interação entre advogados e terapeutas. Não há como descartar nem um nem outro profissional durante um processo de divórcio sem pagar um preço financeiro ou emocional muito maior do que o cobrado por esses profissionais pelos seus serviços.

Já é sabido que na sole-mediação advogados e terapeutas se vêm compelidos a recomendar clientes de uma para outra especialidade, em razão da necessidade de complementação e ajuda de uma ou outra na resolução de conflitos que envolvem uma separação de casais, em questões psicológicas ou jurídicas. Assim, a interação é tida como "cooperativa"[14] e atende eficazmente aos propósitos de uma boa mediação. Todavia, quando a interferência se dá para reforçar posições conflituosas dos clientes, comumente na forma de pareceres que invoquem táticas adversariais, essa interação é "competitiva"[15].

Apesar do fato de que a competividade existe no campo de resolução de conflitos em dissolução de casamentos, advogados e terapeutas têm se associado para melhor prestar serviços de mediação, com considerável sucesso. Nesse campo, tanto conhecimento sobre leis e *expertise* em entrevistar e aconselhar são imprescindíveis. O mais eficiente mediador não é o advogado ou o terapeuta, mas uma mistura dos dois, não só porque se completam, mas porque apresentam, entre outras vantagens, similitudes nas técnicas de intervenção. Em última análise essas técnicas se constituem no instrumental mais importante do processo mediador. Nos preâmbulos e na substância os profissionais apresentam semelhanças na forma de intervenção. Ambos:[16]

1. reconhecem o desconforto de seus clientes e se esforçam para deixá-los à vontade;

2. encorajam o cliente a discutir questões pessoais através do desenvolvimento de sentimento de confiança;

3. reagem não julgamentalmente, evitando a moralização;

---

14 STEINBERG, J.L. *Through an interdisciplinary mirror.* attorney- therapist similarities. In *Divorce mediation: perspectives in the field,* New Yor, 1985, p.9.

15 Ibidem.

16 Ibidem. p.12

MEDIAÇÃO – Uma solução judiciosa para conflitos

4. empregam ativa escuta, para encorajar a vazão de comentários dos clientes;

5. refreiam-se de fazer perguntas específicas para evitar a canalização de comentários dos clientes;

6. abstêm-se de diagnósticos prematuros;

7. reconhecem seus próprios sistemas de valores, seus próprios preconceitos, e se esforçam por controlá-los;

8. compreendem as limitações das palavras não faladas e aprendem a ler comunicações não-verbais como expressões faciais e linguagem corporal;

9. reconhecem que clientes dessas especialidades são altamente sugestionáveis, ansiosos por agradar e preparados para oferecer o que eles acreditam seja procurado pelos profissionais.

As profissões de advogado e psicólogos terapeutas estão profundamente envolvidas com o drama da separação de casais. O processo psicológico é entendido como a administração de perda de vida, para melhor dar dimensão da representação do problema para os envolvidos. Um cliente, atendido por advogados e terapeutas conscientes da cooperação que devem prestar sob o enfoque da perda, tendem a propiciar mais facilidade para o retorno ao incentivo de vida e seu consequente bem-estar.

## 6. SEPARAÇÃO E A RELAÇÃO CLIENTE/ADVOGADO

Casamento para alguns significa comunhão indivisa e divórcio, então significa o desenlace dessa comunhão. Do montante construído nenhum lado sabe o que vai sobrar, e essa vulnerabilidade gera grande insegurança. É um momento humano onde o passado é um sonho desfeito e o futuro é uma névoa com imagens incertas. A decisão do divórcio já é uma atitude difícil, o início do processo é ainda mais desgastante para as pessoas envolvidas: marido, mulher, filhos, pai, mãe, e todos mais no contexto da família que se desfaz.

Em razão do choque desse momento crucial, as pessoas normalmente consultam a outros membros da família, amigos, psicólogos, conselheiros religiosos. Mas é junto a um advogado, pelo intrincado envolvimento legal da instituição casamento, que entabulam os passos mais significativos para a concretização do divórcio. No escritório de advocacia a separação começa, efetivamente a acontecer, quando o cliente coloca nas mãos do profissional do direito grandes responsabilidades com relação aos efeitos daquele fato.

Muitos advogados, de posse das informações referentes a um caso de divórcio, tentam uma conciliação como forma de evitar o embate judicial. A maioria, entretanto, sequer cogita dessa possibilidade. Baseada simplesmente na manifestação do cônjuge, articulam os fatos de maneira a conceber um quadro favorável à posição do cliente, sem cogitar de qualquer questionamento psicológico ou social. Atêm-se mecanicamente, por dever de ofício, simplesmente às questões factuais e legais considerando, não raro, o componente da culpa para determinar a decisão judicial. Alguns funcionam como agente moral envolvendo o seu pessoal senso de justiça, principalmente quando existem crianças envolvidas no processo. Outros até reconhecem a importância do aspecto emocional como questão inseparável do processo de divórcio e procuram facilitar o acomodamento dos clientes com as questões legais. Alguns, ainda, apresentam atitudes de vero mediador: focalizam o *rational problem solving*, buscando resultados construtivos para ambas as partes, junto com a preocupação com o bem-estar de ambos os cônjuges. Esses advogados, sempre que possível, deixam de lado seu papel adversarial e negociam um acordo fora das lides judiciais.

A mediação envolve todas as maneiras, como os vários tipos de advogados militam com um caso, mas ainda é alternativa praticamente desconhecida no relacionamento advogado e cliente de divórcio, principalmente nos países do chamado terceiro mundo. Nos Estados Unidos, Canadá, Inglaterra e muitos outros, a realidade da decisão autodeterminada por cônjuges no processo de divórcio já é uma rotina que se incorpora, cada dia mais, nos escritórios de advocacia familiar. O envolvimento do advogado no processo decisório se torna cada dia mais complexo. Mesmo que não se atribuam diretamente as consequências do processo à lide advocatícia, sua atuação e responsabilidade são bem maiores do que a preparação e peticionamento para uma decisão judicial.

## 6.1 O poder dos advogados junto aos cônjuges no processo de divórcio

Estudiosos de psicologia afirmam que, quando cônjuges iniciam um processo de divórcio, apresentam baixo grau de auto-estima, variando rapidamente de estado de espírito (raiva, depressão, ansiedade). Além disso, contam com o mínimo de conhecimento sobre os aspectos legais do processo que estão por

# MEDIAÇÃO – Uma solução judiciosa para conflitos

iniciar. Como resultado, são extremamente susceptíveis a sugestões[17]. Além disso, as pessoas envolvidas nesse processo demonstram limitações na sua capacidade física, psicológica e mental. A casuística americana qualifica essas pessoas como relativamente irresponsáveis por seus atos na vida civil, a exemplo de pessoas sob efeito de drogas. Advogados responsáveis por um processo de divórcio são considerados a última ajuda e são vistos como protetores pelos seus clientes, aptos a fornecer aconselhamento legal. Consciente ou inconscientemente, no afã de serem tuteladas, as pessoas em processo de divórcio delegam total responsabilidade e poder a seus advogados para intervir e resolver seus problemas.

Entretanto, por mais que um cliente transmita a seus advogados suas necessidades, passará sempre um conhecimento de segunda mão. Muitas vezes, no calor dos acontecimentos não consegue informar o que realmente lhe interessa no processo. Além disso, quando o advogado recebe as informações, desenha-as com seus próprios conceitos e direciona, à sua maneira, as reais necessidades de seus clientes. Muito frequentemente as pessoas se indispõem com seus advogados e atribuem sua insatisfação à falta de qualificações ou atributos de seu representante, e nunca à maratona distorcida da comunicação de seus interesses.

No momento em que o advogado recebe poder para direcionar um divórcio, deve ter consciência desse fato e trabalhar mais aos moldes mediadores do que qualquer outro, se quer realmente resolver o divórcio de maneira satisfatória para seus clientes. O clareamento das questões, o entendimento dessas questões e o encarar da realidade são fatores que não podem deixar de serem observados e trabalhados pelo advogado. Dessa forma, o cliente que se divorcia terá maiores condições de dimensionar e direcionar suas necessidades e possibilidades pessoais, financeiras, e necessidades de terceiros, dependentes de suas decisões.

Nenhum juiz ou tribunal tem condição de chegar às minúcias que envolvem um processo de divórcio, nem mesmo o advogado, revestido de todo o poder de representação e de determinação, o tem. Os cônjuges sim, estes são os únicos que possuem com detalhes todos os elementos que formam o processo. É mister, entretanto, que sejam alertados e conscientizados para as vantagens da cooperação e da troca voluntária e de boa-fé das informações de cada lado.

---

17  BLADES, J. *Family Mediation* – Cooperative divorce settlement. New Jersey: Prentice-Hall, 1985, p.18.

O papel de conscientização é do advogado mediador. O trabalho de devolver às partes o poder decisório e facilitar a comunicação entre os cônjuges, ajudar no levantamento, arrazoamento, e relevância das informações é basicamente a chave de resolução do processo de divórcio.

Mas para que o advogado assuma o papel resolutivo e construtivo do conflito é necessário que abra mão de seu arsenal de contenda, leis, provas, "direitos", formalidades etc., com os quais se transforma em gladiador e passe a ver a disputa como um fato único, passível de tratamento com habilidades completamente diferentes das usuais no processo judicial. O advogado apto a ser um mediador tem de se preparar para ir bem além da moldura de remédios tradicionais, na qual se arma para proteger seus clientes.

No papel de defensor o advogado permanece ligado aos "pomos" da discórdia, na busca do que foi feito no passado e de quem é a culpa. Advogados no papel de mediador voltam-se para o futuro, na busca por soluções que possam restabelecer a harmonia dos conflitantes. Para tanto, terão de ampliar seus horizontes e engendrar uma criatividade longe da racionalidade e enquadramento a leis, onde sabem que têm poder e controle.

"É dito que juízes são as pessoas mais difíceis de serem treinados como mediadores, advogados são os próximos mais difíceis e o resto da população é a mais fácil". A lei encoraja juízes e advogados a serem julgadores e condenadores sobre fatos, leis, e a credibilidade de testemunhas. O hábito de julgar e a tentação de entrar no mérito das reclamações, ao analisar esses elementos, é difícil de ser deixado de lado. O advogado mediador, em contrapartida, encoraja e reitera o poder das partes na analise de sua problemática em busca de solução.[18]

---

18 GREGG Relyea, ROY Cheng. *From Gladiator to Mediator: The Challenges for Lawyers Who Become Mediators.*www.Mediate.com. 2010, p.4 a12.

# Capítulo II

# TEORIA INSTRUMENTAL

## 1 - PRESUNÇÕES E PRINCÍPIOS DA MEDIAÇÃO DE CONFLITOS DE FAMÍLIA

### Introdução

Mediar em família não significa submeter-se a nenhuma estrutura legal substantiva ou processual pré-existente. Os recursos técnicos responsáveis pelo sucesso da mediação no mundo da resolução de conflitos originam-se, antes de tudo, de presunções orientadas para um processo não adversarial e princípios que estabelecem autonomia da vontade, longe da intervenção estatal. Desses dois parâmetros derivam todos os conceitos que norteiam a mediação. Ainda que o processo propriamente dito, por ser de interesse público, seja oferecido através do sistema judiciário, permanece à margem de qualquer estrutura legal.

Uma análise crítica do processo de mediação familiar, nos momentos e degraus propostos neste trabalho, leva-nos a perceber a pertinência de determinadas presunções. Ao lado disso, o caminho percorrido na resolução das questões em conflitos interpessoais, entre membros de uma família, inicia-se pelo acatamento daqueles princípios, alguns conceitos básicos e, sobretudo, organizado à guisa dessas presunções.

É preciso entender que, preliminarmente, mediar significa negociar, com intervenção neutra. Não vale a antiga presunção de que cônjuges em processo de separação são adversários e que suas questões só podem ser resolvidas pela aplicação de leis, através de intervenção com poder decisório. Não tem guarida no processo mediador. O processo baseia-se no livre arbítrio das partes, e consubstancia-se por elementos subjetivos. Daí entender-se a aplicação dos princípios gerais de voluntariedade, confiabilidade e auto determinação das partes. O processo dá-se mediante a vontade das partes, sua confiança no mediador e o poder decisório, quanto às suas questões em disputa. Na mediação, as partes têm de aceitar, antes de mais nada, o processo de negociação direta. Não há mediação sem negociação voluntária, porque é da voluntariedade que vem a autonomia das partes para barganhar e, consequentemente, chegar ao acordo. Também não há mediação sem a confiabilidade de que o interventor poderá levar as partes à resolução do conflito, não só pela sua neutralidade e imparcialidade quanto às partes envolvidas e às questões, mas pelo seu conhecimento técnico e sua experiência. Um juiz não é escolhido pelas partes, mas o mediador sim.

Mas esse não é o ponto de partida. Para que a mediação tenha guarida no mundo da resolução de disputas, desenvolve seus conceitos baseada em algumas outras presunções.

As presunções, e poderíamos mesmo dizer pressupostos, muito embora se apliquem aos conflitos de um modo geral, mais claramente

podem ser entendidas dentro do processo mediador familiar. Nestes conflitos as questões envolvem-se, mais visivelmente, dentro de estruturas psicológicas e comportam soluções muito mais variadas, visto emergirem da personalidade dos envolvidos e das circunstâncias de cada caso. Ter-se-ia, como exemplo comparativo, a barganha em torno do pagamento devido por uma mercadoria, que invariavelmente chega a uma cifra, e a discussão em torno da guarda de um filho. O que legitima o pagamento são as circunstâncias objetivas da obrigação, enquanto a legitimidade para a guarda envolve aspectos subjetivos muito mais complexos.

## 1.1 Presunção do benefício

Em primeiro lugar, a presunção do benefício. Segundo este, todas as partes envolvidas num conflito podem se beneficiar de soluções criativas, originárias na própria vontade, dentro do processo de negociação. Na mediação aplica-se o *principle negotiation* e a *win/win situation.*

## 1.2 Presunção da possibilidade

Em segundo lugar, no âmbito de mediação, presume-se que não existam disputas, como conflitos declarados interpessoalmente, que não possam ser resolvidas de forma pacífica. É a presunção da universalidade da mediação.

MEDIAÇÃO – Uma solução judiciosa para conflitos

Não existe disputa que não possa ser mediada. Mesmo que ocorra um impasse, não significa que a mediação tenha sido inadequada, e sim que aquela mediação, em termos de imediata resolução, não esgotou todos os aspectos do conflito, e que algum elemento de sua estrutura impossibilitou a movimentação das partes rumo ao acordo naquele momento. Haverá sempre um outro momento em que o conflito poderá chegar a termo através da mediação.

## 1.3 Presunção do interesse

Presume-se também que, basicamente, as partes sempre têm interesse em fazer um acordo. É a presunção do interesse. As razões têm fundamento em estudos filosóficos e de psicologia sobre a natureza dual da disputa que, como tal, gera a necessidade de resolução, em qualquer circunstância, dada à instabilidade e à insegurança que gera às partes envolvidas. O acordo tem por natureza a unidade. A dualidade e a luta de posições por se manifestar e fazer valer, como foi visto, gera uma situação de desconforto. Cônjuges e processo de separação, por exemplo, buscam advogados para solucionar um conflito e de antemão sabem que o acordo é o menor caminho, daí o seu interesse. Temem muito mais pela possível reação do outro cônjuge, que pode polarizar ainda mais a situação, do que pelo resultado do litígio. A mediação, com base nesse patamar, pode engendrar o clima de estabilidade que propicia a negociação, na medida em que saneia a área de comunicação entre as partes e facilita o entendimento.

## 1.4 Presunção da credibilidade

O advogado que atua como mediador tem a credibilidade das partes. Estas acreditam que ele tenha "poder" para fazer o vácuo entre as posições, para possibilitar a manifestação de cada um. As vezes, até por desconhecimento do processo, imaginam que ele possa dar uma decisão. Confiam que o mediador seja a peça chave apta para desencadear o processo de unificação.

## 1.5 Presunção da continuidade

Em terceiro lugar, num momento seguinte ao da negociação, existe a presunção de que, a despeito das ameaças eventualmente proferidas à mesa de negociação, nenhuma parte realmente quer uma interrupção prolongada do processo, que arrefeceria o calor da negociação, nem certamente deseja o impasse. É a presunção da continuidade da mediação. Isso é que sustenta o movimento negociador rumo à satisfação de seus interesses. Assim sendo, o mediador interfere, entendendo que a continuidade contribui para o acordo, mas as próprias partes encarregam-se por decidir pela manutenção do clima de barganha.

## 1.6 Presunção do espaço

Ainda, existe a presunção de que, apesar das partes afirmarem "terem ido tão longe quanto possível nas concessões", há sempre algum espaço passível de ser ocupado pela outra[1]. É a presunção da ocupação onde cabe reconhecimento dos interesses da outra. É sabido que a responsabilidade pelo fechamento da disputa é das partes, razão pela qual o mediador é prescindível quando se refere ao mérito das questões. Mas ele conta com o mesmo espaço para impedir o impasse e propiciar o movimento da negociação.

## 1.7 Presunção do conhecimento dos princípios da mediação

Por outro lado, o processo de mediação, quando efetivamente aplicado, revela o perfil do mediador em sua auto-preparação. Significa o enquadramento dos elementos do processo aos princípios gerais, como a confiabilidade, a credibilidade e a neutralidade. Sem esses é impossível o trabalho indireto do mediador junto ao mérito das questões mediadas. As partes terão de se inteirar desses princípios nos primeiros momentos do processo.

Esses pilares, há muito fazem parte da teoria da Mediação. Mas além deles, conclui-se por alguns princípios fundamentais. O primeiro diz respeito ao entendimento e valorização, por parte do mediador, dos problemas e questões que envolvem as partes. Estas necessitam ter segurança de que o mediador tem pleno conhecimento das causas de sua disputa, sua dimensão e complexidade. Além disso, o mediador precisa conhecer o estilo de negociação de cada parte, bem como sua personalidade, o que requer do mediador estudo específico para enquadrar a disputa dentro da teoria dos conflitos e conhecimento psicológico para avaliação das partes e dos problemas que envolvem relações humanas.

## 1.8 Princípio da eficácia da intervenção

Conclui-se, também, que a mera intervenção do mediador já desencadeia expedição do processo construidor do acordo. A neutralidade no processo representa o interesse público na resolução pacífica da disputa. O mediador, ao fornecer informações para as partes, cria instabilidade nas posições. Essa ins-

---

1    MAGGIOLLO, W. *Techniques of mediation*. New York: Ocenna Publications,1971, p.90.

MEDIAÇÃO – Uma solução judiciosa para conflitos

tabilidade é gerada pela necessidade de conexão lógica para os fatos e posições, ao invés de manifestações emocionais. Por isso, o interventor neutro questiona as partes em profundidade, trazendo à baila sua experiência e conhecimento, assistindo-as na estimativa das consequências, em termos de impacto pessoal, econômico, psicológico e social.

## 1.9 Princípio do favorecimento de opções

Outro é o princípio fundamental de que o mediador, muito embora conservando sua neutralidade, não precisa escusar-se de participar do fornecimento de opções, desde que solicitado pelas partes. Essas opções normalmente permanecem no terreno das ações intermediárias do flexível procedimento da mediação. Soluções já aplicadas em situações semelhantes podem e devem ser apresentadas. A melhor solução não é, entretanto, uma que emerja diretamente do mediador, mas que possa ter sido desencadeada no processo de instalação das posições, através de ilustração do contexto de alternativas para o conflito, ou advenha de critérios objetivos. O *Brainstorm,* por exemplo, é uma das técnicas aplicáveis.

## 1.10 Princípio do conhecimento da matéria conflituosa

O terceiro princípio demanda do mediador um seguro conhecimento na área do conflito, no que se refere, principalmente, aos seus aspectos jurídicos e legais. Não só do campo, mas de seus padrões limites. O advogado mediador, militante em conflitos familiares, deverá assegurar às partes o conhecimento jurídico e legal e de experiência em varas de família, de preferência.

## 1.11 Presunção da dúvida quanto as posições

Esse conhecimento dá margem a uma outra necessidade, que é a criação de dúvidas a respeito das posições acirradas das partes. O mediador deverá funcionar como agente da realidade, não só como função, mas como princípio oriundo da necessidade de abrir a visão que as partes têm do problema. Aquelas, normalmente, tentam motivar o mediador a trazê-lo para suas posições, impressionando-o com sua versão dos fatos e consequentes manifestações emocionais. O que não quer dizer manipulação como regra, mas como a visão limitada das partes com relação ao seu conflito. É nesse momento que o mediador trabalha com o reconhecimento das partes pelos interesses da outra.

Afora essas conclusões de caráter técnico, não se pode deixar de ratificar a questão política da necessidade de administração do processo mediador pelo poder estatal. Já existem embriões desse trabalho em vários seguimentos da sociedade e mesmo dentro do Sistema Judiciário. De forma empírica, muitos escritórios de advocacia, intuitivamente, adotam a intervenção neutra.   Entretanto, se faz necessário o empreendimento de recursos para o estudo organizado do processo mediador e estabelecimento de

serviços adequados e competentes, junto às Varas de Família. Só assim a mediação terá conseguido espaço adequado para desempenhar o seu importante papel de resolutora de disputas e funcionar como saneadora do imenso universo de conflitos que chegam às mãos do Poder Judiciário.

## 2. CONCEITO E DEFINIÇÃO

Mediação de divórcio representa um processo, pelas características especialíssimas e complexas das disputas, um campo à parte no estudo da mediação. O divórcio é um evento que demanda decisões sobre aspectos legais, sobre custódia e pensão de filhos, divisão de bens; da mesma forma, envolve profundas questões emocionais. Por se tratar do assunto que envolve relacionamento entre pessoas ligadas por laços íntimos, são sobremaneira caros e extremamente delicados. Todo o contexto do ser humano e seu poder sobre as coisas, se sobrepõem aos problemas que envolvem o relacionamento com pessoas que lhe dizem mais de perto ao coração, tanto pelo amor, quanto pelo desamor. Sentimentos controvertidos e mal esclarecidos permeiam e se escondem, atrás de questões práticas e legais, através de posições rígidas.

Em meio ao normalmente conturbado quadro divorcial, se as partes não tomam suas próprias decisões, no sentido de resolver suas questões práticas e legais, julgadores terão de fazê-lo. Para isso, desconhecendo totalmente os aspectos emocionais do caso, apoiam- se em parâmetros estanques e restringem o problema à questão de justiça. E aqui questiona-se: é possível, nessa área, fazer-se justiça, principalmente sem considerar a estrutura psicológica dessas questões?

A mediação do divórcio reconhece que as emoções associadas ao divórcio são parte integral do processo de resolução, e, como tal, tem de ser reconhecido. A possibilidade de arejamento e consideração das questões emocionais são irrelevantes para o procedimento judicial, que tem por objetivo o enquadramento do caso a uma situação hipotética. Tem por finalidade resguardar di-

MEDIAÇÃO – Uma solução judiciosa para conflitos   345

reitos hipotéticos, completamente alheios a qualquer consideração emocional. Esses aspectos podem ser administrados na mediação, de maneira tal, que não sejam meramente suprimidos, acarretando mais tarde o seu ressurgimento, na forma de revisões judiciais[2].

Por essas razões, a mediação de divórcio exigiu um aparelhamento multidimensional de indivíduos de grande variedade de campos, especialmente do Direito e da saúde mental. O trabalho mediador, por ter atraído profissionais de várias áreas da ciência, não pode, então, ser definido de forma sucinta, porque conta com fontes diversas para sua formação. Sua definição depende, preponderantemente, do objeto da mediação, do *background* do mediador e onde a mediação é oferecida[3].

Mediadores, com formação em assistência social, definem mediação de divórcio salientando a divisão econômica integrante do processo, ao passo que o terapeuta, imbuído da tarefa de ajudar os conflitantes a superar os malefícios e a prosseguir diante da realidade do desfazimento do casamento, tendem a definir como sendo esse entendimento e aceitação o objetivo da mediação. Por outro lado, mediadores com *background* nas ciências jurídicas veem o processo, preponderantemente, sob o enfoque contratual e legal.

A dificuldade de precisar uma definição tem origem na diversidade dos aspectos, que envolvem a mediação em divórcio e a consequente necessidade de envolvimento e utilização de várias ciências e treinamento especializado. O problema não existe porque há diferentes formas de mediação, e sim porque cada caso exige, de acordo com suas particularidades, intervenção apropriada, tanto no terreno psicológico, social ou legal. Ao se definir o processo não se pode deixar de lado nenhum desses aspectos. Muito embora o trabalho envolva a necessidade de conhecimento em todas essas áreas, a definição de mediação em divórcio tem de estar voltada, principalmente, para seus objetivos e técnicas de aplicação desses conhecimentos, e não para priorizar nenhum desses aspectos.

A despeito da dificuldade de distinguir mediação legal ou terapêutica, em matéria de divórcio, existe um crescente consenso de que essa mediação se desenvolve mediante um processo com raízes profissionais separadas e distinto das suas raízes de similitude, exigindo um cabedal muito mais complexo, do que o de cada profissão, em particular.

---

2   FOLBERG. Op.cit., p.8

3   Ibidem. p. 6

A primeira ocupação, quando se define mediação em divórcio, como um serviço identificável, é a ênfase dada à natureza do acordo. Mediação é, antes de mais nada e sobretudo, um processo que enfatiza a responsabilidade dos cônjuges de tomar decisões, que dizem respeito às suas próprias vidas. Através da autodeterminação, isolar pontos de acordo e desacordo e desenvolver opções que levem àquelas decisões, mediante a utilização de um terceiro, com função de conduzir as partes a esses objetivos, facilitando a comunicação, e assistindo à negociação. A definição, então, tem de descrever o tipo de processo, suas fases, o papel de cada participante, e, como visto, o objetivo desse processo.

Mediação não é tratamento, não conta com nenhum tipo de diagnóstico. Não é propriamente disputa, porque elimina o aspecto adversarial e competitivo da negociação. Não é arbitramento, na medida em que não tem como encargo descobrir e prover soluções para as partes. Não é terapia, nem consultoria. Mediação de divórcio e separação, seja qual for a especialidade do mediador, tem de ser compreendido como um processo, com objetivos definidos, que comportam serviços indicados para ajudar cônjuges, em fase de separação e divórcio, de modo a:

1. melhorar a comunicação entre o casal;
2. maximizar a exploração de alternativas de solução para as questões em disputa;
3. consecução de um acordo considerado justo pelos cônjuges;
4. estabelecimento de um modelo para resolução de conflitos, no relacionamento futuro da família, dentro da nova conformação.

Na consecução desses objetivos, todas as áreas de formação profissional mencionadas são utilizadas e contribuem, em igual importância, para a realização do processo. É na compleição do conjunto desses objetivos que se situa, efetivamente, a mediação. Razão pela qual, acredita-se, os destinos da mediação devem levar a uma formação e educação especial, onde todas as disciplinas, reconhecidas como próprias da advocacia, terapia e assistência social, sejam concentradas num curso especial de formação de mediadores, com especialidades em família, trabalho, comércio etc.

Definir, então, mediação em família, será identificar um processo que, através do uso de técnicas de comunicação, facilitação e negociação por um terceiro neutro interventor, numa disputa entre Cônjuges, estabeleça o contexto do conflito existente, mediante técnicas de psicologia; identifique necessidades e interesses por meio de recursos em assistência social e auxilie a produção de decisões, com o norteio do Direito, com vistas ao mútuo reconhecimento e acordo.

MEDIAÇÃO – Uma solução judiciosa para conflitos    347

## 3. A DIMENSÃO PSICOLÓGICA DA SEPARAÇÃO E DIVÓRCIO

O entendimento e acompanhamento do processo psicológico que fundamentalmente determina e permeia o divórcio e a separação de casais é, como vimos, tradicionalmente ignorado pelos advogados.

Não só a sua formação legal mas principalmente a postura ética de defender os direitos de seu cliente, com todas as armas jurídicas ao seu alcance, fazem com que advogados coloquem à parte qualquer consideração aos interesses da outra parte. Ainda muito menos atentam para o aspecto psicológico de uma ou de outra. O advogado que envereda pelos caminhos da mediação como alternativa para a batalha legal e suas consequências, não pode acompanhar esse pensamento.

Pessoas envolvidas em conflitos relativos ao processo de divórcio se vêm em meio a uma avalanche de sentimentos que podem influenciar e determinar o poder de negociação. A necessidade de um cliente de se livrar de pressões psicológicas ligadas à auto-identidade, da responsabilidade com crianças, e segurança financeira, determina uma certa fraqueza para lidar com os elementos da negociação. Existe a tendência de se acelerar o processo para aliviar a ansiedade, com o risco de se obterem resultados precários. Quem inicia um divórcio ou acredita que esteja sendo o *pivot* do sofrimento do outro cônjuge e dos filhos costuma experimentar um doloroso sentimento de culpa. Na tentativa de minimizar esse sentimento supervaloriza e tenta compensar o sofrimento da outra parte exagerando sua oferta durante a negociação. A depressão é também uma presença comum no processo e produz um efeito devastador no divórcio propriamente dito. Segundo modernas teorias sobre o assunto, normalmente vem associada à dependência, autocrítica, baixa auto-estima, e vulnerabilidade à rejeição interpessoal e incapacidade de atingir objetivos; essas consequências ocorrem da mesma forma como reação à *stress* crônico e agudo.[4]

A teoria pertinente à dimensão psicológica do divórcio é, sem dúvida, o assunto mais delicado e complexo para um mediador de formação jurídica dissertar a respeito. Alguns trabalhos, entretanto, oferecem informação teórica compatível com o cabedal de advogados e podem funcionar como visão introdutória do assunto. *Florence Kaslow*, psicoterapeuta de casais em divórcio em West Palm Beach, Flórida e responsável pelo setor de mediação do *Florida Couples and Family Institute* apresenta uma teoria, denominada "dialética"

---

4    BRYAN, P.E. *Reclaiming professionals: the lawyer's role in divorce mediation.* Family Law Quaterly, v.28,n.2, Summer 1993, p.199.

(oclusão dos termos eclético e dialético), baseada nas 6 estações do processo psicológico do divórcio desenvolvida por *Bohannon*[5].

O divórcio é dividido preliminarmente por *Kaslow* em dois estágios: pré-divórcio e divórcio e encaixa em cada fase estações que *Bohannon* descreve como sendo os sentimentos dos cônjuges, as intervenções terapêuticas e os momentos e fases da mediação em cada estação e estágio:

**PRÉ DIVORCIO e DIVÓRCIO**

1. divórcio emocional,

2. divórcio legal,

3. divórcio econômico,

4. divórcio de parentesco,

5. divórcio de comunidade, e

6. divórcio psíquico.

O quadro oferece uma visão teórica da dinâmica emocional do divórcio face à mediação onde se intercalam profissionais da mediação em diferentes áreas.

## 3.1 Pré-divórcio e estação emocional

A estação emocional de *Bohannon*, que pode ser breve ou prolongada, é descrita como o momento no qual as partes experimentam sentimentos de insatisfação e desilusão com relação ao casamento e provocam, a princípio, participação dos sentimentos, críticas com relação ao comportamento um do outro, e envolvimento de crianças, parentes, amigos e até vizinhos na situação. Esta fase é também chamada por outros psicólogos de fase de desilusão e erosão.[6]

Esses sentimentos se manifestam de maneira diferenciada nos cônjuges de acordo com as razões determinantes. Por exemplo, esclarece *Kaslow*, a desilusão e desencantamento podem ter raízes na "cristalização de antigos e embalados sonhos de perpetuação de felicidade marital"[7]. Ou podem advir de "atitude abusiva ou famílias conflituosas de origem"[8]. Nesses casos as pessoas

---

5   KASLOW, F.W. *The psychological dimention of divorce mediation*. In: Divorce Mediation. New York,1988, p.84.

6   KESSSLER, S. *Creative conflict resolution: mediation*. Atlanta: *National Institute for Preofessional Training, 1987*.

7   KASLOW. Op.cit., p.84

8   Ibidem.

MEDIAÇÃO – Uma solução judiciosa para conflitos    349

desenvolvem um casamento pautado na dependência, procurando alimentação para suas carências e desejando o mesmo tratamento dado a filhos com narcisística gratificação.

Enquanto a dependência complementa as necessidades do outro com base na servilidade e superproteção o relacionamento tem prosseguimento. Mas a partir do momento em que as demandas ficam mais e mais numerosas e constantes o cônjuge "sufocado" tende a se rebelar definindo a fase pré-separatista.

Segundo psicólogos, de um modo geral, o relacionamento capaz de sobreviver à convivência conjugal, de comunhão indivisa, como dizem alguns juristas, está pautado em boa dose de elementos simétricos e complementares. São caracterizados por "efetiva e honesta comunicação assim como mútuo respeito e confiança"[9]. Estes elementos, em última análise norteiam a mediação de conflitos entre cônjuges e determina a qualidade do acordo.

Na fase de desilusão e erosão do casamento o casal, algumas vezes, busca uma terapia em conjunto e tem grande possibilidade de contornar os problemas psicológicos advindos do desgaste do relacionamento e partir para a construção de uma nova relação. Quando os cônjuges procuram terapia individual as chances decrescem consideravelmente. Na terapia conjunta, segundo os *experts*, em 30 dias o casal tem condição de afigurar se o casamento pode ter continuidade ou deve seguir para o divórcio. Nesse caso e fase os cônjuges têm grande chance de entabular um divórcio mediado e conseguir, através de mútuo entendimento, delinear as consequências de seu propósito, sem causar ainda maiores danos à família.

Quando o casal não resolve os conflitos que permeiam a dissolução do casamento na fase de desilusão e erosão, costuma colocar o terapeuta como parte de um triângulo onde um cônjuge quer separar e o outro luta para manter o vínculo. Pode acontecer que, nessa segunda fase, onde as emoções se agravam para o desespero, ocorram cônjuges fazendo ameaças de suicídio e muitas vezes executando a ameaça quando não consegue provocar nenhum retorno à situação. O oposto se dá com o outro cônjuge que, lutando com seus sentimentos de culpa, esforça-se para escapar do relacionamento que se lhe apresenta aprisionador. O mediador corre o risco de atuar como um *going in between* (leva e trás) sem possibilidade de caminhar no processo rumo ao acordo. Nessa situação a terapia de casal já não resolve e quando os cônjuges permanecem em terapias individuais ainda têm chance de resolver, mais na

---

9    Ibidem, p. 85.

frente, o divórcio com a mediação. E isto é que faz do processo mediador um processo único que não tem de obedecer prazos ou momentos cronológicos; ele é sempre oportuno.

## 3.2. Divórcio e estaçã0 legal

A fase de pré-divórcio se extingue quando as partes, esgotados os recursos terapêuticos, sociais e familiares, para conter a escalada descendente do casamento, bifurcam-se na procura de reforço de última instância, mas já imbuídos de busca de proteção para seus direitos individuais.

Aqui termina a intervenção terapêutica e inicia-se então o momento psicológico do divórcio legal. Tradicionalmente é caracterizado pelo estabelecimento de campos de batalha onde os advogados funcionam como escudo dos cônjuges contra as estratégias de um e de outro. Com a mediação o ainda casal se perfila nas mesmas alas. Tendo os filhos como baluartes iniciam uma batalha contra os conflitos e não uns contra os outros. Todavia o início da estação legal não quer dizer a extinção de componentes emocionais no processo de separação. Muito pelo contrário, os sentimentos se modificam mas percorrem, desde a confusão, tristeza, solidão, alívio, arrependimento, aceitação etc. até a autonomia. A duras penas, com intensidades diferenciadas mas remarcadamente, com muito custo emocional. Por isso a continuidade do terapeuta, agora também mediador é de grande necessidade e importância.

Todavia, a partir dessa fase, o advogado tomará as rédeas da situação. No sistema adversarial como protetor das posições de uma das partes em particular, na mediação como interventor neutro facilitador dos interesses e ajustes de ambas as partes. Será o mediador advogado, com maior facilidade, que atenderá aos aspectos legais, econômicos, e familiares (parentesco) do divórcio mas tem este cenário emocional durante as entrevistas e sessões de mediação.

### 3.2.1. Divórcio econômico

A ideia da divisão forçada de bens do casal, adquiridos ou não durante a vigência da sociedade conjugal, é uma experiência traumática. No divórcio econômico elaborado no sistema adversarial não há como escapar da contingência obrigatória da decisão judicial ou dos ditames da lei. A mediação contorna essa violência e tanto quanto possível considera a paulatina separação física do casal junto com a separação dos bens. Da mesma forma o estágio familiar comporta arranjos com relação à custódia de filhos, visitas e a provável modificação do nome da mulher. Depois disso resta ajuizamento do acordo conseguido para devida homologação.

Nessa fase os sentimentos detectados por psicoterapeutas são de insegurança com relação ao futuro, principalmente dos filhos e grande vazio. Profunda consideração desses aspectos emocionais ainda tem de ser anotados. Nesse momento o mediador terá cumprido seu papel e o trabalho dos terapeutas continua por tempo indeterminado com base na necessidade de assimilação da nova realidade.

### 3.2.2. Divórcio comunitário

O divórcio comunitário, idealmente, terá de ser atendido por um terceiro profissional, o assistente social que deverá reintegrar os componentes dessa metamorfose numa nova realidade, com nova identidade social, novos amigos, novo estilo de vida etc. Seu papel é identificar e viabilizar novas possibilidades sociais, profissionais e educacionais para os componentes que se viram despojados de sua atividade anterior, dentro do casamento. Normalmente a mulher é a parte que mais se desarticula e mais necessita de ajuda nessa fase de divórcio. Seu papel, muitas vezes passivo na sociedade conjugal, passa por grandes transformações e complementações onde a vida profissional exige maior empenho. Nos Estados Unidos é comum o estabelecimento de pensão alimentícia que permita à mulher nesses casos voltar a estudar para melhor propiciar seu retorno à comunidade.

As crianças passarão por transformações na educação que até então tinha bases dialéticas. Tinham o suporte duplo masculino e feminino, normalmente, em bases equitativas. Nesse momento a avaliação das novas circunstâncias da família se faz necessária e não é demais pensar num planejamento com ajuda do profissional de assistência social para rearticular a próxima estrutura que deve se assemelhar, tanto quanto possível, com a anterior. O papel do assistente social como consultor e avaliador das necessidades e possibilidade de cada componente é da maior importância na estação comunitária do divórcio. Esse estudo, inclusive, comporta uma averiguação mais profunda do assunto. Contudo a exiguidade do espaço físico e temporal transfere esse tratamento para um novo trabalho.

### 3.2.3. Divórcio psíquico

O divórcio psíquico coroa a separação e é caracterizado por sentimentos de aceitação, em primeiro lugar. Logo em seguida, a reconstrução de auto-confiança, energia, auto valia, completude e, principalmente, autonomia. Esse divórcio exige tempo e adaptação aos outros. Já não há que se falar em mediação. Somente a terapia individual pode ser de valia.

## 4. A DIMENSÃO LEGAL DA SEPARAÇÃO

É dito que quem bem define um problema controla seu resultado. Habilidosos mediadores afirmam que as técnicas mais poderosas para promover uma negociação construtiva e cooperativa são salientar as questões em conflito dirigindo-as para o futuro, ao invés de enfocá-las em direção ao passado. O trabalho da mediação em divórcio está voltado para a forma de encarar as questões relativas ao processo de separação. São basicamente quatro: guarda de filhos, pensão alimentícia dos filhos, pensão do cônjuge e uso do nome do marido.

É importante pontuar que todas essas questões da separação, normalmente, estão concentradas nas sessões não seriadas da mediação, ou seja, no período variável de dois dias de sessões de quatro horas cada, que o advogado mediador conta para facilitar a negociação. O mediador terapeuta, em contrapartida, como trabalha basicamente com as emoções, terá um tempo indefinido para definir a situação. Poderíamos dizer que o advogado trabalha as emoções como fator nas negociações, e o psicólogo ou psiquiatra trabalha as questões legais como fatores da terapia.

### 4.1 Guarda de filhos

Quando se fala de guarda de filhos, uma pergunta clássica é feita, determinando dois níveis de respostas simplificativas da questão: Quem ficará com a guarda da ou das crianças do casal? O sistema legal se apressa em responder essa questão determinando a "propriedade" dos filhos a um ou outro cônjuge considerando qual o "melhor pai" para aquela criança. A resposta suscita outras perguntas também determinantes: Quem tem, quem é etc., todas voltadas para rotular o comportamento passado dos pais. Profissionais da saúde mental têm como ponto pacífico que a determinação de guarda de filhos baseada na conduta dos pais é prejudicial aos filhos e provoca relacionamentos mordazes. Em advocacia se sabe que essas impostas soluções

MEDIAÇÃO – Uma solução judiciosa para conflitos     353

acarretam problemas com visitação de filhos e pagamento de pensões e, volta e meia, são objeto de novas ações judiciais.

A mediação, em contrapartida, tem como pergunta principal: Quais são as necessidades da criança? e a consequente: Qual a melhor maneira de atender a essas necessidades? A pergunta que os mediadores fazem para resolver a questão de guarda de filhos é: Que futuros planos de paternidade podem vocês entabular, de forma a continuar o trabalho de educação e amor com seus filhos? A pergunta orientada para o futuro relacionamento demanda a colaboração dos pais e a criação conjunta de planos de ação. Nada poderá ser feito em relação ao passado e o planejamento é algo que se encontra totalmente no poder dos cônjuges de decidirem.

O trabalho de mediação deu uma nova roupagem à terminologia jurídica nos Estados Unidos, tal a preocupação em desmitificar o processo de divórcio diferenciando-o do processo judicial. Para sugerir uma nova ideia de "ser pai" [ pai que não tem a guarda dos filhos nos Estados Unidos ( *noncustodial parent*) carrega o título como um estigma] os termos seguintes foram substituídos na linguagem da mediação:[10]

- *parenting* ao invés de *custody* ( guarda);

- *access* ao invés de *visitation* (acesso e visitação);

- *time sharing arrangements* ao invés de *visitation schedules* (acordos de divisão de tempo/esquema de visita) ;

- *shared duties* ao invés de *rigths* (divisão de tarefas/direitos);

- *limited parenting duties* ao invés de *noncustodial parent* (pai com responsabilidade limitada/pai sem guarda) ;

- *residential parent* ao invés de *custodial parent* (pai residente/pai sem guarda).

## 4.2  Pensão de filhos

As maiores batalhas enfrentadas nas varas de família têm a bandeira "pensão alimentícia". No Brasil, os pressupostos da necessidade, possibilidade e atualidade norteiam os juízes, que por sua vez não têm a menor condição de

---

10   ERICKSOON, S.K. *The legal dimension of divorce mediation. Divorce mediation. New York,* 1988, p.105.

contornar as manobras de cônjuges pagadores para esconder seus proventos para não honrar a pensão, nem as artimanhas para impedir o contato do outro cônjuge com os filhos, em retaliação. O trabalho do advogado não é arrazoar o direito de seus clientes; nesse particular, passa a ser um atleta de novo esporte físico, esconde-esconde. Já não é novidade a ocorrência de homens encarregados da guarda de filhos, todavia, o mais comum é que as mulheres mantenham esse papel e recebam determinadas quantias em dinheiro dos ex-maridos. Uma pesquisa recente do Serviço de senso americano estimou que quase 50% das mulheres com pensões de filhos estabelecidas judicialmente não recebem a quantia total, em virtude de artimanhas ou mesmo sonegação dos ex- maridos.

Qual o valor que deverá ser estabelecido como pensão alimentícia dos filhos talvez não seja a pergunta adequada para solucionar o problema de manutenção de filhos de pais separados. As normas, tanto americanas quanto brasileiras, estipulam que os deveres de criação e educação são partilhados com igualdade por pais e mães e demonstram o espírito de responsabilidade mutual que ambos os pais têm com relação aos filhos. Esta questão é básica num processo de mediação que envolve filhos menores. Nesse caso, a pergunta que mediadores estão aparelhados para fazer é: "Que quantia e que disponibilidade cada um de vocês precisa prover mensalmente para atender às necessidades básicas com a manutenção e cuidado com o seu filho?" É preciso enfatizar que esse custo pode ser demonstrado por uma soma de dinheiro, mas o seu cálculo é feito com base em cada item das necessidades da criança. Advém, não só de dinheiro, mas de trabalho também.

À primeira vista, esse comportamento na mediação não parece muito diferente do processo judicial. Contudo, é preciso salientar que o orçamento delineado pelos cônjuges passa pela avaliação, discussão e aprovação do outro no processo mediador. Isso não acontece no sistema adversarial, onde o cálculo é percentualmente frio. Se mais apurado, como nos Estados Unidos, cada cônjuge é obrigado a apresentar uma declaração oficial de rendimentos e o valor exato em dinheiro é deduzido a partir daí. Mesmo dessa forma, nunca se poderá, a não ser por espontânea decisão, se avaliar a real situação financeira de cada cônjuge. De qualquer maneira, na mediação existe o compromisso das partes em assegurar a responsabilidade de despesas e rendimentos, porque a questão é encarada minuciosa e informalmente, com ampla possibilidade e oportunidade para que os cônjuges discutam qualquer dificuldade ou fator considerável para sua tomada de decisão.

Nada fica sem revelação no processo mediado de divórcio com relação à determinação de valores para manutenção de filhos. É preciso considerar que a vida econômica do casal deverá ser dividida com a separação legal. Se o rendimento familiar era computado para aluguel, ou pagamento de financiamento, por exemplo, agora tem de ser repartido por arranjos para duas casas. Muitas vezes se chegará à conclusão de que a despeito das reais necessidades a nova situação requer cortes e mudanças no padrão ou se tenha de vislumbrar mudanças futuras para melhorar a situação. Somente os cônjuges têm condição de trabalhar essas questões e estipular com justiça valores e percentuais de responsabilidade para cada um. A mediação é talhada para facilitar essa incumbência familiar através da consideração de qualquer estipulação que esteja na seara e na conformidade dos interesses de ambas as partes.

Nos Estados Unidos os mediadores aproveitam um formulário dos tribunais com percentuais estipulados por lei, Sessão 61.30, *Child Support Guidelines, F.S. (1983).* É utilizado pelos tribunais, como orientação para determinar a pensão alimentícia de filhos. De acordo com a lei, o cálculo é feito determinando-se o percentual de rendimentos dos pais e a obrigação de cada um de conformidade com as necessidades estatuídas por lei, para a criança.

O quadro possibilita a abertura de uma conta para a criança que o pai administra. Dessa forma, é possível acompanhar todas as despesas e manter um extrato da pensão alimentícia, que em qualquer necessidade, facilitará futuros ajustes nas quantias, tanto para aumentar quanto para diminuir.

## 4.3 Pensão do ex-cônjuge

Muitos casamentos pautados no modelo tradicional de família chegam ao fim com a mulher numa total ou parcial situação de dependência financeira no relacionamento marital. Esse aspecto talvez seja o mais polêmico a ser resolvido por ocasião do divórcio ou da separação.

A sessão 61.08 da *Florida Statutes,* sob o título *Alimony,* estipula o pagamento de pensão provisória ou reabilitativa ou permanente por natureza, para o cônjuge necessitado. A pensão é determinada considerando circunstâncias do casamento dissolvido. Por exemplo, padrão de vida, duração do casamento, idade e condições físicas de cada ex-cônjuge, condições financeiras de cada um em particular, tempo necessário para aquisição de educação para atender às novas necessidades de vida, a contribuição de cada ex-cônjuge para o casamento, incluindo serviços etc. Muitos tribunais de apelação acatam essa legislação, mas tribunais de júri geralmente têm poder discricionário e podem decidir o que é justo em cada caso particular. Até o adultério é considerado na determinação do montante de pensão.

A lei e o precedente têm funcionado como orientação para as negociações sobre pensão de ex-cônjuge, nos Estados Unidos. Sem a menor possibilidade de previsão, as decisões judiciais não podem ser determinadas. Qualquer resultado é especulatório. Os ex-cônjuges sabem que no tribunal seu caso poderá receber como decisão uma surpresa.

As perguntas do sistema judicial se restringem a saber quanto de pensão um cônjuge pagará ao outro, nos Estados Unidos também, por quanto tempo. As questões colocadas dessa forma polarizam a decisão, colocando um na posição passiva de receber e o outro de fornecer. Um deverá demonstrar cada vez mais sua fraqueza e o outro tentará provar restrição financeira. A dependência criada durante o casamento é uma circunstância natural da formação familiar para a qual existe participação de ambos os cônjuges. A reestruturação dessa dialética tem de sofrer, da mesma forma, contribuição bilateral. A reconquista de independência demanda trabalho, tempo e recursos financeiros. Assim colocada, a pergunta que melhor atenderia às exigências da situação seria: Vocês concordam que exista dependência financeira de um cônjuge? Mesmo que a resposta seja óbvia, é aconselhável que fique expresso esse reconhecimento, como forma de estabelecer um compromisso com relação à solução do problema. A pergunta subsequente então seria: Qual seria a participação de cada cônjuge no sentido de promover independência para o cônjuge dependente? Essa é uma realidade americana que já tem lugar no Brasil. A independência feminina, dentro ou fora do casamento, já se apresenta como fato do cotidiano familiar brasileiro. O que acontece, entretanto, é que os maridos que tomam a iniciativa de dissolver o casamento, via de regra, não questionam essa obrigação por ocasião da separação. O assunto volta a ser ventilado quando o homem decide organizar nova família ou percebe que a mulher tira vantagem dessa resolução, que só poderá ser modificada mediante ação revisional de pensão. Não existe pensão de cônjuge com tempo determinado na legislação brasileira. Os pressupostos da lei se pautam na necessidade e na atualidade do problema. O quanto a ser pago dependerá da possibilidade do cônjuge pagante. Apesar de o contrário ocorrer frequentemente, muitos ex-maridos ficariam surpresos em verificar o quanto mulheres dependentes de cheques de pensão gostariam de se ver livres dessa situação de dependência.

De qualquer forma, a mediação tem por meta enfocar os conflitos entre cônjuges, fazendo com que possam produzir consequências positivas. Nesse particular, de forma resolutiva e também educativa. A dependência feminina durante o casamento não tem de ser qualificada de justa ou injusta. O que deverá prevalecer no julgamento do problema é a autônoma vontade dos participantes, capaz de propiciar a continuidade e qualidade do relacionamento. Principalmente quando existem filhos no casamento dissolvido, o relacionamento futuro demanda cuidados de ambas as partes para que comunicação entre os pais possa propiciar melhor criação e educação.

O plano que vigorará com relação à independência de um dos cônjuges dependerá de entendimento e acordo entre as partes, que só será possível através de negociação. Logicamente, se um fornecerá o necessário suporte financeiro, o outro deverá se empenhar em criar meios de viabilizar a independência. Nos Estados Unidos é comum as mulheres voltarem à escola depois que os filhos atingem certa autonomia. Ainda, o trabalho feminino durante o casamento é possível, mesmo quando as crianças estão em idade escolar, porque a jornada na escola é de 7 a 8 horas diárias e inclui duas refeições nesse período. Nessa realidade não vivem as mulheres brasileiras, que são requeridas pelos filhos em horários não compatíveis com uma jornada de trabalho de 8 horas. Por outro lado, as tarefas domésticas nos Estados Unidos são executadas de forma muito mais simplificada, devido ao aparelhamento de lavanderia, preparação de refeições e serviços especializados. A vida social brasileira coloca a mãe independente na família à mercê de empregadas domésticas, que se tornam cada dia mais difíceis de serem conseguidas ou administradas.

Esses fatores são considerados na mediação quando os cônjuges procuram estabelecer o tempo de duração da prestação alimentícia para o cônjuge dependente. Pode parecer absurdo, mas aquele que presta vê o problema como uma obrigação da qual gostaria de se livrar o mais rápido possível, e aquele que recebe sabe que deverá informar e cortar a prestação assim que conseguir outros meios de prover sua própria subsistência. Contudo, se os cônjuges têm consciência de cada responsabilidade e estão, principalmente, juntos na busca de solução para o problema, o acordo é conseguido com facilidade.

## 4.4 Divisão de propriedade

Nada revela melhor as posições dos cônjuges numa separação do que seus interesses no momento de dividir os bens comuns adquiridos durante a vigência do casamento. O rigor da divisão meio a meio pode ser levado a extremos quando os envolvidos não se preparam para considerar todos os lados da divisão. Existem casos de maridos que, tendo abandonado o lar conjugal, voltam ao local com máquina fotográfica para registrar todos os pertences da sociedade com receio de ser ludibriado na divisão.

O conceito de propriedade comum é o que vigora como lei na maioria dos estados americanos e determina a divisão equitativa dos bens por ocasião do rompimento da sociedade conjugal,[11] o que coloca nas mãos do Estado poder discricionário com relação à divisão de bens. No Brasil, a divisão virá de acordo com o critério da culpa, quando o processo for litigioso, ou de acordo com o regime de bens adotado no casamento, que pode ser de separação total, ou seja, sem comunicação dos bens adquiridos antes e durante o casamento; de comunhão parcial quando somente os bens adquiridos no período de vigência da sociedade se comunicarem, ou comunhão total.

Esses critérios têm, também, norteado a negociação de partilha de bens da sociedade conjugal, mas o que a prática tem revelado é que essa divisão é emocional e circunstancialmente muito mais complexa para se adequar de maneira simplista à legalidade. Fatores como a preservação do *status quo* dos filhos perante a sociedade, funcionabilidade em razão de escola, necessidade, e muitos outros nem sempre se enquadram na forma genérica da lei. Além disso, os interesses de cada cônjuge, suas razões e motivos face a determinadas preferências têm lugar na mediação e não têm numa sentença judicial. O que a negociação no divórcio faz com relação à partilha de bens é propiciar uma oportunidade para que os cônjuges possam escolher o que melhor define e atenda suas preferências e necessidades no futuro. Mais um processo do que propriamente um resultado. Um trabalho conjunto de estabelecimento de critérios de avaliação e atendimento, e tanto quanto possível, dos interesses, necessidades e preferências de cada um.

O que um mediador experiente perguntará aos cônjuges, se resume nas cinco questões formuladas por *Erickson*:[12]

1. Quais os bens que serão divididos?
2. O que é preciso saber para se proceder a uma inteligente e justa divisão de propriedade?
3. Qual é o valor dos bens?

---

11  ERICKSSON. Op. cit., p.116

12  Ibidem. P.117.

4. Que padrões de justiça devem ser aplicados no processo de partilha de bens?

5. Depois de respondidas as anteriores: Que bens cada cônjuge deve manter para si individualmente?

Na mediação, os padrões de justiça e os critérios de divisão são decididos pelos cônjuges de comum acordo, e não pela lei ou por antecedentes, como nos Estados Unidos. Muito embora o de levantamento e avaliação de bens no processo judicial seja basicamente o mesmo da navegação, a forma de condução desse trabalho é bem diferente na mediação. O processo mediado é bem mais diligente, na medida em que mantém os informantes na mesma sala e não depende de provas ou depoimentos. Além disso, a participação de ambos os cônjuges, na feitura do inventário, impinge uma responsabilidade a cada um. O mais alheio a essas informações é levado a descartar desconfianças e medos quanto à acuidade das informações e declarações feitas perante o mediador[13]. É claro, contudo, que o mediador, assim como o advogado, solicita documentação como saldos bancários, registros, investimentos etc. que possam muito mais auxiliar do que atestar a existência dos bens.

A avaliação dos bens no processo mediado procura, tanto quanto possível, obedecer a critérios objetivos ou informações oficiais ou peritas e não fica ao sabor dos cônjuges, que no processo litigioso supervalorizam ou depreciam bens, de acordo com seus interesses na divisão. Ao invés de peritos judiciais, existem na mediação peritos escolhidos pelos diretamente interessados, que não raro são questionados na presença do mediador. O julgamento da veracidade ou correção é feita, antes de tudo, pelos cônjuges, que buscam as informações com o intuito único de propiciar e facilitar a divisão e não de tirar maior vantagem da avaliação.

A experiência tem demonstrado que o conceito de justiça distributiva de bens por ocasião da separação está mais voltado para valores pessoais do que para conceitos de igualdade ou direito. Muitos são os divórcios que contemplam o cônjuge dependente com um quinhão muito mais significativo do que o daquele que mais contribuiu diretamente para sua formação. Não como atitude compensatória, mas como reconhecimento dos valores de cada membro da sociedade conjugal e, principalmente, das necessidades que envolvem o remanescente no quadro familiar. É comum a permanência da mulher no domicílio conjugal com os filhos como forma de reconhecimento

---

13 ERICKSSON. Op. cit. p. 117

do valor do *domus* na estruturação da família. A casa, pode-se pensar, significa muito mais para a mulher do que para o homem, e em certos casos pode até substituir a presença masculina no que se refere à segurança e proteção. Existe tacitamente uma aceitação dessa afirmativa por parte dos homens que abrem mão do domicilio conjugal em favor de suas ex-mulheres. Existem milhões de maneiras de divisão de propriedade de cônjuges, como existem milhões de conceitos em cada cabeça com relação ao divórcio. O trabalho da mediação é descobrir uma delas, aquela talhada por princípios de justiça, equidade, distribuição, necessidade, possibilidade etc., mas que só vai servir para um caso em particular.

## 4.5  O uso do nome de casada

A tradição perpetuou o costume de acrescentar o nome de família masculino ao feminino. Apesar de existir o contrário, o mais comum é a ocorrência de mulheres que usam o nome do marido. Tem lógica o costume, na medida em que identifica os membros de uma mesma família oriunda do casamento. Quando o casamento se desfaz, a identidade feminina fica desvinculada do marido, exceto com relação à co-paternidade. Nos Estados Unidos não existe discussão sobre o assunto.

## 5.  EFICÁCIA DA INCLUSÃO DE CRIANÇAS NO PROCESSO DE MEDIAÇÃO E DIVÓRCIO, PARA RESOLVER QUESTÕES RELATIVAS À GUARDA DE FILHOS – FUNÇÕES E RAZÕES PARA A OITIVA DE CRIANÇAS NO PROCESSO DE DIVÓRCIO

A abordagem desse assunto não se constitui numa novidade. Várias legislações possibilitam juízes promoverem entrevistas com filhos de divorciandos com o objetivo de se orientarem com relação ao atendimento dos reais interesses da criança. Nem sempre, ou muito dificilmente, os juízes atendem a essa prerrogativa. Com justa razão, não possuem o devido treinamento para esse tipo de oitiva. O mediador, por sua vez, é um profissional que deverá ter na sua bagagem de treinamento esse tipo de especialidade se intentar praticar mediação de família. O Código Civil da Califórnia, na Sessão 4.607, prevê que,

> "...o mediador deverá ter a obrigação de buscar as necessidades e interesses da criança ou crianças envolvidas na controvérsia (divórcio) e deverá estar habilitado

a entrevistar a criança ou crianças quando julgar tal entrevista apropriada ou necessária."[14]

O Estatuto da Califórnia é claro em apresentar a oitiva de crianças, ao mesmo tempo, como um dever do ofício de mediador de família, e uma prerrogativa. Um dever na medida em que reconhece o estado conflituoso dos pais, que, muitas vezes, discordam com relação ao que é bom e ao que não é para seus filhos e necessitam de veículos de realidade para orientá-los com relação ao bem da criança. O mesmo estatuto na sua Sessão 4.600, ... *requer* que o tribunal considere a preferência da criança.[15]

É uma prerrogativa enquanto legaliza e legitima o comportamento do mediador como sendo, não só do interesse da criança propriamente dito, como do interesse social.

O envolvimento da criança no processo tem dupla função: resolver o conflito entre os pais com relação à sua guarda e favorecer a comunicação entre os pais. No primeiro caso porque é ilusório se pensar que os pais sejam capazes de levar em conta, sem misturar seus próprios interesses, as necessidades e interesses da criança. Segundo porque, ao se depararem com as reais reivindicações dos filhos dentro do processo de divórcio, os pais, normalmente, abandonam suas posições e passam a enfocar as soluções numa só direção. Buscam o que for melhor para a criança, e não para cada um em particular. Evidências clínicas citadas no artigo de *Drapkin* revelam que os pais em processo de separação têm grande dificuldade em separar seus próprios interesses dos interesses da criança e, além disso, discordam com relação ao que as crianças verdadeiramente precisam.[16]

De um modo geral, crianças demonstram ter as mesmas necessidades e demandam essas necessidades não só de um pai, em particular, mas dos dois. Obviamente, alguns pais têm maiores condições e habilidades para promover o bem-estar dos filhos e esse reconhecimento é um trabalho que a mediação tem como escopo desenvolver como forma de atender, num esforço conjunto entre os pais e com auxílio dos próprios filhos, a questão de guarda.

---

14  DRAPKIN, R., BIENFEELD, F. The Power of including children in custody mediation. In: *Divorce Mediation: perspectives on the field.* New Yorkk: Haworth, 1985, p.63.

15  Ibidem.

16  DRAPKIN &BIENFEELD. Op. cit., p. 64.

O que normalmente as crianças revelam aos mediadores, porque receiam gerar dor ou provocar raiva nos pais, são dados detectados pelo trabalho da Doutora *Judith Wallerstein*, publicado pela *Association of Family and Conciliation Courts*. São sentimentos de medo e insegurança com relação à sua vida futura. Essas manifestações de criança induziram a enumeração de suas necessidades e deram orientação aos pais com relação a como podem melhor ajudar seus filhos nesse período de transição.[17]

1. a criança precisa pensar que seus pais são pessoas razoáveis e racionais e que decidiram pôr um fim no relacionamento conjugal, de forma cuidadosa e consciente;

2. ver os pais como pessoas que admira e pode emular (colocando seus sentimentos de raiva à parte para seriamente se ocupar com o que acontecerá com seus filhos);

3. saber o que acontecerá no futuro (onde vai morar, quem vai tomar conta, onde cada pai estará, e que não vai perder nenhum dos pais);

4. ter intimidade e privacidade com cada um dos pais;

5. saber quando o pai ausente será visto novamente;

6. saber por que os pais estão se separando (sem detalhes, mas de forma clara).

O trabalho do mediador é criar um ambiente favorável aos pais para que atendam a essas necessidades com esforço comum. Um juiz não poderá fazer o mesmo, na medida em que a ele cabe julgar e determinar quem é o melhor pai, ou seja, aquele que apresenta (a ordem é o critério), segundo dados oficiais, os seguintes requisitos:

1. estabilidade mental;

2. sentido de responsabilidade para com o filho;

3. relação biológica;

4. caráter moral;

5. estabilidade na comunidade;

6. afeto com relação ao filho;

7. possibilidade de manutenção dos irmãos juntos;

8. acesso a escolas;

---

17 WALLERSTEIN, J. The best interest of the child. In: *Pamphflet of mediation*. Fort Lauderdale, Fl., Association of Family Mediation, 1990, p.3.

MEDIAÇÃO – Uma solução judiciosa para conflitos    363

9. manutenção de filho na primeira infância com a mãe;

10. saúde física.

Para identificar quem melhor pode atender a essas necessidades consideram alguns fatores limitadores como:

a) uso de drogas;

b) alcoolismo;

c) abuso sexual, psicológico, físico;

d) psicoses;

e) maltrato de crianças.

Nesses casos, a mediação é descartada e a inclusão de filhos no processo é fora de ordem. A impossibilidade de identificarem e propiciarem as necessidades dos filhos, pelos fatores limitantes acima enumerados, coloca nas mãos do juiz o poder e o dever de determinar o melhor interesse dos filhos. Esses casos nem são referendados pelas cortes à mediação, e quando as circunstâncias que afloram no processo mediador adentram no processo judicial, se constituem em razões para que o mediador termine a mediação. Entretanto, desde que o casal não se enquadre nesse cenário, a mediação com a utilização das crianças é o processo recomendado para melhor atender às necessidades dos envolvidos no divórcio.

Só existem duas situações nas quais as crianças não precisam ser ouvidas no processo mediador. A primeira é quando os pais concordam quanto às necessidades dos filhos e têm ideias paralelas com relação ao plano que melhor se ajuste à criança. Esses pais, entretanto, a despeito de não se enquadrarem nos casos de desconsideração da mediação, se constituem em raridades nos casos de separação de cônjuges. O outro caso é quando a criança tem menos de 3 anos de idade, pela natural incapacidade de verbalizar suas necessidades, não têm condição de ser entrevistada.

A inclusão das crianças no processo serve a muitos propósitos. Antes de mais nada, o mediador funciona como um confidente, porque não está de lado nenhum e pode atentar para todas as considerações que a criança faz. Nesse período conturbado ela experimenta uma grande sensação de abandono e estatísticas revelam que a maior causa de *stress* infantil é a violência e desajuste no divórcio dos pais[18]. Crianças são frequentemente pressionadas a tomar par-

---

18   McDERMONT, J. Child custody decision-making. *Journal of the American Academy od Child Psychiatry*, v.17,n1,p.104-116, 1983.

tidos, não só pelos pais como pelos parentes e amigos envolvidos na situação. Ante a perspectiva de serem entrevistadas, aparentemente se sentem intimidadas, mas normalmente manifestam sensações de alívio por estar dividindo seus problemas com alguém que acreditam possa compreender e ajudar. Também porque sentem que alguém se importa com suas apreensões. Seus pais estão nessa fase muito envolvidos com seus próprios problemas. Os pais estão tão ocupados, cada um, com o comportamento conjugal, que não conseguem perceber o que vai com os filhos, sendo que essas declarações passadas pelo mediador ajudam o casal a se atentar para a realidade global da situação.

Outra razão, apontada por experientes mediadores, e embasadas por pesquisas na área, existe para valorizar a participação dos filhos na mediação. Trata-se da preocupação dos pais de se manterem voltados para a mediação como forma de trabalhar pacificamente as questões. A presença dos filhos no processo os faz compreender o quanto qualquer decisão afeta diretamente os filhos, principalmente de forma emocional.

O mediador tem condição de informar aos pais, em primeira mão, quais as necessidades específicas de seus filhos, através das colocações como esta: "...minha mãe fica zangada quando volto tarde dos encontros com meu pai"; "meu pai não consegue se encontrar com minha mãe sem começar a reclamar dos gastos". Itens importantes do relacionamento futuro vêm à baila através de entrevistas com as crianças do casal em conflito, e a sinceridade com que são colocados na mediação induz aos pais a maior ponderação e consideração ao estabelecer comportamentos futuros.

## 5.1 COMO INCLUIR A CRIANÇA NO PROCESSO DE DIVÓRCIO MEDIADO

Não se pode dizer que o compromisso com o envolvimento de uma criança no processo de divórcio seja tarefa fácil. Proporcionalmente aos benefícios de seus resultados está a complexidade de sua execução, principalmente para o mediador com única especialidade em direito. Crianças não aceitam leis sem espírito e seu senso é diretamente dirigido por sua sensibilidade. Mais do que nunca, no processo de divórcio, os *skills* (habilidades) de profissionais da área de psicologia e psiquiatria se fazem necessários. Especialistas da matéria desenvolveram um plano de ação para incluir as crianças no processo de divórcio. Este plano percorre ações que vão desde a preparação da criança para a entrevista até a elucidação de estratégias de aceitação das resoluções futuras. O plano, aqui denominado método, consta de várias fases:

MEDIAÇÃO – Uma solução judiciosa para conflitos 365

a) preparação da criança para a entrevista;

b) respostas de observações;

c) informações dos pais;

d) primeiros contatos diretos do mediador com a criança;

e) orientação e conhecimento;

f) intervenção;

g) técnicas simbólicas;

h) preferências das crianças;

i) depressão;

j) encerramento com a criança;

k) participação dos assuntos da criança com os pais;

l) integração das necessidades da criança ao plano de divórcio;

m) futuras discussões com os pais.

Está claro que o direito de ser ouvido e ser considerado é, antes de mais nada, a ocupação dessa matéria, não pelo simples direito, mas pelas consequências pacificadoras e positivas que podem advir dessa intervenção.

### 5.1.1. A criança está pronta?

É evidente que não. O tempo de separação dos pais, desde as primeiras discussões alteradas até o divórcio legal e sua aplicação, a criança vive momentos cruciais dos quais, na maioria das vezes, não consegue verbalizar ou comunicar. Estudos psiquiátricos revelam que o divórcio afeta as crianças de maneira diferenciada, de acordo com a idade, mas não deixa de apresentar em todos os casos consequências danosas à saúde mental e emocional.

**Crianças até dois anos** – Dependerá diretamente do estado emocional da mãe. Entre 18 e 30 meses se observam pesadelos noturnos com a perda dos pais. Explica-se também uma aversão de crianças nessa idade a iniciar o seu período de descanso noturno, exigindo o aconchego dos pais até que sejam vencidos pelo sono.

**Crianças de 2 a 3 anos** – É um período de muita sensibilidade para a criança. A ausência de um dos pais costuma provocar regressão, irritabilidade, agressão, impaciência, perda do "treinamento de vaso", ansiedade de separação, certa satisfação em manipular os órgãos genitais. Os entendidos aconselham explicar a ausência do pai.

**Crianças de 3 a 5 anos** – Têm pouca capacidade para reconhecer a perda e pensam que são os responsáveis. É a época do período edipal. O perigo maior existe quando os pais usam o filho para manejar sua dor. Costumam se mover para a cama do adulto com grande possibilidade de dependência imatura. Há muita ira, se isolam apresentando conduta pseudo-adulta, se fazem difíceis de manejar. Creem que tudo gira em torno deles e tratam de ganhar controle da situação. Acreditam que se causaram o divórcio podem consertá-lo. Por exemplo, podem dizer: "Diga a papai que volte que eu vou me comportar bem". É importante que os façam entender que não são responsáveis pela separação.

**Crianças de 5 a 8 anos** – De 5 a 6, apresentam agressão, ansiedade, inquietude, mudanças de humor, irritabilidade, problemas de separação e ira. Os mais vulneráveis entram em processo de depressão, se sentem infelizes, negam a realidade, têm rechaços, distúrbios de sono, fobias, comem compulsivamente e criam dependência. De 7 a 8 já sabem o que é "sempre" e entendem que o pai regressa e recebem apoio na escola. Os meninos acusam a mãe de ser a causadora do divórcio. Há que se evitar usá-los como mensageiros de casa em casa. O problema maior é o conflito de lealdade. Evitar que tenham de escolher entre um progenitor e outro. Na escola ficam distraídos, inquietos, obstinados.

**Crianças de 9 a 12 anos** – Já se preocupam com o sofrimento dos pais. Evitar que assumam papéis de pai ou de mãe. Não lhes dar demasiadas responsabilidades. Desenvolvem uma pseudo-madurez. O que os define é a irritação. Temem o abandono. Quanto mais informação e mecanismos de adaptação tanto melhor.

**De 13 a 18 anos** – Pensam que todo mundo tem de se preocupar com eles; não vêm o ponto de vista dos pais e estes não os aceitam; tratam de afastar-se dos pais para protegerem-se; têm mais atividades sociais, fazem juízos absolutos, susceptíveis de depressão; idealizam os pais: de perfeitos a não dignos de respeito; o pai ou a mãe é o foco de sua ira.

É importante que não sejam expostos à irritação e à amargura dos pais e que tenham contato com ambos; não sejam expostos à sexualidade dos pais. As meninas podem sentir-se como peça sexual e o rapaz pode ter dificuldade em se aproximar da mãe.

**Estudantes** – Apresentam piora de saúde emocional, depressão, *stress*, sentimentos de insegurança, maior vulnerabilidade a enfermidades, irritação e preocupação por seus pais.

As maiores queixas são:

- dificuldade de concentração;
- problemas de sono;
- uso de drogas;
- isolamento e dependência;
- dificuldade com relacionamentos íntimos;
- ansiedade e depressão;
- dificuldades econômicas;
- insegurança e medo do abandono.

## 5.1.2. Preparação da criança para a entrevista de mediação

A educação de crianças em idade escolar, com relação à mediação, já é uma realidade nas escolas americanas, todavia, quando se refere à mediação de divórcio, a criança assemelha o mediador à figura do juiz no cenário das salas de júri, que conhece através de filmes. Dependendo da idade, têm a impressão de que vão ser interrogados a exemplo das testemunhas em casos de homicídio. Ou se são instruídos de que vão "ao médico", receiam ter de tomar injeção.[19]

A chave para predispor a criança a participar no processo é a informação. Ela precisa saber o que está acontecendo com a família de acordo com sua capacidade de entendimento e de maneira natural, ou seja, com as próprias palavras de cada pai. Uma criança com menos de seis anos poderá ser informada que "papai e mamãe brigam muito e vamos conversar com uma pessoa que poderá ajudar e que quer conversar com você também". Para crianças maiores o diálogo poderá ser: "Você sabe que seu pai e eu não estamos nos entendendo mais. Não podemos ficar juntos sob pena de agravarmos nossa situação. Todos nós vamos estar com um consultor que nos ajudará a arranjar algumas decisões, como por exemplo, quando cada um de nós toma conta de vocês."

De acordo com as pesquisas apresentadas, os adolescentes são superestimados com relação à sua invulnerabilidade. Na realidade, é particularmente importante que eles sejam engajados no processo de divórcio e manifestem sua opinião para ser ponderada na decisão de guarda dos filhos menores. Eles

---

19   DRAPKIN & BIENFEELD. Op. cit., p.66.

precisam saber que nenhuma decisão será exigida dos filhos, mas é importante que expressem seus sentimentos com relação à situação familiar.

Todos devem ser informados das consequências, de que caso essas decisões não sejam tomadas pelos pais, um juiz terá de fazê-lo. Além disso, é oportuno explicar como se procede.

### 5.1.3. A abordagem da criança

Adultos costumam reagir de forma diferenciada a situações desconhecidas. Na mediação, que apesar de disseminada nos Estados Unidos, ainda é uma prática nova, reagem no início com certa apreensão, até que se incorporem ao clima de confiança que deve ser desenvolvido pelo mediador durante as sessões. Crianças são ainda mais susceptíveis a reações diante do ambiente desconhecido. Muito embora cada mediador tenha seu próprio estilo de abordagem, a ideia é passar para a criança um quadro não ameaçador e mais ameno possível.

É sabido que as crianças envolvidas em disputas vivenciam grande pressão psicológica e não raro apresentam quadro de *stress*. Qualquer circunstância que envolve o processo de divórcio significa agravamento do problema. Daí a necessidade do seu envolvimento com o máximo cuidado possível. A situação de debilidade deverá ser considerada pelo mediador em todos os passos de seu desenvolvimento. O profissional deverá usar todas as técnicas à mão para facilitar a atuação dos envolvidos. A permanência na sala de espera, por exemplo, não pode apresentar fatores que agravem a ansiedade dos pais muito menos dos filhos. Estes deverão, o mais diligentemente possível, serem introduzidos na sala de reunião (se forem mais de um podem também entrar na sala juntos) pelos pais ou pelo próprio mediador.

O mediador deverá se apresentar informalmente vestido e de maneira cordial. Essa providência ajuda a descaracterizar a rigidez do sistema adversarial e da imagem, muitas vezes negativa, que o advogado tem perante o público e perante as crianças.

A entrada individual passa a ideia de respeito à individualidade, mas a presença de todos na sala de espera denota o trabalho conjunto e predispõe o esforço comum. Essa movimentação da sala de espera para a de reuniões se constitui em importante fonte de informações para o mediador, tanto da interação das crianças com os pais quanto com eventuais irmãos. É dito, por exemplo, que as crianças costumam também ter comportamentos diferentes

MEDIAÇÃO – Uma solução judiciosa para conflitos 369

ao se apresentarem juntamente com irmãos, por isso a entrada individual é preferida pelos mediadores mais experientes. Esses dados podem determinar, por exemplo, uma guarda separada.

As crianças de pouca idade demandam um conhecimento do ambiente mais aprimorado e cabe ao mediador permitir que ela possa explorar a sala com velocidade que varia de uma para outra criança. O uso do chão como assento também não é descartável, facilita a desmitificação do ambiente adulto e hostil para crianças de seis a dez anos.

É aconselhável, também, que o mediador se utilize do vocabulário da criança para demonstrar a disposição de escutá-la no seu nível. O importante é propiciar um ambiente agradável e à vontade para que os sentimentos fluam com naturalidade e o mediador possa separar o que é importante a ser comunicado aos pais. Essa informação tem de ser dada à criança: não existe nada que não possa ser comunicado aos pais. As crianças sabem que seus pais precisam conversar com alguém de sua confiança. Normalmente não se importam com isso. Também os pais apreciam que seus filhos possam ter alguém com quem dividir suas apreensões com relação a eles.

Outro recurso que ajuda a comunicação entre o mediador e a criança é a disponibilidade de móveis tamanho infantil como cadeiras e mesas assim como material para *brincar*. Dentre eles papel e canetas coloridas que incentivam a comunicação simbólica das crianças. Alguns mediadores conservam nas paredes desenhos feitos por crianças entrevistadas, também para compor o ambiente apropriado para que a criança se comunique de forma a integrar sua verbalização ao ato de brincar. Brinquedos favorecem essa interação e encorajam a comunicação[20].

### 5.1.4. O que pode ser detectado pelo mediador

São várias as informações que o mediador coleta no processo de divórcio, a respeito das necessidades das crianças, com a própria participação das crianças. Várias são as formas de obtê-las: através de observações, por comunicação simbólica, através de entrevistas com os pais e das crianças diretamente. O mediador deverá utilizar as técnicas de questionamento próprias da mediação e também as especiais na comunicação com crianças, técnicas de decodificação de símbolos e de captação de mensagens corporais e de atitudes.

---

20  DRAPKIN & BIENFEELD. Op. cit, p.71

370  MARIA DE NAZARETH SERPA

Algumas vezes, contudo, fazer perguntas é a melhor maneira de não obter informações. Mesmo quando estas são apropriadas, ainda têm de ser selecionadas e há que se considerar a maneira de formular as perguntas. Um indesejado uso de perguntas pode criar um impacto não desejado e produzir respostas desnecessárias, além de dispersar a criança de expressões espontâneas dos seus sentimentos[21].

## 5.1.5. Dados da observação do mediador

Espontaneamente a criança revela mais sobre si próprio do que através de perguntas. Até a sala de espera é lugar para se colher informações úteis. O temperamento da criança, se é tímido, apegado aos pais, ou lento em se adaptar a pessoas novas. Isso pode ser entendido pela maneira com que a criança levanta de seu assento: rapidamente depois que o mediador se apresenta, ou lentamente. O que a criança faz nos primeiros 5 minutos revela algo sobre como lida com novas experiências, com ou sem medo. Quando está ansiosa a criança consegue se organizar ou tolerar a própria ansiedade? Se é inicialmente silenciosa, o mediador poderá aguardar alguns minutos até que a criança inicie qualquer conversação[22]. A criança que tolera alguma ansiedade ou se reorganiza pode ser um candidato mais adequado para suportar a educação conjunta dos pais, mesmo separados.

Na interação com os pais e com os irmãos ou com estranhos *Drapkin* aponta algumas questões dignas de serem ponderadas por quem intenta a mediação de divórcio e aproveitar os dados fornecidos por crianças em seu próprio proveito:[23]

1. O que pode ser observado da interação da criança com os pais?
2. A criança entabula brincadeiras com os pais, irmãos ou estranhos?
3. A criança inicia qualquer atividade com um ou outro pai?
4. Como a criança responde à maneira com que o pai as trata (críticas, carinho, compreensão, imparcialidade e outras maneiras)?

---

21  GOODMAN, G. *Self-led automated series on helping alternatives.* .Script for autodiotape t ask or not to ask – that's the question. Los Angeles, UCLA Department of Psychology, 1978.

22  DRAPKIN & BIENFEELD. Op. cit. p. 68.

23  DRAPKIN. & BIENFEELD. Op.cit.,p.70.

## 5.1.6. Leitura simbólica

Essa matéria conclama duas especialidades que normalmente o advogado não tem, mas o ser humano, de um modo geral, desenvolve naturalmente na personalidade. Alguns mais outros menos, mas de qualquer forma, pode ser facilmente aprimorado: como "brincar com crianças" e ao mesmo tempo extrair delas informações úteis no processo de mediação, de forma a facilitar e mesmo contribuir para a resolução de conflitos de divórcio.

Crianças de pouca idade e mesmo as que ainda não verbalizam falam através de suas brincadeiras. Mediadores psicólogos selecionaram alguns jogos infantis para entabular comunicação efetiva com crianças e entender a experiência infantil no lar paterno. São jogos de imaginação, ou com a utilização de bonecos, desenhos, etc. Alguns exemplos citados por *Drapkin* e *Bienefeld*,[24] merecem ser explicados:

**Desenhos da família** – Duas informações podem ser conseguidas dessa técnica: a ligação da criança com cada um dos pais e a persistência e distraimento que apresenta em situações novas. Uma abordagem é pedir à criança que faça um desenho de si própria e da mãe fazendo alguma coisa juntas. Se a criança não faz um desenho, logo em seguida o mediador pede que descreva o que estaria acontecendo no desenho, ou o que os personagens estão pensando ou sentindo: "não posso fazer esse desenho, minha mãe está sempre com seu namorado e não pode brincar comigo." A não ser que o mediador seja especialmente treinado para tal, é preferível que não faça interpretações. O ideal é trocar impressões com os pais a respeito das necessidades da criança e não interpretações simbólicas do que a criança desenhou.[25]

**Bonecos da família** – O mediador inicia a "brincadeira" encenando com os bonecos o conflito na família e pergunta: "O que vai acontecer agora?". Ao demonstrar com os bonecos seus sentimentos a criança pode dizer: "Eu adoro estar com papai, mas quando estou com ele só posso lembrar da mamãe que está com saudades de mim. Quando eu saio de casa ela sempre fica chorando".

Treinamento clínico é necessário para permitir ao mediador diferenciar o que a criança deseja do que ela receia. Mas uma pergunta dirigida para o que a criança "espera que aconteça" e o que ela "espera que não aconteça".

---

24 Ibidem, ibidem.

25 DRAPKIN & BIENFEELD. Op.cit.,p.70

**Três pedidos** – De 3 a 5 anos a criança vive num nível de fantasia. Se vivem problemas familiares de separação responderão: "Meu primeiro pedido é que papai e mamãe parem de brigar".

**Estórias imaginárias** – A imaginação é do mediador: "Se você estivesse sozinha numa selva, que brinquedo gostaria de ter com você?" ou "No ninho de passarinhos estão: a mãe, o pai e o filhotinho de passarinho. O filhote está caindo do ninho, o que pode acontecer?". A criança sempre escolhe aquele progenitor que mais lhe oferece proteção e em quem mais confia.[26]

Cada mediador tem seu próprio talento, sensibilidade e conhecimento, para lidar com crianças. Para obter os resultados úteis ao processo de mediação vai depender de maior ou menor exploração das necessidades da criança. Esse é o terreno da avaliação infantil de sua guarda.

## 5.1.7. Preferências

Averiguar as necessidades de uma criança não significa descobrir qual a sua preferência, ou com quem a criança gostaria de ficar. A questão é muito mais complexa e requer atenção especial para não se correr o risco de implantar quadros psicológicos e desajustes na criança. Segundo pesquisas realizadas com mediadores na Califórnia, constatou-se que os entrevistados jamais questionaram crianças a respeito de suas preferências. Segundo esses mediadores, são incontáveis os riscos a que estão expostas crianças cuja decisão de guarda ficou em suas mãos.

Um dos perigos a que está sujeita a criança que recebe o poder de decidir sobre sua guarda é do futuro sentimento de culpa pela responsabilidade da decisão. Outro é a criação irreal do senso de onipotência. Além disso, eticamente é questionável a atitude dos pais que delegam esse poder a filhos, quando se sabe que mesmo para adultos essa decisão é complicada e difícil.

Não é surpresa para mediadores que entrevistam crianças no processo de divórcio mediado serem informados das preferências infantis ou mesmo de adolescentes. Mesmo sem serem questionados se apressam em demonstrar quem é o "bom pai" e quem é o "mau pai". Os muito novos mudam rapidamente de opinião, já que suas razões são superficiais e seus padrões não têm peso suficiente para estabelecer seus critérios. Os adolescentes tendem a preferir o

---

26   Ibidem. P.78

MEDIAÇÃO – Uma solução judiciosa para conflitos    373

pai mais permissivo que imponha menos limites e controles ou simplesmente que viva mais próximo de seus amigos.

Em algumas ocasiões as crianças são instruídas a expressarem preferências que não passam pelo seu crivo: "Eu acho que tenho de dizer que quero mudar para o Rio com minha mãe" ou "Eu quero morar com meu pai porque o nível de educação da vizinhança onde ele mora é superior". A linguagem usada pelas crianças, quando ocorre algum tipo de pressão, normalmente é a linguagem do adulto com critérios longe de expressarem seus reais sentimentos ou pensamentos.

## 5.1.8. Técnicas de questionamento direto a crianças

Em alguns tribunais nos Estados Unidos, como a *Los Angeles Conciliation Courts*, bem como nos tribunais brasileiros, as crianças são encorajadas a falar sobre com quem desejam ficar depois da separação dos pais. Todavia, o questionamento direto é desaconselhado por psicólogos e psiquiatras na medida em que, segundo eles, contribui para a existência de sentimentos de perda, culpa e conflito de lealdade.

Quando questionados sobre porque seus pais brigam respondem: "Por minha causa" ou "sobre dinheiro" ou "onde eu vou viver" ou "quem vai me manter" ou "sobre a namorada de meu pai ou namorado de minha mãe". Algumas crianças descrevem cenas emocionais ou de violência.

Quando são questionados sobre o que sentem quando seus pais brigam respondem: "mal", "triste", "com medo", "com raiva". Ocasionalmente quando estão expostos a conflitos crônicos dizem que não se importam, já se acostumaram.

A pergunta "por que você acha que seus pais estão se separando?" é esclarecedora na medida em que revela se a criança está se culpando ou a algum dos pais em particular. Alguns respondem que não sabem, outros dizem que a culpa é dos pais, mas muitos se sentem responsáveis pela separação: "Acho que meus pais estão se separando porque eu sou um menino mau".

Muitas vezes a situação de divórcio eclode rapidamente e a criança não percebe como acontece. Os pais costumam esconder dos filhos suas discussões e representar um quadro de normalidade, temendo a reação dos filhos. Crianças questionadas sobre como era o relacionamento dos pais antes da separação respondem: "Eles eram felizes, de repente disseram que iam se separar. Foi uma surpresa". Alguns, devido à idade, não se recordam, outros até revelam seu alívio com a separação.

Situações provisórias dão uma ideia de como um plano de guarda pode ser feito. Perguntas como: "Onde você vive agora?" e "Como está tudo agora?", "Quando você vê seu pai, ou mãe?". É indicado se questionar se o tempo de permanência com os pais é suficiente, se é demasiado, ao que as crianças respondem ou mesmo se adiantam em informar: "Eu gosto do jeito que está" ou "gostaria de ficar mais tempo com meu pai".

O divórcio é o processo de disputa que mais expõe a intimidade das pessoas. O mediador tem de se imiscuir em detalhes da vida e da personalidade dos pais para identificar os sentimentos dos filhos e apresentar informações que devem ser ponderadas pelos pais. Para isso o mediador deve questionar: "Como é o seu relacionamento com seu pai ou sua mãe?", "O que você gosta e o que não gosta neles?". Algumas crianças reclamam que os pais dizem coisas horríveis a respeito um do outro ou às vezes tomam conhecimento de alguns fatos por terceiros. Costumam se sentir rejeitados ou com raiva nessas circunstâncias.

Quando uma criança se sente muito negativa com relação a um pai, isso pode indicar muitos fatores: uma atitude não cooperativa por parte do pai, a programação da criança pelo pai guardião, ausência do pai não-guardião em face de uma infeliz situação marital, a tomada de partido por um dos pais, tratamento abusivo de um dos pais antes, durante ou depois da separação. Em todas essas situações, a terapia é aconselhada por profissionais da saúde psicológica e mental, para equilibrar o relacionamento entre o pai rejeitado e a criança.

Uma criança nessa fase vive momentos de extrema insegurança e é salutar quando consegue expressar suas necessidades. A forma de atender a essas necessidades é melhor abordada pelos pais com a intervenção do mediador que apresentou o quadro durante a mediação. Às vezes apresentando a necessidade como se fora de terceiros, às vezes assumindo a necessidade como um desejo ou como uma preocupação, a criança pode revelar: "Gostaria de dizer coisas boas a respeito de meu pai para minha mãe sem que ela se zangasse." ou "Seria bom se eu pudesse levar meus brinquedos para a casa de minha mãe e para a casa de meu pai" ou "Tenho medo que minha mãe não consiga nunca mais ser feliz".

A percepção das crianças é muito apurada com relação aos pais. Esse fato não é frequentemente percebido pelos pais e o mediador pode trazê-los à tona.

MEDIAÇÃO – Uma solução judiciosa para conflitos

Isso tem demonstrado ser de grande proveito para a resolução de problemas de divórcio e separação de casais com filhos. Questionadas diretamente sobre o que acham que os pais poderiam fazer para que se sintam melhor respondem: "Gostaríamos que eles voltassem a se amar e viver juntos novamente". Revelando sua tristeza, muitos acrescentam que sabem ser impossível. Questionados a respeito da atual situação, demonstram reconhecer os pontos positivos da separação: " Pelo menos passo mais tempo com meu pai também".

### 5.1.9. Encerramento da entrevista com as crianças

Crianças, vencidos os minutos de introdução do mediador, são francas e objetivas. Uma entrevista pode plenamente recolher todas a informações de valia em 15 minutos, mas pode ser até de uma hora. Os últimos momentos costumam ser importantes, pois questionados pelo mediador quanto a alguma coisa que gostariam de acrescentar na entrevista, costumam expressar mensagens diretas para os pais. Algumas solicitações foram registradas por mediadores ao longo de suas experiências: "Diga à mamãe que gostaria de usar as roupas que eu pudesse escolher sozinho", "Gostaria de ver meu pai sozinho sem todas as suas namoradas", "Diga a meu pai para não gritar com minha mãe quando vem me buscar", "Não gostaria que minha mãe se casasse novamente". Mas a solicitação mais enfática e ocorrente é: "Gostaria que meus pais parassem de brigar e fossem amigos". É importante reservar algum tempo para que a criança, no fim da entrevista, possa manifestar essas solicitações.

Por outro lado, a confiabilidade do mediador perante a criança tem de ser preservada. Por isso, existe a necessidade de que o mediador comunique à criança a participação da entrevista com os pais. Algumas maneiras de fazê-lo têm sido sugeridas: "Seria importante que seus pais tomassem conhecimento de como você está se sentindo com relação a essa situação", "Gostaria de ajudar seus pais a fazerem as coisas mais simples para você, tenho sua permissão para dividir com eles seus sentimentos?" Alertam também que pode ocorrer recusas por parte das crianças. Nesse caso é sugerido que se indague sobre as razões: "O que você acha que seus pais sentiriam caso soubessem de como você se sente?", ao que respondem, "Tenho medo que me castiguem por isso?" A saída é parcelar a entrevista de alguma forma: " Que parte da nossa conversa gostaria que fosse mantida em segredo?" Normalmente solicitam segredo de informações que podem ser contornadas ou evitadas, mas quando a criança é relutante quanto a qualquer participação, tem de ser respeitada. Os pais são informados dessa resolução e podem abordar o problema com as crianças. O mais aconselhável é a terapia, que poderá melhor trabalhar os sentimentos das crianças e propiciar a reintegração no processo de mediação.

Está claro que, de acordo com as circunstâncias psicológicas dos casos, uma mediação de divórcio pode demandar várias sessões de tempo determinado ou indeterminado. O importante é se ter em mente que os conflitos deverão ser resolvidos. Enquanto houver uma questão obscura, o processo tem de continuar, sob pena de deixar raízes do conflito que poderão fazer surgir os mesmos conflitos de forma ainda maior.

## 5.1.10. Participação da entrevista aos pais

Da mesma maneira que o trabalho de entrevistar as crianças é minucioso e delicado, a tarefa de comunicar os dados importantes da entrevista aos pais é decisivamente importante. O "parecer" das crianças como integrante da família demonstra a dimensão do problema numa perspectiva fundamental. São informações de observadores e envolvidos no conflito de forma conjunta e que, antes de tudo, são partes legítimas do processo de dissolução conjugal e transformação familiar. Se eventualmente o entendimento das crianças pode parecer precário, nada pode ser descartado com relação a seus sentimentos em relação ao contexto de família. Alguns entendidos podem dizer que a necessidade de proteção aos filhos pode ser fator de deterioração das relações do casal dentro da família, e talvez possa essa ser mais uma razão para que as crianças sejam ouvidas quanto a seus "pareceres" e sentimentos e recebam *feedback* dos pais na forma de resolução do conflito e conformação da nova família.

A forma de apresentação desses dados aos pais pode, de acordo com experientes na matéria, ser:

1. mediante sumarização do mediador;
2. expressos pela própria criança, com auxílio do mediador ou de psicólogo;
3. manifestados pela criança a cada progenitor, separadamente.

A prática é tida como estilos individuais de cada mediador mas algumas facetas dessas práticas devem ser observadas e consideradas:

*A defensiva dos pais. A prevenção a essa reação pode advir da comunicação aos pais separadamente. A presença da criança pode expô-la a situações desconfortáveis de conflito de lealdade. Por outro lado pode se constituir em valiosa informação para que os pais ponderem em primeira mão. Psicólogos afirmam que essa participação de sentimentos é a forma mais saudável de estabelecer as estruturas psicológicas de uma família mas demanda intervenção técnica adequada.*

Algumas informações dizem respeito diretamente a um ou outro pai. Nesse caso, o próprio bom senso aconselha a que sejam participadas somente ao pai diretamente envolvido na questão. Por exemplo: uma criança pode reclamar que não gosta da namorada de seu pai porque "ela não deixa que eu brinque sozinho com meu pai". A necessidade de maior e mais especial atenção por parte daquele pai em particular não se constitui em dado que deva ser avaliado pelo outro pai. A ideia, diz *Drapkin*, é "ajudar os pais a entender as crianças e vice-versa, e não prover 'provas' de um contra o outro"[27]. E também proteger os sentimentos da criança que tem medo de represálias do pai relacionado com sua observação.

Como não existem regras rígidas com relação a essas Revelações, todas elas têm de ser analisadas e participadas, de acordo com os efeitos que possam produzir. Por exemplo: uma criança informa que gostaria de morar com um dos pais porque sua casa é mais agradável do que a do outro, ou seja, "tem lugar para eu brincar com meu cachorro" etc. A questão aqui não é privilegiar um ou outro pai, e sim propiciar dados a cada um para que melhor comportem as necessidades da criança.

A experiência dos mediadores tem demonstrado que os pais são especialmente sensíveis às necessidades de seus filhos e agem com muito poder nas decisões dentro do processo de divórcio. Uma vez de frente da realidade emocional e percepcional das crianças se apresentam mais dispostos e flexíveis com relação ao estabelecimento de acordos. O mediador é o agente da construção desse quadro na medida em que canaliza os fatores de decisão para o processo e os expõe aos envolvidos.

### 5.1.11. A construção do projeto familiar

Cada família comporta estruturas e organização peculiar. Cada acordo se manterá dentro das necessidades de cada uma de forma única e especial. Entretanto, seres humanos são dialeticamente organizados e se apresentam de igual maneira em diferente lugares e tempos, ou melhor, têm absolutamente os mesmos sentimentos e necessidades em níveis e quantidades diferentes. Em razão disso, e face à ocorrência desses fatos nos processos de separação, são sugeridos alguns tópicos. Além do valor do suporte financeiro da criança, que tem de ser considerado por pais no momento de formular um plano de comportamento futuro, um acordo sobre divisão de responsabilidades etc., que de-

---

27  DRAPDIN & BIENFEELD. Op.cit.,p.83

verá funcionar entre pais separados e seus filhos. Logicamente estes não serão os únicos ou talvez não sejam todos absolutamente necessários, mas por certo, especificamente com relação a crianças, podem ser aproveitados:

- O uso da linguagem. Guarda ou guardião ou direito de visita são termos jurídicos e não se pode dizer que sejam os mais adequados para estabelecer um plano de ação de pais separados e seus filhos. Tanto quanto possível é aconselhável se contornar expressões que relembrem uma situação adversarial ou de disputa. Sugere-se que o acordo escrito contenha termos como "tempo com sua mãe", "tempo com seu pai". O objetivo é salientar qualquer manifestação no sentido de ver a situação num contexto cooperativo e conjunto. Além disso é importante que todos os detalhes sejam escritos para evitar ao máximo necessidade de novos entendimentos, principalmente no início da viabilização do projeto.

- Tempo de permanência da criança com o pai com quem ela não mora. Estabelecidos os dias é necessário que a hora e local de encontro com a criança sejam estabelecidos. Deve ficar esclarecido que os pais serão informados de qualquer modificação no esquema com antecedência e prevenindo qualquer atraso ou antecipação da hora de encontro.

- Transporte. A divisão da tarefa de transportar as crianças. Talvez uma das mais laboriosas nos dias de hoje quando a questão segurança é vital na vida das famílias. Nesse caso, a divisão denota disposição de cooperação dos pais. A ideia de ser transportado por ambos os pais é muito mais positivo para as crianças, ao invés de serem baldeadas por parentes ou amigos.

- Contato com a escola da criança. Normalmente um só pai toma providências com relação ao acompanhamento escolar dos filhos. Reuniões escolares, atividades esportivas, boletins, tarefas escolares são incumbências que ambos devem tomar a seus ombros. A ideia principal é passar o sentido de cooperação e esforço conjunto. Estatísticas revelam que os resultados escolares são colhidos quando os pais, em conjunto, acompanham as atividades dos filhos.

- Acomodação dos pertences dos filhos em cada casa. É importante salientar que a criança tenha seu espaço em ambas as moradias, tanto do pai quanto da mãe. Mesmo que tenha de dividir o local com outros irmãos o uso individual de determinado móvel ou gaveta propicia o sentimento de que a criança também pertence àquele lugar.

MEDIAÇÃO – Uma solução judiciosa para conflitos 379

Além desses, vários outros assuntos, mesmo que não especificados no acordo, têm de, pelo menos, serem abordados pelos pais:

- O encorajamento e facilitação do relacionamento da criança com o pai com quem não mora, para minimizar conflitos de lealdade. Ao invés de dizer: "Ficou decidido que você tem de ir à casa de seu pai", é melhor dizer: "Eu quero que você vá estar com seu pai". Ocorre algumas vezes, em razão de maus-tratos e uso de drogas, que o pai não pode ter contato direto com a criança, sem supervisão. Essa supervisão é objeto de acordo. A *Palm Beach County Court*, através de seu *Board of County Commissioners* oferece um programa denominado *Family Connection – Supervised Visitation Program*. Este programa oferece um esquema de visitação com o pai, sem a guarda, com ajuda de pessoal treinado especialmente para o trato com crianças.

- Manutenção de contato com o não encarregado da guarda. Não só de programação constrói-se o relacionamento com qualquer pai. Tanto quanto possível o contato deve ser feito além do contato semanal que é de praxe. É dito que os famosos pais de fim de semana se constituem mais em papais noéis do que propriamente pais. É saudável para a criança ter acesso, sempre que quiser, com o pai distante e para isso deve ser facilitada e mesmo estimulada pelo outro pai. Da mesma forma, o pai tem de ter acesso ao filho. Telefonemas, bilhetes, qualquer contato significa saúde no relacionamento.

- Tempo com filho não significa uma viagem à Disneylândia[28]. Estar com o filho significa estar atento para sua personalidade e dividir sentimentos e pensamentos, coisas boas e coisas desagradáveis. É uma maneira de permitir que as pessoas se revelem e sejam aceitas e não necessariamente que têm de propiciar somente prazer. Pequenas ações e atenções significam troca e crescimento para crianças e mesmo para os pais. Mediadores costumam ouvir frases como essas: "Diga a minha mãe que tudo que eu quero é sentar na cama e conversar com ela" ou " Meu pai não tem de me levar a lugares especiais, fico contente em dar a volta no quarteirão com ele".

---

28 DRAPKIN & BIENFEELD. Op. cit., p. 92.

## 6. PÓS-DIVÓRCIO

A terapia tem espaço na sedimentação da nova vida. Os sentimentos de rancor deverão estar reduzidos ao mínimo. A mediação trabalhou as bases do futuro relacionamento dos componentes da família e preparou o campo para possíveis reajustes de acordo em face de novas circunstâncias. A habilidade de comunicar pensamentos e sentimentos, aprendida ou aprimorada na mediação, aliada às técnicas de transformação de sentimentos e canalização de energias, por certo deverão produzir resultados.

Alguns mediadores estabelecem um esquema de retorno de seus clientes, três, seis meses, dependendo da vontade e disponibilidade de cada um. É uma maneira de controlar os resultados da terapia e da mediação e negociar qualquer impasse ocorrido depois do processo. Além disso, os movimentos de cada cônjuge em novos relacionamentos e casamento costumam demandar novos entendimentos e contato entre os ex-cônjuges.

O período pós-divórcio é caracterizado por grandes explorações, pelo menos para aqueles que têm energia, tempo, inclinação, de mundos internos e mudanças de ambientes externos. Alguns podem tentar novas atividades, ativar adormecidos *hobbies*, viajar, retornar aos estudos, ou trocar de trabalho. Pode ser um excitante momento para novos desafios[29].

O processo de mediação pode resultar em sentimentos positivos de competência para acessar fatos e figuras e reforço de poder (*empowerment*) para fazer escolhas, por parte de alguns. Para outros é um tempo de pessimismo e depressão reativa, raiva constante, busca de retaliação contínua. Para esses a mediação não pode fazer muita coisa. De fato a mediação para esses só serve para exacerbar o conflito e a perseguição de seu antigo cônjuge. Pessoas nesse grupo estão prontas para denegrir seu antigo esposo, tentar jogar os filhos e amigos contra ele ou ela, regalar-se em autopiedade e perceber o divórcio como o mais crítico de sua vida. Esse envolvimento em destruição e senso de desesperança leva tais pessoas até a desconsideração. Essa situação não muda até o momento em que conseguem seus objetivos. Jamais conseguem passar para a sexta fase do divórcio, a fase psíquica. O processo adversarial favorece esse tipo de reação e tipo psíquico, enquanto a mediação facilita o ajustamento dos cônjuges a uma nova situação. Sólida pesquisa deve ser feita para identificar os casais mais receptivos à mediação. Estes, também em recomendações apropriadas, ajudarão a aliviar os tribunais de casos que podem ser melhor atendidos fora deles.

---

29  KASLOW. Op. cit., p.101.

# 7. OS DEGRAUS DO PROCESSO DE MEDIAÇÃO DE CONFLITOS NO DIVÓRCIO E SEPARAÇÃO

## 7.1. Introdução

Mediação em divórcio, como vimos, difere substancialmente das outras áreas em que a mediação tem lugar. Antes de se trabalhar com assuntos relativos à estruturação do divórcio, propriamente dito, deve-se abrir espaço para a acomodação dos aspectos emocionais e sociais que envolvem a situação. O processo, apesar de ser conceituado como um processo multiestágio, não quer dizer que apresente momentos estanques, com limites claros e definidos. Muitas vezes, o mediador avança em cada momento e, de acordo com o ritmo e a necessidade dos cônjuges em conflito, dá marcha ré em determinados degraus, sem sair do escopo da mediação.

São cinco os degraus do processo de mediação. Nesses cinco estágios, concentram-se orientações da maneira pela qual a mediação progredirá. De alguma forma, cada estágio representa uma mini-mediação: estabelecendo questões e competência, lidando com bloqueios emocionais, estabelecendo princípios de tomada de decisões e alcançando o acordo. Mais sucintamente, se comportam nos estágios de: introdução e compromisso, definição, negociação, acordo e contrato[30].

## 7.2. Introdução ao processo de mediação em separação de casais e divórcio

Este estágio é bem distinto, nele o mediador discute honorários, descreve a mediação de divórcio, estabelece regras básicas, responde perguntas e inicia a construção de compromisso e confiança dos cônjuges, em conflito. É aconselhável lembrar que entre cônjuges já existiu um relacionamento de confiança, que foi desarticulado pelos desacertos do casamento. Por esse motivo, o momento introdutório é de extrema importância para o entabulamento dos estágios seguintes. Além disso, esses esclarecimentos educam os cônjuges a respeito das necessidades de cada um, desenvolvendo compreensão das questões mais difíceis e tornando claro que a cooperação pode ser de mútua vantagem.

Nem sempre os cônjuges adentram a sala de mediação predispostos a cooperar.

---

30  BLADES. Op. cit. p.36

A fase introdutória e instrutória está equipada com elementos que propiciam aos participantes uma escolha livre. O exemplo de *Blades*[31] esclarece a questão:

"Dan, que esteve casado por quinze anos, não estava seguro de que queria estar num escritório de mediação; ele não queria o divórcio, mas não teve meios de impedi-lo. Estava com raiva e, repetidamente, acusava a esposa de comportamento cruel (Dan só tomara conhecimento da intenção da mulher de deixá-lo, um mês antes do encontro, na sala de mediação). Dan precisava expressar sua raiva, e queria que sua mulher 'pagasse'. O mediador entendeu que Dan não estava pronto para mediação e decidiu comunicar essa percepção, de forma que Dan pudesse declinar do processo, reconhecendo que queria uma briga, ou acatar a mediação. Eis o diálogo:

Mediador: Talvez este não seja um processo satisfatório para você, porque se funcionar, *sua mulher pode conseguir o que quer. Você também pode conseguir o que quer*; mas se o que você quer é lutar...

Dan: Eu não quero lutar, quero mediar.

Mediador: Como você chegou a essa conclusão, se há três minutos atrás você afirmou que estava disposto a contratar o melhor advogado, que o dinheiro pudesse comprar?"

A decisão consciente de mediar talvez seja a decisão mais importante de toda a mediação. Pressionar a mediação significa condenar seu resultado antes de iniciá-la. Nesse passo, com ajuda do mediador, os cônjuges podem considerar uma mistura de seus interesses, necessidades e qualquer outra coisa que possa ser relevante, sem considerar regras processuais ou substantivas. Como no caso de Dan e sua mulher e, diferentemente do processo litigioso, é irrelevante definir quem está certo e quem está errado, mas encontrar uma solução para o conflito, que possa melhor atender suas necessidades. Para tanto, o mediador descreve o trabalho que tem de ser enfrentado e tenta explicar que os benefícios da mediação valem o esforço empreendido. Congratula-os pela decisão de tomar sob sua responsabilidade a estipulação de seu acordo, seja para separar, reconciliar ou estabelecer outros critérios para a relação.

---

31    BLADES, Op. cit. p.38

MEDIAÇÃO – Uma solução judiciosa para conflitos    383

## 7.3. Estágio de definição

Pais são, *a priori*, pessoas que podem definir o melhor interesse de seus filhos menores. Quando os pais perdem essa capacidade e autoridade e delegam ao Estado esse poder, significa que os interesses dos filhos são colocados em risco. Uma vez que o Estado interfira no papel decisório dos pais, a família inteira perde a independência e a cooperatividade. Várias teorias psicológicas e considerações constitucionais reconhecem o fato como pernicioso, para a própria família e para a sociedade[32].

Para que o casal assuma sua autonomia sobre as decisões da separação, o mediador define as áreas nas quais existe consenso, e onde existe necessidade de se trabalhar. É importante que haja completa revelação de todas as informações e se assegure a eficácia da fase de negociação. Por exemplo, gastos e ganhos têm de ser minuciosamente itemizados, quando a questão – pensão alimentícia – está em pauta. Nos Estados Unidos existe uma tabela que estabelece a proporção de contribuição de cada pai, relativa a seus ganhos e número de filhos, e orienta os cônjuges nessa definição. Contudo, nas decisões mediadas, esses valores podem ser maiores ou menores, de acordo com o que os cônjuges entendem por melhor interesse dos filhos. A tabela funciona como uma espécie de chamamento à realidade, que o mediador expõe muitas vezes, em forma de cartaz, junto com os valores apresentados pelos pais, para propiciar veracidade e correção dos números.

## 7.4. Negociar no processo de separação

Os argumentos a favor da autodeterminação das partes são menos contestados quando aplicados a pessoas que, em fase de divórcio, decidirem privada e autonomamente, o seu futuro relacionamento, em matéria econômico-financeira. Não se pode negar a eficácia dos instrumentos legais e judiciais, para supervisionar o delicado, único e complexo relacionamento econômico-financeiro de uma família, mesmo depois do divórcio, mas o casal deve ser livre para contratar entre si e deve ser encorajado a assim proceder.

Na fase de negociação, o casal está pronto para começar a troca de interesses, baseado nos dados que foram apresentados na fase de definição, e sobre os quais não existe desentendimento. O mediador mantém os cônjuges concentrados em uma questão de cada vez, ajudando-os com opções e encorajan-

---

32  FOLBERG. Op. cit., p.9

do um comportamento cooperativo. É muito mais fácil conseguir um acordo quando as questões são claramente colocadas e os sentimentos são arejados[33]. Quando as discussões estão fluindo, o mediador permanece como elemento de fundo. Só volta a interferir quando os cônjuges fazem vista grossa ao modo cooperativo de negociação, e permanecem rígidos numa posição, ou quando um deles está sendo suplantado ou esmagado pelo outro. O estágio da negociação é concluído quando o ajuste das questões se efetiva e se forma o compromisso entre os cônjuges.

## 7.5. Estágio do acordo entre casais

Concluídas as avaliações dos fatos e construídas suas opções, o casal está pronto para fazer o acordo. Na fase de negociação, foram trocados serviços, interesses, bens e direitos, e nesse patamar se define o que foi trocado, fornecido ou estabelecido. No exemplo de *Blades*, o casal pode ter chegado à conclusão, pelo clareamento de fatos e vazamento de emoções, que ainda existe possibilidade de continuação da sociedade conjugal, e decidem firmar um compromisso de tentativa, por três meses, como hipótese. Ou decidem que, realmente, o casamento é impraticável e, dentre outras deliberações, que o domicílio dos cônjuges passa a ser diferente e a casa deve ser vendida para que seu valor seja dividido. E assim por diante. Mesmo aqui, a função do mediador permanece, no sentido de manter a atmosfera de cooperação e concentração nas questões de conflito, no tempo que se fizer necessário. Fornece ainda informações legais, ou outras informações necessárias, salienta atitudes ou propostas irrealistas, não esquecendo de enaltecer o casal e mesmo cumprimentá-lo, pelo progresso efetivado.

## 7.6. Estágio contratual na separação de casais

O momento do contrato é o termo do compromisso do divórcio das partes, na mediação. Esse estágio final comporta ainda o clareamento de alguma ambiguidade remanescente e a revisão do acordo. O contrato tem de ser escrito para que as partes, simbolicamente, concretizem o que elaboraram e decidiram durante todo o processo. Quem redige e como redige, depende dos entendimentos preliminares do casal e se fará de acordo com a utilização do documento. As decisões com relação à pensão, guarda de filhos, divisão de bens e uso do nome do marido são questões legais que, via de regra, se con-

---

33 BLADES, Op.cit.,p.38

MEDIAÇÃO – Uma solução judiciosa para conflitos    385

substanciam numa petição judicial, para serem homologadas. Nesse mister, a legislação americana apresenta idêntico comportamento e promove exequibilidade para o acordo feito, através de um mediador.

Mesmo que o acordo não seja objeto de homologação ou cumprimento judicial, existe um consenso quanto à utilização de termos controvertidos no acordo escrito. "Algum", "pouco", "muito", "tentar" etc. são expressões vagas, não recomendadas, e até mesmo desaconselhadas, num acordo de mediação. Sempre que possível, o acordo entre cônjuges tem de ser claro, numa linguagem simples e inteligível.

O acordo escrito tem de ser, também, concludente, e apresentar alternativa para as situações previsíveis ou imprevisíveis de descumprimento. Quem tem experiência forense sabe que milhões de reais são gastos com advogados e com custas processuais de sentenças, cuja execução fica ao arbítrio das partes. "E se a pensão não for paga?" e "Se houver atraso?" Advogados mediadores, normalmente, estão atentos para essas circunstâncias e, por dever de ofício, utilizam-se de linguagem jurídica para redação dos contratos ou petições. Tanto quanto possível, eliminam esses riscos. De qualquer forma, não é supérfluo acrescentar que o acordo mediado deve ser claro, e representar, com detalhes, o que foi decidido pelas partes, na sessão mediada.

## 8. PRÓS E CONTRAS DO PROCESSO JUDICIAL E DO PROCESSO MEDIADOR

Examinando o desenrolar e as consequências de um processo de divórcio, executado judicialmente e através de trabalho mediado, é possível dar uma ideia do que pode acontecer e quais as vantagens e desvantagens de um e de outro processo. Convém, entretanto, salientar que, ao se falar em mediação, não é possível descartar os efeitos morais e psicológicos que envolvem a situação, porque são considerados de alta relevância no desenvolvimento, solução e consequências do divórcio.

### 8.1. Divórcio Judicial

Assim como o divórcio, vários outros processos de contendas são resolvidos através de processo judicial: ofensas criminais, conflitos de negócio, reclamatórias de um modo geral, e muitos outros. O sistema funciona na presunção de que, a apresentação dos interesses opostos das partes perante um juiz, governados por regras de direito, resulta na melhor solução possível. Existe a crença de que quando dois lados opostos se confrontam na arena judicial, cada lado apresentando sua própria versão dos fatos, a "verdade será revelada e a justiça será servida". O juiz, então, avaliará o sumário apresentado para dar a solução, mas não tem dados suficientes para adentrar em todas as necessidades das partes. Além disso, não tem condições de contar com o comprometimento das partes com relação ao cumprimento dessas decisões.

Mesmo fora da profissão legal, o modelo serve como método de resolução de disputas financeiras e comerciais e tem dado resultados através dos tempos. Contudo, cada dia mais se questiona a utilidade da confrontação na resolução de problemas familiares. Raramente é a melhor maneira de lidar com o intrincado novelo legal e emocional do divórcio. Nesse sentido, o quadro dá uma idéia das vantagens e desvantagens do sistema[34]:

| PRÓS DO SISTEMA JUDICIAL | CONTRAS DO SISTEMA JUDICIAL |
|---|---|
| Lutar, mesmo em juízo, é uma forma de aliviar o sofrimento causado pelo divórcio. | A luta acarreta desconsideração dos interesses de longa duração. |
| O "vencedor" pode experimentar certa satisfação pela vingança. | A moral do "perdedor" é esmagada. |
| O desafio da batalha pode promover diversão e entusiasmo. | A autoestima do "vencedor" pode diminuir em razão das táticas usadas para vencer. |
| A "vitória" pode conter recompensa econômica. | Uma ou ambas as partes serão prejudicadas financeiramente pelas despesas do litígio. |
| O desenvolvimento de aversão para com a outra parte pode cortar vínculos remanescentes de afeição que continuam a causar dor emocional. | As crianças invariavelmente desenvolvem severos problemas emocionais em razão de divórcios amargos. |
| A ida aos tribunais fornece um simbólico fim do casamento. | A necessária cooperação para a criação dos filhos será provavelmente prejudicada. |
| | Futuros atritos são mais prováveis de acontecer, provocando confrontações hostis dentro e fora dos tribunais. Obrigações impostas pelos tribunais podem não ser acatadas de boa-fé por não serem voluntariamente acordadas. |

---

34   ERICKSSON. Op.cit.,p.3.

## 8.2. Divórcio com mediação de família

A mediação é baseada na crença de que as pessoas podem reter o poder das grandes decisões concernentes à sua vida. A única maneira de mediar um divórcio é entabular as partes numa negociação direta, onde é possível trabalhar todas as necessidades de maneira minuciosa e com consideração de todos os seus aspectos, inclusive o emocional. Existe também a crença de que os cônjuges, em última análise, são os melhores avaliadores e julgadores de suas necessidades. O quadro abaixo dá a ideia comparativa do sistema mediado:

| PRÓS DO SISTEMA MEDIADOR | CONTRAS DO SISTEMA MEDIADOR |
|---|---|
| Todas as partes podem ficar satisfeitas com a justiça oferecida pelo acordo onde a feitura adveio de sua criação. | As emoções podem ser muito fortes para permitir que o casal trabalhe as questões de forma racional. |
| O casal aprende a trabalhar para benefícios mútuos onde trocas honestas de informações são feitas. | Para aqueles que querem uma validação pública e publicidade do fato, não é satisfatório. |
| Autoestima crescente é desenvolvida como resultado de sua habilidade em tomar para si a responsabilidade da resolução de seus próprios conflitos. | O sistema só pode funcionar mediante a boa-fé de todas as partes. |
| Proporciona menor possibilidade de futuros conflitos em função do grande compromisso das partes no acordo e conhecimento de quem tem condição de cooperar. | Quando não é possível eliminar os efeitos do desequilíbrio de poder, o processo é impossível. |
| Existem menos gastos com honorários advocatícios, custos processuais, etc. | |
| As crianças têm maior probabilidade de ultrapassar a fase do divórcio dos pais sem trauma. | |
| O controle do processo permite a estimativa de tempo pelas partes. | |

O processo mediado é possível quando existe cooperação das partes. O mediador, como neutro interventor, nada pode fazer senão estimular os cônjuges, no processo de divórcio, a salientar e administrar suas necessidades relativamente às necessidades do outro. Por isso, é ingênuo se pensar que a mediação se aplica em todos os casos. Os casais visualizam o divórcio de várias maneiras e ângulos. Uns são cooperativos e outros vindicativos, variando no grau de direção, estrutura e autoridade para completar o divórcio. Resta ao mediador avaliar esses fatores para promover a compleição das questões em disputa.

## TÍTULO VI

# CONCLUSÃO HISTÓRICA

# CONCLUSÃO HISTÓRICA

A operação da mediação funciona como um livro vivo. A cada momento, um olhar agudo de mediadores estudiosos da matéria acrescenta uma célula ao tecido conjuntivo do processo, para contribuir com o crescimento de uma teoria multidisciplinar, com tantas faces quantas forem as digitais humanas, e com tantas expressões quantas forem as imagens do pensamento.

Sim, porque mediação é um processo com infinitas possibilidades, como as peculiaridades de cada personalidade com suas ricas e incontáveis maneiras de se manifestar, quando encaram suas dificuldades e, principalmente, quando buscam condições para escrutinar seus desejos, negociar suas necessidades ou resolver seus conflitos.

A observação científica no universo pragmático desses fugazes momentos ativos e suas nuances vem enriquecendo os estudos e as conclusões que maduram o modelo brasileiro de mediação, dando a ele um aparato novo e cheio de possibilidades.

Não se pode abrir mão da vivência desse corpo científico, pois somente com ele pavimenta-se uma estrada cujo chão já foi compactado com os primeiros trabalhos sobre a matéria no Brasil.

No começo, a tipologia do conflito parecia se perfilar em números clausus, mas pouco a pouco a própria especificação da mediação mais e mais fica condizente com a expressão adotada na Índia por um programa de competição na matéria: Lex Infinitum. Não só com relação ao conflito como razão primordial, mas seus conceitos, princípios, procedimento informal, etc.

O processo de mediação se engrandece na medida em que se enriquece a experiência de militantes e se criam essas miríades de leis de espaço microcósmico e vida curta. Sua conformação, seus elementos, o papel de seus integrantes, sua preparação, desenvolvimento e entraves, dentre outros estágios, nascem numa sessão de mediação e morrem com ela, mas deixam novos olhares e instrumentos que contribuem para a formação de uma teoria cada vez mais segura, mesmo sem o enquadramento de estruturas legais.

Do calor das ideias e discussões tem surgido um arsenal que se soma ao que foi apresentado há muitos anos. Mas que se projeta num exército cada dia maior e mais atuante de palestrantes, professores, organizadores, pesquisadores, estudantes, e mediadores e outros agentes, gerando cada dia mais confiança e resultados.

E a prática de mediação, até pouco tempo tímida e com pouquíssima compreensão e aceitação, exigia dos poucos mediadores atuantes um esforço redobrado no afã de entabular uma batalha para mostrar o que poucos queriam conhecer. Foi um trabalho difícil fornecer constantes esclarecimentos e ajustes no entendimento ainda muito precário sobre a matéria, não só por parte da população, quanto pela própria nação advocatícia, por juízes, promotores, e outros profissionais da área de resolução de disputas. Os questionamentos surgiam muito mais para propiciar uma preparada contestação do que propriamente um pedido de clareamento.

Quase duas décadas se passaram desde a publicação da primeira edição dos livros Teoria e Prática da Mediação de Conflitos e Mediação de Família que originaram a consolidação que deu origem a este trabalho. Foram publicações que marcaram o tempo de germinação de uma ideia, não porque carecia de chão preparado para florescer, mas porque seu tempo de maturação estava recém começando.

Mas se as primeiras palavras da mediação não tiveram ouvidos para que se lhes dessem e se perderam no vale da suspeição e do medo, fizeram um caminho circular e finalmente voltaram como sons que se esbarraram em montanhas de sabedoria para imprimir uma elipse de retorno, então mais vibrantes como ecos afinados, finalmente guarnecidos para se harmonizarem com o tempo da plateia.

Foram anos de espera, quase vinte. Período em que portas se fechavam, sorrisos se arrefeciam e completo era o silêncio para perguntas que pareciam ter respostas tão óbvias e aparentemente tão simples.

Tanto a arbitragem, quanto a mediação, iniciaram, de fato, sua jornada, no início de 1991. Mas a primeira largou com vantagem e se espraiou com mais credibilidade a partir de 1996, quando da promulgação de sua Lei 9.307 de 1996.

E nesse ponto, há que se louvar a inciativa de parlamentares e tantas comissões, que elaboraram e discutiram, incansavelmente, projetos de lei, já que a primeira iniciativa, em 1996, através de uma minuta de ante projeto de Mediação, levada ao gabinete de um deputado na câmara, não teve sequer oportunidade de ser mostrado.

Recentemente o Deputado Luiz Couto teve seu Projeto de Lei no. 428/11, que visa inserir no Código Civil Brasileiro a recomendação judicial da Mediação em conflitos familiares, aprovado na CCJ.

Em 1999, quando da publicação do primeiro livro de mediação no Brasil, a arbitragem já caminhava a passos largos. Sua Lei 9.307/96 e suas modificações de 2016 começaram a atender a uma leva de disputas cujo destino antes da Lei era inexoravelmente o judiciário.

Mas não sem ferrenhas críticas e desconfiança por parte dos usuários que ainda olhavam de soslaio para a justiça privada consubstanciada em laudos ou sentenças arbitrais.

Os usuários da arbitragem reclamam também do alto custo dos profissionais arbitralistas, principalmente quando se requer triplicação de intervenção no caso dos painéis arbitrais.

Por outro lado, ainda ocorrem críticas à sofisticação de exibição de provas e a necessidade cada vez maior de audiências que, além de acrescentar custos ao processo, faz conceitos de arbitragem aproximarem-se do processo judicial e se estender em sucessivos julgamentos.

Além disso, no Brasil as partes ressentem o pouco controle sobre o processo, que vai pouco além dos benefícios da voluntariedade do processo de arbitragem quanto à escolha do interventor.

Ainda falta, por parte dos usuários, mais amplos critérios de escolha dos profissionais no mercado, o que tem invariavelmente colocado um grande número de casos em poucas mãos, imprimindo um vão de diversidade de neutros nas arbitragens feitas no país. Ainda se trabalha por uma tradição onde mais e mais árbitros possam conquistar a confiança de maior número de usuários.

Mas espera-se por ainda melhores resultados da arbitragem no mundo, porque é sabido que, quando as questões se somam a grande complexidade técnica e o fator tempo é crucial, a opção ainda é o caminho arbitral, também

MEDIAÇÃO – Uma solução judiciosa para conflitos

pela cobertura internacional de Convenções, como a Convenção de New York de 1958, que foi ratificada no Brasil em 2002.

Graças às recentes modificações do Código de Processo Civil, abriram-se as portas para minimizar as etapas desses processos com o auxílio de serviços públicos, oferecidos pelos tribunais através da possibilidade de disponibilizar seu aparato técnico aos processos privados. Aí está o exemplo da carta arbitral. Se funcionará... o tempo dirá.

Por outro lado, ao mesmo tempo em que a Lei de Arbitragem passava por suas provas, temas de mediação continuavam a circular em teses congressistas com discussões acaloradas. Mas a exemplo dos anteprojetos de lei, arrefeciam-se ou se perdiam nas câmaras legislativas.

A inserção da mediação no Novo Código de Processo Civil foi o grande divisor que, desembocando na promulgação da Lei 13.140 de 26 de junho de 2015 que instituiu a mediação no Brasil, transpôs todas as barreiras e preconceitos e a falta de informação que minguavam todos os Ante Projetos de Lei que se arvoravam no cenário jurídico brasileiro.

Já há quase duas décadas, uma onda de informação e conscientização sobre mediação surgiu e movimentou o cenário nacional para a aceitação da mediação, mas somente depois da legalização da profissão de mediador o processo passou a ser respeitado e realmente mais estudado.

Se lêssemos as conclusões dos livros publicados há 17 anos e olhássemos para o cenário ebulitivo em que se encontra hoje a mediação no Brasil diríamos que tudo aconteceu num passe de mágica.

Falou-se dos papel dos advogados, da OAB e suas comissões, da Escola da Magistratura, das universidades, das Escolas de Direito e Núcleos de Mediação e Arbitragem, da grade curricular dos cursos de graduação e pós graduação, de núcleos de pesquisa e clinicas de ADR, de centros particulares de mediação, conciliação e arbitragem, etc.

O que se viu nos últimos dois anos foi um verdadeiro *boom* em matéria de mediação no mundo inteiro, e no Brasil não foi diferente. Conselhos Nacionais de Justiça e Magistratura, Tribunais, Universidades, Instituições e entidades de Classe começaram a se movimentar como o despertar de um sono profundo para a vivência de um sonho, cheios de vigor e entusiasmo.

E pudemos constatar que tudo o que fora concluído em forma de recomendação pode hoje ser visto no panorama da ADR no Brasil, notadamente a mediação, como uma maravilhosa realidade. Quase nada ficou intocado.

A primeira disciplina ministrada nos cursos de pós-graduação com o título "Técnicas de Resolução de Conflitos" surgiu no ano dois mil, após a publicação da primeira edição deste livro.

Passou a ser ministrada como matéria optativa nos cursos de pós-graduação *strictu sensu* de uma Faculdade de Direito. Nessa mesma Faculdade foi criada uma Clínica de Mediação e Arbitragem municiada em casos pelo seu Serviço de Assistência Judiciária. Várias outras universidades paulatina e vagorosamente seguiram este exemplo. Mas hoje a matéria se multiplica como parte da grade curricular de muitas faculdades no Brasil, não só nos cursos de pós graduação, como também nos cursos de graduação.

Além disso, numa iniciativa de aculturamento da mediação, surgiram no mundo inteiro, além do mundo acadêmico e judicial. Núcleos de Pesquisa têm sido criados em Faculdades de Direito com seus correspondentes Departamentos de Assistência Jurídica, fornecendo casos para Clínicas de Mediação e Arbitragem.

Competições acadêmicas de simulação de casos e o sucesso de equipes brasileiras (CAMARB, CPR, AMF – RS) tanto no território nacional como internacional (IBA-IMI-VIAC/Viena, CCI/Paris, Lex Infinitum/Goa-India) vem incentivando a proliferação dessas competições, que muito tem contribuído para o disseminação da mediação.

Já surgem movimentos pró mediação entre crianças nas escolas de primeiro e segundo grau, e também esboçam-se trabalhos de informação em comunidades urbanas.

Abertos ao público em geral, surgiram, ainda nos primeiros anos do 2º milênio, vários Centros de Mediação e Conciliação. Muitos sucumbiram à resistência dos desinformados ou despreparados para oferecer a mediação nos seus moldes reais, mas os que resistiram hoje florescem com maior credibilidade da população.

A Ordem dos Advogados tem dado mostras do fiel cumprimento do seu dever de ofício em sendo pioneira na preocupação com os rumos da advocacia no Brasil para este milênio. Vem desempenhando com galhardia o magistral papel que lhe cabe, preparando a classe advocatícia para os novos desafios da profissão.

As comissões criadas nas várias secções estaduais da OAB, orquestradas por uma vigorosa Comissão Nacional, vem produzindo oportunidades significativas para a sedimentação do instituto no Brasil. Seus programas tem revelado um pioneirismo louvável ao implantar ideias avançadas e corajosas para elevar o nível profissional de advogados militantes da mediação e sublinhar a credibilidade que o processo já dá sinais de deter. Haja vista o aparecimento cada vez maior de cláusulas escalonadas na rotina contratual. Espera-se muito mais.

A Escola de Magistratura não ficou atrás nos seus esforços. A Instituição não mediu recursos para oferecer cursos de conhecimento e workshops para treinamento em mediação.

O CNJ tomou as rédeas do trabalho de regulamentação da Lei de Mediação que, embora tenha deslizado em algum entendimento, não parou para repensar antes de levar adiante um trabalho que já pecava por esperar.

Também, com a criação de uma mediação extravagante, a Mediação Judicial nos tribunais se movimenta com convicção na criação de Câmaras de Mediação e Conciliação para auxiliar como antessala dos julgamentos, atender a um maior público em busca de acesso à justiça e, também, como trabalho saneador preventivo para julgamentos de ações já instauradas no Judiciário.

Com isso, vários e importantes escritórios de advocacia no país sentiram-se seguros para se aparelhar e atender a uma demanda que não tarda. E o fazem municiando seus advogados com cursos de mediação, convites para palestras, treinamentos especiais e preventivo de disputas. Já consideram pelas reconhecidas vantagens, lidar com conflitos, antes de serem levados para os tribunais e, principalmente, para atualizar e equipar seus quadros de advogados com profissionais aptos para indicar diferentes janelas capazes de escanear o volume de casos em vários outros leitos não somente o judicial.

Todavia, em meio a essa atividade existe a premente necessidade de aculturalmento do príncipio da autodeterminação das partes a seus clientes. Ainda é um desafio demonstrar ao usuário da justiça comum as vantagens destes processos tidos como opcionais e os encorajem para que sintam-se estimulados e confiantes a tomar as rédeas do processo de resolução do seu conflito. Pois está aqui o caminho para ampliação do conforto para acatar os processos e a predisposição para a confiabilidade no mediador.

Já se pode dizer que muitos escritórios de advocacia, num trabalho de negociação, estão habilitados para reduzir aritmeticamente esse fluxo de demanda ao Judiciário e propiciar resolução com grandes vantagens para si próprio, para clientes, para juízes e para a sociedade.

Já é tempo de manter os tribunais desafogados do grande fluxo de ações e para receber aquelas, classificadas dentro do grande contingente de ações, que inequivocamente pertencem às salas do julgamento público.

Apesar dos instantes matutinos desse movimento saneador, pode-se atualmente constatar, pelos números desviados da corrente de demandas que desembocam nos escaninhos dos juízes, que a pressão já começa a dar sinais de alívio.

Mesmo fora do tribunais, os conflitos, antes com uma só via, já em muitos casos são acolhidos por escritórios de advocacia equipados com profissionais aptos para indicar diferentes janelas capazes de escanear o diferentes casos em vários outros caminhos. Principalmente abrindo as portas para o novos ventos de ADR.

Entendemos, por fim, que além de tudo, o fundamental neste momento é trabalhar a cultura dos processos pacíficos de resolução de conflitos junto à população, que ainda desconhece as novas pontes para resolução como alternativa ao embate nos tribunais.

Para isso, é mandatório continuar a educar a população de forma ampla, a começar pelos bancos fundamentais. Criar mecanismos na mídia para divulgar, enaltecendo os resultados benéficos que são e poderão ser colhidos, para criar nas pessoas a mentalidade de independência da tutela do Estado para a resolução, senão de todos, ao menos da maioria dos conflitos

E aqui vale repetir as palavras de Vitor Hugo "Uma Invasão de exércitos pode ser resistida, mas jamais uma ideia cujo tempo chegou".

Valeu a pena esperar.

# Referências Bibliográficas

ALFINI, James. Trashing, bashing and hashing it out; is this the end of good mediation. *Florida State University Law Review*, v. 19, n.1, p. 47-76, 1991.

ANSLEY, C. Christine. International athletic dispute resolution; tarnishing the olympic dream. *Arizona Journal of International and Comparative Law*, v.12, n.1, p. 276-301, 1994.

AREEN, Judith. *Cases and material on family law*. Mineola: Foundation Press, 1985.

BARNNES, Barry. *The nature of power* Chicago: University of Illinois Press, 1989.

BASTRESS, Robert. HARBAUGH, Joseph D. *Interviewing counseling and negotiationg skills for effective representation*. Boston: Litle Brown and Company, 1990.

BENNER, Jeffrey S. Alternative to litigation; toxic dispute and alternative dispute; a solution to the mass tort case. *Rutgers Law Journal*, v. 20, p. 13-56, 1988.

BENTLEY, Diana. Europe's ADR flagship. *International Corporate Law*, n. 3, p. 31-34, Apr. 1994.

BEVAN, Alexander H. *Alternative dispute resolution* ; a lawyers guide to mediation and other forms of dispute resollution. London: Sweet & Maxwell, 1992.

BIENFELD, Florence. *Child custody mediation*; techniques for counselors, attorneys, and parents. Palo Alto: Cl., Science and Behavior Books, 1988.

BLADES, Joan. *Family mediation*; cooperative divorce settlement. Englewood Cliffs: New Jersey, 1985.

BOULDING. Kenneth E. *Conflict and defense*; a general theory. New York: Lanham, 1962.

BRAMS, Steven J., TAYLOR, Alan D. *Fair divisin*; from cake- cutting to dispute resolution, Cambridge: Cambridge University Press, 1996.

BROWN, Henry J., MARRIOT, Arthur L *ADR principles and practice*. London: Sweet & Maxwell, 1993.

BRYARN, Penelope Eileen. Reclaiming professionalism; the lawyer's role in divorce mediation. *Family Law Quarterly*, v. 28, n.2, p. 177-221, Summer 1994.

BURDICK, Robert G. et al. *Mediation and alternative dispute resolution* Madison: Dispute Resolution Clearinghouse, 1986.

BURNS, Margaret. *Mediation and domestic violence*: policy and procedures. Sydney: Dispute Resolution Association, 1994.

BUSH, Robert A. Baruch. Dispute resolution alternatives and the goals of civil justice; jurisdictional principles for process choice. *Wisconsin Law Review*, n. 84, p. 893-1034, 1984.

_____ . Efficiency and protection or empowerment and recognition; the mediator's role and ethical standars in mediation. *Florida Law Review*, v. 41, n. 2, p. 253-286, Spring 1989.

_____ . Mediation an adjudication, dispute resolution and ideology; an imaginary conversation. *Journal of Contemporary Legal Issues*, v. 3, n. 1, p. 87-121, 1989/1990.

_____ . *Mediation involving juveniles;* ethical lilemmas and policy questions. Ann Harbor: Nova University, 1991

_____ . FOLGER, Joseph P. *The promises of mediation responding to conflict through empowerment and recognition*. San Francisco: Jossey Bass, 1994.

CAMPBELL, Anne B. *Alternative dispute resolution in the United States*; a bibliography. New York: American Arbitration Association, 1987.

CARBONEAU, T.E. *Melting the lances and dismouting the studs*. Illinois: University Illinois Press, 1989.

CHATZKY, Jean S. Splitsville; a complete guide to wording out a divorce setteloment that won't leave the both of you bankrupt. Smart Money; The Wall Street *Journal Magazine of Personal Business*, v. 4, n. 9, p. 98-109, 1995.

CHIEF JUSTICE EARL WARREN CONFERENCE ON ADVOCACY IN THE UNITED STATES. *Dispute resolution devices in a democratic society*; final report of the 1985. Washington: American Trial Lawyers Foundation, 1985.

COCHRAM JR., Robert F. Must lawyers tell clients about ADR?

*American Arbitration Journal*, p. 8-13, june 1993.

COLOSI, Thomas R. *Dispute resolution training*; the state of the art. New York: American Arbitration Association, 1978.

COOGLER, O.J. *Structural mediation in divorce settlement*. Lexington: Lexington Books, 1978.

COSER, Lewis A. *The functions of social conflict*. Glencoe : Ill.: The Free Press, 1956.

MEDIAÇÃO – Uma solução judiciosa para conflitos 399

COULSON, Robert. *How to stay out of court*. New York : American Arbitration Association, 1984.

COURT-connected family mediation program in Canada. Alberta: Alberta Law Reform Institute, 1994.

CRAVER, Charles B. *Effectve legal negotiation and settlement*

Charlottsville: Michie Company, 1993.

CREATIVE thinking resolves disputes. *People Management*, v. 1, n. 12, p. 16, Jun. 1995.

DAVIS, Gwynn. *Access to agreement*; a consumer study of mediation in family disputes. New York: Open University Press, 1988.

DAVIS, Gwynn. *Simple quarrels*; negotiation money and property disputes on divorce. New York: Oxford University Press, 1994.

DEUTSCH, Morton. *Distributive justice*; a social psycological perspective. New Haven: Yale University, 1985.

DONOHUE, Drake. Mediator issue intervention strategies/ a replication and some conclusions. *Mediation Quarterly*. p.261- 274, 1994.

DRAPKIN, Robin, BIENEFIELD, Florence. The power of including children in custody on the field. In: EVERETT, Craig A. (Org.) *Divorce mediation*. New York: The Haworth Press, 1988.

ERICKSSON, Stephen K. The legal dimension of divorce mediation. In: EVERETT, Craig A. (Org.) *Divorce mediation*. New York: The Haworth Press, 1988.

EVERETT, Craig A et al. *Divorce mediation*; perspectives on the field. New York, 1985.

EXPERIENCE of social pacts in western Europe. *International Labour Review*, v. 134, n. 3, p. 401-417, 1986.

FEMENIA, Nora. Mediation, etica y cultura. *Actualidad*

*Psicologica*, Buenos Aires, v. 21, n. 237, nov. 1996.

FINE, Erika et. al. *Containing legal costs*; ADR strategies for corporations, law firms, and government. New York: Butterworth Legal Publishers, 1987.

FISCHER, Roger. *International conflict for beginners*. New York: Harper & Row, 1969.

FISHER, Roger, URY, William. *Getting to yes*. 2.ed. New York: Penguin Books, 1991.

FISHER, Thelma et. al. *Family conciliation within the United Kingdom*; policy and practice. Bristol, England, 1990.

FOLBERG, Jay, MILNE, Ann. *Divorce mediation*; theory and practice. New York: The Guilford Press, 1988.

_____ . TAYLOR Alison. *Mediation a compreensive guide to resolving conflicts without litigation*. Washington: Jossey Bass Publishers, 1984.

_____ . TAYLOR, Allison. Mediation book review. *Michigan Law Review*, v. 84, p. 1036-1041, 1986.

FRANCIS, Gurry. The WIPO Arbitration Center. *Managing Intellectual Property*, v. 3, n. 37, p. 4-6, mar. 1994.

FREEDMAN, Lawrence. *Legislation on dispute resolution.*

Washington: ABA, 1984.

FREEMANN, Michael. *Allternative dispute resolution*. New York: University Press, 1984.

FULLER, Lon L. The principles of social order book review. *The American Journal of Jurisprudence*, v. 30, p. 225-231, 1985.

_____ . Mediation its forms and funtions. *California Law Review*, v.44, Spring 1978..

_____ . *The morality of law*. Heaven: Iale University Press., 1977.

FULTON, Maxwell J. *Commercial alternative dispute resolution*. Sydney: Law Book Company 1989.

GALLIGAN JR., Thomas C. Book review; S. Goldberg, E. Green & F. Sander. Dispute resolution. *Villamette Law Review*, v. 23, n. 1, p. 1-34, Winter 1987.

GEORGES, Christian, TRUBEK, David M. *Critical legal thougt*; an american germnan debate. Baden: Nomos, 1989.

GOLBERG, S., GREEN, E., SANDER, F. Dispute resolution.

*Willarette Law Review*, v. 23, n. 87, p. 1-35, Winter 1988.

_____ . et al. Dispute resolution book review. *American Bar Review*, v. 71, n. 85, p. 100-101, 1987.

_____ . GREEN, D. Eric and SANDER, E. *Dispute resolution*. Boston: Litle, 1985.

GOODMAN, G. *Self-led automated series on helping alternatives, script for audiotape "to as or not to ask"- that the question"*. Los Angeles: UCLA Department of Psychology, 1978.

HALDEMANN, George P. *Alternative dispute resolution in personal injury cases*. Deerfild: Clark Boardman Callaghan, 1993.

HARRINGTON, Christine B. *Shadow justice*. Westport: Greenwood Press, 1984.

HARRIS, Hesa. et al. *Alternative dispute resolution and risk management*; controlling conflict and its costs. ABA Stantding Committee on Dispute Resolution, 1989.

HAUSER, Joyce. *Good divorces bad divorces*; a case for divorce mediation Lanham: University Press of America, 1995.

HAYDOCK, Roger S. *Negotiation practice*. New York: Chichester, John Wiley & Sons, 1984.

HAYLEY, Adans. *Negras raízes*.

HAYNES, John M., HAYNES, Gretchen L. *Divorce mediation*; case book of strategies for successful family negotiations. San Francisco: Jossey Bass, 1989.

HOWARD, Irving H., BENJAMIN, Michael. *Family mediation*: contemporary issues. Thousand Oaks: Sage Publications, 1995.

JANDT, Fred E. *Conflict resolution through communication*. New York, 1973.

JASPER, Margaret C. *The law of dispute resolution*; arbitration and alternative dispute resolution. New York: Oceanna Publications, 1995.

KAGEL, Sam, KELLY, Kathy. *The anatomy of mediation*; what makes it work. Washington: Bureau of National Affairs, 1989.

KASLOW, Florence W. The psychological dimention of divorce mediation. In: EVERETT, Craig A. (Org.) *Divorce mediation*. New York: The Haworth Press, 1988.

KATZ, Sanford N. *Negotiatin to settlement in divorce*. Clifton: Prentice Hall Law and Business, 1988.

KENNETH, Roney R. *Mediation a basic approach*. Altamonde Springs: Academy of Dispute Resolution, 1995.

KENNETH, Winston I. The principles of social order. *Duke Law Journal*, p.669-693, jan. 1983.

KESSELER, S. *Creative conflit resolution*; mediation. Atlanta: National Institute for Professional Training, 1978.

KESTNER, Prudence. *Court and comunity partners in justice*. Washington: American Bar Association, 1991.

KESTNER, Prudence. B. *Education and mediation*: esploring the alternatives. Washington: American Bar Association, 1988.

KNEBEL, Fletcher, CLAY, Gerald S. *Before you sue*. New York: CBC, 1993.

KRAEMER, karen. Teaching mediation; the need to everhaul legal education. *Arbitration Journal*, p. 12-15, sept. 1992.

KRESSEL, Kenneth, PRUITT, Dean G. *Mediation research*; the process of third party intervention. San Francisco: Jossey Bass, 1989.

LABOUR law reforms in french-speaking Africa; shrinking state role and new flexibility. *International Labour Review*, v. 134, n. 1, p. 83-91, 1996.

LANDY, Burton A., MASON, Paul E. Comercial mediation trends in Latin America. In: CONVENTION PANCL ON PRIVATE INTERNATIONAL DISPUTE RESOLUTION, 21, Miami Beach, Oct. 1996. Miami: Dispute Resolution Center of Americas, 1996.

LEMAK, David J., ARUNTHANES, Wiboon, MOORE, Nancy L. A guide to joint ventures in Mexico. *Multinational Business Review*, v. 2, n. 2, p. 19-27, 1996.

LEONARD, Devin. Neighbor v. Neigbor. *Smart Money*, v. 4, n. 5, p. 104-105, 1995.

LEVIN, Luo et al. Dispute resolution devices in a democratic society. In: CHIEF OF JUSTICE, EARL WARREN CONFERENCE ON ADVOCACY IN UNITED STATES. *Final Report of the 1985*. Washington: Roscoe Pound American Trial Lawyers Foundation, 1984.

LEWICKI, Roy J. et al. *Negotiation*. Burr Ridge: Irwin, 1994.

LISNEK, Paul. M., J.D. *A lawyer's guide to effective negotiation and mediation*. St. Paul: West Publishing, 1992.

LITVAN, laura. EEOC turns to mediation. *Nation's Business*, p. 38-39, Jun. 1995.

LOVELL, Gilbert Hugh. *The mediation process*. Massachussets: Institute of Tednology, 1951.

LYONS, James E. *Winning strategies and techniques for civil litigators*. New York: Practicing Law Institute, 1992.

MAGGIOLO, Walter A. *Techniques of mediation*. New York: Oceana Publications, 1971.

_____ . *Techniques of mediation in labor disputes*. New York: Oceana Publications, 1971.

MARESCA, June. *Mediation in child protection a new alternative*. Toronto: Law Society of Upper Canada, 1989.

MARK, S., JONATHAN B., JOHNSON, W. *Dispute resolution in America;* processes in evolution. Washington: National Institute for Dispute Resolution, 1985.

MARLOW, Lenard. *Divorce and the mith of lawyers*. Garden City: Harlan Press, 1992.

_____ . The rule of law in divorce mediation; legal and family perspective in divorce mediation. *Mediation Quarterly*, n. 9, p. 5-11, sept. 1985.

MARTIN, Everett D. *The conflict of the individual and the mass in the modern world.*

MASON, Paul E. *Multi-Dimensional Mediation, Open Communication Take Many Paths, Trhough People and Technology. In Alernatives do the High Cost of Litigation Journal*, CPR, New York, Vol. 28, No. 2 February 2010, pp.30-32.

McDERMONT, J. Child custody decision-making. *Journal of the American Academy of Child Psychyatry*, v. 14, n. 1, p. 104-116, 1983.

McKINNEY Bruce C. *Mediator communication competencies.*

Edina: Burgess International Group, 1992.

MEDIATION in the schools; a report-directory-bibliography. Washington: National Association for Mediation in Education, 1985.

MEDIATION research; the process and effectiveness of third – party intervention. San Francisco, 1989.

MELAMED, James. Attorneys and mediation; from threat to opportunity. *Mediation,* v. 23, n. 13, p. 13-22, Spring 1989.

MEYERSON, Bruce E., COOPER, Corine. *A drafter guide to alternative dispute resolution.* Chicago: American Bar Association, 1991.

MILHAUSER, Margarite S. et al. *Sourcebook;* federal agengy use os alternative means of dispute resolution. Washington; Administrative Conference of the United Stares, 1987.

MITCHEL, Roberta S. *The mediation handbook;* a training guide to mediation techniques and skills. Columbus: Center for Dispute Resolution/University Law and Graduate Center, 1990.

MOORE, C. W. *Training mediators in family dispute resolution;* successful techniques of mediating family break up. 1983.

MOORE, Christopher. *The mediation process;* pratical strategies for resolving conflict. San Francisco: Jossy Bass, 1996.

MORTON, Deutsch. *Distributive justice*; a social psycological perspective. New Haven, Yale University Press, 1985.

MURPHY, Gardner. *Personality;* a biosocial appoacch to origins and structure. New York: Harper & Brothers Publishers, 1966.

MURRAY, John S., RAU, Alan S., SHERMAN, Edward F. *Processes of dispute resolution;* the role of lawyers. New York: The Foundation Press, 1996.

NAFZIGER, James A. R., JIAFANG, Ruan. Chinese methods of resolving international trade, investment and maritime disputes. *Villamette Law Review,* v. 23, n. 2, p. 619-677, Winter 1987.

NAGEL, Stuar S., MILLS, Miriam K. *Sistematic analysus in dispute resolution.* New York: Quorum Books, 1991.

NATIONAL conference on the lawyer's role in resolving disputes. Cambridge, Harvard Law School, 1982.

NELSON, Stephen D. *The concept of social conflict;* a krusk-isc working paper not for publication. 1971.

NEUMANN, J. Von, MORGENSTERN, O. *Theory of games and economic behavior. Mediation Quarterly*, v. 13, n. 3, Spring 1944.

NIEREMBERG, Gerald I. *Fundamentals of negotiating.*. New York: Hawthorn/Dutton, 1973.

NOLAN-HALEY, Jaqueline. *Alternative dispute resolution in a nutshell*. St. Paul: West Publishing, 1992.

OLSON, Walter K. *The litigation explotion*. New York: Truman Talley Books, 1991.

PEARSON, Jessica. Ten myths about family law. *Family Law Quarterly*, v. 27, n. 2, p. 279-300, 1994.

_____ . *The divorce mediation project directory*. 1982.

PESKIN, Stephan H. *How to settle for top dollar*. Charlottesville: The Michie Company Law Publishers, 1989.

PHILLIPS, Barbara A., PIAZZA, Anthony C. The rolle of mediation in public interest disputes. *Hastings Law Journal*, v. 34, p. 1231-1233, 1983.

PRESS, Sharon. Building and maitening a statewide mediation program; a view from the field. *Kentuky Law Journal*, v. 82, n. 4, p. 1029-1065, 1992.

RAY, Larry. *Alternative dispute resolution;* bane or boon to attorneys. Washington: American Bar Association, 1982.

REPORT on evidence; protection of family mediation.

Edinburgh: Scottish Law Comission, 1991.

_____ . on evidence; protection of family mediation. Edingburg: Scottish Law Commision, 1992.

REUCK, Anthony. *Conflict in society*. Boston: Litle Brown and Company, 1966.

RISKIN, Leonard L., WESTBROOK James E. *Dispute resolution and lawyers*. St. Paul: West Publishing, 1993. (1993 Supplement to hardcover Edition).

RISKIN, Leonard L., WESTBROOK, James E. *Dispute resolution and lawyers*. St. Paul: West Publishing, 1987.

RIVERA-FOURNIER, Alberto R. *Cross cultural problems in mediation;* dealing with different views about conflict in a multicultural world. Florida: Florida Partnerships of the Americas, 1997.

ROGERS, Nancy H. *Mediation – law – policy – practice*. New York: CBC, 1993.

RONEY, Kenneth Roney. *Mediation a basic approach*. Altamonde: Academy of Dispute Resolution, 1995.

ROSEMBERG, Jashua D., FOLBERG, H.J. Alternative dispute resolution; an empirical analysis. *Stanford Law Review*, v. 46, n. 94, p. 1487-1551.

ROSETT, Arthur, CRESSEY, Donald R. *Justice by consent;* plea bargains in the american courthouse. Philadelphia: J.B. Lippincoott Company, 1976.

RUMMEL, Rudolph J. *Understanding conflict and war.* New York: John Wiley & Sons, 1975. v. 6.

_____. *Understanding conflict and war.* New York: Sage, 1977. v. 8.

_____. *Understanding conflict and war.* New York: John Wiley & Sons, 1976. v. 7.

SACKS, Albert M. *Legal education and the dispute resolution system.* Cambridge: Harvard Law School, 1982.

SAMUELS, M. Deee, SHAWN, Joel A. The role of the lawyer outside de mediation process; sucessful techniques for mediation family breakup. *Mediation Quarterly,* v. 28, n. 2, p. 13- 18, Summer 1994.

SANDER, Frank E. A. *Alternative methods of dispute settlelment.* Washington: American Bar Association, 1979.

SANDER, Frank E. A., PAULSON, Beth et al. *Alternative dispute resolution;* an ADR primer. Washington: American Bar Association, 1991.

SANDER, Frank E.A. Alternative methods of dispute resolution; an overview. *University of Florida Law Review,* v. 37, n. 85, p. 1-18, Winter 1985.

SANDER, Frank E.A. Alternative to the courts. In: *NATIONAL CONFERENCE ON THE LAWYER'S ROLE IN RESOLVING*

*DISPUTES.* Cambridge, oct. 1982. Cambridge: Harvard Law School, 1982.

SANDER, Frank. Alternative dispute resolution in the law school curriculum; oportunities and obstacles. *Journal of Legal Education,* v. 34, n. 84, p. 229-236, 1984.

_____. *Emerging ADR issues in state and federal courts.* Chicago: American Bar Association, 1991.

_____. *Mediation a selected annotaded bibliography.* Chicago: American Bar Association, 1984.

SANDS, John E. *Alternative dispute resolution and risk management;* controlling conflict and costs. New York: Practicing Law Institute, 1987.

SAPONESNED, Donald I. *Mediating child custody disputes;* a sistematic guide for family therapists, court counselors, attorneys and judges. San Francisco: Jossey Bass, 1983.

SCHNEIDER, Karen L., SDHNEIDER, Myles J. *Divorce mediation;* the constructive new way to end a marriage without big legal bills. Washington: Acropolis Books, 1984.

SCHWERIN, Edward W. *Mediation, citizen empowermente, and transformational politics.* Westport: Praeger, 1995.

SHAILOR, Joonathan G. *Empowerment in dispute resolution*. London: Praeger, 1994.

SHEPHERD, John C. *Mediation in the schools*. Amherst: American Bar Association, 1985.

SHILDT, Keith, ALFINI, James J., JOHNSON, Patricia. *Major civil case mediation pilot program;* l7th judicial circuit of Illinois – preliminary report. Dekal: Northern Illinois University College of Law, 1994.

SIMMEL, Georg. *Conflict;* the web of group-affiliations. Glencoe: The Free Press, 1955.

SIMON, Howard A., SOCHYNSKY. In-house mediation of employment disputes; ADR for the 1990s. *Employee Relations Law Journal*, v.21, n.1, p.29-51, Summer 1995.

SINGER, Linda R. *Setling disputes;* conflict resolution in business, families, and the legal system. São Francisco: Westview Press, 1994.

SIX, Jean-François. *Les temps des mediatcurs*. Paris: Editions Du Seuil, 1987.

SMITH, Owen E. *Third party involvement in industrial disputes;* a comparative study of west germany and britain. Aldershot: Avebury, 1989.

SPENCE, Gerry. *With justice for none*. New York: Times Books, 1989.

STEINBERG, Joseph L. Through and interdisciplinary mirror; attorney, therapist similarities. In: EVERETT, Craig A. (Org.) *Divorce mediation*. New York: The Haworth Press, 1988.

STEWART, Macaulay. *Lawyer-client interaction;* who cares and how do we find out what we want to know. Madison: University of Wisconsin, 1984.

STRICK, Anne. *Injustice for all*. New York: G.P. Putman's Sons, 1977.

STULBERG, Joseph B. *Taking charge/managing conflict*. New York: Lexington Books, 1987.

STULBERG, Joseph B. The theory and practice of mediation; a reply to professor susskind. *Law Review*, v. 85, n. 6, p. 91-97, 1981.

STULBERG, Joseph B. et. al. *A study of barriers to the use of alternative of dispute resolution*. South Royalton: Vermont Law School, 1984.

SUSSKIND, Lawrence E. Court appointed masters as mediators.

*Negociation Journal*, p. 295-488, oct. 1984.

SUTTON, Edward. Alternative methods of dispute resolution. In: STULBERG, Joseph B. et al. *A study of barries to the use of alternative methods of dispute resolution*. South Royalton, Vermout Law School Dispute Resolution Project, 1995.

THE MERRIAM Webster dictionary. Springfield: Merriam- Webster, 1994.

TOPOR, Lucienne. *La mediation familiale*. Paris: Presses Universitaires des France, 1992.

TREUTHART, Mary P. *Mediattion;* guide for advocates and attorneys representing battered women. New York: National Center on Women and Family Law, 1990.

TRUBEK, David M. *Civil litigation researsh project final report.*

Wisconsin: University of Wisconsin Law School, 1983.

WALLERSEIN, Judith. The best interest of the child. In: FAMILY MEDIATION PROGRAM. *Panphlet of mediation.* Lauderlale: Association of Family Mediation, 1990.

WARREN, Edgard L.*The mediation process.* Los Angeles: University of California, 1949.

WEBSTER third new international dictionary. Springfield: Merriam-Webster, 1993.

WEIR, Allyson. *Mediation;* consumer's guide. Chicago: American Bar Association, 1995.

WEISS, Stephen E. Negociation with the romans – part 1. *Sloan Management Review,* v. 35, n. 2, p. 51-61, Winter 1994.

_____. Negociationg with the romans – part 2. *Sloan Management*

*Review,* v. 35, n. 3, p. 85-99, Spring 1994.

WIILIAMS, Gerald. *Legal negotiation and settlement.* St. Paul: West Publishing, 1983.

WILKINSON, Esquire, DONAVAN, Leisure, NEWTON, Irvine.

*ADR;* practice book. New York: John Wiley & Sons, 1989.

WILLIAM, Rich. The role of lawyers. *Brighan Young University Law Review,* n. 3, p. 767-784, Summer 1980.

WITTY, Cathie J. *Mediation and society;* conflict management in Lebanon. New York, Academy Press, 1980.

WOODS, Laurie. Mediation; a backlash to womens's progress on family law issues. *Clearinghouse Review,* Special issue, p. 431-436, Summer 1985.

WRIGTH, Martin, GALAWAY Burt. *Mediation and criminal justice*

London: Sage Publications, l989.

YYOUNG, O. *Bargaining formal theories of negociation,* 1975.

ZACK, Arnold. *Public sector mediation.* Washington: Bureau of National Affairs.

ZERHUSEN, Karen A. Reflection on the role of the neutral lawyer; the lawyer as a mediaton. *Kentyky Law Journal,* v.81, n.4, p.1165-1176, 1992.

Impresso em novembro de 2017.